"十四五"规划教材；产教融合型教材

汽车原理与构造
第2版

（MOOC版）

刘宏新　主编

机 械 工 业 出 版 社

本书根据普通高等教育汽车类及相关专业卓越人才培养目标与要求设置知识体系和内容，配套一流 MOOC 资源并采用新形态方式编撰，全面适应信息化时代特点与学习者需求。全书共分四部分：以综述开篇，引入汽车相关概念，介绍国内外现状、发展趋势、基本组成与分类；以发动机篇、底盘篇为基础，讲解常规及混合动力汽车的燃油动力源发动机，以及汽车的主体结构底盘系统；以扩展篇提升，系统讲解新能源汽车的种类及各自特点、组成和工作原理，并介绍基于汽车技术衍生的拖拉机与工程车辆，延展学习者的相关专业知识，提高领域内适应能力。本书以模块化的形式编排章节，力求全面系统地表述以汽车为核心的车辆工程基础知识与科技水平。

本书可作为高等院校汽车类及相关专业的专业教材，也适用于相关领域的工程技术人员，以及具有中等以上文化程度的技师与驾驶人员使用。

图书在版编目（CIP）数据

汽车原理与构造/刘宏新主编. —2版. —北京：机械工业出版社，2023.5
ISBN 978-7-111-72893-1

Ⅰ．①汽… Ⅱ．①刘… Ⅲ．①汽车－理论②汽车－构造 Ⅳ．①U46

中国国家版本馆 CIP 数据核字(2023)第 050909 号

机械工业出版社（北京市百万庄大街 22 号　邮政编码 100037）
策划编辑：曲彩云　　责任编辑：王　珑
责任校对：刘秀华　　责任印制：任维东
北京中兴印刷有限公司印刷
2023 年 5 月第 2 版第 1 次印刷
184mm×260mm · 27.25 印张 · 624 千字
标准书号：ISBN 978-7-111-72893-1
定价：99.00 元

电话服务　　　　　　网络服务
客服电话：010-88361066　机 工 官 网：www.cmpbook.com
　　　　　010-88379833　机 工 官 博：weibo.com/cmp1952
　　　　　010-68326294　金 书 网：www.golden-book.com
封底无防伪标均为盗版　机工教育服务网：www.cmpedu.com

前　言

随着科技进步与经济发展，汽车已成为人们日常生活、生产中不可或缺的交通运输工具，它不仅代表着一个国家的总体工业水平，还承载着除其工具属性之外的历史、文化、工业美学、民族情感等诸多元素。中国汽车年产销双近 3000 万辆，高居世界第一，新能源汽车更是引领着当前汽车产业的变革，同时，与汽车极具亲缘关系的工程机械也是异军突起，在世界上占有举足轻重的地位。车辆工程产业规模极其庞大，产业链长，对专业人员及相关行业的从业者需求旺盛。

本书以汽车组成、构造与工作原理为主要内容，采用模块化章节设计与内容编排，兼顾普及性与专业性，全面适应并满足不同需求、不同学历读者的学习需要，既可用于科普性质的汽车知识传播，使读者了解汽车的基本构造与工作过程，掌握基础的使用与维护方法，具备初级的鉴赏与评估能力，又可定位于车辆工程专业的专业基础教材，为学习或即将从事汽车及相关装备的研发、制造、运用、管理的学生，以及行业技术人员与其他从业者提供必备的专业知识。本书注重全面性、时效性和普遍性，设置了综述和发动机、底盘、扩展 3 篇，共计 1+16 个模块化技术章节：以综述开篇，引入了汽车相关概念，简单介绍了国内外汽车工业现状、发展趋势、汽车的基本组成与分类；以发动机篇、底盘篇为基础，讲解了燃油动力汽车的发动机，以及作为汽车主体结构的底盘系统；以扩展篇提升，讲解了混合动力与电动汽车的种类及各自特点、组成和工作原理，并介绍了基于汽车技术衍生的拖拉机与工程车辆，以延展读者的相关专业知识，提高其在行业内的适应能力。

本书致力于打造车辆工程领域有关基础结构与基本原理方面最为系统的专业教材，自首版发行以来已数次重印，受到了各方面读者的肯定与好评。为适应时代发展，与时俱进，展示车辆工程技术的新成就，编者结合读者反馈意见及使用情况开展了本版的编撰工作，并邀请行业工程师加入编委会，强化产教融合。为了适应信息化时代的特点与读者的需求，本书利用音视频信息与互联网技术配套设置了一流在线开放教学资源（MOOC），读者扫描下面的二维码进入页面，按照步骤操作即可打开对应内容的视频讲解与电子教案（点开图右下角"加入课程"，即可看到全部在线内容），随时接受专业辅导。本书除可用于高等院校汽车相关专业教学与综合素质通识选修外，也可为车辆设计与制造、运用、修理、营销或管理等相关领域的从业人员，以及具有中等以上文化程度的技师及驾驶员提供知识更新与能力进阶的帮助。

由于水平有限，编者虽勤勉谨慎，纰漏与不当之处仍在所难免，恳请读者理解并给予指正，也希望能借本书与广大读者就车辆工程知识传授与技术运用等方面进行广泛的交流与合作。

配套一流在线课程网址及二维码：https://www.xueyinonline.com/detail/231503205

编　者

汽车原理与构造

主　　编：刘宏新

副 主 编：尚家杰

陈　军

马永财

编　　委：（姓氏笔划排序）

马卫平

王　威

石复习

刘　凯

李渤海

何富君

初立东

张鸿琼

张立伟

周　勇

苑　磊

贾　儒

唐　汉

薛　龙

目　录

综　述

从第一辆汽车诞生至今，汽车工业从无到有，从小到大，以惊人的速度发展壮大，如今，汽车已成为人们生活中不可缺少的重要交通运输工具。在我国，随着改革开放的深入和农村经济的发展，汽车、农用运输车（俗称农用车，现称低速货车和三轮汽车）已成为现代城市以及农村主要的交通运输工具。

1. 定义与分类

在国家标准 GB/T 3730.1—2001《汽车和挂车类型的术语和定义》中，汽车的定义是由自身动力装置驱动，具有四轮或四轮以上的非轨道承载机械装置，主要用于载运人员和（或）货物，牵引载运人员和（或）货物。

在该标准中，将汽车分为汽车、挂车和汽车列车三大类，各类又分为不同的类型和种类。其中，汽车又可分为乘用车和商用车两类，见表 0-1。

乘用车是指在其设计和技术特性上主要用于载运乘客及其随身行李和临时物品的汽车，包括驾驶人座位在内最多不超过 9 个座位，它也可以牵引一辆挂车。

商用车是指在设计和技术特性上用于运送人员及其行李和货物的汽车，并且可以牵引挂车。

表 0-1　汽车分类

分类			说明					图例
			车身	车顶	座位	车门	车窗	
乘用车	轿车	普通乘用车	封闭	硬顶	≥4	2 4		
		活顶乘用车	可开启	硬顶 软顶	≥4	2 4	≥4	
		高级乘用车	封闭	硬顶	≥4	4 6	≥6	
		小型乘用车	封闭	硬顶	≥2	2	≥2	
		敞篷车	可开启	软顶 硬顶	≥2	2 4	≥2	
		仓背乘用车	封闭	硬顶	≥4	2 4	≥2	—
	旅行车		封闭	硬顶	≥4	2 4	≥4	
	多用途乘用车		座位数超过 7 个，多用途					

分类		说明					图例
		车身	车顶	座位	车门	车窗	
乘用车	短头乘用车	短头					
	越野乘用车	可在非道路上行驶					
	专用乘用车	专用用途（救护车、旅居车、防弹车、殡仪车等）					—
商用车	客车 / 小型客车	载客，≤16座（除驾驶人座）					
	城市客车	城市用公共汽车					
	长途客车	长途客车					
	旅游客车	旅游用车					
	铰接客车	由两节刚性车厢铰接组成的客车					
	无轨电车	经架线由电力驱动的客车					
	越野客车	可在非道路上行驶的客车					
	专用客车	专门用途的客车					—
	半挂牵引车	牵引半挂车的商用车					
	货车 / 普通货车	敞开或封闭的载货车					
	多用途货车	驾驶座后可载3人以上的货车					
	全挂牵引车	牵引杆式挂车的货车					
	越野货车	可在非道路上行驶					
	专用作业车	特殊工作的货车（消防车、救险车、垃圾车、应急车、街道清扫车、扫雪车、清洁车等）					
	专用货车	运输特殊物品的货车（罐式车、乘用车运输车、集装箱运输车等）					

在国家标准 GB/T 15089—2001《机动车辆及挂车分类》中将机动车辆和挂车主要分为 M 类、N 类和 O 类，适用于道路上使用的机动车辆及挂车，见表 0-2。

表 0-2　机动车辆及挂车分类

机动车辆类型		乘客座位数	厂定汽车最大总质量/t	说明
M 类 至少有四个车轮并且用于载客的机动车辆	M_1 类	≤9	—	包括驾驶人座位在内，座位数不超过 9 个的载客车辆
	M_2 类	≤9	≤5.0	包括驾驶人座位在内，座位数不超过 9 个，且最大设计总质量不超过 5.0t 的载客车辆
	M_3 类	>9	>5.0	包括驾驶人座位在内，座位数超过 9 个，且最大设计总质量超过 5.0t 的载客车辆
N 类 至少有四个车轮并且用于载货的机动车辆	N_1 类	—	≤3.5	最大设计总质量不超过 3.5t 的载货车辆
	N_2 类	—	>3.5~12	最大设计总质量超过 3.5t，但不超过 12t 的载货车辆
	N_3 类	—	>12	最大设计总质量超过 12t 的载货车辆
O 类 挂车（包括半挂车）	O_1 类	—	≤0.75	最大设计总质量不超过 0.75t 的挂车
	O_2 类	—	>0.75~3.5	最大设计总质量超过 0.75t，但不超过 3.5t 的挂车
	O_3 类	—	>3.5~10	最大设计总质量超过 3.5t，但不超过 10t 的挂车
	O_4 类	—	>10	最大设计总质量超过 10t 的挂车

注：乘客座位数包括驾驶人在内。

常用类型的汽车说明如下：

（1）轿车　载人的小型客车，底盘低、乘坐舒适、制造精美，被称为流动的现代工业艺术品，代表着一个国家的汽车工业总体发展水平。轿车按发动机工作容积（排量）分级：微型轿车（排量 1L 以下）、普通级轿车（排量 1～1.6L）、中级轿车（排量 1.6～2.5L）、中高级轿车（排量 2.5～4L）和高级轿车（排量 4L 以上）。

（2）客车　用于大量运输人员的车辆，是现代社会重要的公共交通工具。客车按长度分级：微型客车（长度 3.5m 以下）、轻型客车（长度 3.5~7m）、中型客车（长度 7~10m）、大型客车（长度 10~12m）、特大型客车（长度 12m 以上或双层客车长度 10~12m）。

（3）载货货车　用于运载货物，在其驾驶室内还可容纳 2~6 个乘员，分为普通货车和专用货车两大类型。载货货车按总质量分级：微型货车（总质量 1.8t 以下）、轻型货车（总质量 1.8~6t）、中型货车（总质量 6~14t）和大型货车（总质量 14t 以上）。

一般低速汽车属于货车的一类，以柴油机为动力，中小吨位，中低速度，有三轮汽车（原三轮农用运输车）和低速货车（原四轮农用运输车）之分。三轮汽车是指设计最高车速不高于 50km/h，具有三个车轮的货车。低速货车是指设计最高车速不高于 70km/h，具有四个车轮的货车。鉴于目前三轮汽车和低速货车仍具有相当规模的保有量，本书保留了三轮汽车和低速货车的型号编制规则内容。

（4）越野汽车　能够在自然地面上行驶的汽车，用于执行恶劣路况下的人员及货物运输或作为运动竞赛车辆使用。越野汽车的结构坚固、底盘高、功率强劲，乘坐舒适。

（5）牵引汽车　专门或主要用于牵引挂车的汽车，通常可分为半挂牵引汽车和全挂牵引汽车等类型。半挂牵引汽车后部设有牵引座，用来牵引和支承半挂车前端。全挂牵引汽车本身带有车厢，其外形虽与货车相似，但其车辆长度和轴距较短，而且尾部设有牵引用拖钩。

（6）自卸汽车　车厢配有自动倾卸装置的汽车，又称为翻斗车、工程车，由汽车底盘、液压举升机构、取力装置和货厢组成。

（7）专用汽车　专门用于某项具体任务或工作区别于一般载人、运货的普通车辆。如商业售货车、环卫作业车等。

（8）内燃机汽车　内燃机是目前绝大多数汽车的动力形式，历史悠久、技术成熟。根据其使用的燃料不同，通常分为汽油车、柴油车和以丙烷、丁烷为主的液化石油气汽车以及双燃料汽车等。

（9）电动汽车　以直流电动机为动力装置的汽车。电动汽车的优点是无废气排出、无污染、噪声小、能量转换效率高、易实现操纵自动化。电动机的供能装置通常是化学蓄电池，由于传统的铅蓄电池在质量、充电间隔时间、寿命、放电能力等方面还不完全令人满意，因此限制了电动汽车的大量普及，但电动汽车被公认为是内燃机汽车的未来替代者。此外，电动机的供能装置也可以使用太阳电池。

2. 总体构造

汽车由发动机、底盘、车身和电器与电子设备四部分组成。以轿车为例，其一般构造如图 0-1 所示。

（1）发动机　发动机是汽车的动力装置，它的作用是使供入其中的燃料燃烧而发出动力。现代汽车广泛应用往复活塞式内燃机，它由机体零件与曲柄连杆机构、换气系统、燃油供给系统、冷却系统、润滑系统、点火系统（汽油发动机采用）和起动系统等部分组成。根据汽车发动机所用燃料的不同，可分为汽油机和柴油机两大类，载货汽车及大型汽车一般都采用柴油机作为动力。

（2）底盘　底盘通过接受发动机的动力，使汽车运动并保证汽车按照驾驶人的操纵正常行驶。底盘主要由传动系统、行驶系统、转向系统和制动系统组成。

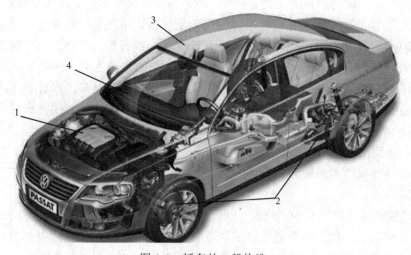

图 0-1 轿车的一般构造

1—发动机　2—底盘　3—车身　4—电器与电子设备

1）传动系统　用于将发动机的动力传给驱动轮。汽车传动系统的形式有机械式、液力式和电力式等。传统机械式传动系统主要由离合器、变速器、万向传动装置及驱动桥（主减速器和半轴）等组成。液力机械式传动系统是液力和机械传动的组合运用，以液体为传动介质，利用液体在主动元件和从动元件之间循环流动过程中动能的变化来实现动力的传递。电力式传动系统主要由发动机驱动的发电机发电、再由电动机驱动桥或直接驱动电动驱动轮来驱动车辆行驶。

2）行驶系统　一般由车桥、悬架及车轮组成，用于使汽车各总成及部件安装在适合的位置上，对全车起支撑作用，以保证汽车正常行驶。

3）转向系统　用于使汽车按照驾驶人选定的方向行驶。汽车转向系统根据转向能源的不同可分为机械转向系统和动力转向系统两大类。完全靠驾驶人手力操纵的转向系统称为机械转向系统。传统机械转向系统主要由转向盘、转向器及转向传动机构组成。借助动力来操纵的转向系统称为动力转向系统。

4）制动系统　主要由供能装置、控制装置、传动装置及制动器等组成，用于使汽车减速或停车，并可保证驾驶人离去后汽车可靠地驻留原地。

（3）车身　车身用以安置驾驶人、乘客或装载货物。车身及车架的结构决定了汽车的用途。它有承载式车身和非承载式车身之分。对于各种客车来说，其具有完整的封闭车身；在载重汽车中，车身由驾驶室和货箱组成。

（4）电器与电子设备　以利用车载电源电能转化完成特定工作为其基本特征，由电源、发动机点火系统（汽油机）和起动机、照明和信号装置、空调仪表和报警系统以及辅助电器等组成。此外，在现代汽车上越来越多地装设了各种电子设备，如微处理器、中央计算机系统及各种人工智能装置等，显著地提高了汽车的性能。

3．发展历史

在蒸汽机的发明及成功应用于铁路之后，人们开始致力于非轨道动力车辆的研究。1769 年，出现了以蒸汽机为动力的汽车。1886 年，德国工程师卡尔·本茨和戴姆勒分别制造出以内燃机为动力的世界上公认的第一辆汽车,该汽车具备了现代车辆的普遍特征。1895 年,米其林兄弟发明了充气轮胎并在汽车上使用,使汽车的高速便捷特点得以充分发挥。1900 年,开始采用多缸汽油机和电石车灯并大规模投入生产,在显著提高汽车的性能同时大幅降低了成本,汽车从此真正走入了人们的生产生活。1930 年,开始应用柴油机。20 世纪 70 年代,开始应用机电一体化技术。目前,汽车的设计和生产正朝着改善乘员舒适性和安全性,全面应用机电一体化技术以实现最佳控制的方向发展。

1956 年 7 月,我国在长春建成了第一个汽车制造厂"第一汽车制造厂",开始生产解放牌 CA10 型载重货车,从此结束了我国不能生产汽车的历史。1958 年,该厂又制造了我国第一辆轿车"东风牌轿车",接着又开始小批量生产红旗 CA770 轿车,汽车的生产规模迅速扩大。

20 世纪 50 年代后期和 60 年代,一批我国各地的汽车修配企业相继改造成汽车制造厂,此外又建立了一批公共交通车辆工厂,使我国汽车的品种和产量得到进一步发展。这批工厂的产品主要有:1958 年 3 月南京汽车制配厂(1958 年 6 月更名为南京汽车制造厂)生产的跃进 NJ130 轻型货车,济南汽车制造厂生产的黄河牌 JN150 重型货车,北京汽车制造厂生产的 BJ212 轻型越野车,北京第二汽车制造厂生产的 BJ130 轻型货车,上海汽车制造厂生产的 SH760 轿车,上海客车厂生产的 SK640 和 SK660 客车等。第二汽车制造厂 1975 年建成投产,EQ240 越野汽车和 EQ140 货车相继正式批量投产。

改革开放之后,我国汽车工业进入了快速发展轨道,在加速我国汽车产品更新换代和新产品开发、进一步提高产品质量、增加品种的同时,积极、有重点、有选择地引进国外先进技术,合资生产汽车,并使汽车零部件国产化。1971 年,我国汽车产量突破 10 万辆;1980 年,汽车产量突破 20 万辆;1992 年,汽车产量突破 100 万辆;2000 年,汽车产量突破 200 万辆;2010 年,汽车产量突破 1800 万辆;2012 年,国产汽车产销量突破 1900 万辆;2013 年,汽车产销量累计突破 2000 万辆;2016 年,汽车产销量累计双双突破 2800 万辆;2019、2020 年,汽车产销量维持在 2500 余万辆。2015~2020 年国内汽车产销量如图 0-2 所示。近年,我国汽车产销量增速大幅提升,不断刷新全球汽车产销纪录,连续十几年蝉联全球第一位。随着汽车产销量的提升,产业结构日趋完善、合理,同时新能源汽车也具有了良好的发展势头。自 2014 年以来,中国新能源汽车产量占汽车产量的比例逐年攀升,2020 年中国新能源汽车产量占汽车产量的 5.42%,较 2019 年增长了 0.55%。2020 年,新能源汽车产销量分别完成 136.6 万辆和 136.7 万辆,同比分别增长 7.5% 和 10.9%。分车型看,纯电动汽车产销量分别完成 110.5 万辆和 111.5 万辆,同比分别增长 5.4% 和 11.6%;插电式混合动力汽车产销量分别完成 26 万辆和 25.1 万辆,同比分别增长 18.5% 和 8.4%;燃料电池汽车产销量均完成 0.1 万辆,同比分别下降 57.5% 和 56.8%。

随着农村经济的迅速发展,汽车开始进入农民家庭。为了适应农村发展的需要,20 世纪 80 年代起,全国各地相继建立了众多的三轮、四轮农用运输车制造厂。由于农用运输车的结构和性能介于拖拉机和汽车之间,功率和装载质量不大,中低速运输适合农村道路,价格和使用水平适合购买力不高的农民,因此深受欢迎。早在 20 世纪 90 年代末,我国的农用车产销量已居全球之首,近 350 万辆,社会保有量已达 2200 多万辆。农用运输车产量在 20 世纪末达到最高,进入 21 世纪呈不断下降趋势。2003 年,我国低速农用运输车产量 267.6 万辆，其中三轮汽车产量为 222.8 万辆，低速货车产量为 44.8 万辆。2009 年，我国低速汽车产量为 223.12 万辆，同比增长 11.11%，其中三轮汽车产量为 173.18 万辆，同比增长 9.30%；低速货车产量为 49.99 万辆，同比增长 17.87%。目前，全国低速汽车产量保持平稳增长。

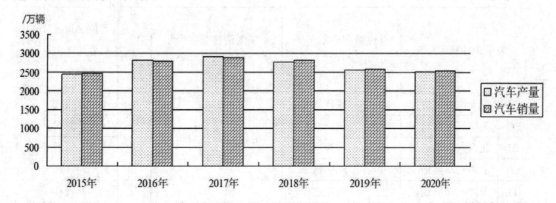

汽车产销量	2015 年	2016 年	2017 年	2018 年	2019 年	2020 年
汽车产量/万量	2450.33	2811.90	2901.54	2780.92	2572.10	2522.50
汽车销量/万量	2459.76	2802.80	2887.89	2808.06	2576.90	2531.10

图 0-2　2015~2020 年国内汽车产销量

4．型号编制规则

（1）国产汽车的型号　我国的汽车型号是根据 GB/T 9417—1988《汽车产品编号规则》制定的，该标准虽然于 2001 年作废，目前没有替代标准，但行业内仍延续按照这一规则编制汽车产品的型号。汽车型号表明汽车的厂牌、类型和主要特征参数等。该项国家标准规定：国产汽车型号由汉语拼音字母和阿拉伯数字组成，包括三个部分（见图 0-3、表 0-3）。

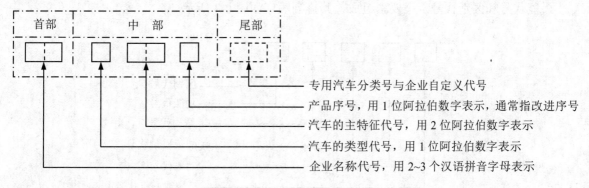

图 0-3　国产汽车型号构成

表 0-3　国产汽车型号编制规则

首部（2～3 个字母组成）		中部（由 4 位数字组成）			尾部[3]		
表示企业代号示例		首位数字表示车辆类别	中间两位数字表示汽车的主要特征参数	末位数字	前位字母表示专用车类别		后位
CA	第一汽车制造厂	1　载货汽车	汽车总质量[1]（t）的修约数	企业自定的产品序号	X	厢式	企业自定代号
EQ	第二汽车制造厂	2　越野汽车			G	罐式	
BJ	北京汽车制造厂	3　自卸汽车			Z	专用自卸	
SH	上海汽车制造厂	4　牵引汽车					
TJ	天津汽车制造厂	5　专用汽车			T	特种	
NJ	南京汽车制造厂	6　客车	汽车的总长度[2]（精度：0.1m）		J	起重举升	
CQ	重庆汽车制造厂	7　轿车	发动机的工作容积（精度：0.1L）		C	仓栅式	
SX	陕西汽车制造厂	9　半挂车及专用半挂车	汽车总质量（t）				

①当汽车总质量大于 100t 时，允许用 3 位数字。

②当汽车总长度大于 10m 时，计算单位为 m。

③基本型号汽车的编号一般没有尾部，其变型车（如采用不同的发动机、加长轴距、双排座驾驶室等）为了与基本型区别，常在尾部加 A、B、C 等企业自定代号。

例如，CA1091、EQ1090 分别表示一汽和二汽生产的解放牌和东风牌货车，汽车总质量的整位吨数为 9t，企业自定产品序号分别为 1 和 0。

（2）低速货车的型号　我国的低速货车型号根据《低速货车 型号编制规则》制定。低速货车的型号一般由厂牌或商标代号、功率代号、装载质量代号、结构代号、功能代号和区别代号六个要素组成，其排列顺序如图 0-4 所示。

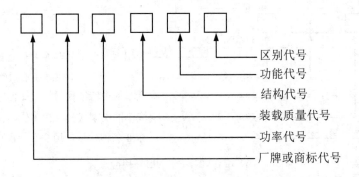

图 0-4　低速货车型号构成

1）厂牌或商标代号：用汉语拼音字母表示，用于区别不同系列或不同设计的车型。厂牌或商标代号为必备要素，如 TY–海山、BJ–北京、JS–金狮、SJZ–希望、WL–五征、NJ–跃进等。

2）功率代号：用发动机 1h 标定功率表示，功率的单位为千瓦（kW）。功率代号为必备要素。低速货车产品型号中的功率代号见表 0-4。

表 0-4　低速货车产品型号中的功率代号

发动机型号	1100 1105 275	280	285 375 376	1110 1115	380 290	1120 1125	295
功率代号	11	12	13	14	16	17	18
发动机型号	2100 475	390 480	2102 2105	2108 2110 2115 485	3100 3105 490	495	4100
功率代号	20	23	25	28	40	48	58

注：如出现表中未包括的发动机型号，应按发动机缸径尺寸与表中最近值确定功率代号标注值。

3）装载质量代号：分为 05、10、15、20、25 五个级别代号。装载质量（包括驾驶室成员质量）<750 kg，装载质量代号按 05 标注；750kg≤装载质量（包括驾驶室乘员质量）<1250kg，装载质量代号按 10 标注；1250kg≤装载质量（包括驾驶室乘员质量）<1750kg，装载质量代号按 15 标注；1750kg≤装载质量（包括驾驶室乘员质量）<2250kg，装载质量代号按 20 标注；装载质量（包括驾驶室乘员质量）≥2250kg，装载质量代号按 25 标注。装载质量代号为必备要素。

4）结构代号和功能代号：用一个或一个以上大写汉语拼音字母表示，字母的含义见表 0-5。

表 0-5　低速货车结构代号

代号	结构特征	代号	结构特征
C	长头驾驶室	Q	清洁
D	单排座自卸式	QZ	起重
F	粪车	S	四轮驱动式
G	罐车	SS	洒水
H	活鱼	W	双排座非自卸式
L	冷藏	X	厢式
LJ	垃圾	XP	吸排
P	一排半驾驶室	CS	仓栅式
PG	喷灌		

注：功能代号的确定，低速货车生产企业可根据汉字缩写，取其汉语拼音的第一位大写字母组合，对于重复的可取第二位、第三位。

无代号的表示平头单排座两轮驱动非自卸式低速货车。

5）区别代号：结构经较大改进后，需在原型号后加注区别代号，用阿拉伯数字表示。原型号末位为数字时，应在区别代号前加一短线。区别代号为选择性要素。

例如：TY1805 表示厂牌或商标代号为 TY、发动机功率代号为 18、装载质量小于 750kg 的平头、单排座、非自卸低速货车，TY1805-1 表示 TY1805 第一次改进型，TY1805X2 表示 TY1805 第二次改进型厢式低速货车。

（3）三轮汽车的型号　我国的三轮汽车型号根据 JB/T 10197—2013《三轮汽车 型号编制规则》制定。三轮汽车的型号一般由类别代号、特征代号、功率代号、装载质量代号、功能代号和区别代号 6 个要素组成，排列顺序如图 0-5 所示。

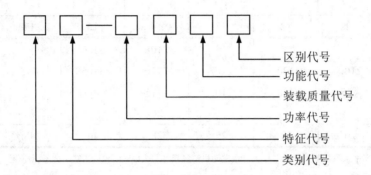

图 0-5　三轮汽车型号构成示意图

1）类别代号：类别代号为 7Y，表示三轮汽车。

2）特征代号：一般用三轮汽车主要结构的汉语拼音字母的第一个字母表示。按三轮汽车的结构特点规定：P——装转向盘式转向器（手把式转向的不标注）；J——装驾驶室（不装驾驶室的不标注）；Z——轴传动型（其他传动形式不标注）。

3）功率代号：用发动机 1h 标定功率表示，功率单位为千瓦（kW）。功率代号为必备要素。三轮汽车产品型号中功率代号见表 0-6。

表 0-6　三轮汽车产品型号中功率代号

发动机型号	175	180	185	190	195	1100 1105 275	280	285 375 376	1110 1115	380 290	1120 1122 1125	295
功率代号	5	6	7	8	9	11	12	13	14	16	17	18

注：表中未包括的发动机型号，应按发动机缸径尺寸与表中最近值确定功率代号标注值。

4）装载质量代号：三轮汽车产品型号中装载质量代号分为 20、30、50、75、100、150 六个级别。装载质量代号为必备要素。三轮汽车装载质量代号见表 0-7。

5）功能代号：三轮汽车的功能代号为其特殊用途或功能的汉语拼音字母，见表 0-8。

6）区别代号：由改进代号和（或）变型代号组成。

三轮汽车结构经较大改进后，需在原型号后加注改进代号。首次改进后加注字母 A，若数次改进，则在字母 A 后从 2 开始依次加注改进的次数。当原型号末位为字母时可省略字母 A。

表 0-7　三轮汽车装载质量代号

序号	装载质量 m/kg	装载质量代号
1	$50 \leq m < 250$	20
2	$250 \leq m < 350$	30
3	$350 \leq m < 650$	50
4	$650 \leq m < 850$	75
5	$850 \leq m < 1250$	100
6	$1250 \leq m < 1500$	150

注：装载质量包括驾驶室成员质量。

表 0-8　三轮汽车功能代号

代号	特殊用途或功能	代号	特殊用途或功能
D	自卸式（非自卸式不标注）	SS	洒水
G	罐式	LJ	垃圾
P	排半	ZY	沼液
Q	清洁	PG	喷灌
X	厢式		

注：功能代号的确定，三轮汽车生产企业可根据汉字缩写，取其汉语拼音的第一位大写字母组合，对于重复的可取第二位、第三位。

三轮汽车基本型的某些结构型式改变后，需在原型号后加注变型代号。一般用改进后的用途或功能的主要特征的汉语拼音字母的第一个字母表示。

例如，7Y-850 表示手把式转向、不装驾驶室、发动机功率代号为 8、装载质量在 350～650kg 之间的三轮汽车，7Y-850A 表示 7Y-850 第一次改进型，7Y-850A3 表示 7Y-850 第三次改进型。

（4）国外轿车的分类及型号

1）轿车的分类。德、美、日轿车在世界轿车工业中占重要地位，因此介绍国外轿车分类时，将以德、美、日轿车的分类标准为代表。

①德系车分类标准。德国大众是欧洲最大的汽车制造商，也是最早进入中国轿车市场的企业，无疑德国轿车分类法具有代表性。

德系车分为 A00、A0、A、B、C、D 等级别，其等级划分主要依据轴距、排量、质量等参数，见表 0-9。

表 0-9　德系车分类标准

等级	轴距/m	排量/L	类型
A00 级	2~2.2	≤1	小型轿车
A0 级	2.2~2.3	1~1.3	
A 级	2.3~2.45	1.3~1.6	
B 级	2.45~2.6	1.6~2.4	中档轿车
C 级	2.6~2.8	2.3~3.0	高档轿车
D 级	≥2.8	≥3.0	豪华轿车

②美系车分类标准。美系车分类标准见表0-10。

表0-10　美系车分类标准

等级	车内容积/L	类型
Two-Seaters	不限	双座跑车
Sedans	—	轿车
Minicompact	<2407（85ft³）	微型车
Subcompact	2407~2831（85~99 ft³）	小型车
Compact	2832~3114（100~109 ft³）	紧凑型车
Mid-Size	3115~3397（110~119 ft³）	中型车
Large	>3398（120 ft³）	大型车

③日系车分类标准。日本轿车的分类相对要简单一些，仅根据发动机排量分为3个级别，见表0-11。

表0-11　日系车分类标准

类型	排量/L
轻四轮/微型	0.55~1
小型	1~2
普通型	≥2

2）轿车产品型号。轿车产品的型号要能反映出产品的特征，以便于使用者、维修者及交通管理部门识别。不同的型号代表不同的车型。对轿车型号没有统一的编制方法，一般都由生产厂家自行规定。各生产厂家为了凸显出产品的特征与个性，采用的轿车型号编制方法不太一样，下面举几个例子进行说明。

①法拉利汽车型号。法拉利汽车的型号一般是用"F"打头，是法拉利英文 Ferrari 的首个字母，但也有部分车型前面没有"F"字母，后面数字大多是和发动机排量有关，一般是前面两位数字表示排量，第三位表示气缸数。但也有例外，举例如下：

F355：355 中的前两位数字 35 代表其排量为 3.5L，而最后一位数字 5 代表每气缸有 5 个气门。

F512M：512 代表其排量为 5L，且有 12 个气缸，M 代表它的外观经过改款。

F50：50 代表该车是法拉利汽车厂建厂 50 周年的纪念车。

550Maranello（马拉内罗）：该车型命名比较复杂，也具有多重意义。550 首先代表其排量为 5.5L，其次在推出之时正逢法拉利汽车厂建厂 50 周年志庆，Maranello 则是法拉利汽车厂所在城市的名称。

②奥迪汽车型号。

a. 大部分奥迪汽车的型号是用公司英文（Audi）的第一个字母"A"打头，如奥迪 A2、A3、A4、A6、A8 系列等，后面的数字越大表示等级越高，见表0-12。

b. S 系列多是高性能车型，但并非是越野车，主要有 S3、S6 及 S8 等。S 代表 SPORT，纯运动型跑车。

c. TT 系列则全部是跑车。

d. Q 代表奥迪核心 quattro 全时四驱。

e. R 代表 R-tronic 无极变速器。

表 0-12 奥迪 A 系列汽车车型

等级	车型	等级	车型
A2	小型轿车	A6	高级轿车
A3	小型轿车	A8	豪华轿车
A4	中级轿车		

③奔驰汽车型号。奔驰汽车型号前部的字母表示类型和级别，见表 0-13。

表 0-13 奔驰汽车型号前部的字母

汽车的级别	汽车类型	汽车的级别	汽车类型
A	小型单厢车	V	多功能厢式车
C	小型轿车	SLK	小型跑车
E	中型轿车	CLK	中型跑车
S	高级轿车	SL	高级跑车
M	SUV	CL	高级轿跑车
G	越野车	SLR	超级跑车

型号中间的数字，如 280、300 及 500 代表发动机排量，分别表示发动机排量为 2.8L、3L 及 5L。

型号尾部的字母 L 表示为加长车型，Diesel 表示柴油。例如，S600L 表示为高级、排量 6L、加长型轿车。

④宝马汽车型号。宝马（BMW）汽车公司主要有轿车、跑车、越野车三大车种。

a. 轿车有 3、5、7 和 8 系列，轿车型号的第一个数字即为系列号，第二和第三个数字表示排量，最后的字母 i 表示燃油喷射，A 表示自动档、C 表示双座位、S 表示超级豪华。例如，318iA 表示为 3 系列、排量为 1800CC、燃油喷射、自动档，850Si 表示 8 系列轿车、排量为 5000CC、超级豪华型、燃油喷射。

b. 跑车型号用 Z 打头，主打车型有 Z3、Z4、Z8 等，后面的数字越大表示越高级。

c. 越野车用 X 打头，代表车型是 X5。

⑤通用汽车型号。通用公司一般将轿车分为 6 级，它是综合考虑了车型尺寸、排量、装备和售价之后得出的分类，见表 0-14。

表 0-14 通用汽车型号分类

等级	车型
Mini 级	一般指排量在 1L 以下轿车
Small 级	一般排量为 1.0~1.3L，相当于我国普通轿车级别的低端
Lowmed 级	一般排量为 1.3~1.6L 的轿车
Interm 级	和德国的低端 B 级轿车基本吻合
Upp-med 级	涵盖 B 级轿车的高端和 C 级轿车的低端
Large/lux 级	和国内的高级轿车相对应，涵盖 C 级车的高端和 D 级车

5. 车辆识别代号

目前，各国汽车公司生产的汽车都使用了 VIN（Vehicle Identification Number）车辆识别代号。

根据 GB 16735—2019《道路车辆　车辆识别代号（VIN）》规定。VIN 车辆识别代号由世界制造厂识别代号（WMI），车辆说明部分（VDS）、车辆指示部分（VIS）三部分组成，共 17 位字码。

对年产量大于或等于 1000 辆的完整车辆和/或非完整车辆制造厂，车辆识别代号的第一部分为世界制造厂识别代号（WMI），第二部分为车辆说明部分（VDS）；第三部分为车辆指示部分（VIS），VIN 车辆识别代号编号如图 0-6 所示。

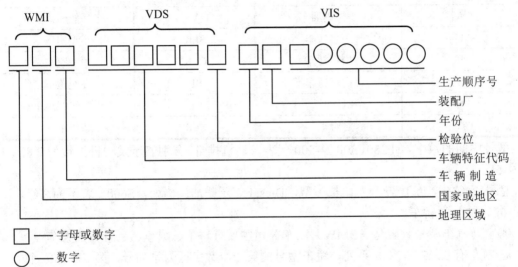

图 0-6　年产量大于或等于 1000 辆的完整车辆和/或非完整车辆制造厂 VIN 车辆识别代号编号

对于年产量小于 1000 辆的完整车辆和/或非完整车辆制造厂，车辆识别代号第一部分为世界制造厂识别代号（WMI），第二部分为车辆说明部分（VDS），第三部分的三、四、五位与第一部分的三位字码一起构成世界制造厂识别代号（WMI），其余五位为车辆指示部分（VIS），VIN 车辆识别代号编号如图 0-7 所示。

（1）第一部分　世界制造厂识别代号（WMI）。

车辆识别代号的第一部分由车辆制造厂所在国家或地区的授权机构预先分配，WMI 应符合 GB 16737 的规定。

（2）第二部分　车辆说明部分（VDS）。

车辆识别代号的第二部分由六位字码组成（即 VIN 的第四位~第九位）。如果车辆制造厂不使用其中的一位或几位字码，应在该位置填入车辆制造厂选定的字母或数字占位。

VDS 第一位~第五位（即 VIN 的第四位~第八位）应对车辆一般特征进行描述，其组成代码及排列次序由车辆制造厂决定。

车辆一般特征包括但不限于：

车辆类型（如乘用车、货车、客车、挂车、摩托车、轻便摩托车、非完整车辆等）；

车辆结构特征（如车身类型、驾驶室类型、货厢类型、驱动类型、轴数及布置方式

14

等）；

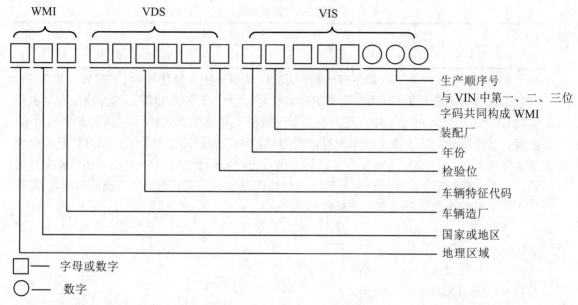

图 0-7　年产量小于 1000 辆的完整车辆和/或非完整车辆制造厂 VIN 车辆识别代号编号

车辆装置特征（如约束系统类型、动力系统特征、变速器类型、悬架类型等）；

车辆技术特性参数（如车辆质量参数、车辆尺寸参数、座位数等）。

（3）第三部分　车辆指示部分（VIS）。

车辆识别代号的第三部分由八位字码组成(即 VIN 的第十位~第十七位)。VIS 的第一位字码（即 VIN 的第十位）应代表年份。年份代码按表 0-15 的规定使用（30 年循环一次）。车辆制造厂若在此位使用车型年份，应向授权机构备案每个车型年份的起止日期并及时更新，同时在每一辆车的机动车出厂合格证或产品一致性证书上注明使用了车型年份。

表 0-15　年份代码

年份	代码	年份	代码	年份	代码	年份	代码
1991	M	2001	1	2011	B	2021	M
1992	N	2002	2	2012	C	2022	N
1993	P	2003	3	2013	D	2023	P
1994	R	2004	4	2014	E	2024	R
1995	S	2005	5	2015	F	2025	S
1996	T	2006	6	2016	G	2026	T
1997	V	2007	7	2017	H	2027	V
1998	W	2008	8	2018	J	2028	W
1999	X	2009	9	2019	K	2029	X
2000	Y	2010	A	2020	L	2030	Y

例如，中国第一汽车集团有限公司生产的某红旗牌轿车车辆识别代号（VIN）见表0-16。

表0-16 某红旗牌轿车车辆识别代号（VIN）

代号	L	F	P	H	5	A	B	A	2	W	8	0	0	4	3	2	1
位序号	1	2	3	4	5	6	7	8	9	10	11	12	13	14	15	16	17

其中，第一位～第三位是生产国别、制造厂商和车辆类型代号，"LFP"表示轿车（一汽轿车股份有限公司）；第四位是车辆品牌代号，"H"表示红旗牌；第五位是发动机排量代号，"5"表示2.1～2.5L；第六位是发动机类型及驱动形式代号，"A"表示汽油机、前置、前轮驱动；第七位是汽车车身形式代号，"B"表示四门折背式；第八位是安全保护装置代号，"A"表示手动安全带；第九位是工厂检验数字代号，用数字0～9或X表示；第十位是汽车生产年份代号；第十一位是汽车装配工厂代号，"8"表示第一轿车厂；第十二位～第十七位是汽车生产顺序号代号。

思考题

1. 我国汽车产业是如何发展变化的？
2. 国产汽车的编制规则包含哪些内容？
3. 简述车辆识别代号的含义。

第1篇　发动机

第1章 发动机基本知识

1.1 概述

发动机是将某种形式的能量转化为机械能的机器，如热力发动机、水力发动机和风力发动机等。

热力发动机是指将燃料燃烧所产生的热能转变成机械能的发动机。根据燃料燃烧所处位置的不同，热力发动机又分为内燃机和外燃机两类。液体或气体燃料在机器内部燃烧产生的热能转变为机械能的热力发动机称为内燃机，如汽油机、柴油机等；液体或气体燃料在机器外部燃烧产生的热能转变为机械能的热力发动机称为外燃机，如蒸汽机、汽轮机等。现有汽车用发动机为内燃机。

与外燃机相比，内燃机具有热效率高、功率范围广、结构紧凑、质量轻、体积小、操作简单及容易起动和运行安全等优点，因此现代汽车广泛采用内燃机作为动力源，其中活塞式内燃机应用最为广泛。

本书所提汽车发动机，如无特殊说明，都是指往复活塞式内燃机。

1.1.1 分类

发动机的结构型式很多，根据其不同特征分类如下：

（1）按所用燃料分类　可分为汽油机、柴油机、气体燃料（天然气、液化石油气等）发动机、混合燃料发动机四类。

（2）按点火方式分类　可分为压燃式发动机（柴油机）和点燃式发动机（汽油机）。前者的燃料在高压高温下发生自燃，后者的燃料通过火花塞产生的电火花强制点燃。

（3）按活塞运动方式分类　可分为往复活塞式和旋转活塞式两种。前者的活塞在气缸内做往复运动，后者的活塞在气缸内做旋转运动。一般发动机都采用往复活塞式。

（4）按活塞工作循环的行程数分类　可分为四冲程发动机和二冲程发动机。活塞在气缸内往复四个行程完成一个工作循环的发动机称为四冲程发动机，活塞在气缸内往复两个行程完成一个工作循环的发动机称为二冲程发动机。

（5）按冷却方式分类　可分为水冷式发动机和风冷式发动机。前者利用循环冷却液作为发动机的冷却介质，后者利用空气作为发动机的冷却介质。

（6）按气缸数目分类　可分为单缸发动机和多缸发动机两类。仅有一个气缸的发动机称为单缸发动机，有两个及以上气缸的发动机称为多缸发动机。

（7）按气缸排列方式分类　可分为直列式、V形、对置式等多种形式。直列式发动机的各个气缸排成一列，一般是垂直布置的；V形发动机的气缸排成两列，左右两列气缸中心线的夹角 γ 小于 $180°$，如图 1-1a 所示；对置式发动机的气缸排成两列，左右两列气缸在同一水平面上，即 γ 等于 180°，如图 1-1b 所示。

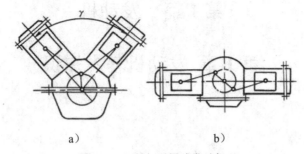

图 1-1　V 形与对置式发动机

a）V 形发动机　b）对置式发动机

（8）按进气方式分类　可分为增压式发动机和非增压式发动机两类，如图 1-2 所示为二冲程发动机的进气形式。前者装有增压器，并通过其提高进气压力和进气量；后者不装增压器，空气靠活塞的抽吸作用进入气缸内。

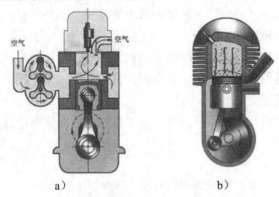

图 1-2　二冲程发动机的进气方式

a）增压式发动机　b）非增压式（自然吸气）发动机

1.1.2　总体构造

汽车发动机是由多个机构和系统组成的复杂机器，以单缸汽油机为例，发动机的基本构造如图 1-3 所示。发动机的类型不同，具体结构也不相同，但其基本构造相似。即使同一类型的发动机，其具体构造也是多种多样的。柴油机一般由机体零件与曲柄连杆机构、换气系统、燃油供给系统、润滑系统、冷却系统以及起动系统等组成 。与柴油机相比，汽油机增设有点火系统。

（1）机体零件与曲柄连杆机构　主要由机体、活塞组、连杆组、曲轴飞轮组等组成。它是发动机为实现工作循环，完成能量转换，改变运动形式并传递动力的机构，即在完成一个工作循环的过程中，通过连杆实现活塞在气缸中往复运动与曲轴旋转运动的有机联系，将活塞推力转变为曲轴转矩，并达到动力输出的最终目的。

（2）换气系统　主要由配气机构、进气系统、排气系统及增压装置等组成。它严格按照发动机既定工作循环的要求，适时地供给气缸足够量的新鲜空气（柴油机）或可燃混合气（汽油机），及时、安全并尽可能彻底排除燃烧后的废气，以保证内燃机燃烧过程的有效进行。

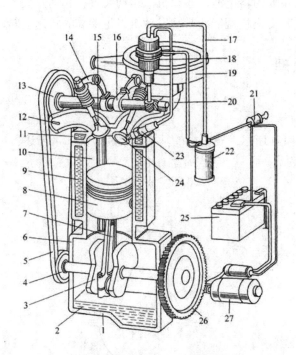

图 1-3　发动机的总体构造

1—油底壳　2—机油　3—曲轴　4—曲轴同步带轮　5—同步带　6—曲轴箱　7—连杆　8—活塞　9—水套　10—气缸　11—
气缸盖　12—排气管　13—凸轮轴同步带轮　14—摇臂　15—排气门　16—凸轮轴　17—高压线　18—分电器
19—空气滤清器　20—进气管　21—点火开关　22—点火线圈　23—火花塞　24—进气门
25—蓄电池　26—飞轮　27—起动机

（3）燃油供给系统　柴油机的燃油供给系统一般由柴油箱、输油泵、滤清器、喷油泵、调速器、喷油器等组成，汽油机的燃油供给系统一般由汽油箱、输油泵、滤清器、压力调节器等组成。它根据发动机工作循环的需要和工作负荷的变化，定时、定量地供给所需要的燃油。

发动机工作时，机体零件与曲柄连杆机构、换气系统和燃油供给系统相互配合，完成发动机的工作循环，实现能量转换。

（4）点火系统　主要由蓄电池、发电机、点火线圈组件、点火开关、火花塞、电控装置等组成。它在规定的时刻使火花塞产生电火花，点燃汽油机气缸内的可燃混合气并膨胀做功。

（5）润滑系统　主要由油底壳、机油滤清器、机油泵、限压阀、润滑油道及机油冷却器等组成。其功用是将润滑油不断地供给相对运动零件的摩擦表面，达到润滑、冷却、清洗、密封、减振、防锈等目的。

（6）冷却系统　冷却系统按介质的不同分为液体冷却系统与风冷却系统两种基本形式。液体冷却系统主要由水泵、节温器、散热器、风扇、冷却水套等组成，它使受热零部件多余热量得以散发，以保持发动机在适宜的温度下工作。风冷却系统主要由风扇、导流罩、散热片及分流板组成。

（7）起动系统　主要由蓄电池、起动机、传动装置、起动开关等组成。它通过起动机将蓄电池贮存的电能转变为机械能，带动发动机以足够高的转速运转，顺利起动发动机。

1.2 基本工作原理

1.2.1 基本术语

发动机结构如图 1-4 所示。发动机的基本术语和含义如下所述。

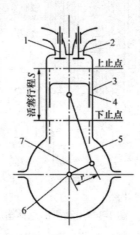

图 1-4　发动机结构

1—进气门　2—排气门　3—气缸　4—活塞　5—连杆　6—曲轴旋转中心　7—曲轴

（1）止点　曲柄连杆机构带动活塞运动时，活塞在气缸中所能到达的极端位置。

（2）上止点　活塞离曲轴最远时的止点，即活塞顶离曲轴旋转中心最远时，活塞顶所处的位置，常用 TDC 表示。

（3）下止点　活塞离曲轴最近时的止点，即活塞顶离曲轴旋转中心最近时，活塞顶所处的位置，常用 BDC 表示。

（4）活塞行程　活塞连续两次转换运动方向所经过的距离，即上、下止点间的距离，常用 S 表示，单位为 mm。曲轴每转半圈（180°），活塞运动一个行程。

（5）曲轴半径　曲轴的回转半径，常用 r 表示，单位为 mm。

（6）气缸工作容积　活塞从上止点运动到下止点所经过的空间容积，常用 V_h 表示，单位为 L。

$$V_h = \frac{\pi D^2}{4 \times 10^6} S \qquad (1-1)$$

式中　D——气缸直径（mm）；

　　　S——活塞行程（mm）。

（7）燃烧室容积　活塞位于上止点时，活塞顶与气缸盖之间的封闭容积，常用 V_c 表示，单位为 L。

（8）气缸总容积　活塞位于下止点时，活塞顶与气缸盖之间的封闭容积，常用 V_a 表示，单位为 L。

$$V_a = V_h + V_c \qquad\qquad (1\text{-}2)$$

（9）发动机排量 发动机所有气缸工作容积之和，用 V_L 表示，单位为 L。

$$V_L = V_h i \qquad\qquad (1\text{-}3)$$

式中 V_h——气缸工作容积（L）；

i——气缸数。

（10）压缩比 气缸总容积与燃烧室容积之比，常用 ε 表示。

$$\varepsilon = \frac{V_a}{V_c} = 1 + \frac{V_h}{V_c} \qquad\qquad (1\text{-}4)$$

压缩比表示活塞从下止点运动到上止点时，气体在气缸内被压缩的程度。压缩比越大，气缸内的气体在压缩终了时的温度和压力越高。一般柴油机较高（$\varepsilon=15\sim22$），汽油机较低（$\varepsilon=6\sim11$）。

1.2.2 四冲程汽油机工作原理

如图 1-5 所示为单缸四冲程汽油机结构简图。

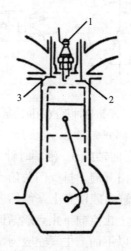

图 1-5 单缸四冲程汽油机结构简图

1—火花塞 2—进气门 3—排气门

汽油机的基本工作原理是，先将新鲜空气和汽油按一定比例混合成的可燃混合气吸入气缸并压缩，然后用电火花点火，使可燃混合气燃烧而产生热能，燃烧后的高温、高压气体作用于活塞顶部，推动活塞做功，使汽油机运行，实现热能转变为机械能。

四冲程汽油机每缸每一工作循环均由进气、压缩、做功和排气四个活塞行程组成，在四冲程的工作过程中，活塞上下往复运动两次，曲轴旋转两圈（720°）。通常利用单缸发动机工作循环示功图来分析气体压力 p 和相应于活塞不同位置的气缸容积 V 之间的变化关系。即示功图所表示的是活塞处在不同位置时，气缸内压力和体积的变化情况，如图 1-6 所示，其中曲线包容的面积表示一个工作循环中气体在单个气缸内所做的功。

21

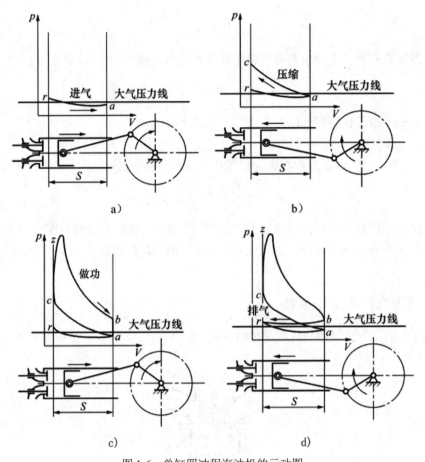

图 1-6 单缸四冲程汽油机的示功图

a）进气行程 b）压缩行程 c）做功行程 d）排气行程

（1）进气行程（见图 1-6a） 曲轴由 0° 沿顺时针方向旋转到 180°，并带动活塞由上止点向下止点运动，此行程进气门开启，排气门关闭。进气行程开始时，活塞位于上止点 r，因燃烧室占有一定容积，气缸内残留有上一循环未排尽的残余废气，此时气缸内的压力略高于大气压力。随着活塞从上止点向下止点逐渐运动，活塞上方的气缸容积逐渐增大，故气缸内压力降低到大气压力以下而产生真空吸力，可燃混合气随之经进气管道和进气门被吸入气缸，直至活塞移至下止点 a。

进气行程中，因受空气滤清器、化油器、进气管道和进气门等阻力作用，使得进气终了时的气缸内可燃混合气压力 p_a 略低于大气压力，为 0.075～0.09MPa。图中曲线 ra 基本位于大气压力线以下，它与大气压力线的纵坐标值之差即为活塞在气缸内不同位置时的真空度。同时，吸入的可燃混合气与气缸壁、活塞顶等高温机件接触，以及和前一循环完成后残留在气缸内的高温废气混合，致使可燃混合气温度高达 370～400K。

（2）压缩行程（见图 1-6b） 在进气行程终了后曲轴依靠惯性力矩的作用继续旋转，即由 180° 转到 360°，并带动活塞在下止点向上止点运动，此行程中进、排气门均关闭。随着活塞逐渐移动，吸进气缸内的可燃混合气因活塞上方容积的不断缩小，使其密度不断加大，压力和温度不断升高。图中曲线 ac 表示活塞在气缸内不同位置时，气缸内混合气体的压力。当压缩行程终了时，气缸内可燃混合气压力 p_c 可升高到 0.6～1.2MPa，温度可达 600～700K。

压缩终了时可燃混合气的压力和温度取决于压缩比 ε，压缩比 ε 越大，可燃混合气的压力和温度越高，其燃烧速度越快，因而发动机功率增大，热效率提高，经济性越好。但压缩比 ε 过大时，不仅不利于改善燃烧情况，反而会产生爆燃和表面点火等不正常燃烧现象，导致发动机过热、功率下降、油耗增加、寿命降低、机件破坏、排气污染加重等一系列不良后果。

（3）做功行程（见图 1-6c）　此行程的进、排气门依旧关闭。在压缩接近终了时，气缸盖上的火花塞发出电火花，被压缩了的高温高压可燃混合气适时被点燃，并迅速燃烧，气缸内气体压力急剧升高至 3～5MPa，相应温度高达 2200～2800K。高压高温的膨胀燃气急速推动活塞由上止点向下止点运动，带动曲轴从 360°旋转到 540°，并输出机械能。

图中曲线 zb 表示活塞向下移动过程中，活塞上方容积逐渐增加，气缸内压力和温度逐渐下降。到做功行程终了的 b 点时，气缸内气体压力降至 0.3～0.5MPa，相应温度降为 1300～1600K。

（4）排气行程（见图 1-6d）　曲轴在惯性力矩的作用下继续旋转，即由 540°转到 720°，带动活塞再次由下止点向上止点运动，此行程排气门开启，进气门关闭。由于排气系统的阻力作用，使气缸内的废气压力高于大气压力，废气在活塞的推动下，经排气门排出。到排气终了的 r 点时，气缸内气体压力为 0.105～0.115MPa，相应温度约为 900～1200K。

1.2.3　四冲程柴油机工作原理

如图 1-7 所示为单缸四冲程柴油机结构简图。

柴油机的基本工作原理是，先将新鲜空气吸入气缸并压缩，然后将柴油以高压喷射到燃烧室内，利用被压缩后的高温空气使柴油着火燃烧而产生热能，燃烧后的高温、高压气体作用于活塞顶部，推动活塞做功，使柴油机运行，从而实现热能转变为机械能。

四冲程柴油机（压燃式发动机）每缸每一工作循环也是由进气、压缩、做功和排气四个活塞行程组成的。其示功图形与汽油机类似。

压燃式四冲程柴油机的进气行程吸入的是纯空气。压缩行程临近终了时，喷油泵将柴油压力提高到 10～15MPa，通过喷油器将此高压柴油喷入气缸，雾化了的柴油迅速蒸发并与压缩后的高压（3.5～4.5MPa）、高温（750～1000K）空气混合，形成可燃混合气并立即自行点火燃烧，使气缸内气压和温度急剧升高，分别高达 6～9MPa 和 2000～2500K。如此高压燃气膨胀推动活塞下行，并通过连杆带动曲轴旋转而输出机械功。做功完毕后的废气因活塞上行，经排气门排出。

1.2.4　多缸发动机

从上述四冲程发动机单缸工作原理可知，每完成一个工作循环，只有做功行程产生输出动力，其他三个辅助行程都要消耗动力。为了维持工作循环，单缸发动机必须有一个存储能量较大的飞轮。即使如此，发动机运转仍然是不平稳的，即做功行程时，曲轴转速高于其他三个行程的曲轴转速。由于运转不平衡性会导致各运动件因受冲击载荷而过早磨损或损坏，因此常采用在曲轴上安装飞轮和多缸结构来进一步提高平衡性，并增大发动机功率。

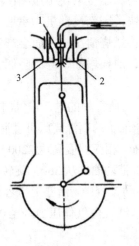

图 1-7 单缸四冲程柴油机结构简图

1—喷油泵　2—排气门　3—进气门

汽车上实际应用的是多缸发动机，它是将若干个相同的单缸排列在同一个机体上，通过同一根曲轴输出动力。各缸的工作循环过程相同，曲轴每旋转两圈，各缸均要完成一个工作循环。但为保证曲轴转速的均匀性，各缸做功行程应均布在 720°曲轴转角内，且每缸做功的先后应得到最佳的合理安排。现代汽车较多采用四缸、六缸、八缸发动机。

直列四缸四冲程发动机的做功间隔角为 720°/4=180°，四个曲拐布置在同一平面内，其工作顺序有 1-3-4-2 和 1-2-4-3 两种，工作过程见表 1-1。

表 1-1　四缸四冲程发动机的工作过程

工作顺序	1-3-4-2				1-2-4-3			
曲轴转角	各缸工作过程				各缸工作过程			
	一缸	二缸	三缸	四缸	一缸	二缸	三缸	四缸
0°～180°	做功	排气	压缩	进气	做功	压缩	排气	进气
180°～360°	排气	进气	做功	压缩	排气	做功	进气	压缩
360°～540°	进气	压缩	排气	做功	进气	排气	压缩	做功
540°～720°	压缩	做功	进气	排气	压缩	进气	做功	排气

六缸直列四冲程发动机的做功间隔角为 720°/6=120°，六个曲柄分别布置在三个平面内，其工作顺序有 1-5-3-6-2-4 和 1-4-2-6-3-5 两种。国产汽车大多采用前一种工作顺序，工作过程见表 1-2。

八缸 V 形四冲程发动机的做功间隔角为 720°/8=90°，发动机左右两列对应的是一对连杆且共用一个曲柄，故其曲拐数目为 4。4 个曲柄布置在两个相互错开 90°的平面内，其工作顺序为 1-8-4-3-6-5-7-2，工作过程见表 1-3。

表 1-2　六缸四冲程发动机工作过程

工作顺序		1-5-3-6-2-4					
曲柄转角		第一缸	第二缸	第三缸	第四缸	第五缸	第六缸
0°～180°	60°			进气	做功	压缩	
	120°	做功	排气				进气
	180°			压缩	排气		
180°～360°	240°		进气			做功	
	300°	排气					压缩
	360°			做功	进气		
360°～540°	420°		压缩			排气	
	480°	进气					做功
	540°			排气	压缩		
540°～720°	600°		做功			进气	
	660°	压缩					排气
	720°		排气	进气	做功	压缩	

表 1-3　八缸四冲程发动机工作过程

工作顺序		1-8-4-3-6-5-7-2							
曲柄转角		第一缸	第二缸	第三缸	第四缸	第五缸	第六缸	第七缸	第八缸
0°～	90°	做功	做功	进气	压缩	排气	进气	排气	压缩
180°	180°		排气	压缩		进气			做功
180°～	270°	排气			做功		压缩	进气	
360°	360°		进气	做功		压缩			排气
360°～	450°	进气			排气		做功	压缩	
540°	540°		压缩	排气		做功			进气
540°～	630°	压缩			进气		排气	做功	
720°	720°		做功	进气		排气			压缩

1.3　主要性能指标

发动机性能是指发动机的动力性、燃油经济性、轻量化等方面的性能。这些性能直接影响到汽车整车的有关性能。发动机常见的性能指标有指示性能指标、有效性能指标、强化性能指标、环境性能指标和耐久可靠性能指标。

1.3.1　指示性能指标

指示性能指标是以每工作循环工质对活塞所做功为计算依据，用以评价燃料燃烧到热功转换工作循环进行的质量，可从示功图测量计算得出，如图 1-8 所示。该指标在发动机工作过程的分析研究中得到广泛应用。

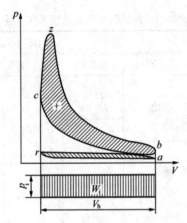

图 1-8　发动机指示功与平均指示压力

（1）指示功　气缸内工质在一个实际工作循环内对活塞所做的有用功，常用 W_i 表示，单位为 J 或 N·m。

$$W_i = F_i ab \times 10^{-6} \tag{1-5}$$

式中　F_i——示功图面积（cm^2）；

a——示功图纵坐标比例尺（Pa/cm）；

b——示功图横坐标比例尺（cm^3/cm）。

（2）平均指示压力　单位气缸工作容积一个实际循环所做的指示功，常用 p_i 表示，单位为 MPa。

$$p_i = \frac{W_i}{V_h} \tag{1-6}$$

式中　W_i——指示功（kJ）；

V_h——每缸工作容积（L）。

（3）指示功率　发动机单位时间内所做的指示功，常用 P_i 表示，单位为 kW。

$$P_i = \frac{p_i V_h n i}{30\tau} \tag{1-7}$$

式中　p_i——平均指示压力（MPa）；

V_h——每缸工作容积（L）；

n——发动机转速（r/min）；

i——发动机的缸数；

τ——发动机的行程数。

（4）指示效率　实际工作循环指示功与所消耗的燃料热量之比值，用 η_i 表示。

$$\eta_i = \frac{W_i}{Q_1} \tag{1-8}$$

式中　W_i——指示功（kJ）；

Q_1——得到指示功 W_i 所消耗的热量（kJ）。

当测得一台发动机指示功率 P_i（kW）和每小时燃油消耗量 B（kg/h）时，则

$$\eta_i = \frac{3600 P_i}{B H_u} \tag{1-9}$$

式中　3600——1kW·h 的热当量（kJ）；

　　　H_u——所用燃料的低热值（kJ/kg）。

（5）指示燃油消耗率　单位指示功率的耗油量，常指每千瓦小时指示功的耗油量，常用 b_i 表示，单位为 g/（kW·h）。

$$b_i = \frac{B}{P_i} \times 10^3 \tag{1-10}$$

式中　B——每小时燃油消耗量（kg/h）；

　　　P_i——指示功率（kW）。

1.3.2　有效性能指标

有效性能指标是以每工作循环曲轴有效输出功为计算依据，用以评价发动机实际工作性能的优劣。该指标在发动机生产和试验研究中得到广泛应用。

（1）有效功　发动机每一工作循环曲轴输出的功量，常用 W_e 表示，单位为 J。

$$W_e = W_i - W_m \tag{1-11}$$

式中　W_i——工作循环净指示功（J）；

　　　W_m——工作循环实际机械损失功（J）。

（2）平均有效压力　单位气缸工作容积所做的有效功，常用 p_e 表示，单位为 MPa。

$$p_e = \frac{W_e}{V_h} \tag{1-12}$$

式中　W_e——有效功（kJ）；

　　　V_h——每缸工作容积（L）。

（3）有效功率　由试验测得的发动机曲轴所输出的实际功率，常用 P_e 表示，单位为 kW。

$$P_e = P_i - P_m \text{ 或 } P_e = \frac{T_{tq}n}{9550} \tag{1-13}$$

式中　P_i——指示功率（kW）；

　　　P_m——实际机械损失功率（kW）；

　　　T_{tq}——有效转矩（N·m）；

　　　n——曲轴转速（r/min）。

（4）有效转矩　发动机曲轴输出的旋转力矩，用 T_{tq} 表示，单位为 N·m。

（5）发动机转速　发动机曲轴每分钟的回转数，用 n 表示，单位为 r/min。

（6）有效效率　实际工作循环有效功 W_e 与所消耗的热量 Q_1 之比值，用 η_e 表示。

$$\eta_e = \frac{W_e}{Q_1} = \frac{W_i \eta_m}{Q_1} = \eta_i \eta_m \tag{1-14}$$

式中　η_i——指示效率；

　　　η_m——机械效率，即发动机有效功率 P_e 与指示功率 P_i 之比。

（7）有效燃油消耗率　单位有效功率的耗油量，常用 b_e 表示，单位为 g/（kW·h）。

$$b_e = \frac{B}{P_e} \times 10^3 \tag{1-15}$$

式中　B——每小时燃油消耗量（kg/h）；

　　　P_e——有效功率（kW）。

1.3.3 强化性能指标

（1）升功率　发动机每升工作容积所发出的有效功率，常用 P_L 表示，单位为 kW/L。它反映了发动机排量的利用率。

$$P_L = \frac{P_e}{V_h i} \tag{1-16}$$

式中　P_e——有效功率（kW）；

　　　V_h——每缸工作容积（L）；

　　　i——发动机的缸数。

（2）比质量　发动机的结构质量与它所发出的有效功率（额定功率）之比值，常用 m_e 表示，单位为 kg/kW。它反映了发动机质量的利用程度和结构紧凑性。

$$m_e = \frac{m}{P_e} \tag{1-17}$$

式中　m——发动机结构质量（kg）；

　　　P_e——有效功率（kW）。

（3）强化系数　平均有效压力 p_e 与活塞平均速度 v_m 的乘积。其中，活塞平均速度 v_m 是指发动机在标定转速下工作时，活塞往复运动速度的平均值，单位为 m/s，即

$$v_m = \frac{Sn}{30} \times 10^{-3} \tag{1-18}$$

式中　S——活塞行程（mm）；

　　　n——发动机转速（r/min）。

强化系数值越大，发动机的热负荷和机械负荷越高。

1.3.4 环境性能指标

环境性能指标主要指发动机排气品质和噪声水平。由于它关系到人类的健康及其赖以生存的环境，因此各国政府都制定出严格的控制法规，以此削减发动机排气和噪声对环境的污染。当前，排放指标和噪声水平已成为发动机的重要性能指标。

排放指标主要是指从发动机油箱、曲轴箱排出的气体和从气缸排出的废气中所含的有害排放物的量，对汽油机来说主要是废气中的一氧化碳（CO）和碳氢化合物（HC）含量；对柴油机来说主要是废气中的氮氧化物（NO_x）和颗粒（PM）含量。

噪声是指对人的健康造成不良影响及对学习、工作和休息等正常活动产生干扰的声音。由于汽车是城市中的主要噪声源之一，而发动机又是汽车的主要噪声源，因此控制发动机的噪声就显得十分重要。

1.3.5 耐久可靠性能指标

发动机的可靠性与耐久性用以衡量其在持续的负荷运转中，工作性能的可靠程度与耐久程度。

发动机的可靠性是指发动机在规定的使用条件下，在规定时间内完成规定功能的能力。通常可用下述指标评定：

（1）可靠度　指发动机在规定使用条件下，在规定时间内完成规定功能的概率。

（2）维修度　指发动机在规定使用条件下，在规定时间内完成维修的概率。

（3）有效度　指发动机在某一时刻具有或维持其规定功能的概率。

耐久性是指发动机在规定的使用和维修条件下，达到某种技术或经济指标极限时完成规定功能的能力。耐久性常用发动机的寿命来评定。

（1）平均寿命　发动机平均无故障工作时间。

（2）可靠性寿命　发动机的可靠度下降到某一数值时发动机已工作的时间。

（3）大修寿命　发动机大修或换机概率达到 50% 的累积使用时间。

1.4 型号编制规则

内燃机产品名称应符合 GB/T 1883.1—2005《往复式内燃机　词汇第一部分：发动机设计和运行术语》的规定，均按所采用的燃料命名，如汽油机、柴油机和天然气机。

1.4.1 型号组成

内燃机型号由四个部分组成，如图 1-9 所示。

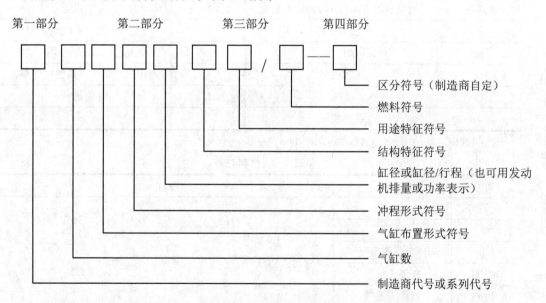

图 1-9　内燃机型号编制规则

第一部分：为制造商代号或系列代号，由制造商根据需要选择相应 1～3 位字母表示。

第二部分：由气缸数、气缸布置形式符号、冲程形式符号和缸径符号组成。

1）气缸数用 1～2 位数字表示。

2）气缸布置形式符号参照表 1-4。

3）冲程形式为四冲程时符号省略，二冲程用 E 表示。

4）缸径符号一般用缸径或缸径/行程数字表示，也可用发动机排量或功率表示，其单位由制造商自定。

表1-4　气缸布置形式符号

符号	含义	符号	含义
无符号	多缸直列或单缸	H	H形
V	V形	X	X形
P	卧式		

注：其他布置形式符号见 GB/T 1883.1—2005。

第三部分：由结构特征符号、用途特征符号和燃料符号组成，分别参照表1-5～表1-7。

表1-5　结构特征符号

符号	结构特征	符号	结构特征
无符号	液体冷却	Z	增压
F	风冷	ZL	增压中冷
N	凝气冷却	DZ	可倒转
S	十字头式		

表1-6　用途特征符号

符号	用途	符号	用途
无符号	通用型及固定动力（或制造商自定）	D	发电机组
T	拖拉机	C	船用主机、右机基本型
M	摩托车	CZ	船用主机、左机基本型
G	工程机械	Y	农用三轮车（或其他农用车）
Q	汽车	L	林业机械
J	铁路机车		

注：内燃机左机和右机的定义遵循 GB/T 726—1994 的规定。

表1-7　燃料符号

符号	燃料名称	备注
无符号	柴油	
P	汽油	
T	天然气（煤层气）	管道天然气
CNG	压缩天然气	
LNG	液化天然气	
LPG	液化石油气	
Z	沼气	各类工业化沼气（农业有机废弃物、工业有机废水物、城市污水处理、城市有机垃圾）允许用1～2个字母的形式表示，如"ZN"表示农业有机废弃物产生的沼气

符号	燃料名称	备注
W	煤矿瓦斯	浓度不同的瓦斯允许用 1 个小写字母的形式表示。如"Wd"表示低浓度瓦斯
M	煤气	各类工业化煤气（如焦炉煤气、高炉煤气等）允许在 M 后加 1 个字母区分煤气的类型
S	柴油/天然气双燃料	其他双燃料用两种燃料的字母表示
SCZ	柴油/沼气双燃料	
M	甲醇	——
E	乙醇	
DME	二甲醇	
FME	生物柴油	

注：1. 一般用 1～3 个拼音字母表示燃料，亦可用燃料的英文缩写字母表示。

2. 其他燃料允许制造商用 1～3 个字母表示。

第四部分：区分符号。同系列产品需要区分时，允许制造商选用适当符号表示。第三部分与第四部分可用"—"分隔。

1.4.2 型号示例

1．汽油机型号

1E65F/P——单缸、二冲程、缸径 65mm、风冷、通用型。

492Q/P-A——四缸、直列、四冲程、缸径 92mm、液体冷却、汽车用（A 为区分代号）。

2．柴油机型号

495T——四缸、直列、四冲程、缸径 95mm、水冷、拖拉机用。

YZ6102Q——六缸、直列、四冲程、缸径 102mm、液体冷却、汽车用（YZ 为扬州柴油机厂代号）。

12VE230/300ZCZ——十二缸、V 形、二冲程、缸径 230mm、行程 300mm、液体冷却、增压、船用主机、左机基本型。

思考题

1. 发动机的定义及分类。

2. 汽车发动机由哪些机构和系统构成？各组成部分有何功用？

3. 名词解释：上止点、下止点、活塞行程、气缸工作容积、燃烧室容积、发动机排量、压缩比、工作循环。

4. 四冲程发动机的示功图有什么作用？

5. 简述四冲程发动机的工作原理。

6. 为什么在实际应用中汽车采用多缸发动机？

7. 发动机的主要性能指标有哪些？

8. 发动机型号由哪些部分组成？

第 2 章 机体零件与曲柄连杆机构

2.1 机体零件

发动机机体零件主要由机体、气缸套、气缸盖、气缸垫、下曲轴箱等零部件组成。

2.1.1 机体与下曲轴箱

1. 机体

如图 2-1 所示，机体主要由气缸体、上曲轴箱、曲轴主轴承座、飞轮罩壳等组成，它是安装气缸套、活塞、曲轴以及其他相关零部件和附件的支承骨架。通常气缸体与上曲轴箱采用灰铸铁铸成一体，有些发动机为减轻质量，加强散热性能，有效降低燃油消耗而采用铝合金铸造。机体上部为气缸体，下部为上曲轴箱及主轴承座，侧面为飞轮罩壳，在机体内部铸有许多加强肋、冷却水套和机油道等。

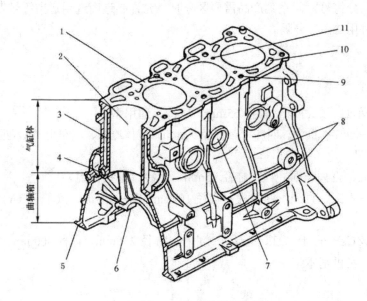

图 2-1 机体结构示意图

1—气缸体上平面 2—气缸 3—水套 4—机油主油道 5—气缸体下平面 6—曲轴主轴承座

7—水堵 8—加强肋 9—缸盖螺栓孔 10—冷却水套 11—机油道

机体在发动机工作时要承受压力和温度的急剧变化及活塞运动的强烈摩擦，因此它应具有足够的强度和刚度，具有良好的冷却性能。根据机体与下曲轴箱（底壳）安装平面的位置不同，机体常见的结构型式分为三种，如图 2-2 所示。

（1）一般式（见图 2-2a） 机体安装油底壳的加工面与曲轴旋转中心在同一高度。其结构紧凑、机体高度低、质量小，且机械加工及曲轴拆装方便，但刚度和强度相对较差。

（2）龙门式（见图 2-2b） 机体安装油底壳的加工面低于曲轴旋转中心。其刚度和强度较好，能承受较大的负荷，但质量较大，且工艺性较差，加工较困难。

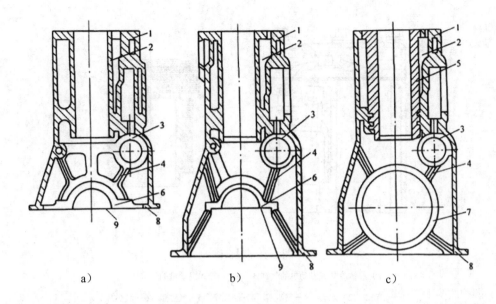

图 2-2　机体结构型式

a）一般式　b）龙门式　c）隧道式

1—气缸体　2—水套　3—凸轮轴孔座　4—加强肋　5—缸套　6—曲轴主轴承座

7—主轴承座孔　8—安装油底壳的加工面　9—安装主轴承盖的加工面

（3）隧道式（见图 2-2c）　其特点是主轴承座孔为整体式，主轴承孔较大，曲轴从机体后部装入。其刚度和强度高，但比较笨重，拆装曲轴不方便，且加工精度要求高，工艺性较差。

2. 下曲轴箱

下曲轴箱也称为油底壳，它安装在机体下部，用于贮存机油并密封曲轴箱。其受力较小，常用薄钢板冲压或轻金属铸造而成，其形状大小取决于机体相关结构和所需机油容量。下曲轴箱一般局部做得很深，以保证发动机倾斜时输油泵仍能吸到机油；内部装有稳油挡板，以避免发动机颠簸时造成的油面振荡激溅，有利于机油杂质的沉淀；侧面装有量油尺，用来检查油量；底部最低处装有放油螺塞。

2.1.2 气缸与气缸套

1. 气缸

如图 2-1～图 2-3 所示，气缸体内的圆柱形空腔称为气缸。就理论上而言，气缸是燃料燃烧和膨胀的场所，又是活塞往复运动的轨道，故其工作表面常与高温高压燃气接触，且与活塞产生高速摩擦，所以要求气缸耐高温、耐磨损和耐腐蚀。通常在制造时，从气缸的材料、加工精度和结构型式等方面加以保证，如缸体材料一般采用优质灰铸铁或在铸铁中加入少量镍、钼、铬、磷等元素的优质合金铸铁，气缸内壁按 2 级精度加工并经过珩磨，使其表面粗糙度、形状和尺寸精度均达到较高要求。此外，为了使气缸工作表面能在高温下正常工作，气缸外壁周围设置了水套或铸有散热片，借助冷却水或风随时进行强制冷却，如图 2-3 所示。

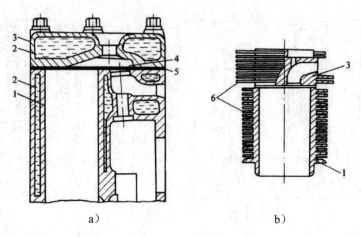

a)   b)

图2-3　气缸体

a）液体冷却式发动机的气缸体　b）风冷式发动机的气缸体

1—气缸体　2—水套　3—气缸盖　4—燃烧室　5—气缸垫　6—散热片

但是，除了与活塞配合的气缸壁外，其他各部分的耐磨性要求不高，若气缸体全部采用上述优质材料是不经济的。因此，除某些负荷较小、缸径不大的小型内燃机常将气缸与机体铸造成一体外，绝大多数内燃机采用了气缸与机体可拆装的组合式结构，即在机体的气缸体中镶入用优质材料精制而成的气缸套，并保证其具有足够的强度、刚度、耐磨性和耐蚀性。

2. 气缸套

汽车发动机多采用液体冷却的方式，主要是利用水套中的冷却液来降低发动机的温度。液体冷却式发动机的气缸套分为干式和湿式两种，如图2-4所示。

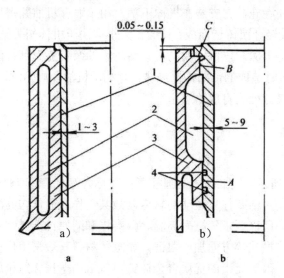

图2-4　液体冷却式气缸套

a）干式气缸套 b）湿式气缸套

1—气缸套　2—冷却水套　3—气缸体　4—密封圈

（1）干式气缸套　如图 2-4a 所示，冷却液在气缸体密封水套内流动，与气缸套外表面不直接接触。气缸套壁厚一般为 1～3mm。气缸套通过上端凸肩进行轴向定位或用下端定位。它结构紧凑，不需要特殊密封装置，装配后机体强度、刚度高，但要求气缸套外表面和气缸体内孔表面必须精加工并确保两者配合良好，拆装要求较高，且冷却效果较差。干式气缸套多用于汽油机上。

（2）湿式气缸套　如图 2-4b 所示，冷却液在气缸体与气缸套围成的密封水套内流动，与气缸套外表面直接接触。气缸套壁厚一般为 5～9mm。气缸套外表面加工有保证径向定位的上下圆环带，亦称上支承定位带（B 处）和下支承密封带（A 处）。上支承定位带与气缸体内孔配合较紧；下支承密封带与气缸体内孔配合较松，并间隔开有凹槽，用于装 1～3道橡胶密封圈，以防止冷却液漏入曲轴箱和油底壳。气缸套依靠其上端的凸肩轴向定位，其顶面略高出气缸体顶面 0.05～0.15mm，有利于在紧固气缸盖螺栓时将气缸垫压紧压实，以保证气缸中的高压气体和冷却液不致泄漏。湿式气缸套具有散热性好、冷却均匀、加工容易、拆装方便等优点，但气缸刚度差，易漏气、漏水。这种气缸套多用在柴油机上。

2.1.3　气缸盖与气缸垫

1. 气缸盖

气缸盖用螺栓紧固在气缸体上，两者之间有气缸垫，用以密封气缸上部，并与气缸壁和活塞顶一起构成燃烧室，如图 2-5 所示。燃烧室的形状会直接影响燃料形成质量、燃烧状况等多方面，对发动机的工作影响很大。由于汽油机和柴油机的燃烧方式不同，它们的燃烧室形状存在较大差别。柴油机燃烧室形状主要取决于活塞顶部，而汽油机燃烧室形状主要取决于气缸盖。

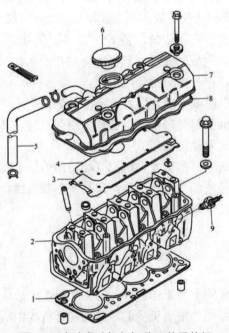

图 2-5　汽油发动机气缸盖及其零件组

1—气缸垫　2—气缸盖　3—导气垫板　4—导气板　5—软管　6—机油加注口盖　7—气缸盖罩　8—密封衬垫　9—火花塞

气缸盖通常是用铸铁或铝合金铸造而成的形状复杂的零件。由于铝合金的导热性好，有利于提高压缩比，故轿车发动机均采用铝合金的气缸盖。气缸盖上加工有进排气门座孔、气门导管孔、火花塞安装孔（汽油机）或喷油器安装孔（柴油机）、凸轮轴轴承孔或凸轮轴轴承座、机油道等，还铸有冷却水套、进排气通道和燃烧室的一部分。此外，气缸盖能将气缸套压紧于机体正确位置上，使活塞运动正常。

气缸盖的结构型式多种多样，其分类方法也较多。

1）按气缸数目可分为单体式、块状式和整体式3种。单体式气缸盖是指每一个气缸对应一个单独的气缸盖，块状式气缸盖是每两个或两个以上的气缸共用一个气缸盖，整体式气缸盖是所有气缸共用一个气缸盖。前两者气缸盖较短，制造和维修方便，且密封性和刚度较好，但会使发动机长度增加；后者可以减少气缸盖零件数目，缩短发动机长度。

2）按气门数目可分为二气门气缸盖和四气门气缸盖两类。二气门气缸盖在每个气缸上安装了一个进气门和一个排气门；四气门气缸盖在每个气缸上安装了两个进气门和两个排气门，其气道布置一般有串联式和并联式两种，前者的两个同名气门共用一个气道，后者的两同名气门分别与一个独立气道相通。

2. 气缸垫

气缸垫位于气缸盖和气缸体结合面之间，其作用是填补气缸体和气缸盖之间的微观孔隙，保证结合面处具有良好的密封性，防止气缸漏气、漏油和漏水。由于其经常与高温高压燃气及机油、冷却液接触，故要求气缸垫耐热和耐腐蚀，有足够的强度、柔性和弹性，且能重复使用，有一定的使用寿命，拆装方便。

目前在汽车发动机上使用较多的气缸垫有以下两类：

（1）金属-石棉垫　如图2-6所示，石棉纤维中间夹有金属丝或金属屑，外裹铜皮或钢皮，对应的燃烧室孔、水孔和油孔等周围用金属镶边，此种气缸垫有很好的弹性和耐热性，能重复使用，但厚度和质量分布不均匀，强度较差。有的气缸垫用金属网或带孔的钢板做骨架，外覆石棉及橡胶黏合剂压制而成，只在燃烧室孔、水孔和油孔等处用金属包边。此种气缸垫弹性和强度更好，但一般只能使用一次。

（2）纯金属垫　采用单层或多层金属片（铜、铝或低碳钢），通过冲压成形。这种气缸垫可在燃烧室孔、水孔和油孔等处形成弹性凸筋，增强密封。其具有耐高温高压、密封性好的特点。通常被一些强化发动机采用。

随着新型密封材料的研发，部分发动机已开始使用单层金属片加耐热密封胶，或只用耐热密封胶，以彻底取代传统的气缸垫。使用耐热密封胶或纯金属垫的发动机对气缸体与气缸盖结合面的加工精度要求较高。

2.2　曲柄连杆机构

曲柄连杆机构是发动机的重要工作部件，它将燃料燃烧后作用在活塞顶上的压力转变为推动曲轴旋转的转矩，并向外输出机械能。曲柄连杆机构由活塞连杆组和曲轴飞轮组两部分组成，如图2-7所示。

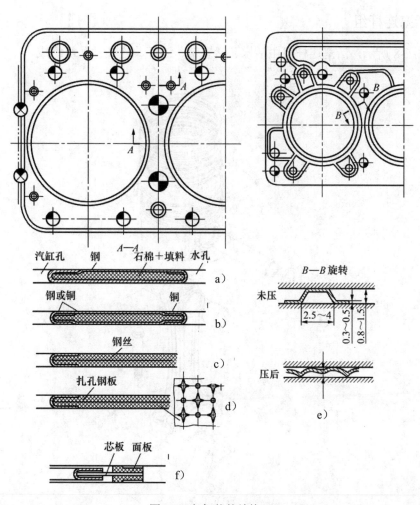

汽缸孔　钢　　石棉+填料　水孔

a)

钢或铜　　　　　　铜

b)

钢丝

c)

扎孔钢板

d)

芯板　面板

f)

B—B旋转

未压

2.5~4
0.3~0.5
0.8~1.5

压后

e)

图 2-6　气缸垫的结构

a)~d) 金属-石棉垫　e) 冲压钢板　f) 无石棉气缸垫

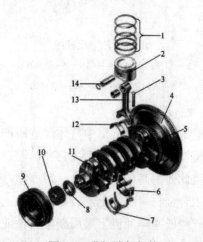

图 2-7　曲柄连杆机构

1—活塞环　2—活塞　3—连杆螺栓　4—飞轮　5—曲轴转速信号轮　6—连杆轴承盖　7—止推片　8—链轮
9—曲轴带轮　10—曲轴齿轮　11—曲轴　12—连杆轴瓦　13—连杆　14—活塞销

2.2.1 活塞连杆组

如图 2-8 所示，活塞连杆组由活塞、活塞销、连杆、连杆轴瓦等组成。

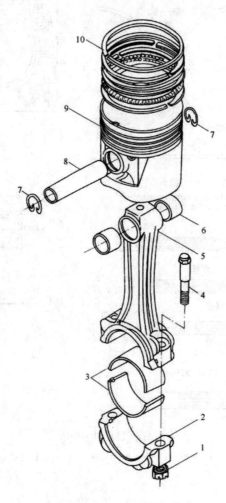

图 2-8　活塞连杆组

1—连杆螺母　2—连杆盖　3—连杆轴瓦　4—连杆螺栓　5—连杆　6—连杆衬套　7—活塞销卡环

8—活塞销　9—活塞　10—活塞环

1. 活塞

活塞是汽车发动机的中枢部位，承受气缸中气体燃烧所产生的压力，并将此力通过活塞销传递给连杆，再由连杆驱使曲轴做旋转运动。它在高温、高压、高速的交变载荷、润滑效果受限的条件下工作，因此要耐高压、耐高温、耐磨损，要求有足够的刚度和强度，导热性能要好，质量要轻。铝合金材料基本上能较好地满足上面的要求，故活塞一般都采用高强度铝合金制造。但在一些低速柴油机上采用高级铸铁或耐热钢制造，承受高机械负荷。此外，金属陶瓷具有耐高温性能，已开始作为一种新型材料应用于活塞制造。

一般活塞都是圆柱体。根据不同发动机的工作条件和要求，活塞的构造各种各样。如

图2-9所示，活塞主要由顶部、头部和裙部三部分组成。

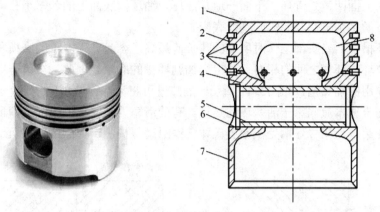

图2-9　活塞及其结构剖面

1—活塞顶　2—活塞头　3—活塞环　4—活塞销座　5—活塞销　6—活塞销卡环　7—活塞裙部　8—加强肋

（1）活塞顶部　活塞顶部是燃烧室的组成部分，其形状与燃烧室的具体形式有关。为满足可燃混合气形成和燃烧质量的要求，活塞顶部常制成不同的形状，如图2-11所示。

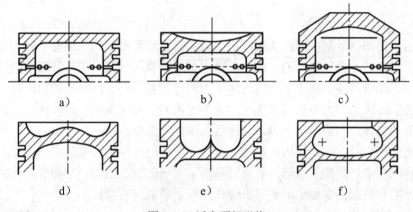

图2-10　活塞顶部形状

a）平顶　b）凹顶　c）凸顶　d）、e）、f）凹坑

大多数汽油机采用平顶活塞，如图2-10a所示，其结构简单，制造容易，受热面积小，顶部应力分布较为均匀。为改善混合气体形成和提高燃烧效率，部分汽油机采用凹顶活塞，如图2-10b所示。二冲程汽油机常采用凸顶活塞顶部，如图2-10c所示，其顶部强度高，起导向作用，有利于改善换气过程。柴油机多采用凹坑活塞，如图2-10 d～f所示，其不但能改善混合气体形成和燃烧质量，而且可调节发动机的压缩比。

活塞工作时，活塞顶部温度很高，且温度分布很不均匀，承受气体压力很大，特别是做功行程压力最大，因而易导致活塞顶燃烧室周壁龟裂和烧蚀。为此，活塞一般采用阳极发蓝处理，利用硬质的氧化膜改善铝活塞顶面耐热性能和抑制热龟裂的产生。

（2）活塞头部　活塞头部又称为防漏部，是指活塞最下一个环槽以上的部分。其主要作用是便于活塞环的安装，并与活塞环一起密封气缸，防止高温、高压可燃混合气泄漏到曲轴箱内及防止机油进入燃烧室，同时还将活塞顶部吸收的热量通过活塞环传给气缸壁。

柴油机压缩比较高，一般四道环槽中的上面三道是气环，下面一道是油环；汽油机一般三道环槽中的上面两道是气环，下面一道是油环。油环槽底面上的若干小孔可以使得被油环从缸壁刮下的多余机油经此流回到油底壳。

第一环槽在活塞头部工作时所受的热负荷最高，容易产生严重的磨损和热裂纹，与此同时，活塞环与环槽之间的相对运动也会加剧环槽的磨损。因此，在第一环槽上面加工出具有隔热作用的隔热槽，如图 2-11 所示。隔热槽可将活塞顶的热量分流，让第二、第三活塞环分担部分原本流向第一活塞环的热量。有的活塞为增强环槽的强度和耐磨性，提高使用寿命，在第一、第二环槽处镶嵌奥氏体铸铁耐磨保护圈，如图 2-12 所示。

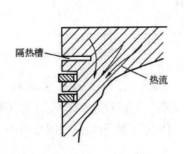

图 2-11　活塞隔热槽

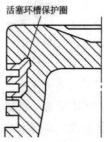

图 2-12　活塞环槽保护圈

（3）活塞裙部　活塞裙部指从油环槽下端面起至活塞最下端的部分，其上方开有活塞销座孔用于活塞销与连杆连接的支承。活塞裙部对活塞在气缸内的往复运动起导向作用和承受侧压力，并将活塞头部传下来的气体压力通过活塞销座、活塞销传给连杆。活塞裙部的长短取决于侧压力的大小和活塞直径。所谓侧压力是指在压缩行程和做功行程中，作用在活塞顶部的气体压力的水平分力，其使活塞压向气缸壁。

活塞裙部工作时，在气缸内高温燃气压力和气缸壁对活塞的侧压力作用下，会产生弯曲变形、挤压变形和热膨胀变形，从而破坏活塞与气缸壁之间的正常配合，使发动机工作异常。为预防和控制活塞裙部的变形，常在结构上采取下列措施：

1）活塞裙部在高度方向上制成阶梯形或锥形，如图 2-13a 所示，以补偿活塞裙部热膨胀量上大下小的情况，使工作时活塞上下直径趋于相等。

2）活塞裙部断面制成椭圆形，如图 2-13b 所示。椭圆的长轴在垂直于活塞销轴线方向，短轴在活塞销方向，可补偿活塞销座处金属量多、热膨胀变形大的情况，使活塞工作时其断面处于正圆。

3）活塞裙部开槽，如图 2-13c 所示。开横向的绝缘槽可减少活塞裙部的受热量，开纵向的膨胀槽可补偿活塞裙部受热后的变形量。

4）活塞裙部或销座内嵌入热膨胀系数低的钢片，以减少活塞裙部的变形量。如图 2-13d 所示，嵌入恒范钢片（其膨胀系数仅为铝合金的 1/10），活塞销座通过恒范钢片与裙部连接，可限制裙部的热膨胀变形。

5）在销座处去除一部分金属或采用拖板式活塞，如图 2-14 所示，以减少销座附近的热变形，同时还可以减轻活塞质量，减小惯性作用。

6）将活塞销座中心线向在做功行程承受侧压力的一面偏移 $e=1\sim2mm$，目的是为了使活塞能较平稳地从压向气缸的一面过渡到另一面，以减轻"敲缸"现象，减小噪声，改善发动机工作的平顺性。

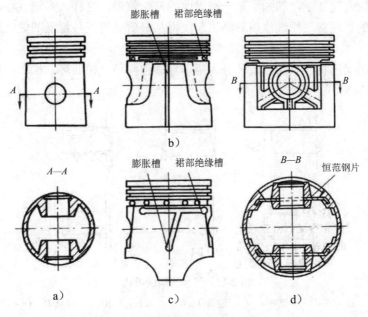

图 2-13　活塞裙部不同形状的结构

a）锥形裙部活塞　b）椭圆形裙部活塞　c）活塞的膨胀槽和绝缘槽　d）恒范钢片式活塞

图 2-14　拖板式活塞

2. 活塞环

活塞环是一种具有较大向外扩张变形的金属弹性环，被嵌入到活塞环槽内。它分为气环和油环两种。

活塞环在高温、高压、高速及有限润滑条件下工作，因而要求其具有良好的弹性和耐磨性，并对缸壁的磨损小。为此活塞环多采用合金铸铁制成，并对第一道气环多采取镀铬或喷钼处理，其余环一般镀锡或磷化。

（1）气环　气环的作用是密封和传热。它与活塞一起保证气缸壁与活塞间的密封，防止燃烧室的气体窜入曲轴箱，提高热效率，且能够将活塞顶部吸收的大部分热量传递给气缸壁，起到冷却作用。

气环开有切口，具有一定的弹性，在自由状态下外径大于气缸直径。气环随活塞装入气缸后，依靠自身弹性使得其外圆面与气缸壁紧密贴合，形成第一密封面，可防止气体（特别是做功行程时的高温高压燃气）从第一密封面通过。少量被密封的气体窜入环与环槽之间的间隙，不仅可将气环向环槽下端面压紧，形成第二密封面，而且作用于气环内圆表面，使气环进一步压向气缸壁，加强了第一密封面的密封效果。这样，多道气环及其交错安置的开口所构成的"迷宫"相继作用的结果，使得从最后一道气环泄漏的燃气压力和流速大大减小。

根据气环断面形状的不同，气环分为矩形环、锥面环、扭曲环、梯形环和桶面环等多种，如图 2-15 所示。

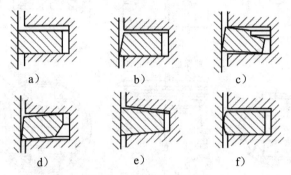

图 2-15　气环的断面形状

a) 矩形环　b) 锥面环　c) 正扭曲内切环　d) 反扭曲锥面环　e) 梯形环　f) 桶面环

1）矩形环（见图 2-15a）。其断面为矩形，结构简单、工艺性和散热性好、成本较低。但气环外圆面与气缸壁接触面积大，使得其密封效果和耐磨性较差，且随活塞往复运动，易产生泵油作用。活塞下行时，如图 2-16 所示，因气环与气缸壁之间摩擦阻力和气环的惯性，使气环的上端面与环槽上端面紧密结合，气缸壁上的机油被刮入下边隙和背隙内。活塞上行时，如图 2-17 所示，气环的下端面与环槽下端面紧密结合，原进入第一道环背隙内的机油窜入燃烧室并燃烧，不仅增加了机油消耗，而且可能在燃烧室和环槽中形成积炭，造成气缸、活塞、活塞环磨损加剧，甚至气环被卡死而失去密封作用。为了消除泵油作用的负面影响，除了在矩形气环之下装有油环外，广泛采用非矩形断面的扭曲环。

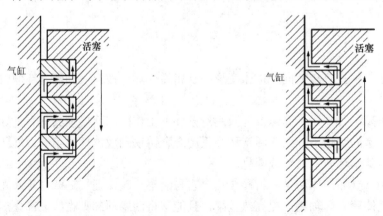

图 2-16　矩形环的泵油作用（活塞下行）　　　图 2-17　矩形环的泵油作用（活塞上行）

2）锥面环（见图 2-15b）。其断面为锥形，外圆工作面锥度为 0.5°～1.5°。气环外圆面与气缸壁的接触面小，提高了气环表面接触压力，有利于密封，随活塞下行时有刮油作用；活塞上行时，因锥角的"油楔"作用，能和气缸壁形成楔形油膜，改善润滑，减少磨损。但该环在高压气体作用下有被推离气缸壁缩向环槽的趋势，且导热性差，故不宜作为第一道气环。另外，安装时不能反装。

3）扭曲环（见图 2-15c、d）。其断面成不对称形状，即在矩形环内圆的边缘或外圆的边缘切去一部分。它装入活塞及气缸后，由于其断面非对称，因此产生不平衡力的作用，如图 2-18 所示，致使气环发生扭曲变形。环外侧下边缘紧贴缸壁，环外径呈上小下大，具有锥面环的效果。同时，使环的边缘与环槽上、下端面紧贴，可防止因环上下窜动产生的"泵油作用"，提高了密封性。目前扭曲环已在内燃机上广泛应用。

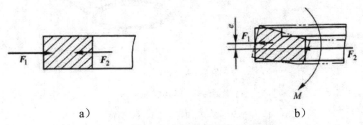

图 2-18　扭曲环的作用原理

a）矩形环　b）扭曲环

4）梯形环（见图 2-15e）。其断面成梯形，活塞在往复工作时受到的侧压力的方向不断变化，使得气环与环槽的侧隙发生变化，从而将结焦沉积物从环槽中挤出，并使间隙中的机油得以更新，还可防止环被黏结而折断。同时，高压燃气作用在环上的径向分力提高了气环的密封作用。因此，它常用在热负荷较高的柴油机上，多用于第一道环。

5）桶面环（见图 2-15f）。其外圆成凸圆弧形，随活塞上下运动时，外凸圆弧状均能与缸壁构成楔形空间，有利于机油进入摩擦面，显著降低磨损。同时，对气缸表面和活塞的偏摆适应性均较好，有利于密封。它是近年来出现的一种新结构，目前较广泛用作强化柴油机的第一环，只是桶形表面加工较复杂。

（2）油环　油环的主要作用是布油和刮油。它使气缸壁上布有一层均匀的油膜，同时又把气缸壁上多余的机油刮下，保证气缸和活塞及活塞环的正常润滑。此外，油环还能起到密封的辅助作用。常用的油环有普通油环和组合油环两种。

1）普通油环。其外圆柱面的中间加工有一道凹槽，形成上、下两道刮油唇，凹槽底部加工有许多回油孔或狭缝，上刮油唇的上端面外缘通常倒角，如图 2-19a 所示。该油环随活塞下行时，从气缸壁上刮下的多余机油通过排油孔或狭缝流回曲轴箱，活塞上行时，油环上的倒角不仅能形成油楔，起均布机油的作用，而且使刮下的多余机油仍能通过回油孔流回曲轴箱，如图 2-20 所示。

2）组合油环。其由三片刮油环 1、轴向衬环 2 和径向衬环 3 所组成，如图 2-19b 所示。其材质一般为弹簧钢，刮油环的外圆镀有铬层。轴向波形衬环夹装在第二和第三刮油环之间，使刮油环紧贴环槽上、下端面，形成的端面密封能防止机油上窜。位于刮油环之中的径向弹性衬环使刮油环均匀紧贴气缸壁，既实现了气缸良好密封，又随活塞下行能可靠刮去缸壁上的多余机油。各刮油环相对独立工作，能有效地减小缸壁的不均匀磨损和活塞摆动对密封性的影响，故此油环应用日渐增多。

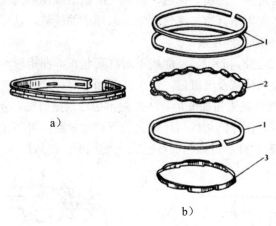

图 2-19 油环

a）普通油环 b）组合油环

1—刮油环 2—轴向衬环 3—径向衬环

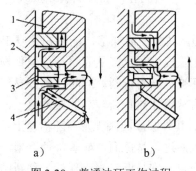

图 2-20 普通油环工作过程

a）活塞下行 b）活塞上行

1—活塞 2—气缸壁 3—油环凹槽 4—回油孔

活塞环在环槽中应留有必要的间隙，如图 2-21 所示，以防其受热膨胀而卡死。一是在活塞环开口处保留开口间隙，一般为 0.25～0.8mm（若开口间隙过大，则易漏气和上窜机油）；二是在活塞环与环槽侧面保留侧间隙，一般为 0.04～0.15mm（若侧间隙过大，则密封性下降，且活塞环与槽会因撞击严重而加速磨损，对气环还会加剧"泵油作用"）；三是活塞环背面与环槽底部保留背间隙，一般为 0.5～1.0mm。

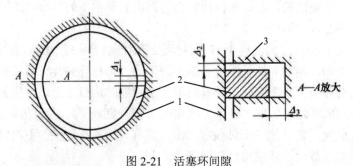

图 2-21 活塞环间隙

1—气缸 2—活塞环 3—活塞 Δ_1—开口间隙 Δ_2—侧间隙 Δ_3—背间隙

3. 活塞销

活塞销是装在活塞裙部的圆柱形销子，用于连接活塞和连杆小头，并将活塞承受的气体作用力传给连杆。

活塞销在高温环境下承受高的周期性冲击载荷，且其在销孔内摆动角度不大，难以形成机油膜，润滑条件差，故要求其具有足够的强度和刚度，较好的韧性和耐磨性，质量尽可能小，且销与销孔应该有适当的配合间隙和良好的表面质量。为此，活塞销常选用低碳钢或低碳合金钢材料，表面经渗碳和淬火处理，以提高表面硬度和耐磨性，保证心部具有一定强度和冲击韧度，最后进行精磨和抛光等精加工。

为了提高刚度和减轻质量，活塞销通常做成空心圆柱体，其内孔有圆柱形、组合形和两段截锥形 3 种形状，如图 2-22 所示。其中，圆柱形结构简单，容易加工，但活塞销的质量较大；两段截锥形的活塞销质量较小，且因为活塞销所受的弯矩在其中部最大，所以接近于等强度梁，但锥孔加工较难；组合形的结构介于二者之间。

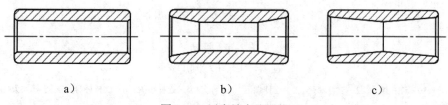

a）　　　　　　　　　b）　　　　　　　　　c）

图 2-22　活塞销内孔形状

a）圆柱形　b）组合形　c）两段截锥形

活塞销与活塞销座、连杆小头的连接方式分为全浮式和半浮式两种类型，如图 2-23 所示。

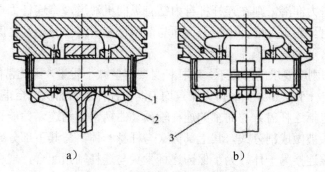

a）　　　　　　　　　　　b）

图 2-23　连杆小头与活塞销的连接

a）全浮式　b）半浮式

1—卡环　2—连杆衬套　3—小头紧固螺栓

全浮式在发动机工作时，活塞销分别可在活塞销座孔内和连杆小头衬套孔内缓慢转动，因此活塞销磨损较均匀。为了防止活塞销轴向窜动，在活塞销座孔两端凹槽内装有孔用弹性卡环。大多数发动机上都采用此连接方式。

半浮式是活塞销中部与连杆小头采用紧固螺栓连接，活塞销只能在两端销座内做自由摆动，而和连杆小头没有相对运动。活塞销不会轴向窜动，不需要锁片。该连接方式在小轿车上应用较多。

4. 连杆

连杆的作用是将活塞承受的力传给曲轴，并使活塞的往复运动转变为曲轴的旋转运动。它由连杆小头、连杆杆身和连杆大头三部分组成，如图2-24所示。

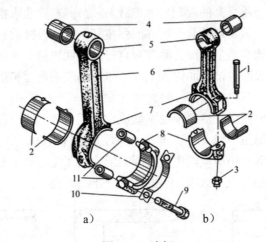

图2-24　连杆

a）斜切口式　b）平切口式

1、9—连杆螺栓　2—连杆轴瓦　3—连杆螺母　4—衬套　5—连杆小头　6—连杆杆身　7—连杆大头

8—连杆盖　10—锁片　11—定位套

连杆小头通过安装活塞销与活塞连接。连杆小头与活塞销的连接方式为全浮式，在连杆小头孔内一般压入减摩青铜衬套，也有的采用铁基或铜基粉末冶金衬套，以减少两者相对运动产生的摩擦。连杆小头与衬套上设有集油孔或油槽，用于贮存曲轴箱内飞溅上来的机油。有的采用压力润滑，则在连杆杆身内钻有纵向机油道，将连杆大端的液压油经此通道引入小端衬套内。为避免连杆小端两端面与活塞销座卡滞，其相互之间留有一定的配合间隙。

在满足强度和刚度要求的前提下，连杆杆身要尽量减小质量，因此常做成"工"或"H"形断面。为了使连杆小头到大头的传力比较均匀，连杆杆身断面从上至下逐渐加大。

连杆大头（包括连杆盖）与曲轴的连杆轴颈（曲柄销）相连，并能相对转动。为了便于安装，连杆大头被做成剖分式，其上部分（与杆身一体）与其下部分（称为连杆盖）通过特制的连杆螺栓连接为一体。为了保证连杆大头与连杆轴颈配合，连杆大头上、下两部分在加工时都是配对加工，并在同一侧刻有配对记号，以防止装配时配对错误。连杆大头孔内表面铣有连杆轴瓦定位凹坑，便于安装连杆轴瓦。

连杆大头按剖分面的方向分为斜切口式和平切口式两种形式。前者多用在柴油机上，后者多用在汽油机上。斜切口式连杆大头的剖分面与连杆杆身轴线成30°～60°夹角，如图2-24a所示。斜切口式的连杆螺栓在发动机工作过程中同时受到拉伸力和剪切力的作用，故连杆盖装配到连杆杆身上时需要严格定位，以防止连杆盖横向位移。平切口式连杆大头的剖分面与连杆杆身轴线垂直，如图2-24b所示。此结构刚性好，加工方便，制造费用低，且连杆螺栓在发动机工作过程中只受到拉力。

斜切口式连杆大头常采用以下定位措施：

1）锯齿定位，如图 2-25a 所示。其定位可靠，结构紧凑。但对齿距精度要求严格，维修不便。

2）套筒定位，如图 2-25b 所示，即在连杆盖的螺栓孔内压配刚度大且剪切强度高的套筒。其定位可靠，拆装连杆大头方便，但这种定位方式工艺复杂，要求高。

3）止口定位，如图 2-25c 所示。其工艺简单，成本低，但只是单向定位，故定位不可靠。

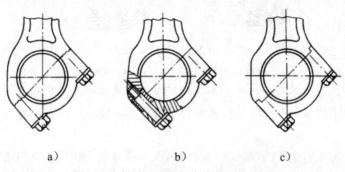

a）   b）   c）

图 2-25　斜切口式连杆大头的定位方式

a）锯齿定位　b）套筒定位　c）止口定位

V 形发动机的气缸排列有别于单列式发动机，其左右两个气缸的连杆安装在同一个连杆轴颈上，其结构随安装形式的不同而不同，如图 2-26 所示。

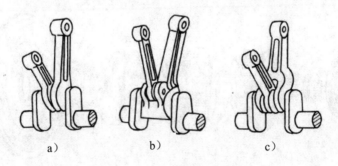

a）   b）   c）

图 2-26　V 形发动机连杆

a）并列式连杆　b）主副连杆　c）叉形连杆

1）并列式连杆，如图 2-26a 所示，即左右两个气缸的连杆一左一右并列安装在一个连杆轴颈上。左右连杆可以通用，左右两列气缸的活塞运动规律相同，但曲轴的长度增加。

2）主副连杆，如图 2-26b 所示，即主连杆直接安装在连杆轴颈上，副连杆通过铰接方式安装在主连杆上。主副连杆不能互换，左右两列气缸的活塞运动规律不同。

3）叉形连杆，如图 2-26c 所示，即一个连杆大头做成叉形，跨于另一个连杆厚度较小的大头两端。左右两列气缸的活塞运动规律相同，但两连杆不能互换，制造工艺复杂。

5. 连杆轴瓦

连杆轴瓦是安装在连杆大头孔座中的瓦片式滑动轴承，如图 2-27 所示。其主要功能是减小摩擦阻力和曲轴连杆轴颈的磨损。它是在厚为 1~3mm 的钢背的内圆面上浇注厚为 0.3~0.7mm 的减摩合金而成。目前常用的减摩合金主要有巴氏合金、铜铅合金和铝基合金。

其中，巴氏合金轴瓦因疲劳强度较低，只能用于负荷不大的汽油机；高锡铝合金轴瓦因具有较高承载能力和耐疲劳性，广泛用于汽油机和柴油机。

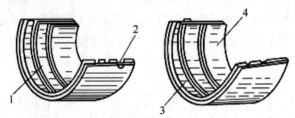

图 2-27　连杆轴瓦

1—油槽　2—定位凸键　3—钢背　4—减摩合金层

　　连杆轴瓦分为上、下两个半片。半个轴瓦在自由状态下不是半圆形，当它们装入连杆大头孔内时，又有过盈，故能均匀地紧贴在连杆大头孔壁上，具有良好的承载和导热的能力。

　　连杆轴瓦上加工有定位凸键，在安装时需嵌入连杆大头和连杆盖的定位槽中，用以防止轴瓦前后移动或转动。有的轴瓦上还加工有油孔，安装时应与连杆上相应的油孔对齐。

2.2.2　曲轴飞轮组

　　曲轴飞轮组主要由曲轴、飞轮和一些附件组成，如图 2-28 所示。

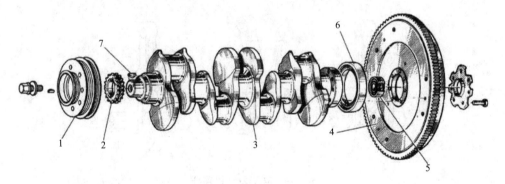

图 2-28　曲轴飞轮组

1—曲轴带轮　2—曲轴正时链轮　3—曲轴　4—飞轮　5—变速器第一轴轴承　6—油封　7—键

1. 曲轴

　　曲轴的功用是将活塞连杆组传来的气体压力变为曲轴的旋转力矩，再通过飞轮传给汽车底盘的传动系统驱动汽车行驶。同时，驱动配气机构和其他辅助装置，如风扇、水泵、油泵和发电机等。

　　曲轴工作时，由于受到周期性变化的气体压力、惯性力及其力矩的作用，会使曲轴承受弯曲与扭转载荷，并引起振动和疲劳，在轴颈和轴承处还存在磨损现象，因此要求曲轴具有足够的强度和刚度，要求其轴颈表面具有良好的耐磨性和润滑条件，要求其质量较小。曲轴通常采用 45、40Cr、50MnB 等优质中碳钢或中碳合金钢模锻而成，其轴颈表面需经高频感应淬火或渗氮后再精磨，以提高其精度和降低其表面粗糙度。有的曲轴采用球墨铸铁铸造而成，是因为球墨铸铁比钢轻，减振性、耐磨性和缺口敏感性优于钢，生产工艺简单，生产成本低。

按照曲轴的总体结构，曲轴可分为整体式和组合式两大类。多缸发动机的曲轴常为整体式，即曲轴做成一个整体零件，如图 2-29 所示。其强度和刚度较高，结构紧凑，质量较轻。组合式曲轴是将曲轴分成若干个零件组装在一起，构成完整的曲轴，如图 2-30 所示。其加工方便，便于系列产品通用，但强度和刚度较差，装配较复杂。采用滚动轴承作为主轴承的曲轴必须是组合式曲轴，相应的气缸体必须是隧道式气缸体。

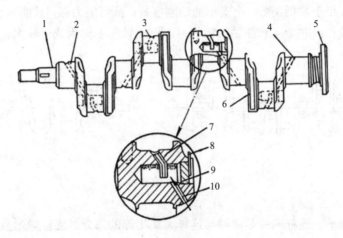

图 2-29　整体式曲轴

1—前端轴　2—主轴颈　3—连杆轴颈　4、10—油道　5—后端凸缘　6—曲柄　7—油管　8—开口销　9—螺塞

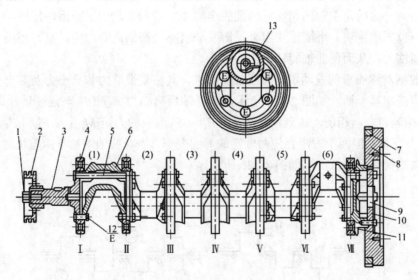

图 2-30　组合式曲轴

1—起动爪　2—带盘　3—前端轴　4—滚动轴承　5—连接螺杆　6—曲柄

7—齿圈　8—飞轮　9—后端凸缘　10—锁片　11—挡油圈　12—定位螺钉　13—油管

曲轴由主轴颈、连杆轴颈（曲柄销）、曲柄、前端和后端五个部分组成。一个连杆轴颈和左右两端相连的两个曲柄及左右相邻的两个主轴颈构成一个曲拐。曲拐的数目取决于

49

发动机的气缸数目及其排列方式,直列式发动机曲轴的曲拐数等于气缸数,而V形发动机曲轴的曲拐数等于气缸数的一半。

(1)主轴颈 主轴颈是曲轴的支承部分,通过主轴承支承在曲轴箱的主轴承座中。主轴颈数的多少根据既保证曲轴有足够的强度和刚度,又尽量减小曲轴长度的原则来决定,它不仅与发动机气缸数目有关,还取决于曲轴的支承方式。

主轴颈支承方式有两种,一种是全支承曲轴,即每一个连杆轴颈两边都有一个主轴颈,如图2-31a所示,主轴颈数比曲柄销数多一个;另一种是非全支承曲轴,如图2-31b所示,主轴颈数等于或少于曲柄销数。全支承曲轴刚度好,抗弯能力强,且能减小主轴承的载荷,但曲轴和机体较长;非全支承曲轴结构紧凑,但曲轴的主轴承载荷较大。

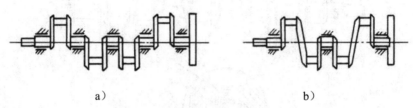

a)   b)

图2-31 曲轴的支承方式

a)全支承 b)非全支承

(2)连杆轴颈 连杆轴颈是曲轴与连杆大头相连的部分。连杆轴颈数与曲轴的曲拐数相等。连杆轴颈通常做成空腔,以尽可能减小质量和离心力。同时,空腔可贮存来自主轴颈机油道的机油,并保证连杆轴颈摩擦面间的可靠润滑。

(3)曲柄 曲柄是主轴颈和连杆轴颈的连接部分。为了起到平衡惯性作用,曲柄处铸有(或紧固有)平衡重块。平衡重块用来平衡发动机不平衡的离心力矩,有时还用来平衡一部分往复惯性力,从而使曲轴旋转平稳。

对于曲柄对称布置的发动机,如四缸发动机,其往复惯性力和离心力及其产生的力矩从整体上看能相互平衡。如图2-32a所示,连杆轴颈离心力 F_1 和 F_2 与连杆轴颈离心力 F_3 和 F_4 大小相等、方向相反,达到相互平衡;F_1 和 F_2 形成的力矩 M_{1-2} 与 F_3 和 F_4 形成的力矩 M_{3-4} 相互平衡,但两个力矩会使曲轴造成弯曲变形。当对曲轴增加平衡重块之后,曲轴所受的附加载荷被平衡抵消,如图2-32b所示。

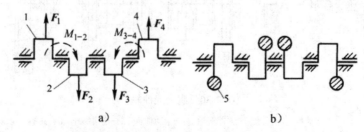

a)   b)

图2-32 四缸发动机曲轴的受力与平衡

a)曲轴受力 b)曲轴惯性力平衡

1、2、3、4—连杆轴颈 5—平衡重块

为了在较小的质量下获得较大的离心力，应尽量使平衡重块的重心远离曲轴旋转中心。此外，平衡重块会导致曲轴质量和材料消耗增加，使锻造工艺更为复杂。

曲轴的形状和各曲拐的布置取决于发动机气缸数、气缸排列方式和各缸的做功顺序。要注意的是：发动机各缸做功顺序应均布在 720° 曲轴转角内；为减轻主轴承的载荷和避免相邻两缸出现进气重叠现象，连续做功的两缸间距应尽可能远；曲拐布置尽可能对称和均衡；V 形发动机左右两排气缸尽量交替做功。

直列四缸四冲程发动机的做功间隔角为180°，4 个曲拐布置在同一平面内，如图 2-33 所示。工作顺序有 1—3—4—2 和 1—2—4—3 两种，其工作过程参见表 1-1。

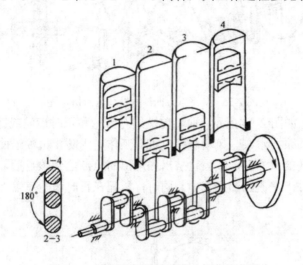

图 2-33　直列四缸四冲程发动机曲拐布置

直列六缸四冲程发动机的做功间隔角为 120°，6 个曲拐分别布置在三个平面，如图 2-34 所示。其工作顺序有 1—5—3—6—2—4 和 1—4—2—6—3—5 两种，国产汽车大多采用前一种工作顺序，工作过程参见表 1-2。

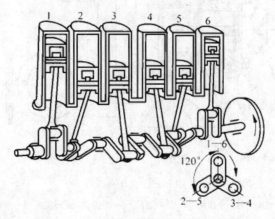

图 2-34　直列六缸四冲程发动机曲拐布置

V 形八缸四冲程发动机的做功间隔角为 90°，发动机左右两列对应的是一对连杆且共用一个曲柄，故其曲拐数目为 4。4 个曲拐布置在两个相互错开 90° 的平面内，如图 2-35 所示。其工作顺序为 1—8—4—3—6—5—7—2，工作过程参见表 1-3。

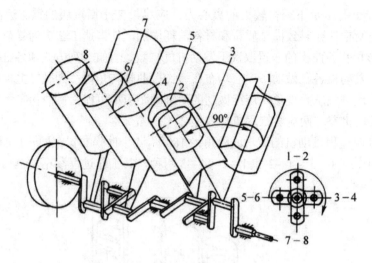

图 2-35　V形八缸四冲程发动机曲拐布置

（4）曲轴前端　如图 2-36 所示，曲轴前端装有带轮和正时齿轮或链轮，分别驱动配气机构、喷油泵、机油泵、水泵、风扇和发电机等工作。为防止机油沿曲轴颈外漏，曲轴前端还装有随曲轴旋转的甩油盘，被齿轮挤出和甩出的机油落到该盘后，再由该盘甩到正时齿轮室盖内壁上，并沿壁流回油底壳中。同时，压配在正时齿轮室盖上的油封亦可进一步阻挡机油外漏。

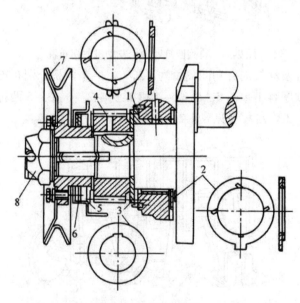

图 2-36　曲轴前端

1、2—滑动推力轴承　3—止推片　4—正时齿轮　5—甩油盘　6—油封　7—带轮　8—起动爪

（5）曲轴后端　如图 2-37 所示，曲轴后端设有安装飞轮的凸缘。为防止机油外漏而引起离合器打滑，除在曲轴后端设置甩油盘和油封装置外，还专门加工出回油螺纹，其旋向与曲轴旋转方向一致，以引导曲轴上的机油流回曲轴箱内。

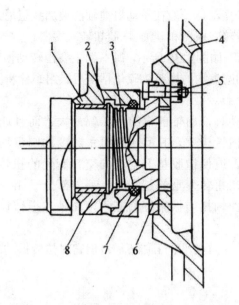

图 2-37   曲轴后端

1—轴承座   2—挡油盘   3—回油螺纹   4—飞轮   5—连接螺栓   6—曲轴凸缘   7—油封   8—轴承盖

为了控制发动机在工作时曲轴的轴向窜动,同时允许曲轴受热时能自由伸缩,曲轴上只能有一处轴向定位。在曲轴前端、功率输出端或中间主轴颈上均可以设置轴向定位装置,常用翻边轴承、半圆形止推片和轴向推力轴承实现曲轴轴向定位。

2. 飞轮

飞轮通常是具有很大转动惯量的灰铸铁圆盘,若飞轮离心力过大,则采用球墨铸铁或铸钢制造。其功用是存储和释放能量,即在发动机做功行程中曲轴转速增高,飞轮的动能增加,存储能量;当曲轴转速降低时,飞轮动能减少,释放能量,用于克服发动机进气、压缩和排气行程的阻力及其他阻力,使曲轴能持续地旋转。

在保证具有足够的转动惯量的前提下,为了尽量减小飞轮质量,飞轮常采用辐板式结构。飞轮外缘压有齿圈,与起动电动机的驱动齿轮啮合,供发动机起动用。汽车离合器也装在飞轮上,利用飞轮后端面作为驱动件的摩擦面,来对外传递动力。飞轮上刻有上止点记号,用于调整点火正时或喷油正时及配气相位。

为了尽量减少发动机工作时的振动和主轴承的磨损,应将飞轮与曲轴一起进行平衡处理,以尽量消除不平衡产生的离心力。同时,为做到拆装时不破坏曲轴飞轮组的平衡性,飞轮和曲轴间应规定严格的相对位置,通常用定位销或非对称布置的螺栓予以保证。

3. 曲轴扭转减振器

在发动机工作过程中,由于经连杆作用在曲轴每个连杆轴颈上的切向力和法向力的大小和方向都呈周期性变化,因而致使曲轴产生周期性变化的扭转变形和弯曲变形,使得曲轴各轴段发生相互扭转振动和弯曲振动,从而造成曲轴回转均匀性变差,影响配气、供油或点火定时偏离正常相位,导致内燃机工作过程恶化、油耗上升和输出功率下降,还会使正时齿轮传动或链传动等零件间产生来回敲击的异常声响,导致噪声增大,磨损加剧,甚至使曲轴因扭转疲劳而断裂。

为了消减曲轴的扭转振动，一般在发动机曲轴前端加装阻尼式扭转减振器，常用的有橡胶扭转减振器、硅油扭转减振器和硅油-橡胶扭转减振器。

（1）橡胶扭转减振器　如图 2-38 所示，减振器主要由转动惯量较大的惯性盘、橡胶垫和圆盘等组成。惯性盘和圆盘均与橡胶垫硫化粘接后，用螺栓将圆盘的毂固定连接在曲轴前端的风扇带轮上。

当曲轴发生扭转振动时，曲轴前端的角振幅最大，而且通过带轮毂带动圆盘一起振动。由于惯性盘转动惯量较大，其回转瞬时角速度比圆盘均匀，以致惯性盘与圆盘之间产生了相对角振动，迫使橡胶垫产生双向交替变化的扭转变形。橡胶是具有弹性且内摩擦力大的材料，在扭转变形的过程中，其内部分子相互摩擦的阻尼作用使振动能量得以消耗，从而使曲轴扭转振幅逐渐减小，曲轴共振转速提高，避免了在常用转速内发生共振。

此种减振器结构简单、质量小、工作可靠，但它对扭转振动的消减能力有限，且橡胶的内摩擦易使其老化。

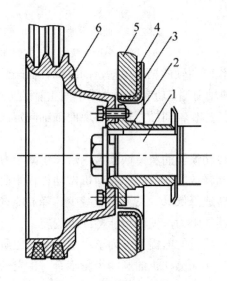

图 2-38　橡胶扭转减振器

1—曲轴前端　2—带轮轮毂　3—圆盘　4—橡胶垫　5—惯性盘　6—带轮

（2）硅油扭转减振器　如图 2-39a 所示，减振器主要由密封外壳、侧盖和减振体等组成。减振体处在密封外壳与侧盖围成的封闭腔中，其与封闭腔之间的间隙充满了高黏度的有机硅油，当曲轴带着外壳转动并发生扭转振动时，转动惯量很大的减振体基本为匀速转动，导致二者之间产生相对滑动，并使硅油因受剪切而在各油层间产生相对滑动，由于滑动摩擦的阻尼作用使振动能量得以消耗，从而使曲轴扭转振幅逐渐减小。

此种减振器所用硅油黏度受温度影响较小，工作性能稳定、结构简单、质量较小，多用于大功率的车用柴油机。但硅油散热条件较差时，可能会因高温而降低其黏度，使得对曲轴的扭振衰减作用随之降低。

（3）硅油-橡胶扭转减振器　如图 2-39b 所示，减振器主要由密封外壳、减振体和橡胶环等组成。密封腔内充满高黏度的有机硅油，橡胶环用来密封硅油和支承减振体。这种减振器集中了橡胶扭转减振器和硅油扭转减振器的优点，即体积小、质量小和减振性能稳定等。

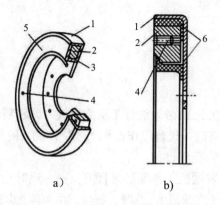

图 2-39　硅油及硅油-橡胶扭转减振器

a）硅油扭转减振器　b）硅油-橡胶扭转减振器

1—密封外壳　2—减振体　3—衬套　4—注油螺塞　5—侧盖　6—橡胶环

思考题

1. 机体的结构型式有哪几种？各有何特点？

2. 简述曲柄连杆机构的组成和功用。

3. 活塞的主要作用是什么？它由哪些部分组成？

4. 如何从结构上预防和控制活塞裙部的变形？

5. 什么是活塞环的泵油作用？它有何不良后果？扭曲环如何实现密封作用？

6. 连杆小头与活塞销的连接方式有几种？如何防止活塞销轴向窜动？

7. 为什么斜切口式连杆装配时对连杆盖要严格定位？定位方式有哪几种？

8. 曲轴的功用和组成分别是什么？

9. 飞轮起什么作用？为什么飞轮与曲轴间应规定严格的相对位置？

10. 常用的曲轴扭转减振器有哪三类？各有何特点？

第3章 换气系统

3.1 概述

3.1.1 功用与组成

发动机的每个实际循环的结束必须进行工质的交换，即将新鲜空气（柴油机）或可燃混合气（汽油机）重新充入气缸，代替工作过程的燃烧产物（废气），将燃烧产物排出。因此，通常将进、排气过程称为换气过程。

换气过程的功用是按照发动机工作循环过程的需要，适时地供给气缸足够量的新鲜空气（柴油机）或可燃混合气（汽油机），及时、安全并尽可能彻底排除燃烧后的废气，以保证发动机燃烧过程的有效进行。

换气系统主要由配气机构、进气系统、排气系统及增压装置等组成。进气系统主要由空气滤清器和进气管道等组成，而排气系统主要由排气管道和消声灭火器等组成。发动机工作时，空气先经过空气滤清器过滤，然后经进气管道、进气门而进入气缸，燃烧所产生的废气在排气过程中经排气门、排气管道和消声灭火器而排至机体外面。图 3-1 和图 3-2 所示分别为发动机自然吸气、废气涡轮增压换气系统的一般结构简图。

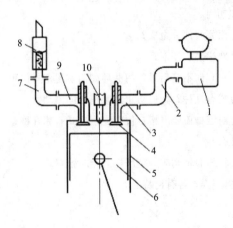

图 3-1　发动机自然吸气

1—空气滤清器　2—进气管　3—进气歧管　4—气门式配气机构　5—气缸　6—活塞　7—排气管

8—消声灭火器　9—排气歧管　10—喷油器

3.1.2 充量系数

所谓充量系数就是指在进气过程中，实际进入气缸的新鲜空气或可燃混合气的质量与在理想状况下充满气缸工作容积的新鲜空气或可燃混合气的质量之比，即

$$\eta_v = M/M_0$$

式中　M——进气过程中，实际充入气缸的进气量；

M_0——进气状态下，充满气缸工作容积的进气量。

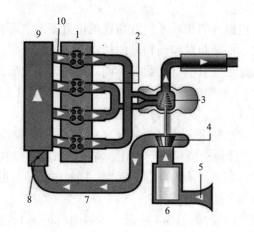

图 3-2　废气涡轮增压

1—气缸　2—排气歧管　3—涡轮叶片　4—压缩机叶片

5—空气　6—空气滤清器　7—进气管　8—节气门　9—进气总管　10—进气歧管

充量系数越高，表明进入气缸内的新鲜空气或可燃混合气的质量越大，可燃混合气燃烧时放出的热量越大，发动机发出的功率也越大。

对于一定工作容积的发动机而言，充量系数与进气终了时气缸内的压力和温度有关。此时压力越高，温度越低，一定容积的气体质量就越大，因而充量系数越高。

对于非增压发动机，由于进气系统对气流的阻力造成进气终了时气缸内的气体压力降低，又由于上一循环中残留在气缸内的高温废气，以及燃烧室、活塞顶、气门等高温零件对进入气缸内的新鲜气体加热使进气终了时气体的温度升高，因此实际充入气缸的新鲜气体的质量总是小于进气状态下充满气缸工作容积的新鲜气体的质量，即充量系数总是小于1，一般为 0.8～0.9（四冲程汽油机为 0.7～0.85，四冲程非增压柴油机为 0.75～0.90，四冲程增压柴油机为 0.90～1.05）。

影响充量系数的因素很多，就配气机构而言，如果使其结构有利于减小进、排气阻力，并且进、排气门的开启时刻和持续开启的时间适当，使吸气和排气过程尽可能充分，则可以提高充量系数。

3.2　配气机构

发动机配气机构的功用是按照其每一个气缸的工作过程和着火顺序的要求，定时开启和关闭各缸的进、排气门，保证气缸能及时吸进新鲜混合气并排出废气。当气缸处于压缩和做功行程时，气门应具有足够的密封性，以保证发动机正常运转。

3.2.1　机构类型

配气机构常用的有两种形式：一种是气门式配气机构，它由凸轮驱动，通过传动机构来驱动进、排气门，常用于四冲程发动机上；另一种是气孔式配气机构，它在气缸套上开有进、排气孔，通过活塞的移动位置来控制进、排气过程，多用在二冲程发动机上。下面着重介绍气门式配气机构。

气门式配气机构根据气门相对于气缸布置的位置不同，可分为顶置式配气机构和侧置式配气机构两种形式；根据曲轴和凸轮轴的传动方式不同，可分为齿轮传动、链传动和齿带传动等形式；根据每个气缸的气门数目不同，可分为 2 气门式、4 气门式等。

1）气门侧置式配气机构如图 3-3 所示，主要由凸轮轴 1、挺柱 3、气门弹簧 8、气门导管 11 和气门 12 组成。进、排气门都装在发动机的同一侧，气门头部朝上，尾部朝下。凸轮轴直接通过挺柱来控制进、排气门的开启和关闭。由于凸轮轴与气门相距较近，无需推杆和摇臂等零件，因此传动机构得到简化，特别是气缸盖结构得到简化，制造维修方便，但由于气门布置在气缸侧面，使燃烧室不紧凑，同时进、排气道拐弯多，进、排气阻力大，目前这种形式配气机构已趋于淘汰。

2）气门顶置式配气机构如图 3-4 所示，主要由凸轮轴 1、挺柱 2、推杆 3、摇臂 7、气门主弹簧 11 和气门 13 等组成。进、排气门都安装在气缸顶部，气门头部朝下，尾部朝上。如果凸轮轴为了传动方便而靠近曲轴，则凸轮与气门之间距离就较长，中间必须通过挺柱、推杆、摇臂等一系列零件才能驱动气门，使机构较为复杂，整个系统的刚性较差。

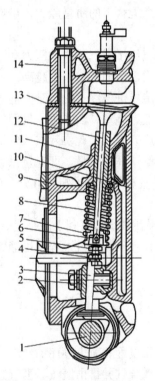

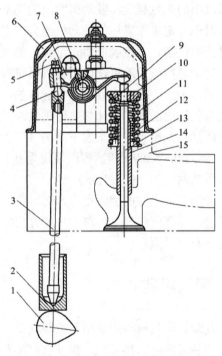

图 3-3　气门侧置式配气机构　　　　　　图 3-4　气门顶置式配气机构

1—凸轮轴　2—挺柱导杆　3—挺柱　4—锁紧螺母　　　　1—凸轮轴　2—挺柱　3—推杆　4—调整螺钉　5—锁紧螺母

5—调整螺钉　6—锁销　7—气门弹簧座　8—气门弹簧　　　　6—气门室罩　7—摇臂　8—摇臂轴　9—锁片

9—气缸体　10—气缸壁　11—气门导管　　　　10—气门弹簧座　11—气门主弹簧　12—气门副弹簧　13—气门

12—气门　13—气缸垫　14—气缸盖　　　　14—气门导管　15—气缸盖

曲轴转动时，通过正时齿轮带动凸轮轴转动，当凸轮轴转到凸轮凸起部分顶起挺柱时，再通过推杆使摇臂绕摇臂轴摆动，压缩气门弹簧，使气门离开气门座，即气门开启。当凸轮凸起部分离开挺柱时，气门便在气门弹簧的作用下落座，即气门关闭。

　　按照凸轮轴的布置方式，气门顶置式配气机构可分为凸轮轴下置式、凸轮轴中置式和凸轮轴上置式三种，图 3-4 所示为凸轮轴下置式。凸轮轴上置式配气机构如图 3-5 所示，凸轮轴布置在气缸盖上，由于可以直接推动摇臂来顶开气门，没有挺柱和推杆，使凸轮轴到气门的传动简化，但凸轮轴和曲轴距离较远，必须采用链传动来驱动，使曲轴到凸轮轴的传动复杂。这种配气机构按凸轮轴数目的多少，可分为单顶置凸轮轴（SOHC）和双顶置凸轮轴（DOHC）两种。单顶置凸轮轴在气缸盖上用一根凸根轴直接驱动进、排气门，它结构简单，适用于高速发动机，如图 3-5a 所示。双顶置凸轮轴是在缸盖上装有两根凸轮轴，一根用于驱动进气门，另一根用于驱动排气门，如图 3-5b 所示。采用双顶置凸轮轴对凸轮轴和气门弹簧的设计要求不高，特别适用于气门 V 形配置的半球形燃烧室，也便于和 4 气门配气机构配合使用。

　　凸轮轴上置式配气机构具有很多优点，如在设计上它没有挺柱、摇臂和推杆，直接通过凸轮轴上的凸轮来驱动气门开闭，这不仅在结构上大大简化，同时使凸轮轴在旋转中的负荷相应减小，并且对于凸轮轴和气门弹簧的要求也降到了最低。从维修角度来看，这也降低了成本。所以，目前这种结构的配气机构越来越多地出现在各种类型的发动机上。此外，从物理特性上来说，凸轮轴和气门顶置的好处不仅在于进、排气通道拐弯少，气流阻力小，而且气体的进出也更加通畅。如此一来，使得气门的布置和燃烧室的结构也更紧凑，有利于混合气体形成涡流帮助燃烧，对动力性和经济性都有很大的提升。

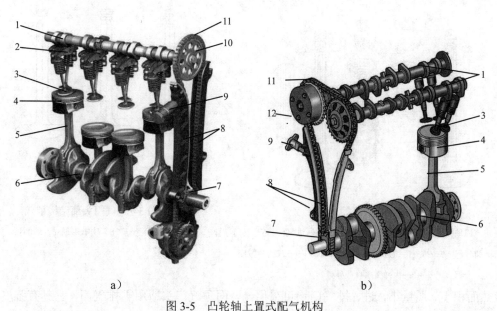

a)　　　　　　　　　　　　　　　　　　b)

图 3-5　凸轮轴上置式配气机构

a）单顶置凸轮轴配气机构　b）双顶置凸轮轴配气机构

1—凸轮轴　2—摇臂　3—气门　4—活塞　5—连杆　6—曲轴　7—曲轴定时链轮　8—导链板　9—张紧器
10—凸轮轴定时链轮　11—正时链条　12—可变正时凸轮

3.2.2 机构组成

配气机构由气门组和气门传动组两部分组成。

1. 气门组

气门组的功用是保证气门与气门座的严密配合，实现气缸的密封。气门组主要包括气门、气门座、气门导管、气门弹簧、弹簧座、锁片和挡圈等，如图3-6所示。

对气门组的要求如下：

1）气门头部与气门座贴合严密。

2）气门导管与气门杆的上下运动有良好的导向。

3）气门弹簧的两端面与气门杆的中心线相垂直，以保证气门头在气门座上不偏斜。

4）气门弹簧的弹力足以克服气门及其传动件的运动惯性，使气门能迅速开闭，并保证气门紧压在气门座上。

（1）气门 由气门头和气门杆两部分组成。气门头部工作时直接与燃气接触，工作温度很高（进气门平均温度为600～700K，排气门平均温度为800～1100K），同时还承受气体的压力、气门弹簧力以及气门开闭的频繁撞击作用，而且冷却条件和润滑条件很差，因此要求气门具有足够的强度、刚度、耐高温性能、耐蚀性、耐冲击性和耐磨性。通常进气门采用铬钢或镍铬钢等合金钢，排气门采用硅铬钢等耐热合金钢。

气门头部的形状和尺寸要保证气体的流动阻力最小，一般制成平顶的圆盘形，也有球面顶和喇叭形顶等不同结构型式，如图3-7所示。平顶气门头结构简单、制造方便、

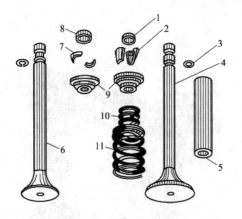

图3-6 气门组

1—进气门顶帽 2—进气门锁片 3—挡圈 4—进气门 5—气门导管
6—排气门 7—排气门锁片 8—排气门顶帽 9—气门弹簧座
10—内弹簧 11—外弹簧

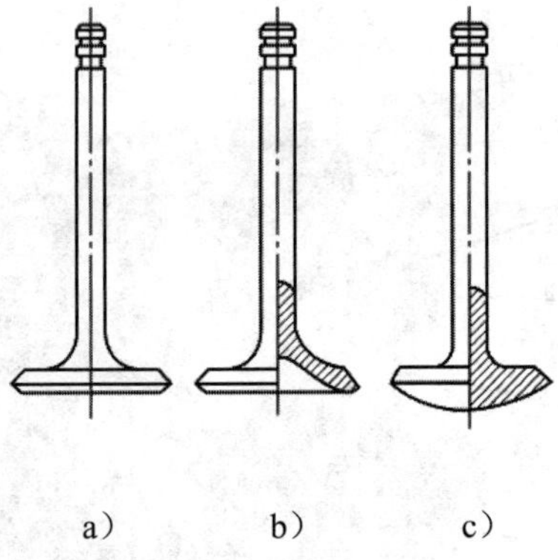

图3-7 气门头部结构型式

a.）平顶 b）喇叭形顶 c）球面顶

吸热面积小、质量小，进、排气门均可采用。球面顶气门头适用于排气门，它具有强度高、排气阻力小、废气清除效果好等优点，但球面顶气门头受热面积大，质量和惯性力大，加工较复杂。喇叭形顶气门头部与杆部的过渡部分有一定的流线型，可以减少进气阻力，但其顶部受热面积大，故适用于进气门，而不宜用于排气门。为了改善气缸换气过程，应尽量加大气门直径。为了减少进气阻力，提高充量系数，多数发动机进气门头部的直径比排

气门大。当气缸直径较大、活塞平均速度较高时，每缸一进一出的气门结构将不能保证良好的换气质量，因此在很多汽车发动机上多采用每缸多气门的结构。

气门与气门座接触的工作面呈锥形，有利于气门与气门座的密封，保证气门的关闭位置准确（见图 3-8）。气门工作锥面与气门头部形成气门锥角。若该锥角较小，则气体通过气门的流通截面较大，进气阻力较小，但锥角过小会使气门头部的刚度较小，对于排气门来说还容易使气门边缘烧蚀损坏；若锥角过大，则影响充气和排气。一般气门头部的锥角多采用 45°，为了保证密封可靠，气门的工作锥面经精加工后与气门座对研。研磨后的密封锥面上出现 1～2mm 的接触环带，使用中不得互换。接触环带不仅起密封作用，而且有助于气门头部吸收的大部分热量通过接触环带传导出去。接触环带宽有利于散热，但宽度过大时，工作面压力下降，杂物和硬粒易卡在气门锥面与气门座之间，会妨碍密封性。

气门杆呈圆柱形，与气门头部连接处制成圆滑过渡，以减少进气阻力并增加强度。气门杆尾部制成锥形和环槽，用以安装气门锁片并固定弹簧座（见图 3-9a），环槽则用来安装挡圈或卡簧，以防止气门弹簧折断或锁片脱落时气门落入气缸。气门杆与弹簧座的另一种连接方式是锁销连接，如图 3-9b 所示。

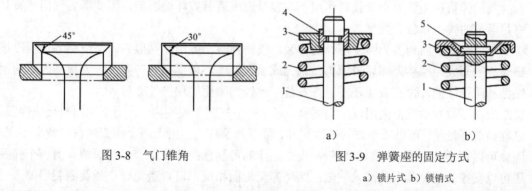

图 3-8　气门锥角　　　　图 3-9　弹簧座的固定方式

a）锁片式　b）锁销式

1—气门杆　2—气门弹簧　3—弹簧座　4—锁片　5—锁销

（2）气门座　气门座是与气门工作锥面相配合的部件，它与气门共同作用形成密封，同时它还可传递气门头部吸收的热量。

气门座有两种形式：一是直接在气缸盖中镗出气门座，这种形式具有良好的散热性能，加工也比较方便；二是镶嵌式气门座，采用较好的材料(合金铸铁、可锻铸铁、球墨铸铁或奥氏体钢等)制成单独零件，然后镶嵌在气缸盖或气缸体上，便于修理和更换。镶嵌式气门座的缺点是导热性差，加工精度要求也较高，如果座圈的公差配合不当，则工作时镶座易脱落，引发重大事故，因此当缸体或缸盖上直接加工出来的气门座能满足工作性能要求时，最好不用镶嵌式气门座。

（3）气门导管　气门导管的功用是起导向作用，保证气门做直线往复运动，使气门与气门座能正确贴合。气门杆与气门导管之间应留有较小的配合间隙（一般为 0.05～0.12mm），使气门杆能在导管中自由运动。

气门导管的工作温度为 500K 左右。气门杆在气门导管中运动时，仅靠配气机构飞溅出来的机油进行润滑，因此易磨损，一般采用灰铸铁或球墨铸铁制成。它为圆柱形管，导管内、外表面经加工后压入气缸盖或气缸体中，然后再将内孔精铰。为了防止气门导管在使用中松脱，一般用卡环对气门导管进行限位，如图3-10所示。

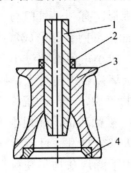

图3-10 气门导管和气门座

1—气门导管 2—卡环 3—气缸盖 4—气门座

（4）气门弹簧 其功用是保证气门关闭时气门与气门座之间紧密配合，并防止气门在开闭时因传动机构各部件的惯性力和冲击力而引起各构件彼此脱开，同时减少气门落座时的冲击力。为此，气门弹簧应具有足够的刚度和安装预紧力。

气门弹簧在频繁的交变载荷作用下，容易造成疲劳破坏而断裂，因此需要气门弹簧具有足够高的弹力和疲劳强度。

气门弹簧的结构多为圆柱形螺旋弹簧。气门弹簧一般用高锰碳钢、铬钒钢等优质冷拔钢丝绕制而成，经热处理后表面再做抛光或喷丸处理，以提高疲劳强度。为提高表面的耐蚀性和防锈性能，弹簧表面还需进行发蓝、镀锌、磷化等保护性处理。

现在多数发动机上采用双气门弹簧，即在一个气门上安装内、外两个旋向相反的弹簧，这样做的好处是：可以减小弹簧高度尺寸，降低弹簧应力；由于两个弹簧的自振频率不同，因此可以防止共振造成断裂的危险，提高工作的可靠性；即使一个弹簧断裂，另一个弹簧还可以支撑气门使其不致落入气缸；两个弹簧旋向相反，可以避免一个弹簧断裂后掉入另一个弹簧圈内卡住。有些发动机则采用变螺距弹簧，即各圈之间的螺距不等，在弹簧压缩时，螺距较小的弹簧两端逐渐贴合，使有效圈数逐渐减少，因而固有振动频率不断变化，避免了共振发生。

（5）气门旋转机构 气门旋转机构可使气门在工作中相对于气门座缓慢旋转，从而使气门头部沿圆周温度均匀，减少气门头部变形的可能性。同时，气门缓慢旋转时在密封锥面上产生轻微的摩擦力，有阻止沉积物形成的自洁作用。此外，气门杆部的润滑条件也由于缓慢旋转而得到改善。因此，不少发动机装有气门旋转机构，以改善气门和气门座密封面的工作条件，提高气门工作的可靠性和使用寿命。

2. 气门传动组

气门传动组的主要作用是使进、排气门按照配气相位规定的时间开启与关闭。

顶置式气门配气机构的传动组由挺柱、推杆、摇臂、摇臂轴、传动齿轮及凸轮轴等组成。侧置式配气机构可省去推杆和摇臂。

（1）挺柱 挺柱的功用是将凸轮的运动传给推杆或直接传给气门，一般安装在气缸体的圆柱形孔中或挺柱导管中。挺柱的底面与凸轮紧密接触，顶面呈凹球形与推杆接触。它的形式有平面挺柱、滚子挺柱和液压挺柱等，常用的是平面挺柱。平面挺柱的形状有菌形和筒形两种，其特点是挺柱与凸轮接触的部分为一平面或直径较大的球面。

挺柱一般用碳钢制成，表面经热处理。为了使挺柱的圆柱导向面与底面磨损均匀，工作时除了上下运动外，还应能够缓慢转动。实现挺柱的转动有两种方法：一种是将挺柱的底面做成球面，而凸轮做成略带锥状（见图 3-11a）；另一种方法是将挺柱的中心线与凸轮中心线偏移一定的距离（见图 3-11b）。

由于气门间隙的存在，发动机工作时，配气机构中会发生撞击而产生噪声。为了解决这一问题，有些发动机采用了液力挺柱，尤以高级乘用车发动机应用广泛。

（2）推杆　推杆用于下置凸轮轴顶置气门的配气机构，它的功用是将挺柱、凸轮传来的力传给摇臂。对推杆的要求是刚度好、质量小。

推杆多为细长杆，用无缝钢管或空心钢管制成，其两端焊有不同形状的端头。上端是凹球形，与摇臂调节螺钉球头接触，下端头为圆球形，放置在挺柱的凹球形支撑座内。两端头部多用碳钢制成，并都经过热处理，以提高硬度，改善耐磨性能。

（3）摇臂和摇臂轴　摇臂（见图 3-12）是一个双臂杠杆，是推杆与气门之间的传动件，其功用是改变推杆传来力的方向，并将运动传给气门杆尾端，以推开气门。

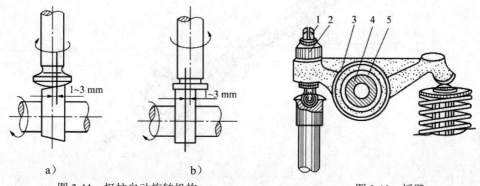

图 3-11　挺柱自动旋转机构

a）球面挺柱　b）平底挺柱

图 3-12　摇臂

1—调整螺钉　2—锁紧螺母　3—摇臂　4—摇臂轴　5—衬套

摇臂两边臂长的比值称为摇臂比。摇臂比一般为 1.2～1.8。短臂端装有调节螺钉和锁紧螺母与推杆接触，长臂端用以推动气门杆端。因此，在一定的气门开度下，可减少凸轮的最大升程。工作时，摇臂承受较大的弯曲应力，摇臂长端头部沿气门杆端滑移易磨损，所以要求它具有足够的强度、刚度和耐磨性。摇臂多用钢模锻压而成，近年来也用球墨铸铁制造，断面呈"工"字形或"T"字形。长臂端与气门杆端接触部位制成圆柱形，并经热处理，以提高表面硬度和耐磨性。

摇臂通过摇臂轴支撑在摇臂支座上。摇臂轴为空心管状结构，摇臂内钻有油孔，润滑油从支座的油道经摇臂轴通向摇臂的两端进行润滑。为了防止摇臂在轴上产生轴向移动，相邻两摇臂间装有弹簧。

为了减小气门间隙而产生的冲击噪声，常采用无噪声摇臂。

（4）凸轮轴　凸轮轴是气门传动组的主要部件，它的主要功用是根据发动机各缸的工作顺序及时地开启和关闭进、排气门。

　　为了使传动简化，凸轮轴多采用下置式，布置在接近曲轴的机体中部。在有的发动机上，为使机构简化，改善高速性能，采用了凸轮轴上置式。凸轮轴上配置有各缸的进、排气凸轮和轴颈，有的还配有驱动输油泵的偏心轮或驱动汽油机分电器的齿轮。凸轮之间的相互位置决定了配气相和各缸的工作顺序。

　　发动机工作时，凸轮会受到气门间歇性开启的周期性冲击载荷，凸轮工作面会受到很大的摩擦，而凸轮轴变形弯曲又将严重影响气门的开闭时刻和开度，因此要求凸轮表面耐磨，要求凸轮轴有足够大的强度和刚度。凸轮轴一般用优质钢模锻而成，近年来广泛采用合金铸铁或球墨铸铁制成。轴颈和凸轮表面一般都要经过热处理。凸轮轴轴承则用青铜、铸铁或铁基粉墨合金制成。

　　大多数凸轮与凸轮轴制成整体式（见图 3-13），当凸轮轴较长时，可采用分段制造。凸轮轴以轴颈支撑在机体轴承上，一般每隔两个气缸用一个轴颈支撑，四缸发动机的凸轮轴则用三道轴颈来支撑。凸轮轴的轴承都采用不可分的，安装时，凸轮轴从机体的一端插入轴承内，因此支撑轴颈的尺寸必须大于凸轮外形的最大尺寸。

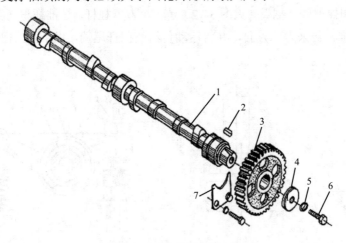

图 3-13　凸轮轴组件

1—凸轮轴　2—键　3—凸轮轴齿轮　4—垫圈　5—弹簧垫圈　6—螺栓　7—止推片

　　各凸轮的相对位置和凸轮的外形轮廓线是凸轮轴结构的核心。一个曲线形状良好的凸轮不仅能使气门在开启时间内有较大的开度，以增加进气量，同时还可使整个配气机构的零件不致由于运动中加速度过高而产生较大的惯性力，导致零件迅速磨损。

　　发动机各个气缸的同名凸轮（进气或排气凸轮）的相对角位置取决于发动机的工作顺序、行程数和气缸数目。图 3-14 所示为 492QA 型发动机凸轮轴及同名气门投影图，其工作顺序为 1—2—4—3。相继工作两缸的同名凸轮之间的夹角为 $360°/i$，i 为气缸数。四缸四冲程发动机两同名凸轮之间的夹角为 $90°$，其排列顺序与工作顺序相同。同一气缸的进、排气凸轮之间的夹角取决于配气相位。

　　由于配气正时齿轮多用斜齿轮，会使凸轮轴在工作中产生轴向窜动，影响配气正时，因此凸轮轴必须进行轴向定位，以防止其产生轴向移动。一般采用止推片进行轴向定位（见图 3-15），也有采用止推螺栓进行轴向定位的。

（5）正时齿轮或链传动装置　正时齿轮的功用是将曲轴的旋转运动传给各辅助机构，如凸轮轴、喷油泵、机油泵、磁电机或分电器等。其中凸轮轴、喷油泵、磁电机或分电器与曲轴的旋转保持严格的相对位置关系，一般都采用斜齿轮传动，并在齿轮端面上打上装配标记。小齿轮和大齿轮分别用键装在曲轴和凸轮轴的前端，其传动比为 2:1。安装时各齿轮上的标记必须对准（见图3-16），俗称安装"正时"，以保证正确的配气相位和点火时刻。

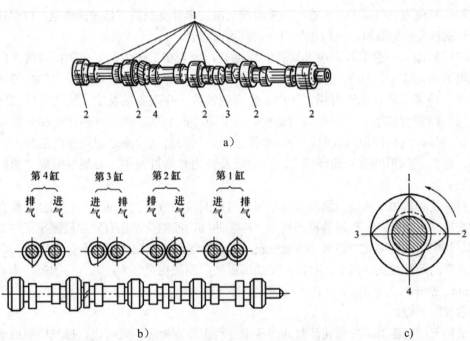

a)

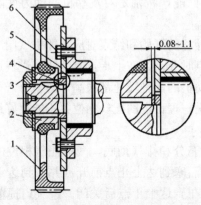 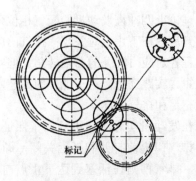

b)　　　　　　　　　　　　　　　　　　　　c)

图 3-14　四缸四冲程汽油机凸轮轴

a)492QA 发动机凸轮轴　b)各凸轮的相对角位置图　c)进（或排）气凸轮投影

1—进（排）气凸轮　2—轴颈　3—偏心轮　4—齿轮

图 3-15　凸轮轴的轴向定位　　　　　　图 3-16　正时齿轮安装记号

1—正时齿轮　2—锁紧垫圈　3—螺母　4—止推凸缘

5—隔圈　6—止推凸缘固定螺栓

65

有的发动机曲轴与凸轮轴之间用链传动。为了减少噪声，通常用无声链。链传动同样需要"正时"。

3.2.3 气门间隙与配气相位

1. 气门间隙

当气门处于完全关闭状态时，气门杆尾端与摇臂（顶置式气门）或挺柱（侧置式气门）之间的间隙称为气门间隙。它的功用是给配气机构零件受热留下膨胀的余地，以保证气门和传动机构受热膨胀时，气门与气门座仍能紧密贴合。

气门间隙大小会直接影响发动机工作性能，因为在工作中，气门和摇臂等零件均会因温度升高而膨胀，如果气门间隙过小，配气机构零件受热膨胀后会导致气门关闭不严而漏气、功率下降、加速磨损、气门工作面烧蚀等不良现象的发生；反之，气门间隙过大，使气门开度减小，气门开启的延续时间缩短，影响气缸内废气的排出和新鲜充量的进入。另外，气门间隙过大时，传动零件之间、气门与气门座之间均会产生冲击，加速磨损。因此，气门间隙应选择适当，在装配及使用维修过程中，必须根据规定的数值进行调整。

各种发动机由于构造及温度状况不同，气门间隙的数值也不同。气门间隙的检查调整通常在冷态下进行。一般发动机都规定了冷态的气门间隙值，也有发动机规定了"热车"间隙。热车时的间隙比冷态时小 0.05mm。由于排气门温度比进气门高，所以排气门的间隙比进气门间隙要大。例如，4125A 型柴油机气门间隙规定值为：进气门间隙，冷车时为0.30mm，热车时为 0.25mm；排气门间隙，冷车时为 0.35mm，热车时为 0.30mm。采用塞尺测取气门间隙。

调整气门间隙时，必须使活塞处于压缩行程上止点附近，此时进、排气门都处于关闭状态。对于多缸发动机来说，一般首先确定第一缸上止点，调整好第一缸的气门间隙后，再根据该机的工作顺序和着火间隔角依次对其他各缸的气门间隙进行调整。

2. 配气相位

进、排气门开启和关闭的时刻所对应的曲轴转角称为配气相位。表示配气相位的环形图叫作配气相位图。发动机的配气相位对其性能，特别是对发动机的动力性能有很大影响。

理论上四冲程发动机的配气相位角与活塞行程的开始和结束对应，即进气门应在上止点时开启，在下止点时关闭；排气门应在下止点时开启，在上止点时关闭。进气过程和排气过程各对应 180° 的曲轴转角。但实际上发动机的曲轴转速都很高，活塞每一行程历时都很短。实践证明，对于现代的高速发动机来说，理论上的配气相位并不能很好地保证其进气充足和排气干净。

在发动机实际工作中，为了保证气缸进气充分和排气彻底，一般配气相位的选择是进、排气门提前打开和延迟关闭，即进气门在活塞到达上止点前开启并在到达下止点后关闭，排气门则在活塞到达下止点前开启，而在到达上止点后关闭。进气门提前打开是为了保证进气行程开始时进气门已经开大，可以减少开始进气时的阻力，新鲜充量能顺利地充入气缸；而进气门延迟关闭是为了当活塞到达下止点时，气缸内压力仍然低于外界大气压力，在压缩行程开始阶段，活塞上移速度较慢的情况下，仍可以利用气流惯性和压力差继续进气。

同样，排气门提前开启，是为了利用做功行程即将结束时的气缸内外的压力差实现快速自由排气，稍微早开排气门不仅不影响做功行程，反而可以减少排气行程所消耗的功，使气缸内的废气能较好地排出，高温废气的迅速排出，还可以防止发动机过热；而排气门延迟关闭是为了利用在排气行程终了时气缸内废气压力仍高于大气压的较小压力差以及排气流的惯性更多地清除气缸内的废气。发动机的配气相位图如图 3-17 所示。

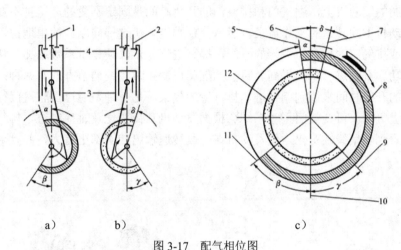

图 3-17　配气相位图

a）进气相位　b）排气相位　c）配气相位

1—进气门　2—排气门　3、10—下止点　4、6—上止点　5—进气门开　7—排气门关　8—进气过程
9—排气门开　11—进气门关　12—排气过程

由图 3-17 可以看出，发动机进气提前角 α，进气迟后角 β，进气行程持续时间相应的曲轴转角为 180°$+\alpha+\beta$，α 一般取 10°～30°，β 一般取 40°～80°；排气提前角 γ，排气迟后角 δ，排气行程持续时间相应的曲轴转角为 180°$+\gamma+\delta$，γ 一般取 40°～80°，δ 一般取 10°～30°。

由图 3-17 可见，由于进气门在上止点前开启，而排气门在上止点后关闭，这就出现了在一段时间内排气门和进气门同时开启的现象，这种现象称为气门重叠，相应的曲轴转角称为气门重叠角。由于新鲜气流和废气流的流动惯性都比较大，在短时间内是不会改变流向的，因此只要该重叠角选择适当，就不会产生废气倒流入进气管和新鲜气体随同废气排出的可能性。这对提高换气效果是有利的。但应注意，如果重叠角配置不当而过大，将可能出现废气倒流，使进气量减少的情况。

配气相位的确定与发动机转速和结构关系密切。一般地说，发动机转速高，延迟角可以稍大些，可以充分利用气流惯性。在结构上，配气正时要求正时齿轮安装正确，配气凸轮外形符合规定，气门间隙调整正确。传动机构零件的磨损会导致气门间隙增大，进而导致气门延迟开启和提前关闭。

3. 可变气门正时

发动机可变气门正时技术（Variable Valve Timing，简称 VVT）也是当下热门的发动机技术之一。可变气门正时的工作原理如图 3-18 所示，系统由 ECU 协调控制，发动机各部位的传感器实时向 ECU 报告运转情况，由于在 ECU 中存储有气门最佳正时参数，所以 ECU 会随时对正时机构进行调整，从而改变气门的开启和关闭时间，或提前，或滞后，或保持不变。VVT 可根据发动机的运行情况，通过对气门的控制来调整进、排气量，使进入的空气量达到最佳，提高燃烧效率，因此近些年被越来越多地应用于现代轿车上。可变正时凸轮如图 3-19 所示，气门由发动机的曲轴通过凸轮轴带动，气门的配气正时取决于凸轮轴的转角。在普通的发动机上，进气门和排气门的开闭时间是固定不变的，这种不变的正时很难兼顾到发动机不同转速的工作需求，而 VVT 则能解决这一问题。简单地说，就是通过改变进气门或排气门的打开与关闭的时间，提高进气充量，使充量系数增加，从而使发动机的转矩和功率得到进一步的提高。目前的气门可变正时系统调节方式有两种：一种是通过调节气门的开闭时间来达到调整进、排气量的效果，另一种是通过调整气门行程来改变单位时间的进气量。可变气门正时系统会根据发动机负荷变化及时控制进、排气门的开闭时间，并由短到长呈线性变化，使发动机在全段转速输出期间都更有力，并且更加节省燃油。

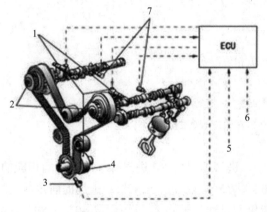

图 3-18　可变气门正时的工作原理　　　　　图 3-19　可变正时凸轮

1—凸轮轴正时控制阀　2—VVT 控制器　3—曲轴位置传感器

4—机油泵　5—空气流量计　6—节气门位置传感器　7—VVT 传感器

3.3 进气系统

进气系统的功用是尽可能多、尽可能均匀地向各缸供给可燃混合气或纯空气。它主要由空气滤清器和进气歧管组成。在直接喷射式汽油机中，空气经空气滤清器过滤后，流过空气流量计，由进气道进入进气歧管，与喷油器喷出的汽油混合形成可燃混合气，经进气门进入气缸。在柴油机中，空气经空气滤清器过滤后，进入进气歧管，经进气门进入气缸。

3.3.1 空气滤清器

空气滤清器的功用是清除流向气缸的空气中所含的灰尘和砂粒，以减少气缸、活塞和活塞环等有关零件的磨损。空气中飘浮着大量的尘土颗粒，少则约为 0.001g/m³，多则达 0.1～0.2g/m³。75%左右的尘土成分是硬度很大的氧化硅颗粒，如果这些尘土随空气一起进入气缸内，会与机油结合形成破坏性极大的研磨剂，造成气缸、活塞组和气门机构等严重磨损。试验表明，不装空气滤清器时，尘土可使有关零件的磨损速度加快 3～9 倍，从而使发动机使用寿命大幅度缩短。因此，必须在发动机上加装空气滤清器。图 3-20 所示为空气滤清器的结构。

图 3-20　空气滤清器的结构

1—空气滤清器本体总成　2—空气滤清器芯总成　3—空气滤清器盖总成

空气滤清器应具有除尘能力强、流动阻力小并经较长时间使用不降低工作性能的特点。空气滤清器按工作原理不同，可分为惯性式、过滤式和复合式；按是否利用机油黏附作用，可分为干式和湿式两类。

（1）复合式湿式滤清器　如图 3-21 所示的 4125A 型柴油机的空气滤清器就属于这种形式。它包括了干式惯性、湿式惯性和湿式过滤三级。工作时，在气缸的真空吸力的作用下，空气经导流板 9 产生高速旋转运动，较大的尘粒在离心力的作用下被甩向集尘罩 11 上，再落入集尘杯 1 内；经过一级干式惯性过滤的空气沿吸气管 8 向下流动，冲击油碗 5 中的润滑油油面，并急剧改变方向向上流动，一部分尘土因为惯性的作用而黏附在油面上，这是第二级湿式惯性过滤；空气再向上通过溅有机油的金属丝滤芯 2、3，细小的尘粒又被黏附在滤芯上。经过这三级过滤后，清洁的空气才由进气管杯吸入气缸。

（2）干式空气滤清器　干式空气滤清器的工作原理是通过一个干式的滤芯，将空气中的杂质过滤出来。一般情况下，干式滤清器多用于轿车、微型车等轻型车辆。安装在轻型车辆内的干式空气滤清器可以有效地阻止灰尘进入发动机。它的形状有扁圆、椭圆及平板式，如图 3-22 所示为平板式干式空气滤清器芯。这种滤清器芯的过滤材料为滤纸或非织造布，滤芯端盖用金属或聚氨酯制成，外壳材料为金属或塑料。在额定空气体积流量下，滤芯的原始滤清效率应不低于 99.5%。

纸质空气滤清器与油浴滤清器相比具有质量小、高度小、成本低、效率高、性能比较稳定的特点，其缺点是使用寿命较短。

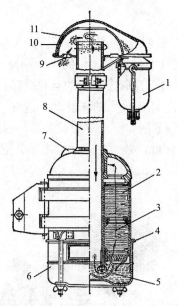

图 3-21　4125A 型柴油机空气滤清器

1—集尘杯　2—上滤芯　3—下滤芯　4—托盘总成　5—油碗　6—底壳　7—清洁空气出口　8—吸气管

9—导流板　10—外壳　11—集尘罩

图 3-22　平板式干式空气滤清器芯

3.3.2　进气歧管

对于节气门体汽油喷射式发动机来说，进气歧管指的是节气门体之后到气缸盖进气道之前的进气管路。进气歧管如图 3-23 所示，它的功用是将混合气或洁净空气由节气门体分配到各缸进气道。对于气道燃油喷射式发动机或柴油机来说，进气歧管的功用只是将洁净的空气分配到各缸进气道。进气歧管必须将混合气或洁净空气尽可能均匀地分配到各个气缸，因此进气歧管内气体流道的长度应尽可能相等。为了减小气体流动阻力，提高进气能力，进气歧管的内壁应该光滑。

1. 进气歧管加热

一般进气歧管加热结构如图 3-24 所示。节气门体燃油喷射式发动机进气歧管的温度如果太低，汽油将在管壁上凝结，因此对这类发动机的进气歧管应进行适当的加热以促进汽油的蒸发（但是加热过度将减少进入气缸的混合气数量，并使发动机功率下降）。通常进气歧管利用发动机排气或循环冷却液进行加热。利用循环冷却液加热进气歧管需在进气歧管内设置水套，并使其与发动机冷却系统连通，让冷却液在进气歧管的水套内循环流动。气道燃油喷射式发动机的进气歧管无需加热。

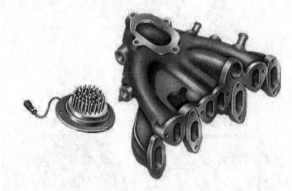

图 3-23　进气歧管

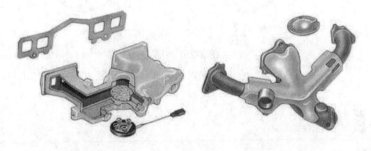

图 3-24　进气歧管加热结构

2. 谐振进气系统

谐振进气系统如图 3-25 所示。由于进气过程具有间歇性和周期性，因此致使进气歧管内产生一定幅度的压力波。此压力波以声速在进气系统内传播和往复反射。如果利用一定长度和直径的进气歧管与一定容积的谐振室组成谐振进气系统，并使其固有频率与气门的进气周期调谐，那么在特定的转速下，就会在进气门关闭之前，在进气歧管内产生大幅度的压力波，使进气歧管的压力增高，从而增加进气量，这种效应称作进气波动效应。谐振进气系统的优点是没有运动件，工作可靠，成本低，但只能增加特定转速下的进气量和发动机转矩。

3. 可变进气歧管

可变进气歧管如图 3-26 所示。为了充分利用进气波动效应和尽量缩小发动机在高、低速运转时进气速度的差别，从而达到改善发动机经济性及动力性，特别是改善中、低速和中、小负荷时的经济性和动力性的目的，要求发动机在高转速、大负荷时装备粗短的进气歧管，而在中、低转速和中、小负荷时配用细长的进气歧管。可变进气歧管就是为适应这种要求而设计的。可变进气歧管在所有转速下都可以使发动机转矩平均提高5%。

图 3-25　谐振进气系统

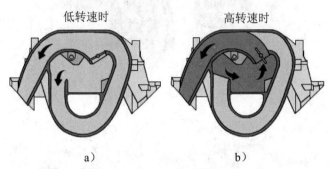

图 3-26　可变进气歧管

a）旋转阀关闭　b）旋转阀打开

3.4 排气系统

　　排气系统的功用是收集并且排放废气。一般的排气系统主要包括排气歧管、排气管、消声器及排气尾管等，如图 3-27 所示。

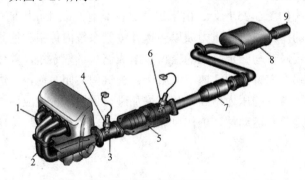

图 3-27　排气系统的组成

1—排气歧管　2、7—排气管　3—中间管　4、6—氧传感器　5—三元催化装置　8—消声器　9—排气尾管

3.4.1 排气歧管与消声器

1. 排气歧管

新鲜空气与汽油混合进入发动机燃烧后，产生高温高压的气体推动活塞，当气体能量

释放后，这些气体就成为废气并被排放到发动机外。废气自气缸排出后，随即进入排气歧管，在各气缸的排气歧管汇集后，经过排气管排出。为了不使各气缸排气相互干扰及不出现排气倒流现象，并尽可能地利用惯性排气，应该将排气歧管做得尽可能长，而且各气缸排气歧管应该相互独立，长度及弯度尽可能相同，以使各气缸的排气都能一样的顺畅。

一般排气歧管用铸铁或球墨铸铁制造，近些年来采用不锈钢排气歧管的汽车越来越多，其原因是不锈钢排气歧管质量轻，耐久性好，同时内壁光滑，排气阻力小。排气歧管如图 3-28 所示。

图 3-28　排气歧管

2. 消声器

排气消声器的作用是减少排气噪声和消除废气中的火焰及火星，使废气安全地排入大气。发动机排气开始时，气缸内废气的压力和温度比环境的压力和温度高得多（此时气缸内的压力为 0.3～0.5MPa，温度为 500～700℃），而且呈脉动形式，如果让废气直接排入大气中，会产生强烈、刺耳的排气噪声，同时高温气体排入大气也会对环境造成危害。因此，车辆上必须装有消声器。消声器能够消耗废气流的能量，并平衡气流压力波。

图 3-29 所示为典型的排气消声器的构造。它由外壳 1、多孔管 2 和 4 以及隔板 3 等组成。外壳用薄钢板制成圆筒，两端密封，内腔用两道隔板分隔成三个消声室。排气时，废气经多孔管 2 进入消声室，得到膨胀和冷却，并多次与管壁碰撞消耗能量，使压力降低、振动减轻，最后从多孔管 4 排入大气中，从而消除了火星并使噪声显著降低。

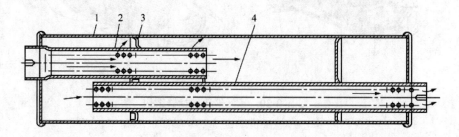

图 3-29　典型的排气消声器的构造

1—外壳　2、4—多孔管　3—隔板

3.4.2 废气净化装置

为了控制发动机有害排放物，很多国家都制定了相应的法规和标准。发动机排放的污染物主要有一氧化碳（CO）、碳氢化合物（HC）、氮氧化合物（NO_x）和微粒。近几年来，汽车行业开发出了许多净化排气技术和新装置，本节将介绍催化转换器和废气再循环装置。

1. 催化转换器

催化转换器是利用催化剂的作用将发动机排气中的CO、HC和NO_x转换为对人体无害的气体的一种排气净化装置，也称催化净化转换器TWC（Three-Way Catalytic converter）。金属铂、钯或铑均可作催化剂。在化学反应过程中，催化剂只促进反应进行，不是反应物的一部分。催化转换器有氧化催化转换器和三元催化转换器。氧化催化转换器只将发动机排气中的CO和HC氧化为CO_2和H_2O，因此这种催化转换器也称为二元催化转换器。必须向氧化催化转换器供给二次空气作为氧化剂，才能使其有效地工作。三元催化转换器可同时减少CO、HC和NO_x的排放，它以排气中的CO和HC作为还原剂，把NO_x还原为N_2和O_2，而CO和HC在还原反应中被氧化为CO_2和H_2O。当同时采用两种转换器时，通常把两者放在同一个转换器外壳内，并将三元催化转换器置于氧化催化转换器前面。排气经过三元催化转换器之后，部分未被氧化的CO和HC可继续在氧化催化转换器中与供入的二次空气进行氧化反应。

三元催化转换器有两种结构型式：一种是颗粒型催化转换器（见图 3-30a），由直径为 2~3mm 的多孔性陶瓷小球构成反应床，排气从反应床流过；另一种是整体型催化转换器，其中装有很多蜂窝状小孔的陶瓷块（见图 3-30b），排气从蜂窝状小孔流过。与颗粒型催化转换器相比，整体型催化转换器有体积小、与排气接触的表面积大和排气阻力小等优点。

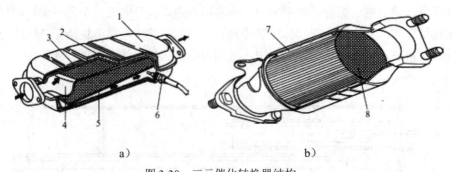

图 3-30　三元催化转换器结构

a）颗粒型催化转换器　b）整体型催化转换器

1—转换器外壳　2—隔热层　3—转换器内壳　4—挡板　5—陶瓷小球　6—排气温度传感器　7—整体隔热层　8—陶瓷块

2. 废气再循环装置

废气再循环 EGR（Exhaust Gas Recirculation）是净化发动机排气中 NO_x 的主要方法。废气再循环是指把发动机排出的部分废气回送到进气歧管，并与新鲜混合气一起再次送入气缸。由于废气中含有大量的 CO_2，可以使气缸中混合气的燃烧温度降低，从而减少

NO_x 的排放，又保持了发动机的动力，因此必须根据发动机的工况对再循环的废气量加以控制。NO_x 的生成量随发动机负荷的增大而增多，因此再循环的废气量也应随负荷增加。在暖机期间或怠速时，NO_x 生成物不多，为了保持发动机运转的稳定性，不进行废气再循环。在全负荷或高转速下工作时，为了使发动机有足够的动力性，也不进行废气再循环。

再循环的废气量由 EGR 阀自动控制。由真空操纵的 EGR 阀有两种。EGR 阀安装在废气再循环通道上，废气再循环通道的一端连接排气门，另一端通进气歧管，其实物如图 3-31 所示。当 EGR 阀开启时，部分废气将从排气门经废气再循环通道进入进气歧管。

图 3-31　EGR 阀

3.5 发动机增压技术

3.5.1 增压目的与原理

利用某一种装置对进入气缸的新鲜空气进行预先压缩的过程称为增压。进气增压系统的功用是增加进入发动机气缸的充量密度和充气量，在燃料供给系统良好的配合下，可以使更多的燃料得到充分燃烧，从而达到提高发动机的平均有效压力，增大功率和改善经济性的目的。柴油机采用增压技术以后一般可以提高功率 30%～50%，高增压可提高 100% 以上。

（1）增压度　增压后发动机功率提高程度以增压度 φ（%）表征：

$$\varphi = \frac{N_{ek} - N_e}{N_e} \tag{3-1}$$

式中　N_{ek}——增压后的发动机功率；

N_e——增压前的发动机功率。

（2）增压比　空气被压缩的程度用增压比 π_k 来衡量：

$$\pi_k = \frac{p_k}{p_0} \tag{3-2}$$

式中 p_k——压气机出口处的压力；

$\quad\quad p_0$——压气机进口处的压力。

涡轮增压器的增压比按大小分为低增压、中增压和高增压。其中，低增压 $\pi_k<1.6$，中增压 $\pi_k=1.6\sim2.5$，高增压 $\pi_k>2.5$。

3.5.2 增压方式

根据所用能量的来源不同，发动机的增压系统一般可分为机械增压系统、气波增压系统和废气涡轮增压系统等。

机械增压系统如图 3-32 所示，由发动机通过齿轮、传动带、链条等机械传动装置直接驱动，空气被压缩后进入气缸。增压机采用离心式或罗茨式压气机。一般机械增压方式的提升动力出现在发动机中低转速时，可以较早地开始提升动力，这样加速响应性能较好，提升动力的幅度较涡轮增压系统大，但在中高转速时会损耗较多的发动机动力输出，甚至拖累发动机的动力输出。因此，如今的机械增压发动机盛行于赛车、改装车和顶级跑车领域，在轿车车型中并不常见。奔驰的相关车型比较多。

气波增压系统（见图 3-33）中发动机排出的废气直接与空气接触，利用排气压力波使空气受到压缩，以提高进气压力。与涡轮增压系统相比，其低速转矩特性好，但体积大，噪声大，同时安装位置也受到一定限制，所以目前这种增压系统还只是在低速范围内使用。由于柴油机的最高转速比较低，因此多用于柴油机上。

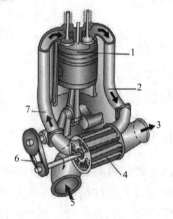

图 3-32　机械增压系统	图 3-33　气波增压系统
1—主动齿轮　2—发动机曲轴　3—带轮	1—活塞　2—排气管　3—废气出口　4—气波增压器转子
4—从动齿轮　5—压气机转子	5—空气进口　6—传动带　7—发动机进气管

废气涡轮增压系统（见图 3-34）可利用发动机排气驱动的涡轮机来驱动压气机，提高进气压力，增加进气量。涡轮增压系统由于使用了发动机排出的废气驱动，故其需要的起动条件由发动机的废气状态所决定，即需要发动机在中高转速时，在排出的废气压力较高（同时温度也较高）的情况下才能够成功起动涡轮增压器，并且由于发动机从中低转速到发动机转速升高、排气压力升高导致涡轮起动、带动压缩叶片工作需要一定时间，因此涡轮增压带有其不可避免的缺点，也就是涡轮迟滞。目前，在发动机中应用最普遍、最有效的是废气涡轮增压系统。

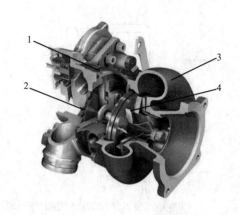

图 3-34　废气涡轮增压系统

1—压缩机　2—压缩机叶轮　3—涡轮机　4—涡轮机叶轮

3.5.3　废气涡轮增压技术

废气涡轮增压可以明显地提高发动机的动力性能，降低比油耗及排放。它利用排气能量推动涡轮，带动压气机向发动机提供压力高、密度大的新鲜充量，可提高功率及转矩。涡轮增压系统分为单涡轮增压系统和双涡轮增压系统。单涡轮增压系统即只有一个涡轮增压器的增压系统。六缸汽油喷射式发动机的双涡轮增压系统是按气缸工作顺序把 1~3 缸作为一组，4~6 缸作为另一组，两个涡轮增压器并列布置在排气管中，每组三个气缸的排气驱动一个涡轮增压器，由于三个气缸的排气间隔相等，所以增压器转动平稳。另外，把三个气缸分成一组还可防止各缸之间的排气干扰。

1. 废气涡轮增压器的工作原理

废气涡轮增压器主要由涡轮机和压气机两大部分组成，涡轮机可将柴油机排气管排出的高速废气的动能和压力能转变为机械能，压气机则利用涡轮机输出的机械能把空气的压力提高，然后送至气缸内。

废气涡轮增压器的工作原理如图 3-35 所示。废气涡轮增压器布置在排气歧管和排气管之间。排气管接到增压器的涡轮壳内，柴油机排出的具有一定压力的高温废气进入涡轮壳内的喷嘴环，气体逐渐膨胀，而喷嘴环通道的截面积是逐渐收缩的，废气在压力和温度下降的同时，速度不断得到提高，气体的内能和压力势能转化为动能，在喷嘴环 2 叶片的导向下，高速的废气流按照一定的方向冲击涡轮 3，使涡轮高速旋转，废气的压力、温度和速度越高，涡轮的转速也越快，通过涡轮的废气最后排入到大气中。由于废气涡轮和离心式压气机叶轮安装在同一根转子轴上，两者同步旋转。经过空气滤清器并吸入压气机壳体内的空气被高速旋转的压气机抛向叶轮的边缘，接受叶轮的机械能，使其速度、密度和压力增加，并进入扩压器 7，而扩压器的进口小，出口大，气流的流速下降，压力升高，再通过断面由小到大的环形压气机壳使空气流的压力继续升高，被压缩的空气经进气管进入气缸，由此使发动机的充气量得到提高，使柴油机得到充分燃烧，从而使发动机输出更大的功率。

77

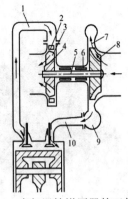

图 3-35　废气涡轮增压器的工作原理

1—排气管　2—喷嘴环　3—涡轮　4—涡轮壳　5—转子轴　6—浮子轴承　7—扩压器

8—压气机叶轮　9—压气机壳　10—进气管

　　根据废气在涡轮中的流动方向，废气涡轮增压器可分为径流式涡轮增压器和轴流式涡轮增压器两类。径流式涡轮增压器采用径流式涡轮和离心式压气机，流量较小，适用于中小功率发动机。轴流式涡轮增压器采用轴流式涡轮和离心式压气机，流量较大，适用于大型柴油机。径流式涡轮增压器如图 3-36 所示，其比轴流式涡轮增压器的效率高，加速性能好，结构简单紧凑。

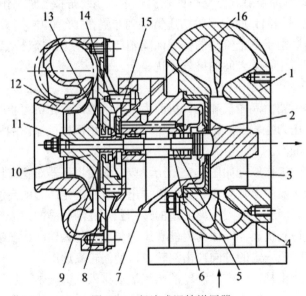

图 3-36　径流式涡轮增压器

1—涡轮壳　2、9—密封环　3—涡轮　4—隔热板　5—浮动轴承　6—卡环　7—中间壳　8—压气机后盖板

10—压气机叶轮　11—转子轴　12—压气机壳　13—密封套　14—膜片弹簧　15—O 形密封圈　16—推力轴承

2．径流式涡轮机

　　涡轮机是将发动机排气的能量转变为机械能的装置。径流式涡轮机由蜗壳、喷嘴环、工作轮和出气道等组成，如图 3-37 所示。蜗壳 1 的进口与发动机排气管相连，发动机排气经蜗壳引导进入喷嘴环 2。喷嘴环是由相邻叶片构成的渐缩形通道，排气流过喷管时降

压、降温、增速、膨胀，使排气的压力能转变为动能。由喷嘴环 2 流出的高速气流冲击工作轮 3，并在叶片所形成的流道中继续膨胀做功，推动工作轮旋转。

涡轮机的蜗壳除具有引导发动机排气以一定的角度进入涡轮机叶轮的功能外，还有将排气的压力能和热能部分地转变为动能的作用。涡轮机叶轮经常在 900℃高温的排气冲击下工作，并承受巨大的离心力作用，所以采用镍基耐热合金钢或陶瓷材料制造。用质量轻并且耐热的陶瓷材料与合金钢相比可使涡轮机叶轮的质量减轻约 2/3，涡轮增压加速滞后的问题也在很大程度上得到了改善。喷管叶片用耐热和耐腐蚀的合金钢铸造或机械加工成形。蜗壳用耐热合金铸铁铸造，内表面应该光滑，以减少气体流动损失。

3．离心式压气机

离心式压气机如图 3-38 所示，由进气道 1、叶轮 2、扩压器 3 及蜗壳 4 等组成。

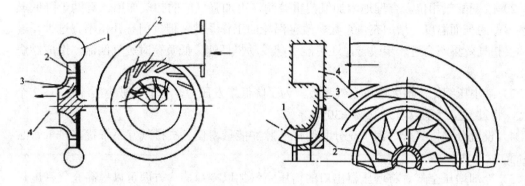

图 3-37　径流式涡轮机　　　　　　　　　图 3-38　离心式压气机

1—进气蜗壳　2—喷嘴环　3—工作轮　4—出气道　　　　1—进气道　2—叶轮　3—扩压器　4—蜗壳

当压气机旋转时，空气经进气道进入压气机叶轮，并在离心力的作用下沿着压气机叶片之间形成的通道从叶轮中心流向叶轮周边。空气从旋转的叶轮获得能量，使其流速、压力和温度均有较大提高，然后进入扩压器。扩压器为渐扩形通道，空气流过扩压器时减速增压，温度也有所提高。

蜗壳的作用是收集从扩压器流出的空气，并将其引向压气机出口。空气在蜗壳中继续减速增压，完成由动能向压力能转变的过程。压气机叶轮由铝合金精密铸造，蜗壳也用铝合金铸造。

压气机的主要参数有空气流量、压气机转速、压气机的绝热效率和压气机功率。

1）空气流量 G_k：空气每秒钟进入压气机的流量，用质量表示（kg/s）。

2）压气机转速 n_k：压气机叶轮和废气涡轮装在同一根轴上，压气机的转速就是涡轮机的转速（r/min）。压气机的转速每分钟可达几万转到几十万转。

3）压气机的绝热效率 η_k：　$\eta_k = \dfrac{H_{ad·k}}{H_k}$

式中　　$H_{ad·k}$——1kg 空气的绝热压缩功；

　　　　H_k——1kg 空气的实际压缩功。

绝热效率是用以表示压气机流通完善程度的指标，其物理意义是指消耗在转动压气机的机械能有多少转变为有用的压缩能。

4）压气机功率 N_k（kW）：$N_k = \dfrac{G_k H_{ad \cdot k}}{1000\eta_k} = \dfrac{G_k H_k}{1000}$

在已知实际压缩能和空气的质量流量的情况下，就可以计算出驱动压气机所需要的功率。

4. 增压发动机在结构上的变动

对于增压度不很高的车用增压发动机在基本结构方面与非增压机型同属于一个系列，但为了适应增压后功率增长的要求，降低其机械负荷与热负荷，仍然需要对这种增压机型做必要的改动。

1）增大供油量，调整供油系。为了增加循环供油量，如果仍采用原来的喷油泵，势必增加供油持续角，使燃烧过程拉长，经济性变坏。

2）改变配气相位。合理地增加气门重叠角，可加强气门的扫气作用，有助于降低燃烧室零件的表面温度，增加充量系数，改善涡轮的工作条件。但气门叠开角不宜过大，过大不仅扫气效果不会进一步改善，还可能引起发动机低速、低负荷时废气倒流，造成燃烧恶化。

3）减小压缩比，增大过量空气系数。为了降低爆发压力，宜适当减小压缩比 1～2 个单位，将过量空气系数增大 10%～30%。

4）设置分支排气管。为了充分利用排气脉冲能量，使各缸排气互不干扰，排气管必须分支。

5）冷却增压空气。将增压器出口的增压空气加以冷却，一方面可以提高充气密度，从而提高柴油机功率，另一方面也可以降低柴油机压缩始点的温度和整个循环的平均温度，从而降低柴油机的热负荷和排气温度。冷却方法一般是用水或空气在中间冷却器中进行间接冷却。

思考题：

1. 什么是充量系数？影响充量系数主要有哪些因素？

2. 配气机构的功用是什么？配气机构分别由哪些零件组成？

3. 正时齿轮有什么作用？正时齿轮上的装配记号有什么作用？

4. 何谓气门间隙？为什么一般在发动机的配气机构中要留气门间隙？

5. 如何从一根凸轮轴上判断各缸的进、排气凸轮和该发动机的工作顺序？

6. 气门弹簧起什么作用？为什么在装配气门弹簧时要预先压缩？对于顶置式气门，如何防止气门弹簧断裂时气门落入气缸中？

7. 何谓发动机的配气相位？其进、排气门提前开启和延迟关闭有什么意义？

8. 发动机为什么要采取增压技术？有什么优点？

9. 废气涡轮增压有什么特点？

第 4 章 柴油机燃油供给系统

4.1 概述

柴油机所用的燃油是柴油。柴油是在 200～350℃的温度范围内由石油中提炼出来的碳氢化合物，其中各成分的质量分数分别是碳 87%、氢 12.6%、氧 0.4%。汽车用柴油机是高转速的，采用轻柴油。轻柴油的牌号按凝点的不同分为 10 号、0 号、–10 号、–20 号、–35 号和–50 号六个级别，其凝点分别不高于 10℃、0℃、–10℃、–20℃、–35℃和–50℃。

柴油的使用性能指标主要是发火性、蒸发性、黏度和凝点。

（1）发火性　指柴油的自燃能力，用十六烷值评定。柴油的十六烷值大，发火性好，容易自燃。国家标准规定车用柴油的十六烷值不得小于 45。

（2）蒸发性　指柴油蒸发汽化的能力，用柴油馏出某一百分比的温度范围，即馏程和闪点表示。例如，50%馏出温度即柴油馏出 50%的温度，此温度越低，柴油的蒸发性越好。国家标准规定此温度不得高于 300℃，但没有规定最低温度界线。为了使柴油的蒸发性不致过强，标准中规定了闪点的最低数值。柴油的闪点是指在一定的试验条件下，当柴油蒸气与周围空气形成的混合气接近火焰时，开始出现闪火的温度。闪点低，说明蒸发性好。

（3）黏度　是评定柴油稀稠度的一项指标，与柴油的流动性有关。黏度随温度变化，当温度升高时，黏度减小，流动性增强；反之，黏度增大，流动性减弱。

（4）凝点　是指柴油冷却到开始失去流动性的温度。柴油的凝点应比柴油机最低工作温度低 3～5℃。

柴油的黏度大且不易蒸发，因此柴油机是利用高压喷射的方法，在压缩行程接近终了时将柴油喷入气缸，直接在气缸内与空气混合形成可燃混合气，并借助气缸内工质的高温自行着火燃烧。柴油机燃油供给系统的组成、构造和工作原理必须与之相适应。

柴油机燃油供给系统的功用是根据柴油机工作的要求，定时、定量、定压地将雾化质量良好的柴油以一定喷油规律喷入燃烧室与空气相混合，为柴油-空气混合气的形成与燃烧提供良好条件。燃油供给系统的工作将直接影响到柴油机的工作性能。

4.1.1 供油系统指标

根据柴油机燃烧过程的特点，为保证柴油机获得好的动力性、经济性以及减少污染，柴油机燃油供给系统应满足以下基本要求：

（1）供油量　供油量指在发动机一个工作循环中供油系统喷入单个气缸内的雾化燃油的质量。其大小由该系统特性决定的喷射压力、喷油时长及喷油规律共同决定，并要求供油量与柴油机的工况相适应，随着负荷的变化而自动调节，供油量过多或过少均会使柴油机的动力性和经济性下降。为使供入的适量柴油获得的功率最大化，还应保证各循环供油量的稳定性和多缸柴油机各缸供油量的均匀性。

（2）喷油时间　喷油时间指柴油机燃油供给系统开始供油的时间。一般有两种表示方法，即供油提前角与喷油提前角。供油提前角指喷油泵开始向高压油管供油的时刻，用活塞在上止点前相应的曲轴转角表示。喷油提前角指喷油器开始向燃烧室喷射柴油的时刻，也用活塞在上止点前相应的曲轴转角表示。柴油应当在适当时刻喷入燃烧室而且喷油的延续时间也应在最有利的范围内。多缸柴油机还应保证各缸的供油时间基本一致。

由于高压柴油从喷油泵通向喷油器时实际上有一定的可压缩性，高压油管也有极微量的膨胀变形，油压升高的压力波传递有过程等因素的影响，因此喷油器开始向燃烧室喷油的时刻总要迟于喷油泵向高压油管供油的时刻，即供油提前角总是大于喷油提前角。

对于一定燃烧室形式的柴油机来说，最佳的供油（或喷油）提前角的大小与柴油机转速和供油量有关。转速越高，供油量越大，则最佳供油提前角也应当越大，以使燃烧过程能在活塞上止点附近完成，从而获得较大的功率和较小的燃油消耗率。最好能使供油提前角随着转速和供油量的变化而做相应的改变。一般说明书所规定的供油提前角是指该柴油机在标定转速下的最佳供油时刻。喷油的延续时间可以用喷油泵凸轮轴转角或曲轴转角表示。

（3）喷油规律　喷油规律是指喷油过程中每单位时间或单位喷油泵凸轮轴转角的喷油量（又称喷油速率）随时间或喷油泵凸轮轴转角而变化的规律，为获得合适的燃烧速率、压力增长率和最大爆发压力，要求喷油规律同混合气形成和燃烧过程配合良好。

（4）雾化效果　喷入的柴油油束应与燃烧室配合良好。油束的雾化应符合燃烧室的要求，使用雾化锥角、贯穿距、雾化粒径分布，同时还应喷射干脆没有后滴漏现象。

（5）脉冲数　在高自由度的共轨喷射系统中，可以自由改变喷油参数和喷油形状。在主喷射前增加一次预喷射，可增加混合气的形成时间；在一个工作循环中实现多段喷油，能有效地提升柴油机的燃烧效率和排放性能。

4.1.2 可燃混合气形成

柴油机可燃混合气形成与燃烧的条件比较恶劣。柴油黏度大，必须通过高压喷射促进其雾化、蒸发并与空气混合，形成按一定比例构成的空气-燃料蒸气的混合物（称为可燃混合气），因此柴油机燃油供给系统配置了高压喷油泵和喷油器。在进气过程中，进入气缸的是空气，在压缩接近终了时，柴油才被喷射进入气缸。从柴油开始喷入到可燃混合气着火，对应的曲轴转角为15°～35°，如果发动机转速为2000r/min，对应的时间只有0.00125～0.00292s。柴油机混合气形成时间极短，为加速混合气的形成，在柴油机上要组织一定强度的空气涡流，如进气涡流和压缩涡流。

柴油机压缩行程接近终点时，气缸内空气温度上升到750～950K，超过了柴油的自燃温度，此时喷油器将一定量高压柴油喷入气缸并形成可燃混合气。可燃混合气中的柴油分子与空气中的氧分子在高温下发生化学反应，直至自燃着火，随即开始迅速燃烧并膨胀做功。根据气缸内温度和压力变化的特点，可将柴油机内混合气的形成与燃烧按曲轴转角分为四个时期。图4-1所示为柴油机在压缩和做功过程中，气缸内的压力P随曲轴转角φ的变化曲线，其中O点表示喷油泵开始供油点，对应的曲轴转角θ为供油提前角；A点表示喷油器开始喷油点，对应的曲轴转角θ'为喷油提前角。

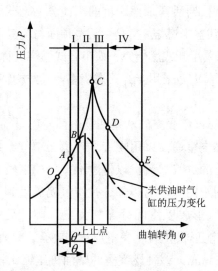

图 4-1　气缸压力与曲轴转角的关系

Ⅰ—着火延迟期　Ⅱ—速燃期　Ⅲ—缓燃期　Ⅳ—后燃期

从上述过程的分析可以看出，为了提高柴油机的动力性、经济性和工作平顺性，着火延迟期不能太长，要控制速燃期的压力增长率和最高的燃烧压力，要缩短缓燃期，尽量消除后燃期。为此，必须选用十六烷值较高的柴油，要采用较高压缩比（15～20）的燃烧室。除此之外，还对柴油机燃油供给系统提出了如下要求：

1）可燃混合气浓度适中，常用过量空气系数 α 表示，它是燃烧 1kg 燃料实际供给的空气量与理论上所需空气量之比，即

$$\alpha = \frac{\text{燃烧1kg燃料实际供给的空气量}}{\text{完全燃烧1kg燃料理论上需要的空气量}}$$

$\alpha>1$，稀混合气；$\alpha<1$，浓混合气；$\alpha=1$，标准混合气。

柴油机的 α 通常都大于 1，一般在 1.15～2.2 范围内。

2）喷射压力必须足够高，一般在 10MPa 以上，以利于柴油雾化。

3）柴油喷射系统的喷油规律应与燃烧过程相对应，控制前期喷射量，加快中期喷射，尽快结束后期喷射。

4）在燃烧室内组织较强的空气涡流运动，以促进空气与柴油的均匀混合。

空气和柴油的混合情况与燃烧室构造有关，下面介绍柴油机燃烧室。

4.1.3　燃烧室

由于柴油机的混合气形成和燃烧是在燃烧室内进行的，所以其燃烧室结构型式直接影响到所形成的混合气的品质和燃烧状况。柴油机按不同特征可以有不同的分类，按燃烧室的形式，可分为直喷式和分隔式（非直喷式）等。

1. 直喷式燃烧室

直喷式燃烧室可根据活塞顶部凹坑的深浅分为开式燃烧室和半开式燃烧室两类。其中，开式燃烧室又称浅盆形燃烧室，是由活塞顶面与气缸盖平面组成的一个浅而宽的凹坑，大型低速柴油机大都采用开式燃烧室；而半开式燃烧又称深坑型燃烧室，包括 ω 形、挤流口形和半球形等。目前大多采用半开式燃烧室，其结构特点是活塞顶部的凹坑直径较小、深度较深、多有缩口。

（1）ω 形燃烧室　该燃烧室的活塞凹顶剖面轮廓呈 ω 形（见图 4-2a），在直喷燃烧室中使用较多。该类燃烧室通常采用螺旋进气道。空气经螺旋进气道进入气缸后产生中等强度绕气缸轴线旋转的进气涡流，以促进混合气的形成并改善燃烧状况。喷入的燃油一部分分布在燃烧室的空间内，另一部分被空气涡流甩到燃烧室壁面上，形成油膜。由于 ω 形燃烧室的混合气形成以空间分布式为主，因此要求喷射压力较高，一般为 18～25MPa，并且燃料喷注形状要与燃烧室形状相吻合。一般采用多孔喷油器，4～8 个喷孔，喷孔直径为 0.25～0.4mm。该种燃烧室的柴油机压缩比较低，一般为 15～18，以避免工作粗暴的现象。

ω 形燃烧室形状较简单，加工容易，结构紧凑，散热面积较小，热效率高，经济性较好。由于总有一部分燃油在空间中先形成混合气，因此柴油机的低温起动性能较好。其缺点是对燃油喷射压力的要求较高，对喷油泵和喷油器配合偶件加工精度的要求高。多孔喷油器的喷孔小，容易堵塞，使用时要特别注意燃料的滤清。在着火延迟期内形成的可燃混合气多，导致柴油机工作比较粗暴。

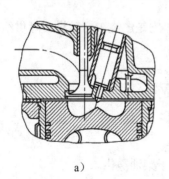 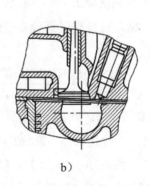 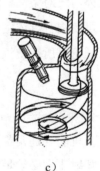

a）　　　　　　　　　b）　　　　　　　　　c）

图 4-2　直喷式燃烧室

a）ω 形　b）球形　c）螺旋进气道空气涡流运动示意图

（2）球形燃烧室　该燃烧室的活塞凹顶表面轮廓呈球形（见图 4-2b）。在进气过程中，空气沿螺旋进气道进入形成强烈的进气涡流。在压缩接近终了时，燃油自喷油器顺气流并接近燃烧室切向的方向喷入燃烧室。在强烈的空气涡流作用下，绝大部分燃料被均匀喷涂在燃烧室壁面上，形成了一层很薄的油膜，只有极少量的燃油喷散在燃烧室空间中。均布的油膜从燃烧室壁面上吸热，逐层蒸发，并迅速与空气混合。喷散在空间的部分雾状燃料最先完成与空气的混合而着火，形成火源，并引燃由油膜蒸发形成的混合气。随着燃烧的进行，燃烧室内的温度越来越高，油膜蒸发越来越快，混合和燃烧互相促进，使燃烧过程及时进行。

球形燃烧室一般采用单孔（喷孔直径为 0.5～0.7mm）或双孔（喷孔直径为 0.3～0.5mm）喷油器，喷射压力为 17～22MPa。

在球形燃烧室中，混合气的形成方式以油膜蒸发为主。在初期混合气形成较慢，在着火延迟期内形成并积聚的混合气量较少，燃烧初期压力增长率较低，使发动机工作比较柔和。由于是逐层蒸发，逐层燃烧，不易出现高温裂解冒黑烟的现象。其缺点是柴油机低温起动比较困难，在低速和低负荷时工作性能较差。

2. 分隔式燃烧室

分隔式燃烧室由两部分空间组成，一部分位于活塞顶部和气缸盖底面之间的空间，称为主燃烧室；另一部分位于气缸盖内的空间，称为副燃烧室。两者由一个或数个通道相连通。常用的分隔式燃烧室形式有涡流室式燃烧室和预燃室式燃烧室，如图 4-3 所示。

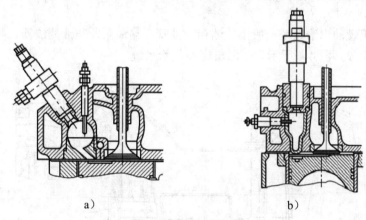

图 4-3　分隔式燃烧室
a）涡流室式燃烧室　b）预燃室式燃烧室

（1）涡流室式燃烧室　该燃烧室的副燃烧室常称为涡流室，多呈球形或圆柱形，其容积占燃烧室总容积的 50%～80%。连接涡流室与主燃烧室的通道与涡流室相切。在压缩过程中，活塞将气缸内的空气压入涡流室而产生强烈的涡流运动，常称为压缩涡流。燃油自喷油器顺涡流方向喷入涡流室，并在强烈涡流的作用下迅速与空气混合，形成较浓的可燃混合气。涡流室内的可燃混合气着火燃烧后，压力急剧升高，燃气带着未燃的浓混合气一起经通道高速喷入主燃烧室，在活塞顶上双涡流式凹坑内再次形成强烈的涡流（称二次涡流），使燃油在主燃烧室内进一步混合与燃烧。

由于涡流较强，所以这种燃烧室不需要喷注与燃烧室形状相配合，对喷雾的要求也较低。一般用轴针式喷油器，喷射压力为 12～14MPa。

涡流室式燃烧室的优点：因有强烈的涡流运动，对空气的利用率高，过量空气系数 α 可较小（α=1.1～1.3）；燃烧是在两部分燃烧室内先后进行的，主燃室内的压力增长比较缓慢，发动机工作柔和，对转速变化不敏感；燃烧完全，排气污染小。

涡流室式燃烧室的缺点：散热面积较大，热损失较多；气体两次经过通道被节流，流动损失较大。因此，与直喷燃烧室相比，经济性差些，耗油率较高，冷起动较困难。

（2）预燃室式燃烧室　该燃烧室的副燃烧室常称为预燃室。预燃室的容积只占燃烧室总容积的 25%～45%，预燃室与主燃烧室的连接通道的面积较小。在压缩行程，空气从气缸被压入预燃室后形成无规则的紊流。压缩行程后期，喷入预燃室中的柴油依靠空气紊流的扰动而与空气初步混合，形成品质不高的混合气。小部分燃油在预燃室内开始燃烧后，使预燃室中的压力急剧升高，然后高压燃气连同未燃烧的浓混合气以极高的速度喷入主燃烧室中。由于小孔通道的节流作用，在主燃烧室中再次形成涡流，促使燃料进一步雾化并与空气均匀混合而达到完全燃烧。

预燃室通常用耐热钢单独制造，再嵌入气缸盖。预燃室式燃烧室与涡流室式燃烧室均属于分隔式的燃烧室，混合气形成方式和燃烧过程基本相似，因此两者优缺点基本相同，这里不做详述。

4.2 传统燃油供给系统

传统柴油机燃油供给系统一般由柴油箱、油管、输油泵、柴油滤清器、喷油泵、调速器和喷油器等组成。图4-4所示为柴油机燃油供给系统。

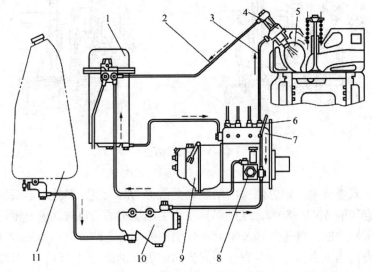

图4-4　柴油机燃油供给系统

1—柴油细滤器　2、6—回油管　3—高压油管　4—喷油器　5—涡流室　7—喷油泵　8—输油泵

9—调速器　10—柴油粗滤器　11—柴油箱

柴油机运转时，柴油自柴油箱11在输油泵8的吸力作用下经低压油管被吸入输油泵8，并以50～100kPa的压力压至柴油细滤器1，经过滤清后的清洁柴油被送入喷油泵7，再经过喷油泵7增压后经高压油管3送到各缸的喷油器4，最后喷入燃烧室与压缩空气进行混合和燃烧。从喷油器针阀偶件泄出的少量柴油经回油管2流回。输油泵8的供油量大于喷油泵7的用量，多余的柴油经单向回油阀送回输油泵8，在有的柴油机上回油则直接回到柴油箱。

通常把柴油机燃油供给系统分成两部分：从柴油箱至喷油泵泵油前的油路称为低压油路，油压一般为50～290kPa，经喷油泵泵油后至喷油器的油路称为高压油路，油压一般为9800kPa以上。

早期直列泵内部调速装置一般为机械式，驾驶员通过油门控制调速器弹簧的预紧力，飞锤离心块产生的离心力与弹簧产生的力相互制约，保持动态平衡，即踩下油门时，发动机供油量增加，使发动机转速加快，同时调速机构产生一个力使油量控制机构向减油的方向移动，以制约发动机出现的"飞车"现象。

为改善直列泵喷油量的精准度，目前直列泵系统大多数采用了电子调速装置，使得燃油喷油量的精确度和调速精确度大大提升。

4.2.1 喷油器

喷油器的功用是将来自喷油泵的高压柴油喷射雾化，并按一定的要求（如一定的射程和喷雾锥角、雾化良好、喷入燃烧室的相应位置等）将柴油喷射到燃烧室中。

喷油器的结构型式有多种，归纳起来可分为两大类，即开式喷油器与闭式喷油器。喷油器内部通过喷孔与燃烧室经常相连通的称为开式喷油器；除了喷射柴油的时间外，平时喷油器内部与燃烧室之间被一针阀隔开，这种喷油器称为闭式喷油器。开式喷油器由于没有精密配合的运动件，因此具有结构简单的优点，但是开式喷油器存在着喷射质量差、喷射开始和终了的时刻不准确、易产生滴漏和积炭等缺点，故在现代柴油机上已很少采用。现代柴油机一般采用闭式喷油器。

闭式喷油器常见的形式有孔式与轴针式两种。

1. 孔式喷油器

孔式喷油器主要用于直接喷射的燃烧室。喷孔的数目一般为 1～8 个。喷孔的直径为 0.25～0.8mm。喷孔数目与喷射方向要根据燃烧室的形状、空气涡流的情况及对喷雾质量的要求来确定。

图 4-5 所示为柴油机长型孔式喷油器结构。喷油器由针阀 10、针阀体 11、顶杆 6、调压弹簧 5、调压螺钉 3 及喷油泵体 7 等组成。其中针阀 10、针阀体 11 是一副精密偶件，针阀上部的导向圆柱面与针阀体是高精度的滑动配合，其配合间隙为 0.002～0.004mm。配合间隙过大，可能会发生泄漏而使油压下降；配合间隙过小，针阀不能自由移动。针阀中部的锥面全部露出在针阀体的环形油腔中，其作用是承受由油压造成的轴向推力以使针阀上升，此锥面称为承压锥面。针阀下端的锥面与针阀体相应的内锥面配合，以实现喷油器内腔的密封，称为密封锥面。针阀上部的圆柱面及下端的密封锥面与针阀体相应的配合面都是经过精磨后再相互研磨而保证其配合精度的，选配和研磨好的一副针阀偶件不能互换。

喷油器工作过程：装在油泵体上部的调压弹簧 5 通过顶杆 6 将针阀 10 紧压在针阀体 11 密封锥面上，将喷孔关闭。当喷油泵工作时，输出的高压柴油从油管接头进入喷油泵体 7 和针阀体 11 中的油道而到达针阀 10 的环形空间——高压油腔，高压油作用在针阀 10 的承压锥面上，形成了一个向上的轴向推力，当压力升高到足以克服调压弹簧 5 的压力时，针阀 10 向上升起，针阀的密封锥面离开阀座，打开喷孔开始喷油。喷射开始时的喷油压力取决于调压弹簧 5 的预紧力，而调压弹簧的预紧力可通过调压螺钉 3 调整。当喷油泵停止供油时，高压油管内的压力迅速下降，针阀在调压弹簧的作用下迅速回位，关闭油孔，停止喷油。

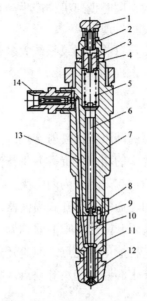

图 4-5　柴油机长型孔式喷油器结构

1—回油管螺栓　2—调压螺钉护帽　3—调压螺钉　4—垫圈　5—调压弹簧　6—顶杆　7—喷油泵体　8—紧固螺套
9—定位销　10—针阀　11—针阀体　12—喷油器锥体　13—油道　14—进油管接头

喷射过程中，针阀升程（即可能升起高度）受到针阀杆的台肩与喷油器体下端面之间的间隙限制（见图 4-6）。为了使针阀的上端面不受高压柴油的作用，以免针阀升不起来，针阀体与喷油器体的接合端面要严密配合，在加工时二端面也要研磨。

喷油器喷油时，喷射油束锥角必须与燃烧室形状相适应，使燃油雾粒直接喷射在燃烧室空间并均匀分布。喷油器喷油时，会有少量的柴油从针阀与针阀体的配合间隙处渗漏，这部分的柴油可以起到润滑配合表面的作用，并沿顶杆周围的空隙上升。为了防止渗漏出的少量柴油在针阀累积并形成背面高压，影响喷射压力，在喷油器上端设有回油接头。这部分柴油通过回油管螺栓的孔进入回油管，流回柴油滤清器。

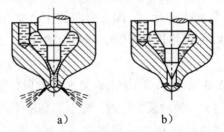

图 4-6　孔式喷油器工作过程示意图

a）喷油　b）关闭

2. 轴针式喷油器

轴针式喷油器通常用于分隔式燃烧室（涡流室式燃烧室和预燃室式燃烧室），复合式燃烧室也采用这种喷油器。

轴针式喷油器的工作原理与孔式喷油器相似，其结构如图 4-7 所示，工作原理如图 4-8 所示。其结构特点是针阀在其密封锥面以下伸出一个轴针，并一直延伸到喷孔外，形状有圆柱形、顺锥形和倒锥形三种，以获得所需的喷注锥角。轴针与喷孔形成圆柱形缝隙（约 0.005mm），使得喷油形成的喷注呈空心的圆锥形或圆柱形。

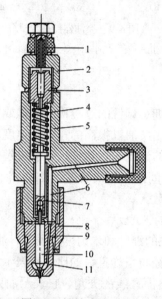

图 4-7　轴针式喷油器

1—回油管螺栓　2—调压螺钉护帽　3—调压螺钉　4—调压弹簧　5—喷油器体　6—进油道　7—顶杆

8—紧固螺套　9—喷油器油道　10—针阀　11—针阀体

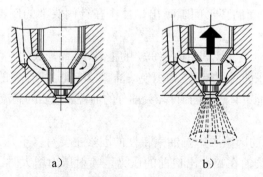

a）　　　　　　　　　　　b）

图 4-8　轴针式喷油器工作原理

a）进油　b）喷射

一般轴针式喷油器只有一个喷孔，喷孔直径一般为 1~3mm。由于喷孔直径较大，轴针在喷孔内上下运动，具有自洁作用，喷孔不易积炭。另外，轴针式喷油器喷孔的面积是随轴针开启的高度而变化的，初始开启的面积比较小，使初始喷油速率较小，对减轻柴油机的粗暴运行有利，当针阀的开启高度超过 0.1mm 以后，喷孔处的柴油流通面积迅速增加，喷油速率加大，促使燃烧在上止点附近完成。

喷油器的结构型式如图 4-9 所示。孔式喷油器有单孔式和多孔式两种形式，轴针式分为普通轴针式、分流轴针式和节流轴针式三种形式。

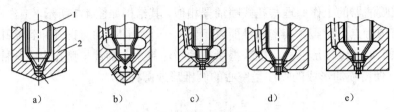

图 4-9 喷油器结构型式

a）单孔式 b）多孔式 c）普通轴针式 d）分流轴针式 e）节流轴针式

1—针阀 2—针阀体

3. 燃油的喷雾

在柴油机内将柴油分散成细小颗粒的过程称为喷雾或雾化。

（1）油束的形成和特性　当柴油以很高的压力和速度从喷油器的喷孔喷出时，在气缸中压缩空气的阻力和高速旋转的涡流的扰动作用下被分裂成细小的油粒并形成圆锥形的油束（或喷注）。一般在油束的中间部分的柴油雾化较差，油粒密集，直径较大；在油束的外部则油粒直径小，油粒分布分散。

油束的特性可以用以下指标来表示：

1）雾化质量：用喷注油粒的细度和均匀度来表示。油粒细度用油粒的平均直径表示。油粒的均匀度用油粒的最大直径与平均直径的比值来表示。

2）喷雾锥角：指油束包络面直线的夹角，它表示油束向空间扩展的广度和油束的紧密程度，一般为 4°～45°。雾锥角的大小对于孔式喷油器，主要取决于喷孔的尺寸和布置方式；对于轴针式喷油器，则通过轴针头部的结构形状来控制。当要求雾锥角小于 4°时，轴针头部制成圆柱形；当要求雾锥角较大时，轴针头部制成倒锥形。当针阀抬起时，柴油经喷孔与针阀间的环形间隙喷出，冲击在针阀头部的倒锥部分而形成较大的雾锥角。

3）射程：指喷出的油束在燃烧室内部贯穿的距离。不同形式的燃烧室对射程的要求不同，空间混合直接喷射式要求的射程较大，力图使柴油雾粒能到达燃烧室的最远处；而采用油膜蒸发的球形燃烧室只要求油束有一定的射程，大部分的油粒靠强烈的涡流运动被抛洒在燃烧室壁面上。

（2）影响油束特性的因素　影响油束特性的因素主要有以下几方面：

1）喷射压力：指柴油在喷孔出口前的压力。喷射压力增大时，柴油喷射的流动速度会随之增加，使雾化质量提高，射程和雾锥角也会随着增加。

2）喷油器的构造：对于孔式喷油器，当喷射压力和喷孔面积一定时，减少喷孔直径可增大柴油喷出后的流动速度，提高雾化质量，并使雾锥角增加，射程减少。对于轴针式喷嘴来说，其喷孔的面积存在类似的影响，但其轴针头部的锥角影响更加重要。当倒锥形轴针形成的喷注具有较大的锥角、轴针头部为圆柱形时，形成较小锥角的喷注，当轴针头部为顺锥形时，形成喷注的雾锥角几乎为零。

3）喷油泵凸轮轴转速和凸轮轮廓形状：凸轮转速增加及凸轮轮廓形状较陡时，会导致喷油泵柱塞的运动加快，增加喷射压力，使雾化质量得到改善，射程和雾锥角也会随之增加。

4）柴油的黏度：若柴油的黏度大，则油不易雾化为细粒，在同样条件下，喷注的射程较大。

5）气缸内空气的压力：当气缸内部的压力增加时，空气的密度增加，作用在油束油粒上的阻力加大，将使射程减少，雾锥角增大，有利于改善雾化质量。

4.2.2 喷油泵

喷油器要实现对柴油的喷射雾化，输入的柴油必须有较高的压力。而喷油泵的主要功用就是提高柴油的压力并能满足以下要求：

1）各缸的供油次序符合发动机各缸的工作顺序。

2）按照一定的供油规律定时供油和迅速停供，各缸的供油提前角和供油延续时间相等。

3）能根据柴油机负荷的大小，与调速器配合供给所需的柴油量，且各缸的供应量均匀。

喷油泵的结构类型较多，现柴油机上常用的有柱塞式喷油泵、喷油泵-喷油器和转子分配式喷油泵三类。柱塞式喷油泵利用柱塞的往复运动来泵油，这种喷油器结构紧凑、性能良好、工作可靠，在大多数拖拉机、汽车的柴油机上应用。喷油泵-喷油器的结构特点是将喷油泵和喷油器结合成一个整体，直接安装在气缸盖上，消除了高压油管所引起的压力波动现象，可以更加精确地控制喷油规律，主要应用于 PT 燃油供给系统。转子分配式喷油泵依靠转子的转动实现压油及分配，它具有体积小、质量小、零件少、成本低等优点，但其最大的供油量和供油压力均比柱塞式喷油泵小，比较适合用在中小功率的多缸柴油机上。

1. 柱塞式喷油泵的工作原理

柱塞式喷油泵按结构布置的形式不同分为单体泵和合体泵。单体泵用在单缸柴油机上；合体泵是将各缸的泵油机构及调速器合成一体，应用在多缸高速柴油机上。

合体泵中每一缸的泵油机构称为分泵，其构造如图 4-10 所示。其中由柱塞 5 和柱塞套 4 组成的偶件称为柱塞偶件，是提高柴油压力的主要零件。柱塞偶件（柱塞、柱塞套）和出油阀偶件（出油阀 3、出油阀座 2）安装在喷油泵体中。柱塞弹簧 7 通过弹簧下座 8 与柱塞 5 相连，它总是力图使柱塞向下运动。柱塞 5 下部装有滚轮体总成 9，由喷油泵凸轮轴 11 驱动。出油阀上装有出油阀弹簧 1，出油阀弹簧 1 将出油阀 3 紧压在出油阀座 2 上，使其处于常闭状态。

在柱塞的圆柱表面加工有直线形（或螺旋形）斜槽，通过径向油道和轴向油道与柱塞的上端面连通。在柱塞的中部开有一环形槽，其中可以贮存少量柴油以润滑工作表面。柱塞套的内部为光滑的圆柱形孔，与柱塞的外圆柱面相配合。柱塞套上部开有两个径向孔（进油孔和回油孔），与喷油泵体内的低压油腔相通。

柱塞式喷油泵的工作原理如图 4-11 所示。当凸轮轴旋转，柱塞在柱塞弹簧的作用下向下运行并直到最下端（见图 4-11a）的位置时，柴油在输油泵的压力和柱塞下行的吸力共同作用下从低压油道经进、回油道孔流入柱塞上方柱塞套内，并充满上部空间。当凸轮轴继续旋转并通过滚轮体压缩弹簧推动柱塞上行时，开始有一部分柴油通过柱塞套上的进、回油孔被挤回低压油腔，直至柱塞上端面封住两个油孔时，柱塞上方便形成了一个密封腔，柱塞的这段升程称为预升程。柱塞继续上行，封闭腔内的柴油受到压缩，压力迅速上升，当油压增大到足以克服出油阀弹簧压力和高压油管内的剩余压力时，出油阀上行。当出油阀中部的圆柱形环带（称为减压环带）离开出油阀座上端面时，高压柴油从出油阀流出，经高压油管开始向喷油器供油（见图 4-11b）。供油随着柱塞上行一直持续到柱塞的斜油槽（或螺旋油槽）与柱塞套上的回油孔相通为止。此时柱塞上部的柴油经轴向油道和径向油道流回低压油道（见图 4-11c），高压油路的压力急剧下降，出油阀在弹簧的作用下关闭，供油迅速停止。从柱塞上端面封闭进油孔到柱塞斜油槽与回油孔相通的段升程称为供油有效升程。此后随着凸轮旋转至最大升程而使柱塞继续上行到达上止点所走过的升程称为剩余升程。在剩余升程里，喷油泵不向高压油管供油。

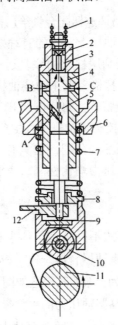

图 4-10　柱塞式喷油泵分泵

1—出油阀弹簧　2—出油阀座　3—出油阀　4—柱塞套　5—柱塞　6—泵体　7—柱塞弹簧　8—弹簧下座
9—滚轮体总成　10—滚轮　11—凸轮轴　12—油量调节臂　A—控制油槽　B—回油孔　C—进油孔

由喷油泵的工作原理可知，柱塞的总升程 h 不变，其大小取决于凸轮升程；喷油泵柱塞的供油量及供油的持续时间（循环供油量）取决于供油有效行程 h_g（见图 4-11d）。喷油泵若需根据发动机工况的变化而改变供油量，只需改变柱塞供油的有效行程即可。一般借助改变斜油槽与柱塞套油孔的相对位置来实现。

2. 柱塞式喷油泵的构造

多缸柱塞式喷油泵由分泵、油量调节机构、传动机构和喷油泵体等组成。

（1）分泵　分泵是喷油泵的泵油机构，多缸发动机中的分泵数量与柴油机气缸数相等。

分泵的基本结构如图 4-10 所示，主要由柱塞偶件、柱塞弹簧、弹簧下座、出油阀偶件、出油阀弹簧和出油阀压紧座等组成。

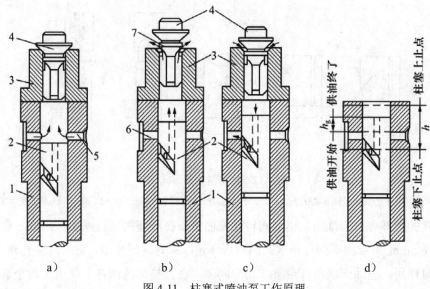

图 4-11 柱塞式喷油泵工作原理

a）进油 b）供油 c）停止供油 d）柱塞行程 h 和供油行程 h_g

1—柱塞套 2—柱塞 3—出油阀座 4—出油阀 5—进油孔 6—回油孔 7—减压环带

1）柱塞偶件：由柱塞和柱塞套组成。其功用是提高柴油压力，以满足喷油器喷射压力的要求，控制供油量和供油时间。

柱塞和柱塞套是一副精密配合的偶件，要求具有高精度和低表面粗糙度，良好的耐磨性。该偶件采用优质合金钢，通过精密加工和研磨制造，并经过分级配对互研。互研后柱塞偶件的配合间隙控制在 0.0015～0.0025mm 范围内。使用中应成对更换，不可互换。

柱塞套：柱塞套上一般加工出两个径向孔，其中与斜油槽相对的，除用于进油外，还承担回油任务，称为回油孔；另一个仅承担进油的任务，称为进油孔。柱塞套按照两油孔的轴向位置有平孔和高低油孔两种结构。在柱塞套外圆柱面上部开有定位槽，柱塞套装入喷油泵体后，用定位螺钉插入此槽内定位，以保证正确的安装位置，防止柱塞在工作中发生转动。

柱塞：为了调节供油量，在柱塞头部圆柱面上加工有斜油槽。图 4-12 中显示了三种不同的柱塞头部的形式。其中，图 4-12a 所示为供油开始时刻不变，通过改变供油终了时刻来改变供油量的柱塞；图 4-12b 所示为供油终了的时刻不变，通过改变开始供油的时刻来改变供油量的柱塞；图 4-12c 所示为供油开始和终了的时刻都改变的柱塞。

柱塞斜槽通常有螺旋形斜槽（见图 4-12a～c）和直线斜槽（见图 4-12d、e）。由于直线斜槽的工艺较好，我国生产的 I、II 号系列喷油泵的柱塞都采用了直线斜槽，斜槽的方向根据喷油泵的要求不同，有左旋斜槽和右旋斜槽之分。

2）出油阀偶件：出油阀偶件包括出油阀和出油阀座，如图 4-13 所示。它的功用是出油、断油和断油后迅速降低高压油管的剩余压力，使喷油器迅速停止供油而不出现滴漏现象。

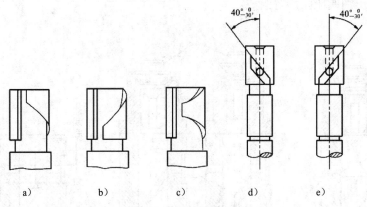

图 4-12 柱塞斜油槽形式

a）平顶下螺旋槽　b）平底上螺旋槽　c）上、下双螺旋槽　d）平顶左旋直线型槽　e）平顶右旋直线型槽

出油阀的上部有一圆锥面，出油阀将此锥面紧压在阀座的圆锥面上，形成一密封环带（宽 0.3～0.5mm）。锥面下部有一窄的圆柱形环带，称为减压环带，它与阀座孔精密配合，也具有密封作用。出油阀减压环带下部为导向部，在圆柱形的阀杆上铣出了四个直切槽，使阀杆断面呈"十"字形，既能导向，又可为高压柴油提供通道。出油阀偶件装在柱塞的上端，由出油阀紧座压紧在喷油泵体上。

在柱塞的供油行程时，当柱塞密封腔内的压力克服了出油阀弹簧的弹力和高压油管的剩余压力后，出油阀开始升起，在减压环带离开阀座后，柴油即可通过直切槽流入高压油管。而当柱塞斜槽与回油孔连通时，高压柴油即倒流回低压油道，此时出油阀在出油阀弹簧和高压柴油的共同作用下迅速下落。首先是减压环带下边缘封住了出油阀座孔，而使柱塞上部的压油腔与高压油管隔开。出油阀继续下行，至落在出油阀座密封锥面为止，此时减压环带进入了座孔内部，让出了一部分高压容积，使高压油管内部容积增大，导致高压油管迅速卸压，喷油器针阀就在弹簧作用下迅速关闭喷孔，而使喷油器做到停喷干脆，避免产生滴油现象。

出油阀偶件是燃油供给系统的第三副精密偶件，要求有较高的精度和光洁度、好的耐磨性，它也是采用优质合金钢制造，加工中经过选配和互研，其工作表面的径向间隙为0.006～0.016mm，使用和维修过程中不得更换。

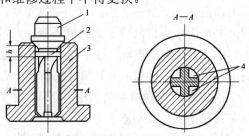

图 4-13　出油阀

1—出油阀　2—减压环带　3—出油阀座　4—切槽

（2）油量调节机构　油量调节机构的功用是根据柴油机工况的变化来改变喷油泵的供油

94

量且保证各缸的供油量一致。

从喷油泵的工作原理可知，柱塞每个循环的供油量取决于供油行程 h_g 的大小，由于斜槽的存在，只要转动柱塞就可以改变柱塞的供油行程，从而达到调节供油量的目的。常用的油量调节机构有齿杆式、拨叉式和球销式三种。

1）齿杆式油量调节机构：该调节机构如图 4-14a 所示。油量调节套筒 4 松套在柱塞套 1 上。在油量调节套筒 4 的下端开有两个纵向切槽，柱塞下端的两个凸耳 5 就嵌在切槽之中。调节齿圈 6 用螺钉锁紧在油量调节套筒 4 上并与调节齿杆 3 啮合。当齿杆做往复运动时，柱塞 2 被带着转动而改变循环供油量。当松开调节齿圈 6 的锁紧螺钉，将油量调节套筒 4 及柱塞 2 相对于柱塞套 1 转动一个角度时，可调整各缸油量的大小和均匀性。这种调节机构的优点是传动平稳，工作比较可靠，寿命长，但结构尺寸较大。

2）拨叉式油量调节机构：该调节机构如图 4-14b 所示。在柱塞 2 下端压装有一调节臂 10，臂的球头插入调节叉 9 的槽内，而调节叉 9 则用紧固螺钉 7 紧固在调节拉杆 8 上。移动调节拉杆 8 则可转动柱塞 2，改变循环供油量。松开调节叉 9 上的紧固螺钉 7 可以调整调节叉 9 在调节拉杆 8 上的位置，可以调整各缸的供油量的大小和均匀性。这种调节结构的优点是结构简单，容易制造。

3）球销式油量调节机构：该调节机构如图 4-14c 所示。其作用方式与齿杆式油量调节机构相近。该机构没有采用调节齿圈，而是在油量调节套筒 4 的上部嵌有一个小钢球 11，调节拉杆 8 的横断面呈角钢形，在其水平的直角边上开有小方槽口，该方槽口与油量调节套筒 4 上的小钢球啮合。当移动调节拉杆 8 时，可通过钢球 11 使油量调节套筒 4 与柱塞 2 一起转动，而改变循环供油量。这种调节结构的优点是结构简单，工作可靠，制造方便。

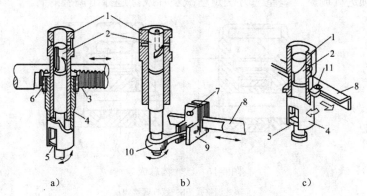

图 4-14　油量调节机构

a）齿杆式　b）拨叉式　c）球销式

1—柱塞套　2—柱塞　3—调节齿杆　4—油量调节套筒　5—凸耳　6—调节齿圈
7—紧固螺钉　8—调节拉杆　9—调节叉　10—调节臂　11—钢球

（3）传动机构　多缸合成式喷油泵的传动机构由凸轮轴和滚轮体总成组成。

1）凸轮轴：其功用是使喷油泵按照柴油机的工作顺序和喷油规律向各缸供油。凸轮轴两端支承在圆锥滚子轴承上，前端装有万向节及机械离心式供油提前角自动调整装置，后端与调速器相连。凸轮轴上加工出的凸轮数量与分泵的数目相等，通常在凸轮轴中部设有驱动输油泵的偏心轮。

凸轮的外形应根据不同燃烧室对喷油规律的要求的不同来选择。凸轮的外形有三种基本形式——凸面凸轮、切线凸轮和凹面凸轮，此外还有由上述型面混合组成的多圆弧凸轮以及函数凸轮等，如图4-15所示。其中，凸面凸轮升程的变化比较缓慢，适用于低中速柴油机，凹面凸轮的升程曲线较陡，但加工不便。切线凸轮则介于二者之间，其凸轮升程的变化比凸面凸轮快，轮廓比较简单，加工比较方便。目前，高速柴油机上一般选用切线凸轮。

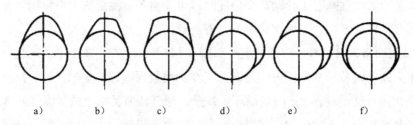

图4-15 喷油泵凸轮形式

a) 圆弧凸轮 b) 单向切向凸轮 c) 双向切线凸轮 d) 圆弧偏心凸轮 e) 切向偏向凸轮 f) 偏心凸轮

2）滚轮体总成：其功用是将凸轮的运动传给柱塞。滚轮常见的形式有垫片调整式和螺钉调整式两种，如图4-16所示。垫片调整式的滚轮体总成包括滚轮体、滚轮轴、衬套、滚轮、调整垫片和导向销等。带有衬套的滚轮松套在滚轮轴上，轴两端支承在滚轮架的座孔中，滚轮体的一侧或两侧装有导向销，泵体上相应开有轴向长槽，导向销插在该槽中，保证了滚轮体总成只做上下运动而不会转动。滚轮体的工作高度会对喷油泵的供油时刻产生影响。为了保证各分泵的供油开始角和供油间隔角一致，要求各滚轮体的工作高度一致，存在差异时必须进行调整。调整的方法是增减垫片或拧进拧出调整螺钉。

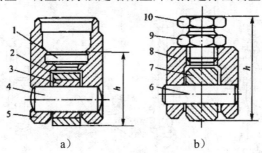

图4-16 滚轮体总成

a) 垫片调整式 b) 螺钉调整式

1—调整垫片 2、7—滚轮 3—衬套 4、6—滚轮轴 5—滚轮体 8—滚轮架 9—锁紧螺母 10—调整螺钉

（4）喷油泵体 喷油泵体是基础零件，喷油泵的其他零件均装在喷油泵体上，它在工作中承受较大的作用力，因此泵体应有足够的强度、刚度和良好的密封性。此外，还应该便于拆装、调整和维修。国产的Ⅰ、Ⅱ、Ⅲ系列的喷油泵为上体和下体的分体式结构，而A、B、P等系列喷油泵为整体式结构。

（5）供油提前角自动调节装置　为了保证在柴油机气缸内形成良好的混合气，改善燃烧条件，喷油器必须有一个合适的喷油提前角。最佳的喷油提前角是在标定转速和额定负荷的条件下确定的，并且其值会随着燃料的性质和发动机的工况而变化，同时随着凸轮、滚轮等传动部件的磨损，喷油提前角也会发生变化，因此对喷油器的喷油提前角必须进行调整。而发动机的工况不断发生变化，其喷油量和转速也会随着发生变化，因此喷油提前角必须能随发动机工况的变化而进行自动调节。

喷油提前角实际上是由供油提前角保证的，故可通过改变供油提前角来改变喷油提前角。改变喷油泵的供油提前角主要是通过改变曲轴与喷油泵凸轮轴的相对位置来实现的。目前，国内外车用柴油机供油提前角自动调节装置可根据转速的变化而自动调节供油提前角。

图 4-17 所示为一种车用柴油机上的机械离心式供油提前角自动调节器。驱动盘 1 与喷油泵的万向节用螺栓连接。两个飞块 7 松套在驱动盘 1 端面的两个销钉上，外面还套装有两个弹簧座 13，飞块 7 的另一端各压装一个销钉，每个销钉上各松套一个滚轮内座圈 8 和滚轮 9。从动盘 19 与喷油泵凸轮相连接。从动盘 19 两臂的弧形侧面 E（见图 4-18）与滚轮 9 接触，两个弹簧 11 的一端压在两臂的平侧面 F 上，另一端支撑在弹簧座 13 上。这个调速器为一密封体，内腔充有机油以供润滑。

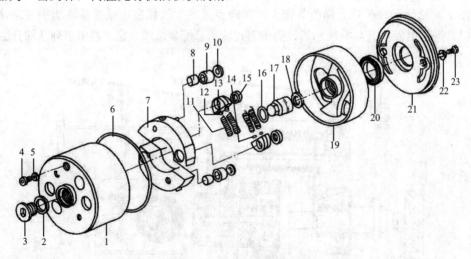

图 4-17　机械离心式供油提前角自动调节器

1—驱动盘　2、10—垫圈　3—放油螺塞　4—螺塞　5、22—垫片　6、16—O 形密封圈　7—飞块　8—滚轮内座圈　9—滚轮
11—弹簧　12、14、18—弹簧垫圈　13—弹簧座　15—定位圈　17—螺母　19—从动盘　20—油封　21—盖　23—螺栓

供油提前角自动调节器的工作原理如图 4-18 所示。当柴油机工作时，驱动盘 1 通过销钉带动飞块 7 和从动盘 19 一起旋转。飞块 7 在离心力的作用下绕驱动盘 1 上的销钉向外摆动，迫使滚轮 9 沿从动盘 19 上的弧形侧面 E 向外移动，并推动从动盘 19 沿着旋转的方向转动一个角度 α（即供油提前角）的增大量，与此同时弹簧 11 受到压缩，直至弹簧力与离心力平衡为止，驱动盘 1 重新与从动盘 19 同步旋转。柴油机的转速上升得越高，飞块 7 的离心力越大，供油提前角增大越多；柴油机转速降低时，供油提前角相应减小。

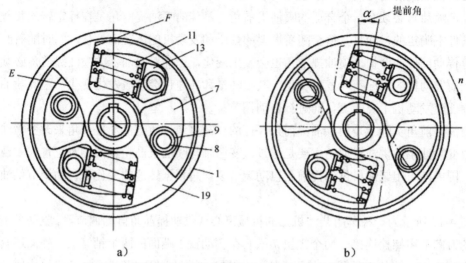

图 4-18　供油提前角自动调节器工作原理（件号注释见图 4-17）

a）静止状态　b）提前状态

3. 转子分配式喷油泵简介

转子分配式喷油泵简称分配泵。该喷油泵与柱塞式喷油泵相比，具有零件数量少、结构紧凑、质量轻和调整保养简便等优点，其缺点是对加工精度、柴油滤清级别要求高。

（1）结构组成　图 4-19 所示为径向压缩式转子分配泵总成。它主要由下列几部分组成：

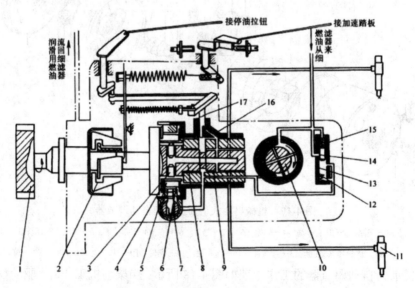

图 4-19　径向压缩式转子分配泵总成

1—传动连接器　2—离心飞块　3—柱塞　4—滚柱座　5—滚柱　6—内凸轮　7—供油提前角自动调节机构

8—分配转子　9—分配套筒　10—滑片式二级输油泵　11—喷油器　12—弹簧　13—调压阀

14—滑柱　15—调压弹簧　16—分配泵外壳　17—油量控制阀

1）滑片式二级输油泵：它可使燃油适当增压，以保证分配泵的必要进油量，并通过调节阀 13 控制输油泵的出口压力。

2）高压泵：它是分配泵的关键组成部件，由分配泵外壳 16、分配套筒 9、内凸轮 6 和旋转的分配转子 8、柱塞 3、滚柱 5 等零件组成，起进油、泵油和配油的作用。

3）油量调节机构：采用一在侧面开有轴向油槽的圆柱形油量控制阀 17，转动控制阀可以改变供油量。控制阀上端通过杆系同时与加速踏板和调速器连接。

4）供油提前角自动调节机构：利用二级输油泵输出油压的高低，通过活塞使内凸轮转动一定的角度，使供油提前角随转速或负荷的变化而自动调节，以改善柴油机的工作性能。

（2）工作原理

1）燃油油路。

低压油路：从滤清器来的清洁柴油从进油管流入，被输油泵泵入高压油泵头。柴油经分配套筒 9 的轴向油道流到分配转子 8 的环槽。在环槽处油流分为两支，其一流向供油提前角的自动调节机构，其二进入油量控制阀 17。从油量控制阀 17 出来的燃油经壳体、分配套筒 9、分配转子 8 的径向油道进入分配转子 8 的轴向中心油道，再流入两个柱塞之间的空腔内。

高压油路：燃油受到柱塞的压缩后产生高压，高压油流沿分配转子 8 中心油道和分配孔达到各缸的喷油器 11。

2）泵油过程。图 4-20 所示为径向压缩式分配转子的进油与配油。当如图 4-19 所示的分配泵中的分配转子 8 转动时，带动滚柱座 4、滚柱 5 和柱塞 3 绕其轴心线一起转动，由于固定的内凸轮 6 的凸起作用，使对置的柱塞被推向转子中心，柴油被压缩而产生高压。此时分配转子的分配孔正好与分配套筒上的某一缸出油孔对上（见图 4-20b），高压柴油被送到某一缸的喷油器，实现高压配油。当滚柱越过内凸轮的凸起后，两柱塞在离心力的作用下迅速被甩向两端，使两柱塞间空腔产生真空。当分配转子上某一进油孔与分配套筒上的进油孔对上时（见图 4-20a），柴油在二级输油泵的压力作用下进入柱塞间的空腔，完成进油。

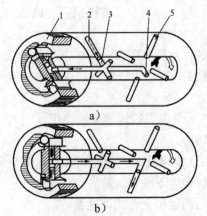

图 4-20　径向压缩式分配转子的进油与配油

a）分配泵进油过程　b）分配泵配油过程

1—内凸轮　2—进油道　3—进油孔　4—分配孔　5—出油孔

由于分配泵存在对分配转子和分配套筒、柱塞和柱塞孔的配合精度要求较高，滚轮座结构复杂和内凸轮加工不便，特别是高速适应性较差等缺点，故在柴油发动机上的应用日趋减少。

4.2.3 调速器

1. 功用

柴油机既可以用作可移动车辆（如拖拉机和汽车）的动力，也可以作为固定动力用以驱动水泵或发电动机等。在驱动这些机械时，当柴油机的输出转矩与外界的阻力矩相当时，柴油机处于稳定工作状态，当外界阻力矩发生变化时，为了维持柴油机的稳定运转，操作人员需要及时调节油门以增加或减少供油量来适应外界阻力的变化。对于外界阻力的变化，操作人员有时容易判断，有时不易判断，如汽车在道路上行驶时，驾驶员可以比较容易地根据路面状况的变化来控制油门，以保持稳定行驶，而在拖拉机耕地作业时，驾驶员就很难把握土壤阻力的变化来适时调节油门而维持柴油机稳定运转。

对于采用柱塞式喷油泵的柴油机来说，其全负荷速度特性曲线中的转矩特性曲线 比 $M_e = f(n)$ 较平坦，当遇到外界阻力矩有较小的变化时，就会引起转速的较大变化，非常不利于柴油机的稳定工作，并且由于柱塞式喷油泵速度特性的影响，当负荷降低、转速增加时，循环供油量也随之增加，从而使转速进一步增高，甚至导致柴油机的"超速"与"飞车"，使柴油机工作恶化，而当负荷增加导致转速降低时，柱塞式喷油泵的循环供油量会随之减少，而使转速进一步降低，最后导致发动机熄火。

显然，要随着负荷的变化，由驾驶员随时调节供油量是非常困难的。因此，在柴油机上一般都装有调速器，以便在负荷变化时，自动地改变供油拉杆的位置以调节供油量，使柴油机转速基本保持稳定。

2. 种类

根据调速器的工作原理，调速器的类型可分为机械式、气力式、液力式和电子式四种。机械式调速器的结构简单、工作可靠，广泛应用于中、小型柴油机。液压式调速器结构复杂，制造精度高，调节灵敏性好，作用在调节机构上的调节力大，主要用于大型柴油机。气动式调速器应用在少数小型柴油机上。

机械式调速器根据其转速作用的范围可分为以下三种：

1）单程式调速器：只在某一规定的转速下起作用，一般用于恒定转速工况的柴油机（如发动机组）。

2）两速式调速器：能在两个规定的转速下起作用，它既可以保持柴油机低速稳定运转，又能限制柴油机的最高转速。

3）全程式调速器：它不仅能保持低速稳定运转和限制最高转速，而且还能使柴油机在整个工作转速范围内的任何转速下稳定运转。

拖拉机和汽车柴油机常用两速和全程式调速器。

3. 机械式调速器的工作原理

调速器要实现其功能，必须有两个基本组成部分，一个是速度感应元件，另一个是调节供油拉杆的执行机构。机械式调速器采用的是具有一定质量的与调速弹簧相平衡的钢球（或飞块等）作为感应元件，当转速发生变化时，利用感应元件旋转时产生的离心力的变化来驱动执行机构以改变供油拉杆的位置。

（1）单程调速器　图 4-21 所示为一般机械式单程调速器的结构。喷油泵凸轮轴 3 带动调速器传动盘 2 旋转，在传动盘 2 的内锥面上开有凹槽，槽中装有钢球 4。在支承轴 7 上装有推力盘 5，推力盘 5 运动可以带动供油拉杆 1 左右移动。在推力盘 5 与弹簧座 8（固定在支承轴上）之间装有带一定预紧力的调速弹簧 6，供油拉杆 1 的最大的供油位置由支承轴的凸肩限定。

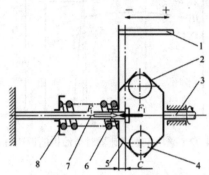

图 4-21　机械式单程调速器的结构

1—供油拉杆　2—传动盘　3—喷油泵凸轮轴　4—钢球　5—推力盘　6—调速弹簧　7—支承轴　8—弹簧座

当喷油泵凸轮轴旋转时，传动盘、钢球一起旋转，钢球在旋转时产生离心力，企图沿径向向外飞开。钢球的离心力作用在推力盘的斜锥面上产生一个轴向分力 F_1，该力企图使推力盘向左移动并带动供油拉杆减少供油量。在推力盘的另一侧受到调速弹簧的压力的作用 F_t，该弹簧力总是力图使推力盘向右移动并带动供油拉杆增大供油量。

柴油机不工作时，供油拉杆在弹簧力的作用下处于最大的供油位置（图中虚线的位置）。柴油机开始工作后，曲轴的转速逐渐升高，钢球的离心力也逐渐增大，但由于小于调速弹簧的压力，因此推力盘保持不动。当柴油机转速升高到某一转速时，钢球离心力的轴向分力与弹簧的压力相等，处于暂时平衡（这一转速叫作标定转速）。此时，推力盘与支承轴凸肩之间既没有力的作用，也没有间隙存在，供油拉杆保持原来的位置不变。

在这平衡状态下，当柴油机负荷减少时，供油量超过了负荷需要，转速进一步提高，离心力的分力增大到超过调速弹簧的预紧力后，便迫使推力盘移动并带动供油拉杆减少供油量，直到供油量重新与负荷相适应，此时转速停止继续升高，推力盘也停止移动，调速器便在新的条件下获得平衡。此时，在推力盘与支承轴凸肩之间产生了间隙 C，柴油机的转速与负荷减少前的转速相比要稍高一些。

当负荷重新增加时，发动机转速会降低，其作用正好与上述过程相反，调速弹簧则推动供油拉杆增加供油量，直到两者重新适应为止。

柴油机安装了调速器后，制取的速度特性称为"调速特性"。图 4-22 所示为采用单程调速器时柴油机的调速特性。

（2）两速式调速器　两速式调速器的结构原理如图 4-23 所示。与单程调速器相比，两速式调速器在推力盘 5 与弹簧座 9（固定在支承轴 10 上）之间装有两根调速弹簧。一根外调速弹簧 7 的刚度较弱，预紧力小，紧贴于推力盘 5 上，另一根内调速弹簧 8 刚度强，预紧力大，安装时与推力盘 5 保持一定距离。此外，供油拉杆 1 除由调速器控制外又可由操纵者直接控制（图中未画出）。

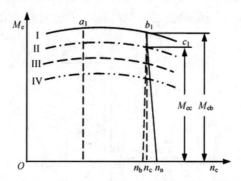

图 4-22　采用单程调速器时柴油机的调速特性

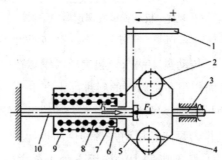

图 4-23　两速式调速器的结构原理

1—供油拉杆　2—传动盘　3—喷油泵凸轮轴　4—钢球　5—推力盘　6—内弹簧座

7—外调速弹簧　8—内调速弹簧　9—弹簧座　10—支承轴

　　当柴油机未起动时，外调速弹簧 7 作用在推力盘 5 上，通过推力盘 5 将供油拉杆 1 向右推向循环供油量最大的位置。柴油机起动后，转速上升，钢球离心力的轴向分力 F_1 随之增大。由于外调速弹簧 7 预紧力小且弹性弱，钢球离心力的轴向分力 F_1 很快大于外调速弹簧弹力 F_t，所以可以推动供油拉杆 1 向左移动减少供油量，调速器开始起作用，此时对应的发动机转速叫作最低怠速转速。当转速继续升高使推力盘 5 与内调速弹簧 8 接触时，由于内调速弹簧 8 的预紧力大及刚性强，弹簧力 F_t 瞬时增大。此时转速继续升高，但离心力的轴向分力 F_1 不足以克服内、外调速弹簧的弹力 F_t，供油拉杆 1 不动，不能改变供油量，调速器停止起作用。当发动机转速继续升高到使 $F_1 = F_t$ 时，对应的转速为发动机的额定转速。当转速稍高时，$F_1 > F_t$，推力盘 5 将压缩内、外调速弹簧，调速器开始起作用，使供油拉杆 1 向左移动，供油量减少，使转速又回落到额定值。

　　由此可见，两速式调速器只在低于怠速和高于额定转速时才起作用，在它们之间则不起作用。在怠速和额定转速之间，供油量可由操纵人员推动操纵杆自行调节。图 4-24 所示为采用两速式调速器时柴油机的调速特性。

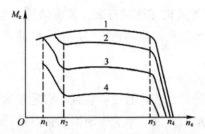

图 4-24　采用两速式调速器时柴油机的调速特性

（3）全程调速器　由于单程调速器调速弹簧的预紧力是固定的，所以只能在某一转速范围内起作用。如果将装在支承轴上的弹簧座做成可移动的，由驾驶员通过操纵杆控制，则调速器就转变成了如图 4-25 所示的弹簧预紧力可调的全程调速器。图 4-26 所示为采用全程调速器时柴油机的调速特性。

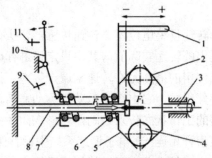

图 4-25　全程调速器的结构

1—供油拉杆　2—传动盘　3—喷油泵凸轮轴　4—钢球　5—推力盘　6—调速弹簧　7—弹簧座　8—支承轴
9—怠速限制螺钉　10—操纵杆　11—高速限制螺钉

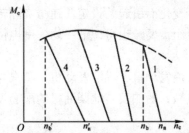

图 4-26　采用全程调速器时柴油机的调速特性

1—最高调速范围　2、3、4—部分转速调速范围

当扳动操纵杆 10 碰到高速限制螺钉 11 时，调速弹簧 6 的预紧力最大，这时相当于一个调速范围为 $n_b \sim n_n$ 的单程调速器；如果操作杆 10 碰到了怠速限制螺钉 9，则调速弹簧 6 预紧力最小，这时就相当于一个调速范围为 $n_b' \sim n_n'$ 的单程调速器。

在高速限制螺钉 11 和怠速限制螺钉 9 之间，操纵杆 10 可以处于任何一个位置，调速弹簧 6 也就对应某一个不同的预紧力。在这一范围内，调速器起到了无数个单程调速器的作用。

当操纵杆 10 处于某一位置而柴油机负荷处于稳定时，调速器内的弹力和离心力轴向分力也处于平衡，柴油机便在调速器作用下以转速 n_b 稳定运转。如果此时驾驶员要提高柴油机转速，便可将操纵杆 10 向左扳动（图 4-25 中虚线箭头的方向）以增大弹簧的预紧力。

弹簧力增大后 $F_t > F_1$，调速器原有的平衡被打破，调速弹簧 6 迫使推力盘 5 带动供油拉杆 1 增大供油量，但由于此时外界的负荷并没有变化，增大供油量超出了负荷的实际需要，因此可使柴油机加速。

4. 电子调速器

电子调速器是一个控制发动机转速的控制装置。它是根据接受的电信号，通过控制器和执行器来改变喷油泵供油量的大小。电子调速器的特点是可独立地决定调速特性，在装有全部附件的情况下能够确定最佳的转矩特性、怠速特性和过渡特性等。电子调速器能适应各种不同机型的要求。

用转速调整电位器设定需要的转速，传感器通过飞轮上的齿圈测量出发动机转速实际值并送至控制器，在控制器中将实际值与设定值相比较，其比较的差值经控制线路整理、放大，驱动执行器输出轴，通过调节连杆拉动喷油泵齿杆进行供油量的调节，从而达到保持此设定转速的目的。

电子调速器由控制器、转速调整电位器、转速传感器、执行器和保险电路等组成。控制器的作用是根据传感器测出的转速实际值与其中设定值进行比较，并驱动执行器执行。转速调整电位器根据发动机使用的最高允许转速来调定频率。执行器主要由直流电动机、传动齿轮、输出轴及反馈部件组成，它由直流电动机驱动，其转矩通过一个中间齿轮传至输出轴。反馈部件将执行器的工作状态传入控制器以形成闭环控制系统。执行器的输出轴摇臂通过调节连杆与喷油泵齿杆相连。在电子调速系统中设有保险电路，当传感信号中断，如因电缆断裂导致发动机停止运行时，它可以使执行器停止工作，并使输出轴摇臂恢复至"0"位置。

这种电子调速器还可根据发动机使用场合的需要选择不均匀度的大小。当进行无差调速时，电子控制系统会将负荷变化而引起的设定转速与实际转速之间的差值消除，使发动机保持原设定的转速。根据机组需要，也可调节不均匀度电位器，以使调速系统获得满意的静态调速率。

电子调速器主要应用于柴油发动机、汽油发动机、蒸汽与废气涡轮机、发电机组等产品，也用于载重车辆、起重机械、船舶及其他柴油机的配套设备。

4.3 电控燃油喷射系统

进入 21 世纪以来，装备电控柴油喷射系统的载货汽车和轿车与日俱增，柴油机采用电控技术，特别是采用高压共轨式电控喷油技术，是柴油机技术发展的必然趋势。到目前为止，已经研制并生产出了不同种类、功能各异的柴油机电子控制燃油系统，控制功能更全、工作更可靠的新产品层出不穷，大大改善和提高了柴油机汽车的动力性、经济性和排放性能，取得了显著的经济效益和社会效益。

4.3.1 分类与组成

1. 分类

柴油机燃油喷射系统可分为机械式燃油喷射系统和电子控制式燃油喷射系统两大类。

由于柴油机产品多种多样（在机械控制时代就已开发应用了直列泵、分配泵、单体泵和泵喷嘴等结构型式、适用范围和自身特点完全不同的燃油系统），在机械式燃油喷射系统基础上开发研制的电控燃油喷射系统种类繁多、形式各异，因此要对其进行准确分类十分困难。这里提供几种分类方法以供参考。

按控制方式不同，柴油机电控燃油喷射系统可分为位置式电控燃油喷射系统、时间式电控燃油喷射系统和共轨式电控燃油喷射系统三种类型。

（1）位置式电控燃油喷射系统　位置式电控燃油喷射系统为第一代电控燃油喷射系统，保留了传统机械式燃油喷射系统的基本结构，只是将原有的机械控制机构（调速器和喷油提前器）用电控元件（线性电磁铁机构、旋转电磁铁机构、线性直流电动机和步进电动机等）代替。它在原机械控制循环喷油量和喷油正时的基础上对机构功能进行了改进，用线位移或角位移的执行机构控制供油提前器的位移，实现了喷油正时电控，使控制精度和响应速度较机械式控制更高。但由于该系统采用电磁机构驱动控制的是喷油量和喷油正时，故喷油延迟时间依然不能得到控制。这类产品有直列柱塞泵电控系统和转子分配泵电控系统等。

（2）时间式电控燃油喷射系统　时间式电控燃油喷射系统改变了传统机械燃油喷射系统的一些机械机构，将原有的机械式喷油器改为高速强力电磁阀喷油器，以脉动信号来控制电磁阀的吸合与放开，实现喷油器的启闭。油泵机构和控制机构完全分开，燃油的计量由喷油器的开启时间和喷油压力来确定。喷油正时由电磁阀的开启时间控制，从而实现喷油量、喷油正时的柔性控制。它改变了第一代电控喷油系统执行响应慢、控制频率低和控制精度不稳定的缺点。其典型系统有电控泵喷嘴系统、电控分配泵系统、电控单体泵或直列泵系统。这种电控燃油喷射系统相较位置式电控燃油喷射系统，虽在性能上有较大的提高，但由于喷油压力直接由高压油泵产生，其喷油压力和喷油规律仍受凸轮形状的控制而不能自由调节。

（3）共轨式电控燃油喷射系统　共轨式电控燃油喷射系统由 ECU 统一控制，包括轨压控制、喷油控制及各种物理量的检测和处理。喷射高压的产生和喷油时间的控制是独立进行的，高压油泵将燃油加压后送入共用油轨内，压力控制在 130～200MPa 范围内，而电磁阀的启闭控制燃油喷射的起止和时长，因此可根据发动机的负荷及转速等各种运行工况，在 20～200MPa 的宽广范围内改变喷油压力，同时还可实现预喷射、主喷射和多段喷射等。发动机根据需要改变喷油率的形状，可以更高的自由度控制燃油喷射，力求达到不同工况下的每个工作循环均能获得最佳的燃油雾化效果、混合燃烧效果和尾气排放指标。

共轨式电控燃油喷射系统可分为高压共轨式电控燃油喷射系统和中压共轨式电控燃油喷射系统两种类型。目前使用的共轨式电控燃油喷射系统大都是高压共轨式电控燃油喷射系统。

高压共轨式电控燃油喷射系统的特点是：燃油箱内燃油（燃油压力约为 250kPa）由输油泵输送到高压油泵，再由高压油泵将低压燃油压缩成高压燃油并直接输送到公共油轨（共轨、公共油管、燃油分配管或油架）内（燃油压力达 160MPa 以上）。因此，在高压共轨式电控燃油喷射系统中，从高压油泵到喷油器之间均处于高压状态。

中压共轨式电控燃油喷射系统的特点是：输油泵输出的燃油为中、低压燃油（压力为10～30MPa），中低压燃油由燃油泵输送到共轨后再送入喷油器。在中压共轨式电控燃油喷射系统的喷油器中设有液压放大机构（增压器或增压机构），中低压燃油的压力由液压放大机构增大到120MPa以上，然后再喷入气缸。因此，在中压共轨式电控燃油喷射系统中，高压区域仅局限在喷油器中。

此外，按控制对象不同，柴油机电控燃油喷射系统可分为电控喷油泵系统和共轨式电控喷油系统两大类。ECU的控制对象对前者是喷油泵，对后者则直接控制喷油器和共轨压力。按喷油泵供油机构的结构型式不同，电控喷油泵系统可分为直列泵式电控喷油系统、分配泵式电控喷油系统、泵喷嘴式电控喷油系统和单体泵式电控喷油系统四种类型。

在上述电控柴油喷射系统中，只有共轨式电控燃油喷射系统是一种新型的电控柴油喷射系统，其他系统都是在罗伯特·博世（Robert Bosch）公司于1926年开发成功的喷油泵的基础上增设电控系统而构成的，在技术上没有实质性的进步。

2. 组成

柴油机电控燃油喷射系统同汽油机电控燃油喷射系统一样，也是由传感器、ECU和执行器三大部分组成。东风朝阳柴油机有限责任公司引进德国博世（Bosch）公司技术开发的高压共轨式电控柴油喷射系统的组成如图4-27所示。

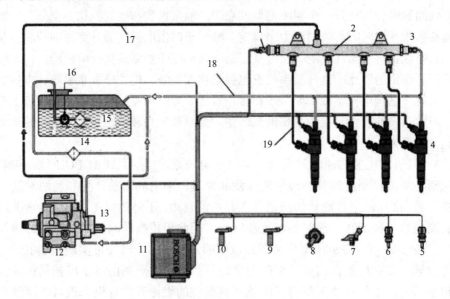

图4-27 高压共轨式电控柴油喷射系统的组成

1—油压传感器 2—共轨 3—限压阀 4—电控喷油器 5—进气温度传感器 6—冷却液温度传感器
7—大气压力传感器 8—加速踏板位置传感器 9—凸轮轴位置传感器 10—曲轴位置传感器 11—ECU 12—高压油泵
13—压力控制阀POV 14—燃油滤清器 15—燃油箱 16—电动燃油泵 17、19—高压油管 18—低压油管

传感器的功用是检测发动机运行时的状态参数。柴油机电控燃油喷射系统常用的传感器有曲轴位置（发动机转速与转角）传感器、凸轮轴位置传感器、加速踏板位置（或油门开度）传感器、大气压力传感器、进气温度传感器、燃油温度传感器、冷却液温度传感器、共轨油压传感器、空气流量传感器（增压柴油机采用）以及车速传感器等。

ECU 是柴油机电控燃油喷射系统的核心，是一个以单片机为核心的电子控制单元。目前，中央处理器（CPU）普遍采用高速 32 位 CPU 进行数学运算和数据处理。ECU 的功用是根据发动机转速和油门开度等传感器检测的柴油机运行状态参数，与 ECU 中预先存储的发动机特性参数图谱（称为 MAP 图）进行比较，计算确定喷油量和喷油时间等控制参数，并按计算所得目标值向执行器发出控制指令。此外，ECU 还具有通信和其他功能，如与自动变速 ECU 进行数据传输和交换，适时修正喷油量和喷油提前角控制指令等。

执行器（执行机构）的功用是根据 ECU 发出的控制指令执行相应的任务，主要是控制喷油量、喷油定时和喷油压力等。控制系统的控制策略不同，采用执行器的种类也不相同。位置式电控柴油喷射系统采用的执行器有电磁铁机构、直流电动机、步进电动机和机械式喷油器，时间式电控柴油喷射系统采用的执行器有电磁阀和机械式喷油器，高压共轨式电控柴油喷射系统采用的执行器有电动燃油泵、燃油压力控制阀、电磁式喷油器或压电晶体式喷油器等。无论采用何种控制策略，喷油器都是控制喷油量和喷油定时的最终执行器。

在柴油机电控燃油喷射系统中，各种传感器的功用、组成及其结构原理与汽油发动机电控燃油喷射系统使用的传感器基本相同，但是由于喷油压力高达 180～200MPa，对执行器的要求远远高于汽油机电控燃油喷射系统，各种执行器的结构都非常复杂，加之机械式燃油系统久经考验，使用历史证明其具有优越的性能，因此柴油机电控燃油喷射系统至今难以完全替代机械式燃油系统。

鉴于执行器是柴油机电控燃油喷射系统的关键技术，以及柴油机技术发展的必然趋势是采用高压共轨式电控柴油喷射技术，所以本书将重点介绍典型柴油机电控燃油喷射系统的基本喷油量的控制原理和高压共轨式电控柴油喷射技术。

4.3.2 喷油量控制原理

在机械式燃油系统中，柴油机大都采用机械式调速器来调节喷油量，利用离心力与弹簧作用力的平衡关系决定调节齿杆的位移，从而控制喷油量的大小，而在电控燃油喷射系统中，喷油器是在 ECU 的控制下喷射燃油。控制对象不同，喷油量的控制原理也不相同。

为了满足排放法规和油耗法规的要求，每个循环的基本喷油量 Q_j 是经过精确计算和反复试验的。可以利用微机的存储功能，将试验得到的最佳数据（即发动机在不同转速和不同负荷下对应的最佳基本喷油量）以三维图形（称为 MAP 图）形式存储在计算机的只读存储器（ROM）中（见图 4-28），再利用计算机的查寻功能和控制功能，通过控制执行器动作将喷油量控制在最佳值。

当发动机工作时，ECU 根据加速踏板位置传感器信号（油门开度信号）A_c 和发动机转速（曲轴位置）传感器 n_c 信号，利用计算机的查寻功能，从三维图形（MAP 图）中得到相应的最佳基本喷油量数值 Q_j；再利用计算机的数学计算与逻辑判断功能以及其他传感器提供的喷油量修正信号，计算确定最佳喷油量，并向执行器（电磁铁机构、直流电动机或电磁阀）发出控制指令；执行器在 ECU 输出回路的驱动下动作，使喷油器按最佳喷油量喷射柴油，完成一次喷油过程。

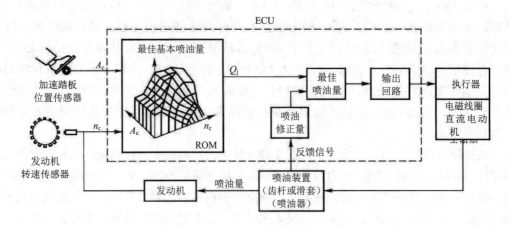

图 4-28　电控喷油泵系统基本喷油量的控制原理

在发动机工作过程中，电控燃油喷射系统不断循环上述过程，即可实现喷油量的实时控制。

在位置控制式电控喷油泵系统中，利用了转速传感器+齿杆（或滑套）位置传感器+ECU+电磁执行机构来替代机械式调速器，由 ECU 根据各种传感器信号计算确定喷油量，通过控制这些执行机构动作使调节齿杆（或滑套）产生位移来控制喷油量，执行器为电磁机构。齿杆或滑套的位移量信号为反馈信号，输入 ECU 可对喷油量实现反馈控制。

在电磁阀时间式电控喷油泵系统中，执行器为电磁阀，ECU 则直接控制电磁阀来控制喷油量。因为电磁阀响应速度较快，故系统中未采用反馈控制信号来修正喷油量。

在柴油机中，因为每个循环的喷油量是由柴油机的工作负荷确定的，所以反映发动机负荷的加速踏板位置（油门开度）传感器信号 A_c 与反映发动机进气量的发动机转速（曲轴位置）传感器信号 n_c 是确定喷油量最基本也是最重要的信号。因此，加速踏板位置传感器或发动机转速传感器一旦发生故障，电控燃油喷射系统将控制发动机处于应急状态（跛行状态）运行，以便驾驶员回家或将车辆行驶到修理厂修理。

4.3.3 高压共轨技术

高压共轨式电控柴油喷射技术是一种全新的电控柴油喷射技术，其基本原理与电控汽油喷射技术相似。高压共轨式电控柴油喷射技术是指在高压油泵、压力传感器和电子控制单元（ECU）组成的闭环系统中，将喷射压力的产生和喷射过程彼此完全分开的一种供油方式。各公司研制的共轨式电控柴油喷射系统虽然分为多种类型，但结构和原理大同小异，最具有代表性的有德国博世（Bosch）公司和日本电装（Denso）公司推出的高压共轨式电控柴油喷射系统。

1. 特点

该技术的显著特点为，喷油压力与喷油过程由 ECU 分别独立进行控制，能够自由调节喷油压力、喷油量、喷油定时和喷油特性。实践证明，高压共轨式电控柴油喷射系统具有以下优点：

1）喷油压力高。喷油压力（共轨压力）一般都维持在 160MPa 以上，最高可达 200MPa，比一般直列泵的喷油压力（60～95MPa）高出一倍。由于喷油压力高、燃油雾化好、燃烧过程得以改善，因此发动机的油耗、排放及噪声等性能得到明显改善，并可改善发动机转矩特性，提高发动机的动力性。

2）喷油压力自由调节。喷油压力的产生与发动机转速和负荷无关，电动燃油泵（即输油泵）将燃油箱内的柴油输送到高压油泵之后，高压油泵供入共轨管内的燃油压力（即喷油压力）由 ECU 控制压力控制阀（PCV）进行调节，PCV 通过调节高压油泵供入共轨管内的燃油量来调节喷油压力。喷油压力调节范围为 20～200MPa。

3）喷油量自由调节。喷油量和喷油定时由系统设计试验与预先编程确定，ECU 根据发动机转速和加速踏板位置等传感器信号直接控制各缸喷油器的电控机构（电磁线圈或压电元件），可实现精确控制。在喷油压力一定的情况下，喷油量的大小由喷油器电磁线圈或压电元件的通电时间长短决定，通电时间越长则喷油量越大，通电时间越短则喷油量越小。

4）喷油特性满足排放要求。在发动机的一个工作循环内能够实现引导喷射、预喷射、主喷射、后喷射和次后喷射以及更多次喷油控制，使柴油良好雾化与混合，提高燃烧效率，从而减少氮氧化物（NO_x）和颗粒物（PM-碳烟微粒或浮游微粒）排放，降低噪声和节约燃油。

5）适用于旧柴油机升级改造。应用实践证明，共轨式电控柴油喷射系统代表着柴油机燃油喷射技术的发展方向。与分配泵只能用于小型发动机或泵喷嘴、单体泵需要改动发动机不同，共轨式电控柴油喷射系统既能与小型、中型和重型柴油机匹配使用，也适用于现有柴油机的升级改造。共轨沿发动机纵向布置，高压油泵、共轨和喷油器各自的安装位置相互独立，便于在发动机上安装和布置。在对旧柴油机进行改造时，对缸体和缸盖的改动很小。

2. 工作原理

输油泵将柴油从燃油箱输送到高压油泵内，高压油泵在发动机的驱动下将柴油压缩成高压燃油后供入公共油轨（俗称"共轨"），系统通过对公共供油管内的油压进行精确控制，使高压油管压力大小与发动机的转速无关，可以大幅度减小柴油机供油压力随发动机转速的变化，因此也就减少了传统柴油机的缺陷。在 ECU 的控制下，共轨中的适量高压燃油经各缸高压油管和各缸电控喷油器直接喷射到气缸内燃烧做功。ECU 控制喷油器的喷油量，喷油量大小取决于共轨压力和电磁阀开启时间的长短。

3. 组成

图 4-29 所示为德国博世（Bosch）公司高压共轨式电控柴油喷射系统的基本组成。该系统主要由 ECU15、高压油泵 17、共轨 2、电控喷油器 6 以及其他传感器和执行器等组成。控制部件在四缸柴油机上的安装位置如图 4-30 所示。

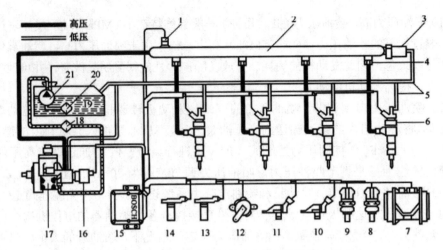

图 4-29　博世公司高压共轨式电控柴油喷射系统的基本组成

1—共轨油压传感器　2—共轨　3—限压阀　4—流量限制阀　5—低压回油管　6—电控喷油器　7—空气流量传感器

8—进气温度传感器　9—冷却液温度传感器　10—大气压力传感器　11—增压压力传感器　12—加速踏板位置传感器

13—凸轮轴位置传感器　14—曲轴位置传感器　15—ECU　16—压力控制阀 PCV

17—高压油泵（带供油切断电磁阀）　18—燃油细滤器　19—燃油箱　20—燃油粗滤器　21—电动燃油泵

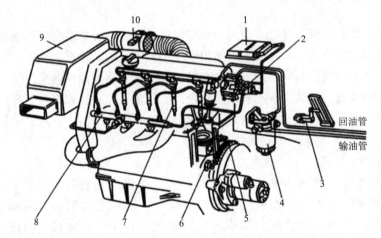

图 4-30　博世公司高压共轨式电控柴油喷射系统控制部件的安装位置

1—ECU　2—高压油泵　3—加速踏板位置传感器　4—燃油细滤器　5—冷却液温度传感器　6—曲轴位置传感器

7—电控喷油器　8—共轨　9—空气滤清器　10—空气质量流量计

　　在该系统中，燃油箱、燃油粗滤器、燃油细滤器、低压输油管、低压回油管和高压油管等部件的结构、原理及功用与机械式柴油供给系统基本相同。下面对高压共轨式电控柴油喷射系统中的高压油泵、共轨及电控喷油器电控单元进行说明。

　　（1）高压油泵　高压油泵是燃油供给系统低压通道与高压通道之间的接口部件。它的功用为在柴油机各种工况下，将低压柴油压缩，向共轨管内供入压力足够高、油量足够大的高压燃油。

　　高压油泵与普通喷油泵一样安装在柴油机上，可通过离合器、齿轮、链条或齿带由发动机驱动。但安装高压油泵时，只需考虑供油功能，无需考虑定时位置。

1）高压油泵的结构特点。博世公司高压共轨式电控燃油喷射系统采用 CP3 系列柱塞式高压油泵，其径向结构如图 4-31 所示，轴向结构如图 4-32 所示。高压油泵主要由偏心轮、柱塞组件、进油阀、出油阀、壳体和油道等组成。

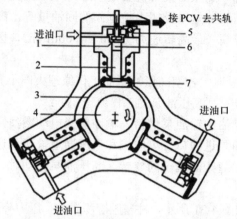

图 4-31　博世高压共轨系统 CP3 系列高压油泵的径向结构

1—进油阀　2—柱塞组件　3—偏心轮　4—驱动轴　5—出油阀　6—柱塞腔　7—柱塞垫块

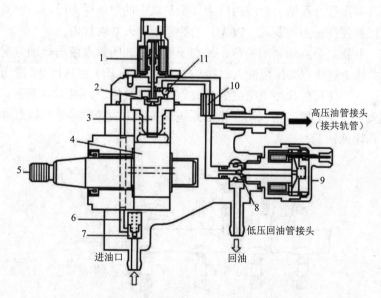

图 4-32　博世高压共轨系统 CP3 系列高压油泵的轴向结构

1—供油切断电磁阀　2—进油阀　3—柱塞　4—偏心轮　5—驱动轴　6—低压通道
7—单向阀　8—球阀　9—压力控制阀 PCV　10—密封件　11—出油阀

高压油泵由偏心轮驱动，在泵内径向设有三套柱塞组件，柱塞相互间隔 120° 排列，如图 4-31 所示。偏心轮驱动平面与柱塞垫块之间的接触形式为面接触，比传统凸轮与滚轮之间为线接触形式的接触应力要小得多，有利于燃油升压和延长使用寿命。由于高压油泵每旋转一转有三个供油行程，故驱动装置受载均匀，驱动峰值转矩小（博世高压油泵为16N·m），仅为分配泵驱动转矩的1/9左右。因此，高压共轨式电控燃油喷射系统对高压油泵端驱动装置的要求远远低于机械式燃油系统。泵端驱动装置所需功率随共轨压力和高压油泵转速的增加而成正比增加。对一台排量为2L的发动机而言，当设定转速下的共轨压力为135MPa时，高压油泵（机械效率约为90%）消耗功率为3.8kW。如果考虑喷油器的喷油量和低压回油量以及压力控制阀的回油量等，高压油泵的消耗功率应更高一些。高压油泵转速较高（最高转速为3000～4000r/min），因此采用了柴油润滑与散热。

2）高压油泵的工作原理。各型高压油泵的工作原理大同小异，博世高压共轨式电控燃油喷射系统采用的CP3系列高压油泵的工作原理如下：

①高压油泵加压的燃油由输油泵供给。输油泵（电动燃油泵）运转时，将燃油箱内柴油经低压油管、高压油泵进油口、单向阀和低压通道输送到进油阀处。当柴油机转动时，高压油泵按一定速比随柴油机一同旋转。高压油泵转动时，偏心轮便使柱塞径向移动。

②当柱塞下行时，如图4-31所示，柱塞腔容积增大，压力降低，使进油阀打开，低压燃油由进油阀进入柱塞腔，对高压油泵进行充油。

③当柱塞上行时，如图4-32所示，柱塞腔容积减小，压力增大使进油阀关闭，燃油建立起高压。当柱塞上行行程增大使腔内压力高于共轨中的燃油压力时，出油阀被打开，柱塞腔内的高压燃油便在压力控制阀（PCV）的控制下供入共轨管内。

（2）共轨　共轨是公共油轨的简称，相当于电控汽油喷射系统的燃油分配管、燃油总管或油架。在共轨上连接有高压燃油入口接头1、油压（高压）传感器2、限压阀4和流量限制阀5等，这些部件与公共油轨组成的总成称为共轨组件，如图4-33所示。其中，限压阀和流量限制阀为安全装置，用以防止供油系统部件发生故障时导致共轨燃油压力过高而损坏机件或高压燃油泄漏。

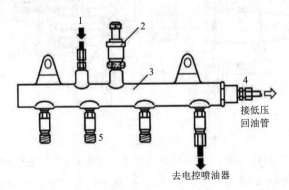

图4-33　博世公司共轨组件的结构

1—高压燃油入口接头　2—油压传感器　3—共轨　4—限压阀　5—流量限制阀

共轨的功用是贮存一定数量和一定压力的燃油，一方面保证柴油机起动和怠速时燃油迅速升压，满足起动和怠速工况对燃油压力的需求；另一方面是利用燃油液体的可压缩性，减小电控喷油器阀门开闭以及高压油泵工作时引起的油压波动。共轨腔内容积较小（约30mL左右），燃油压力很高（达160～200MPa）。

共轨油压传感器又称为共轨压力传感器、高压传感器或燃油压力传感器，该传感器安装在共轨上，用于检测共轨管内的燃油压力。因为喷油器内部的油压与共轨管内的油压相等，所以共轨油压传感器检测的燃油压力即为喷油器的喷油压力。

限压阀又称为压力限制阀或压力限制器。限压阀相当于一只安全阀，连接在共轨与低压回油管之间，其功用是限制共轨管内燃油的最高压力。当共轨中的燃油压力超过限压阀设定的最高压力值时，限压阀阀门可打开溢流卸压，以防止燃油供给系统损坏。

流量限制阀又称为流量限制器，连接在共轨与喷油器高压油管之间，其功用是在喷油器及其高压油管泄漏燃油时使高压油路关闭，停止供油，以防止燃油持续泄漏。

（3）电控喷油器　电控喷油器是共轨式电控燃油喷射系统中最关键和最复杂的部件，它的作用是根据 ECU 发出的控制信号，通过控制电磁阀的开启和关闭，将高压油轨中的燃油以最佳的喷油定时、喷油量和喷油率喷入柴油机的燃烧室。

电磁控制式喷油器的基本原理是利用电磁阀控制针阀偶件的背压来间接控制针阀的开启，即高速电磁阀使球阀打开接通回油通道，燃油回流使柱塞控制腔压力降低，针阀锥面燃油压力使针阀上升将阀门打开喷油。图 4-34 所示为博世公司电磁控制式喷油器的结构原理。

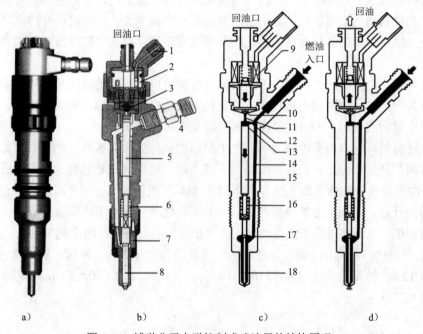

图 4-34　博世公司电磁控制式喷油器的结构原理

a）喷油器外形　b）内部结构　c）线圈断电针阀关闭　d）线圈通电针阀打开喷油

1—线束插头　2—电磁阀　3、10—球阀　4—高压接头　5—柱塞　6、16—复位弹簧　7—阀体　8、18—针阀
9—电磁线圈　11—回油节流孔　12—进油节流孔　13—柱塞控制腔　14—高压油道　15—控制柱塞　17—锥面

1）当电磁阀断电时，喷油器不喷油。当电磁阀线圈断电时，球阀在弹簧力作用下紧压在阀座上，球阀阀门关闭使低压回油通道关闭，如图 4-34c 所示。此时，共轨管内的高压燃油经各缸高压油管、喷油器高压接头、进油节流孔、柱塞控制腔作用于柱塞顶部，

使控制腔内建立起共轨高压，同样的共轨压力也作用于针阀盛油槽之中。柱塞顶部压力和针阀复位弹簧张力之和克服针阀盛油槽内高压燃油作用在针阀锥面（或承压面）的向上分力，使柱塞和针阀向下移动到极限位置，针阀紧压在阀座上将阀门关闭，喷油器不喷油。

针阀关闭速度取决于进油节流孔的流量。进油节流孔流量越大，针阀关闭时间越短，关闭速度就越快；反之，流量越小，关闭速度就越慢。

2）当电磁阀通电时，喷油器喷射燃油。当电磁阀线圈通电时，铁心在极短时间内产生电磁力并克服弹簧预紧力迅速向上移动，使球阀阀门立即打开将回油通道接通，部分高压燃油经回油通道流回燃油箱。回油通道为高压油轨（共轨）—高压油管—喷油器高压接头—进油节流孔—柱塞控制腔—回油节流孔—球阀—回油口—低压回油管—燃油箱。在球阀打开使燃油流回燃油箱时，柱塞控制腔压力随之下降。当作用在柱塞顶部的压力与针阀复位弹簧张力之和小于针阀盛油槽内高压燃油作用在针阀锥面（承压面）的向上分力时，柱塞与针阀迅速上移，针阀阀门立即开启，高压燃油从喷油孔喷入燃烧室，如图 4-34d 所示。

针阀开启速度取决于回油节流孔与进油节流孔之间的流量差。流量差越大，回油量越大，柱塞控制腔压力降低越快，针阀开启速度就越快；反之，流量差越小，针阀开启速度就越慢。当柱塞到达上限位置、处于进油节流孔和回油节流孔之间时，针阀全开，喷油压力接近于共轨压力，燃油得到良好雾化喷入燃烧室燃烧，有利于减少排放，提高经济性和动力性。

综上所述，电磁阀通电时间等于喷油持续时间，电磁阀断电时间等于停止喷油时间。当燃油压力一定时，通电时间越长，喷油量越大；通电时间越短，喷油量越小。控制电磁阀线圈通电时间的长短，即可控制喷油器喷油量的大小。

由上述分析可见，由于电磁阀不能产生足够的电磁力来克服高压燃油作用力使针阀向上移动将阀门开启，因此人们巧妙地采用了液力放大机构（控制柱塞、针阀承压面、复位弹簧、进油节流孔和回油节流孔等），利用电控机构（电磁阀）控制针阀偶件的背压来间接控制针阀的开启，即利用进油节流孔和回油节流孔使共轨燃油节流降压，通过电磁阀控制少量燃油回流，从而实现高压燃油喷射。尽管如此，电磁阀线圈的控制电流也高达 30A 左右。例如，博世公司 CRIN2 型电磁控制式喷油器的控制参数为：针阀开启电流为 30A，保持电流为 12A；针阀开启时间为（110±10）μs，关闭时间为（30±5）μs；电磁阀线圈静态电阻为 0.23Ω。

4.4 辅助装置

柴油机燃油供给系统低压油路部分上安装的燃油箱、柴油滤清器及输油泵统称为柴油机燃油供给系统辅助装置。它们对柴油机燃油供给系统的正常工作发挥着重要作用。

4.4.1 燃油箱

燃油箱的功用是为柴油机贮存燃油。为了保证柴油机的持续工作时间足够长，燃油箱应具有一定的贮油容积。

对于拖拉机来说，其油箱容量应能保证持续工作 10h 以上。对于汽车来说，其油箱容量应能保证行驶 200～600km。

燃油箱一般是用薄钢板冲压焊接而成，其数量和安装位置根据整体布置而定，目前多数采用单油箱或双油箱。

除了贮油之外，燃油箱还应能使燃油中的水分和杂质得到初步过滤沉淀。为此，在加油口处常设有过滤网，使加入的燃油能得到初步过滤。在油箱底部设有放油螺塞，用以定期排除油箱里沉积的水和污物。

油箱盖应既能防止燃油渗出，又能防止因油面下降导致油箱内形成一定真空度而影响正常供油，故在油箱盖上开有通气小孔。对较大的油箱，为了提高油箱的刚度和避免燃油振荡，在其内部设有隔板。为了显示油箱中的燃油存量，常设有油箱油尺或在油箱外部装透明塑料管直接观察。汽车燃油箱中装有油面高度传感器，其显示表头装在驾驶室仪表盘上。

4.4.2 燃油滤清装置

柴油在运输和贮存的过程中，不可避免地会混入水分和尘土，并随着贮存时间的延长会增加实际胶质。每吨柴油的机械杂质含量可能多达 100～250g，其粒度范围为 5～50μm。柴油中的硬质粒子会加剧供油系统精密偶件的磨损，水分会引起零件的锈蚀，胶质可能会导致精密偶件卡死或使小孔堵塞，因此为了保证喷油泵和喷油器工作可靠并延长其使用寿命，在柴油机燃油供给系统中还必须设置燃油滤清装置，以清除燃油中的机械杂质和水分。拖拉机和汽车上的燃油滤清装置主要有沉淀杯和燃油过滤器两种。有的柴油机上只用单级滤清器，有的柴油机上采用粗、细两级滤清器。

常用的单级滤清器是微孔纸芯滤清器，其典型结构如图 4-35 所示。微孔滤纸制成的滤芯安装在滤清器盖与底部的弹簧座之间。在滤清器盖上设有放气螺塞，必要时拧开螺塞，掀动手动输油泵，可以将滤清器或管路中的空气排出。

输油泵输出的柴油经进油管接头 9 进入壳体，在一定的压力下渗过纸质滤芯 4 而进入滤芯内腔，最后经出油管接头 2 而输出给喷油泵。在经过滤清器的过程中，柴油中的机械杂质和尘土被过滤掉，水分沉淀在壳体内。滤清器每工作 100h（约相当于汽车行驶 3000km），应拆下拉杆螺母和滤芯，清除积存在壳体内的杂质和水分，必要时应更换滤芯。

为了提高滤清效果，有的柴油机上采用两级柴油滤清器，将两个结构基本相同的滤清器串联在一起，两个滤清器的盖制成一体，如图 4-36 所示。从输油泵来的油，首先进入第一级滤清器壳体内，然后在一定压力作用下通过滤芯，清除杂质和水分后，再经过导流管和滤清器盖上的油道，进入二级滤清器壳体内。经过二级滤芯过滤后，柴油经出油螺钉进入喷油泵。过滤掉的水分和杂质沉积在两个积水杯中。

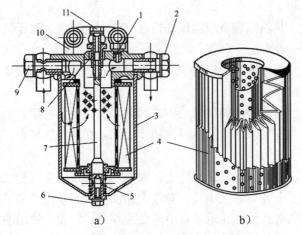

图 4-35　柴油机微孔纸芯滤清器

a）柴油机微孔纸芯滤清器结构　b）纸质滤芯

1—放气塞　2—出油管接头　3—外壳　4—纸质滤芯　5—弹簧　6—放油螺塞

7—拉杆　8—螺塞　9—进油管接头　10—滤清器盖　11—回油管接头

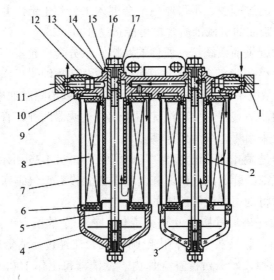

图 4-36　两极串联式纸质滤清器

1—进油管接头螺钉　2—导流管　3—积水玻璃杯　4—积水杯　5—拉杆　6、9—密封垫圈　7—外壳　8—滤芯部件　10—铝垫圈

11—出油管接头螺钉　12—滤清器盖　13、17—O 形密封圈　14—垫圈　15—拉杆螺母　16—螺塞　17—放气螺钉

4.4.3　输油泵

输油泵的功用是克服低压油路柴油的流动阻力。为保证有足够流量和一定压力的柴油供给喷油泵，其输油量一般为全负荷最大喷油量的 3～4 倍。

输油泵的结构型式有活塞式、膜片式、滑片式和齿轮式等。活塞式输油泵和膜片式输油泵在汽车和拖拉机发动机的输油系统中用得比较多，这里将介绍活塞式输油泵和膜片式输油泵。

1. 活塞式输油泵

活塞式输油泵的结构如图 4-37 所示，主要由泵体、主油泵、手油泵、驱动机构、阀和管路等组成。

主油泵由活塞、活塞弹簧、进油阀、出油阀、泵体和管路等组成。驱动机构由偏心轮和挺杆等组成。

活塞将泵体内腔分为上下两个空间，当喷油泵凸轮轴旋转时，偏心轮推动挺杆，活塞在挺杆和活塞弹簧的作用下做往复运动。当偏心轮转动推动挺杆时，克服弹簧的弹力使活塞下移，下腔的油压升高，进油阀被关闭，出油阀被顶开，于是下腔的柴油经下出油道和上出油道流向上腔（而不是直接流向滤清器），该行程为输油做贮存准备。当偏心轮凸起部分转离挺杆时，活塞在弹簧作用下向上运动，使上腔的油压升高，出油阀关闭，柴油便经上油道流向滤清器，与此同时下腔油压降低，进油阀被吸开，柴油经进油口进入活塞下腔，此行程同时完成吸油和供油两个过程。偏心轮继续转动时，又开始新的工作循环。

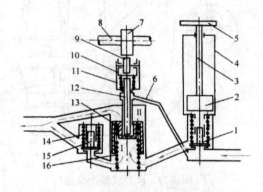

图 4-37　活塞式输油泵工作原理

1—进油单向阀　2—手油泵活塞　3—手油泵杆　4—手油泵体　5—手柄　6—回油道　7—偏心轮　8—喷油泵凸轮轴

9—滚轮　10—滚轮架　11—滚轮弹簧　12—推杆　13—活塞　14—弹簧　15—出油单向阀　16—活塞弹簧

很显然，活塞的最大行程取决于偏心轮的偏心距，是保持不变的常数。而活塞的实际行程取决于活塞弹簧的弹力和上、下油腔的压差，它会随着上、下油腔压差的变化而变化（注：下腔油压基本不变）。活塞的实际行程为输油泵的供油行程，决定了输油泵的供油量。当活塞以最大行程工作时，输油量最大；活塞行程减小时，其输油量也会降低。由于输油泵全行程供给的油量比喷油泵的最大需油量大得多，故输油泵的输油量必须能够根据需要自动调节，也就是输油泵的活塞行程可以自动调节。其调节原理如下：当发动机的需油量减少时，喷油泵对外供油少，活塞上腔的油压就会增加，活塞弹簧的弹力在还没有将活塞推到全行程时，便和上腔的油压平衡，因而缩短了活塞行程，减少了输油量；反之，则会增大行程，从而增加输油量。

为了在柴油机起动前将柴油充满滤清器和喷油器，并排除低压油路中的空气，一般在活塞式输油泵上配置有手油泵。起动前，来回推拉手油泵手柄，可以实现充油。在使用手油泵后，要将手柄拧紧，以防止工作时吸入空气。

2. 膜片式输油泵

膜片式输油泵的输出压力较低，一般常作为分配泵的一级输油泵，其结构如图 4-38 所示。

膜片式输油泵一般由发动机上的配气凸轮轴来驱动。其输油过程如下：当偏心轮转动到其凸起部分时，推动摇臂和连杆使膜片向下运动，这时膜片上方空间容积增大，进油阀被吸开，燃油由进油管接头流入膜片上方空间；当偏心轮转动越过其凸起部分后，膜片弹簧便将膜片向上顶，使膜片上方油压增高，出油阀被推开，输油泵经出油管口对外输油。由于膜片的行程由膜片弹簧的弹力和膜片上方的出油压力确定，因此膜片式输油泵也能根据负荷大小自动调节输油量。

同样，为了在起动前排除低压油路中的空气，在膜片输油泵上也装有手压杆，手压杆可直接驱动连接杆，使输油泵供油。

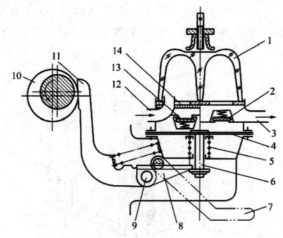

图 4-38　膜片式输油泵结构

1—油杯　2—出油阀　3—出油管口　4—膜片　5—膜片弹簧　6—拉杆　7—手压杆　8—连接杆

9—摇臂轴　10—偏心轮　11—摇臂　12—进油管口　13—进油阀　14—滤网

思考题：

1. 柴油是以什么指标进行标号的？如何利用标号选用柴油？

2. 柴油机燃烧室有哪几种形式？各自的工作特点如何？

3. 传统柴油机燃油供给系统主要由哪几部分组成？

4. 简述柱塞式喷油泵的工作过程。

5. 喷油器有哪几种类型？影响油束特性的因素有哪些？

6. 为什么汽车、拖拉机上的柴油机必须加装调速器？

7. 调速器有哪几种类型？试说明全程式调速器的工作原理。

8. 柴油机电控燃油喷射系统的燃油喷射量是如何控制的？

9. 高压共轨式电控柴油喷射技术的基本原理是什么？

10. 高压共轨式电控燃油喷射系统的显著特点是什么？与电控喷油泵系统的显著区别是什么？

11. 高压共轨式电控柴油喷射系统主要由哪几个子系统组成？各子系统的功用分别是什么？

第 5 章 汽油机燃油供给系统

5.1 概述

汽油机使用的燃料主要是汽油。汽油是从石油中提炼出来的各种碳氢化合物的混合物，其中碳的含量（质量分数）约为 85%，氢含量（质量分数）约为 14%，其余是少量胶质、硫化物、酸类及灰分等。汽油的使用性能指标是蒸发性和抗爆性，它们对发动机性能有很大影响。

1. 蒸发性

汽油的蒸发性可以通过燃料的蒸馏试验来测定，方法是将汽油加热，分别测定蒸发 10%、50%、90% 馏分时的温度及终馏温度。发动机所用的汽油蒸发性越强，越易产生 "气阻"；而蒸发性过低的汽油，易滞留在气缸壁上，不仅会增加燃油消耗量，还会稀释机油，致使气缸壁磨损加快，缩短发动机的使用寿命。

汽油机除使用汽油外，必要时可使用其他液体代用燃料，如甲醇、乙醇和苯等。若将汽油机供给系统进行适当改造还可以采用气体燃料，如天然气、石油气、工业煤气、氢气和甲烷等。

2. 抗爆性

汽油的抗爆性是指汽油在发动机气缸中燃烧时避免产生爆燃的能力，即抗自燃能力，它是汽油的一项主要性能指标。汽油抗爆性的好坏程度一般用辛烷值表示，辛烷值越高，汽油的抗爆性越好；反之，汽油的抗爆性越差。

汽油辛烷值常用的测定方法有马达法和研究法，用马达法测定的辛烷值称为马达法辛烷值，用研究法测定的辛烷值称为研究法辛烷值。

汽油的牌号数与辛烷值有关，我国车用汽油分类主要以辛烷值为基础。现在汽油牌号则用研究法辛烷值表示，按研究法命名的汽油牌号有 92 号、95 号、98 号。号数反映的是汽油避免产生爆燃的能力。与柴油相比，汽油具有蒸发性好、黏度小、流动性好等特点。因此，汽油可以在气缸外喷射、雾化、吸热蒸发，并以一定的比例与空气混合形成均匀的混合气进入气缸，并进一步蒸发、混合、燃烧。

汽油机燃油供给系统的任务就是根据汽油机不同的工况要求，配制出一定数量和浓度的可燃混合气，进入气缸。汽油机燃油供给系统按供给方式不同可分为化油器式和电子控制燃油喷射式两种。随着电子技术的快速发展，如今汽车发动机已基本不再采用化油器式燃油供给系统，所以本章对化油器式燃油供给系统只做简单介绍，而将重点介绍电子控制燃油喷射系统。

5.2 化油器式燃油供给

化油器是早期汽油机上普遍采用的一种燃油汽化装置，但随着电子技术的快速发展，其在大中型汽油机上的应用已被更为经济、环保的电子控制燃油喷射系统所取代，至20世纪末，汽车发动机已基本不再采用化油器式燃油供给系统。但由于其具有价格低廉、工作可靠的优点，化油器在小型汽油机上仍然被广泛应用，如摩托车、喷雾器、割草机以及各类模型的动力机上。

5.2.1 简单化油器基本组成

简单化油器式燃油供给系统的工作过程如图5-1所示。

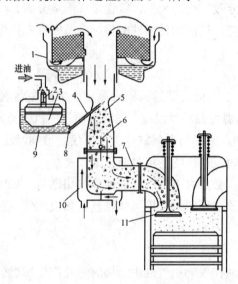

图5-1　简单化油器式燃油供给系统的工作过程

1—空气滤清器　2—针阀　3—浮子　4—喷管　5—喉管　6—节气门　7—进气歧管　8—量孔

9—浮子室　10—进气预热套　11—进气门

在化油器式燃油供给系统中，汽油在输油泵的作用下，经燃油滤清器过滤，进入化油器。汽油在化油器中雾化和蒸发，与来自空气滤清器的空气混合形成可燃混合气，再经过进气歧管进入气缸。

汽油机工作时，形成可燃混合气的时间只有百分之几秒，为此必须将汽油雾化成尽可能细小的油滴，增加其蒸发表面积，以利于快速蒸发。根据汽油的特性，可采用化油器来实现这一过程。内燃机工作时的负荷一般是变化的，因此供给气缸的燃油量也应相应变化，也就是在汽油机上供给气缸的可燃混合气量必须相应地变化。在化油器上可以实现这种调节。

简单化油器的基本构造包括浮子室、喷管、喉管和节气门四个主要部分。由输油泵供给的汽油首先流入浮子室9。浮子室中装有浮子3和针阀2，利用浮子随油面的升降来自动开闭针阀处的进油孔，保持浮子室中的油面稳定。浮子室上部有孔与大气相通，使油面上的压力为大气压。

浮子室下部有量孔8与喷管4相连。量孔是一个内孔尺寸和形状制造得十分精确的零件，可用来控制汽油的流量。内燃机不工作时，喷管内的油面与浮子室内的油面等高，为了防止汽油从喷管口溢出，喷管出口一般高出油面2~5mm。喉管5是进气道中一段通道面积沿轴向位置变化的短管，截面积最小处称为喉部，喷管口就装在这里。喉管的作用是增加流过其中的空气流速，在喷管出口处造成一定的真空，将汽油从浮子室吸出。节气门6 装在化油器与进气歧管 7 连接处附近，可利用其开度变化来调节进入气缸的可燃混合气量。

5.2.2 实用化油器结构

化油器式汽油机工作时，除了在不同负荷下对混合气成分有本章 5.1 节所述的要求以外，在一些特殊的工况下还有一些具体要求：

（1）起动　内燃机起动时转速很低，空气的流速也很低，喉管喷出的汽油不易雾化，而且温度低也不利于汽油蒸发，因此应加浓混合气，使混合气中有足够的汽油蒸气。一般要求过量空气系数 α=0.2～0.6。

（2）怠速　怠速是内燃机在没有负荷的情况下以尽可能低的稳定转速空转的工况。怠速时，节气门开度很小，进入气缸的混合气量很少，废气冲淡作用严重，燃烧困难，加之转速低，化油器喉管处空气流速小，汽油雾化不好，与空气混合也不好。为使进入气缸的混合气中有足够的汽油蒸气，化油器应提供较浓的混合气。一般要求 α=0.6～0.8。

（3）加速　在汽车行驶过程中，有时要迅速提高汽油机的功率以便克服迅速增加的负荷，这时必须迅速开大节气门，这种工况称为加速。节气门突然开大时，由于汽油的密度比空气的密度约大 600 倍，汽油的惯性大得多，空气流量可以迅速增加，而汽油的流量一时增加很少，造成混合气暂时变稀，加之大量冷空气进入进气道，不利于汽油蒸发。这种混合气暂时变稀的情况不能满足加速的要求，有时甚至会使汽油机熄火。为了保证能及时加速，化油器应额外地多供给一些汽油。

简单化油器虽能提供混合良好的可燃混合气，但不能提供混合气成分符合汽油机各种工况需要的可燃混合气，因此实用化油器都是在简单化油器的构造基础上，通过结构设计改变其供油规律，并增添一些辅助的供油装置来满足实际要求。在汽车用汽油机的化油器上，除主供油装置外，一般都装有怠速装置、大负荷加浓装置、起动装置和加速加浓装置等辅助装置。

在简单化油器的基础上，经过上述各种供油及附加装置的校正或性能改良，即构成了现代实用化油器。图 5-2 所示为 EQH-101 型化油器，曾用在第二汽车制造厂生产的东风EQ-1090 系列汽车所装备的 6100Q-1 汽油机上。它是单腔三重喉管平衡式浮子室、下吸式化油器，具体特点是：采用三重喉管，小喉管较短；采用手动阻风门，其上配有自动阀；主供油装置主量孔通油截面积可调，通过主量孔调节针控制；采用机械式大负荷加浓装置；配置了怠速截止电磁阀。

5.3　电子控制燃油喷射

5.3.1 喷射系统特点

汽油喷射技术尤其是电子控制燃油喷射技术在汽车发动机中已完全取代化油器。相对于化油器式供给系统而言，电控燃油喷射系统具有以下优点：

1）进气道中没有狭窄的喉管，空气流动阻力小，同时进气温度较低，所以发动机充气效果好。

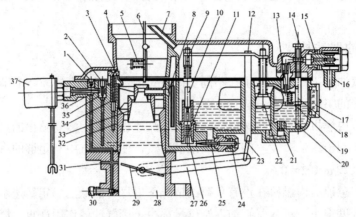

图 5-2　EQH-101 型化油器结构

1—第二怠速空气量孔　2—第一怠速空气量孔　3—加速泵喷嘴　4—上体　5—自动阀　6—阻风门　7—平衡管

8—主喷管　9—机械加浓推杆　10—针杆　11—弹簧　12—拉杆　13—进油针阀　14—油面调节螺钉

15—油管接头螺钉　16—进油管接头　17—油面观察窗　18—浮子支架总成　19—浮子弹簧　20—浮子支架弹簧

21—加速泵止回阀　22—加速泵活塞　23—连杆　24—主量孔调节针　25—中体　26—机械加浓量孔　27—摇臂

28—下体　29—节气门　30—怠速油量调节螺钉　31—怠速过渡喷孔　32—大喉管　33—中、小喉管总成

34—加速出油阀总成　35—怠速量孔　36—怠速节油量孔　37—怠速截止电磁阀

2）多点喷射解决了混合气的均匀分配问题。

3）先进电子和信息技术可以实现针对每一循环的最佳控制。

4）具有良好的发动机工况过渡性能。

5）具有良好的冷起动性能。

5.3.2　喷射系统类型

现代电控燃油喷射系统的形式较多，按进气量检测方式可分为直接检测与间接检测，按燃油喷射方式可分为连续喷射与间歇喷射，按燃油喷射部位可分为缸内喷射与进气道喷射，按燃油喷射点数可分为单点喷射与多点喷射，按燃油喷射时序可分为同时喷射、分组喷射与顺序喷射。目前应用较多的为缸外燃油多点间歇喷射和缸内燃油喷射系统。

1. 缸内燃油喷射系统

为了进一步提高汽油机的经济性，降低有害气体排放，各汽车公司大力开发缸内燃油直接喷射（GDI）燃烧系统，如图 5-3 所示。GDI 发动机将汽油直接喷入气缸中，且喷射正时精准。

这种缸内燃油直接喷射燃烧系统的主要特点如下：

1）由于缸内燃油直接喷射，使缸内得到充分冷却，可以使用较大的压缩比，怠速及部分负荷燃油消耗率可以降低。

2）与缸外燃油喷射系统汽油机相比，由于提高了燃油雾化质量和降低了泵吸损失，可以增加功率。

3）缸内燃油直接喷射发动机可大幅度降低 CO_2、CO、HC 及 NO_x 的排放量。

缸内燃油直接喷射就是将燃油喷嘴安装于气缸内，直接将燃油喷入气缸内与进气混合。喷射压力也得到进一步提高，使燃油雾化更加细致，真正实现了精准地按比例控制喷油并与进气混合，同时，喷嘴位置、喷雾形状、进气气流控制及活塞顶形状等特别的设计，使油气能够在整个气缸内充分、均匀地混合，从而使燃油充分燃烧，可以实现动态响应好、功率和转矩同时提升、燃油消耗降低、能量转化效率更高。气缸内喷射又可以分为均质燃烧模式、均质稀燃模式和分层燃烧模式三种类型。均质燃烧情况下空燃比不大于 1，能充分发挥动态响应好、转矩和功率高的特点。均质稀燃模式混合气形成时间长，燃烧均匀，通过精确控制喷油，可以达到较低的混合气浓度，且均质稀燃的点火时间选择范围宽泛，对点火时间的要求没分层燃烧那么严格，均质稀燃的空燃比大于 1，使汽油机有很好的燃油经济性。分层燃烧模式按照汽油机不同工况下点火和火焰传播对混合气浓度的不同需求在气缸内精确配制混合气，精确控制点火时刻，使汽油机点火稳定、燃烧充分。

TFSI（Turbocharger Fuel Stratified Injection）发动机是带有涡轮增压（T）的燃油分层喷射（FSI）技术的发动机，它是在燃油分层喷射技术的基础上安装了一个涡轮增压器和一个机械增压器。鉴于涡轮增压和机械增压的特性，机械增压从怠速开始就能为发动机提供增压效果，弥补了涡轮增压系统的延时缺点，所以 TFSI 是一种极高效率的发动机形式，是动力性与燃油经济性的完美统一。

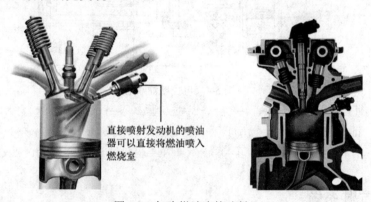

直接喷射发动机的喷油器可以直接将燃油喷入燃烧室

图 5-3　缸内燃油直接喷射

2. 缸外燃油多点间歇喷射系统

缸外燃油多点喷射系统又称进气道多点喷射系统，它是在每缸进气口处装有一个喷油器，由 ECU 控制进气顺序或分组喷射，燃油直接喷射到各缸的进气门的前方，再与空气一起进入气缸形成混合气。间歇喷射（又称脉冲喷射），是在每缸每次喷射时都有一个限定的持续时间，其中同期喷射喷油频率与汽油机转速同步，非同期喷射喷油频率与汽油机转速不同步，且喷油量只取决于喷油器的开启时间，所以 ECU 可以根据各种传感器所获得的汽油机运行参数动态变化的情况精确计量汽油机所需喷油量，再通过控制喷油脉冲宽度来控制汽油机各种工况下的可燃混合气的空燃比。由于缸外多点间歇喷射方式的控制精度较高，故被现代汽油机广泛采用。

5.3.3 电控燃油喷射系统组成

电控燃油喷射（EFI）系统是以 ECU 为控制中心，并利用安装在汽油机上的各种传感器测出汽油机的各种运行参数，精准地计算进入气缸的空气量，再按照计算机中预存的控制程序精确地控制喷油器的喷油量，使汽油机在各种工况下都能获得最佳空燃比的可燃混合气，从而获得最佳的动力性、经济性及排放性。

图 5-4 所示为某种电控燃油喷射系统。它是以空气流入量为控制基础，以空气流量和转速作为喷油量的基本因素，以节气门位置、冷却液温度、空气温度等传感器检测到的表征发动机工况的信息作为喷油量的校正，使发动机运转稳定。电控燃油喷射系统的组成一般包括燃油喷射系统、进气传感与调节、喷射控制系统、故障诊断与保险等系统。

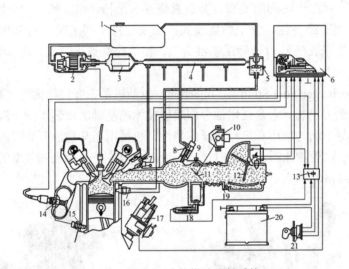

图 5-4　电控燃油喷射系统

1—油箱　2—油泵　3—滤清器　4—分油管　5—压力调节器　6—ECU　7—喷油器　8—冷起动阀
9—怠速调节螺钉　10—节气门传感器　11—节气门　12—空气流量计　13—继电器组　14—氧传感器　15—温度传感器　16—温度定时开关　17—分电器　18—补充空气阀　19—怠速调节　20—蓄电池　21—点火开关

5.4 燃油喷射系统

燃油喷射系统主要由燃油箱、电动燃油泵、燃油滤清器、压力调节器、压力脉动衰减器、电磁式喷油器和冷起动喷嘴等组成。

电动燃油泵用来提供充足的燃油，压力调节器用来将燃油压力与进气歧管之间的压力差调整为恒值，电磁式喷油器用来根据 ECU 提供的信号将适量的燃油喷入进气道。对多点燃油喷射系统而言，燃油可以由各个气缸喷油器同时喷入，也可按发火顺序由各缸喷油器依次喷入；可以在气缸每一工作循环中使喷油器喷一次油，也可以循环两次使喷油器才喷油一次，视发动机运行工况来确定。由于单点燃油喷射系统是将燃油集中喷入进气道，因此各进气歧管燃油混合气分配不均匀现象不可避免，故现已少用。

5.4.1 电磁式喷油器

喷油器的功用是按照 ECU 的指令将一定数量的汽油适时地喷入进气道或进气道内，并与其中的空气混合形成可燃混合气。电磁式喷油器是一个小巧的电磁阀，计量精度高，重复性好，工作脉冲宽度一般为 2～10ms，最小喷射量为每脉冲 1.5 mm^3，容许误差为±2.5%。电磁式喷油器结构如图 5-5 所示。

在筒状外壳内装有励磁电磁线圈 10、磁心 9、针阀 5 和回位弹簧 2 等。磁心 9 和针阀 5 装成一体，在回位弹簧 2 的压力下，针阀 5 紧贴在阀座上，将喷孔封闭。当电磁线圈 10 通电时，吸动磁心 9，针阀 5 升起，压力燃油从喷孔喷出。因为针阀升起高度和燃油压力差均为恒定值，燃油喷射量只取决于针阀开启时间，亦即电磁线圈供电的脉冲宽度，故喷油量可实现精确控制。这种结构型式允许燃油从喷油器顶端供油，且喷油器在进气歧管上的拆装也十分方便。

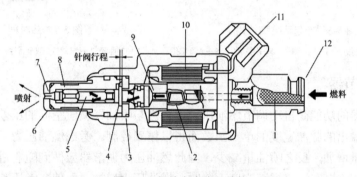

图 5-5 电磁式喷油器结构

1—燃油滤清器 2—回位弹簧 3—调整垫片 4—针阀法兰 5—针阀 6—外套筒 7—喷口部 8—阀体 9—磁心

10—电磁线圈 11—电线接口 12—燃油接口

5.4.2 冷起动喷嘴及热时间开关

冷起动喷嘴是为改善发动机低温起动性能而设置的，用于在发动机冷态起动时提供较浓的混合气，有利于起动发动机，其构造如图 5-6 所示。它由电磁线圈 2、电插座 1、衔铁阀门 4、回位弹簧 3 及紊流喷孔 5 组成。衔铁阀门 4 在回位弹簧 3 的作用下紧贴在阀门上，使阀门闭合。当电磁线圈 2 通电时，电磁吸力克服回位弹簧 3 预紧力将衔铁阀门 4 向上移动，阀门被打开，汽油经入口流入至紊流喷孔 5，在紊流喷孔处靠两个切线入口管道引起旋流，汽油便以极细的雾状喷出。

冷起动喷嘴不受 ECU 的控制，它由热时间开关控制，当发动机温度低于 35℃时，冷起动喷嘴才打开喷油。热时间开关可感应发动机冷却液温度，是控制冷起动喷嘴工作的电热式开关，如图 5-7 所示。它由双金属片 3、触点 5 及绕在双金属片 3 上的加热电阻线圈 4 组成。当发动机起动、冷却液温度低于 35℃时，热时间开关触点 5 闭合，电流由电源经冷起动喷嘴的电磁线圈、双金属片 3、触点 5、搭铁构成回路，冷起动喷嘴的电磁线圈得电产生吸力，吸动衔铁阀门，喷出雾状汽油。当冷却液温高于 35℃或起动时间超过 15s 时，热时间开关内的双金属片受热弯曲，触点 5 打开，冷起动喷嘴则停止喷油。发动机正常工作时，双金属片 3 受热而使触点 5 保持断开，以防止发动机正常工作中冷起动喷嘴工作。

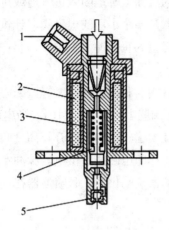

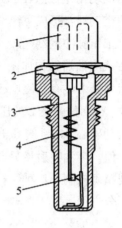

图 5-6　冷起动喷嘴结构　　　　　　　　图 5-7　热时间开关

1—电插座　2—电磁线圈　3—回位弹簧　4—衔铁阀门　5—紊流喷孔　　　1—电插座　2—壳体　3—双金属片　4—线圈　5—触点

5.4.3 压力调节器

压力调节器的功能是自动调节燃油压力，使之与喷油器喷射空间的压差不变，使喷油量仅为 ECU 输出的脉冲宽度的单一函数而得以精确控制。考虑燃油压力与进气道真空度增加会使喷油量增加，反之喷油量减少，因此燃油压力调节器应做到随着进气道真空度增加，燃油压力减小，在进气道真空度下降时，燃油压力增加，而使二者压差不变。压力调节器的作用效果如图 5-8 所示。

燃油压力调节器结构如图 5-9 所示，其外部是金属壳体 4，其内有橡胶膜片 3，把内膜腔分为燃油室和弹簧室两部分，燃油室与进油总管相通，弹簧室与进气道相通。当进气道真空度为零时，燃油压力调节器设定的燃油压力约为 0.25MPa，此时橡胶膜片 3 处于平衡位置，阀 5 关闭。当进气道真空度为设定值，燃油压力增加时，橡胶膜片 3 下移，阀 5 打开，燃油流回燃油箱，燃油压力下降至设定值。当进气道真空度增加时，橡胶膜片 3 下移，阀 5 打开，燃油部分流回燃油箱，燃油压力下降至与进气道真空度总和为设定值时，阀 5 关闭。

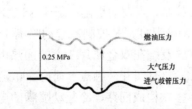

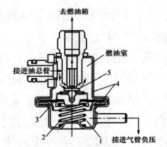

图 5-8　压力调节器的作用效果　　　　　图 5-9　燃油压力调节器结构

1—弹簧室　2—弹簧　3—橡胶膜片　4—金属壳体　5—阀

126

这样反复调节，使喷油器的喷油量与燃油压力和进气道真空度变化无关。另外由于燃油压力调节器中经常有燃油流回燃油箱，使管路中的燃油温度不易太高，有利于防止油路产生气阻现象。

5.4.4 燃油箱及燃油滤清器

1. 燃油箱

燃油箱用来随车贮存燃油，并使燃油中的水分和杂质得到初步沉淀。汽车的燃油箱应能贮存行驶 200～600km 所需的油量。燃油箱的加油口一般装有滤网，可滤除大直径的机械杂质。燃油箱的底部有放油塞，可由此放出沉淀的水分和杂质。汽车燃油箱内往往装有油量指示表的传感器，以便随时显示剩余油量。为了防止燃油箱内油面下降时形成一定的真空度以及温度升高时燃油蒸发造成压力上升而影响供油，燃油箱的盖上一般设有蒸气空气阀。当燃油箱中压力升高到一定值时，蒸气阀开启以释放压力；当燃油箱中产生一定真空度时，空气阀开启引入空气以平衡气压。为了避免燃油箱中燃油蒸气排入大气而造成污染，可将燃油蒸气引入解毒器，由活性炭吸收，待汽油机工作时再将其逐渐吸入气缸烧掉。

2. 燃油滤清器

由于汽油的黏度低，杂质易于分离，因此汽油机的燃油滤清器比较简单。常用的一种是沉淀杯，利用沉淀作用将汽油中的水分和杂质分离出来，如图 5-10 所示。另外，可采用过滤式的陶瓷滤芯或纸滤芯燃油滤清器，如图 5-11 所示。

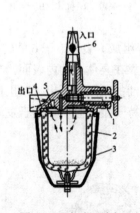

图 5-10 汽油沉淀杯

1—燃油开关 2—玻璃杯 3—卡圈
4—密封垫 5—滤网 6—铜丝网

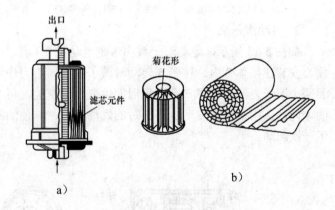

图 5-11 纸滤芯燃油滤清器

a）总体结构 b）滤芯

5.4.5 输油泵

输油泵的功用是把燃油从燃油箱吸出，加压后克服滤清器和管道的阻力，以需要的流量供给化油器或喷油器。早期汽油机常用膜片式或活塞式等机械输油泵，目前则广泛使用电动燃油泵。

1. 叶片式电动燃油泵

该泵是一个由永磁直流电动机带动的叶轮泵，如图5-12所示。由于它有着紧凑的叶轮设计，燃油泵可安装在燃油箱内，因此节约了空间并简化了燃油管路系统。

其工作原理是：当发动机工作时，主继电器供电给直流电动机，电动机带着叶轮一起做高速转动，使叶片沟槽前后的燃油产生压力差，由于叶轮循环往复地转动，使出油口的压力升高，燃油从入口进入，流经电动机内腔并经止回阀1送出。当发动机停止运转时，泵自动停止工作，但止回阀关闭，使管路中维持约150kPa的压力，防止气阻，并有利于发动机再次起动。当油路堵塞或油压超过400kPa时，溢流阀自动打开，将多余的燃油送回燃油箱。

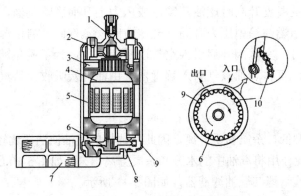

图5-12 叶片式电动燃油泵

1—止回阀 2—溢流阀 3—电刷 4—电枢 5—磁极 6—叶轮 7—滤网 8—泵盖 9—壳体 10—叶片

2. 电动滚子泵

如图5-13所示，电动滚子泵由永磁电动机3和滚子泵2等组成。装有滚子6的转子5偏心安装在泵体7内。转子5转动时滚子6在离心力作用下紧靠在泵体7的内表面，在相邻两个滚子之间形成了一个容积周期性变化的空腔，可实现汽油的吸入和泵出。泵出口处的单向阀4用来防止发动机停车时的燃油倒流，并使油路中保持一定的静压以利于发动机下一次起动。

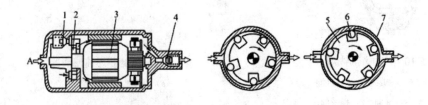

图5-13 电动滚子泵

1—限压阀 2—滚子泵 3—永磁电动机 4—单向阀 5—转子 6—滚子 7—泵体

由于滚子泵工作过程是非连续性的，在油路中的油压有波动，因此在泵出口端还需安装阻尼减振器以提高喷油控制精度。滚子泵属外装泵，布置容易，但噪声大且易产生气泡形成气阻。

5.5 进气传感与调节

5.5.1 空气流量传感器

空气流量传感器用以测量汽油机吸入的空气量，并将测量的结果转换为电信号传输给ECU。它一般安装在空气滤清器和进气道之间，是精确测量空气流量的传感器。常用的空气流量传感器有热线式空气流量传感器和热膜式空气流量传感器两种。

1. 热线式空气流量传感器

它是一种测量空气质量型传感器，不需要校正大气温度、压力对测量的影响。图5-14和图5-15所示为两种常用的热线式空气流量传感器。

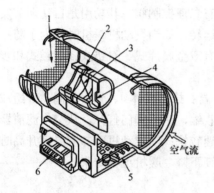
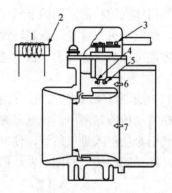

图 5-14 主气流测量热线式空气流量传感器　　图 5-15 旁通测量热线式空气流量传感器

1—防逆屏蔽 2—取样管 3—白金电热丝 4—前置温度传感器　　1—冷热金属线 2—陶瓷螺线管 3—控制电路

5—控制线路板 6—连接器　　　　　　　　　　　　4—冷线 5—热线 6—旁通路 7—主通路

将白金电热丝装在进气通路中，当吸入的空气流经过电热丝时，空气将电热丝产生的热量带走，其带走的热量取决于空气温度及流量。电热丝的温度可通过调节流经电热丝的电流大小使其保持恒定，从而根据流经电热丝的电流大小便可测定进入气缸的空气流量。这种空气流量传感器的特点是：可直接测得进气空气的质量流量，无需大气压力修正，无运动零件，进气阻力小，响应特性好，可正确测出急剧减速时的进气量；但在流速分布不均匀的情况下测量误差较大，造价较高。

为了清除使用中电热丝上附着的胶质和积炭对测量精度的影响，起动时可由控制器控制输入电热丝大的电流，将积炭烧净。

2. 热膜式空气流量传感器

图5-16所示为热膜式空气流量传感器。热膜式空气流量传感器与热线式空气流量传感器的结构和工作原理基本相同，但它不使用白金丝，而用热膜代替。热膜将发热金属白金固定在薄树脂膜上。这种结构可使发热体不直接承受空气流所产生的作用力，提高了发热体强度，同时其分析电路比热线式简单，目前应用较广。

除上述直接测量方式外，还可采用对进气歧管绝对压力和节流阀位置测量的间接方式。

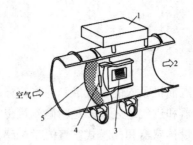

图 5-16 主气流测量热膜式空气流量传感器

1—控制电路盒 2—至发动机 3—热膜 4—上流温度传感器 5—防逆屏蔽

5.5.2 快怠速阀

在节气门体汽油喷射系统的节气门体上装有怠速控制阀，其功用是自动调节发动机的怠速转速，使发动机在设定的怠速转速下稳定运转，如当发动机暖机时，为了防止发动机运转不稳定，可提高怠速转速。快怠速阀一般有双金属片式、石蜡式、电磁式和步进电动机等形式。

图 5-17 所示为石蜡式空气阀。它主要由恒温石蜡感温体 4、弹簧和阀 5 等组成。石蜡感温体浸在发动机冷却液中，在低温时，石蜡收缩，空气阀门打开，从空气滤清器来的空气绕过节气门直接进入进气歧管，使发动机怠速较快；当发动机冷却液温度升高时，石蜡受热膨胀，推动阀门缓慢关闭，发动机怠速逐渐下降，暖机过程结束。

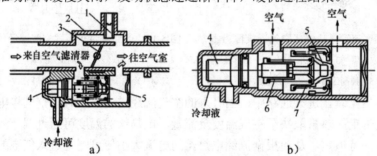

图 5-17 石蜡式空气阀

a）总体结构 b）空气阀

1—怠速调整螺钉 2—节气门体 3—节气门 4—石蜡感温体 5—阀 6—内弹簧 7—外弹簧

5.6 喷射控制系统

燃油喷射控制系统主要由各类传感器、ECU 及执行元件等组成，其作用是根据各传感器反映的发动机各种工况信息，确定喷油器的开启时间，以确保供给发动机该工况下的最佳可燃混合气。燃油控制喷射系统的组成如图 5-18 所示。

汽油机工作所需燃油由喷油器供给，因此燃油喷射控制系统最终输出信号是对喷油正时与喷油量的控制。

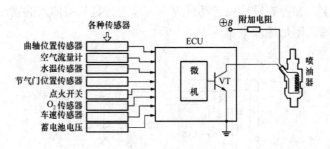

图 5-18　燃油喷射控制系统

5.6.1 喷油正时与喷油量控制

1. 喷油正时

（1）同时喷射　同时喷射是 ECU 发出同一个指令控制各缸喷油器同时喷射，控制电路如图 5-19 所示。控制微机根据曲轴位置传感器输入的基准信号，发出喷油控制信号，控制功率晶体管的导通或截止，从而控制各喷油器电磁线圈电路同时接通或切断，使各缸喷油器同时喷射。这种喷射方式的优点是不需要气缸判别信号，而且喷射驱动回路通用性好，电路结构与软件都较简单，因此在早期应用较多。它的主要问题是各缸对应的喷射时间不可能最佳，有可能造成各缸形成的混合气不一样。

（2）分组喷射　分组喷射是将各缸喷油器分成两组，每一组喷油器共用一根导线与 ECU，ECU 在不同时刻先后发出两个喷油指令，分别控制两组的喷油器交替喷射，控制电路如图 5-20 所示。这种方式可使最佳喷射时间的缸数增加，但驱动回路数等于分组数，需判别缸信号，较同时喷射的结构复杂。

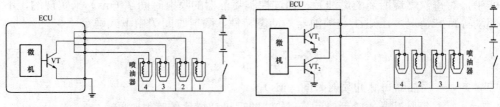

图 5-19　同时喷射控制电路　　　　　　图 5-20　分组喷射控制电路

（3）顺序喷射　顺序喷射是指每缸喷油器按各自工作顺序轮流喷射，ECU 根据曲轴位置传感器信号辨别各缸的进气行程，适时发出各缸喷油指令以实现顺序喷射，控制电路如图 5-21 所示。各缸均可在最佳时刻喷油，对混合气的形成以及采用稀薄混合气以实现降低燃油消耗和减少有害排放物极为有效，但软、硬件结构复杂。顺序喷射需要控制微机确定在什么时刻向哪一个气缸输出信号，即需要确定向吸气上止点运行的气缸号和精确的曲轴转角信号。

2. 喷油量控制

目前电控燃油喷射系统的燃油喷射量普遍采用由喷油器喷射持续时间控制的方式。汽油喷射时间的控制包括汽油机起动时的控制和汽油机正常运行时的控制。正常运行时控制主要根据汽油机吸入的空气质量计算得出。起动时控制根据环境温度、冷却液温度、起动转速等因素确定，在冷态发动机起动过程中可以通过延长喷油器的喷油时间或配置专用的冷起动喷油器喷入附加燃油来实现。

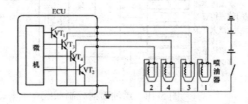

图 5-21　顺序喷射控制电路

　　汽油喷射时间实际上就是由 ECU 运算后输送给喷油器的喷射信号，它是以一个进气行程中填充进气缸的空气质量为基准计算的。一个进气行程中，填充气缸的空气质量可以利用安装在进气道中的空气流量传感器、进气温度传感器及大气压力传感器等的输出信号进行计算。同时，考虑用发动机的动力性、经济性、排放性等所确定的目标空燃比来决定用实际喷射时间表示其每循环供油量。目标空燃比

$$A/F = G_a/G_f \tag{5-1}$$

式中　G_a——每循环气缸进气量（g）；

　　　G_f——每循环所需燃油量（g）。

　　根据式（5-1），若已知每循环气缸进气量 G_a 与目标空燃比 A/F，就可以确定每循环所需燃油量 G_f，即

$$G_f = G_a/(A/F) \tag{5-2}$$

　　因供油系统保证喷油器的压差不变，喷油器喷油量只与喷射时间成正比，所以在实际操作中，对每次燃烧所需的燃油量是通过控制喷油器的喷射时间 T（ms）来实现的，不考虑起动等特殊情况。已知 G_f 与喷油器的动态特性，喷射时间 T 由下式确定：

$$T = T_p \times F_c + T_v \tag{5-3}$$

式中　T——喷油器每脉冲喷射时间（ms）；

　　　T_p——每脉冲基本喷射时间（ms），即理论空燃比的喷射时间；

　　　T_v——喷油器每脉冲无效喷射时间（ms）；

　　　F_c——基本喷射时间修正系数，由下面各项决定：

$$F_c = f(F_{ET}, F_{AD}, F_O, F_L, F_H) \tag{5-4}$$

式中　F_{ET}——与发动机温度有关的修正系数；

　　　F_{AD}——加、减速运转时的修正系数；

　　　F_O——理论空燃比反馈修正系数；

　　　F_L——学习控制产生的修正系数；

　　　F_H——大负荷、高转速运转时修正系数。

5.6.2 传感器

1. 氧传感器

氧传感器安装在排气管内。由于排气中的氧浓度可以反映混合气空燃比的情况，所以在电控燃油喷射系统中广泛用于空燃比校正的反馈信号。目前制造氧传感器的材料常用氧化钛及氧化锆两种材料，如图5-22所示为二氧化锆氧传感器。

二氧化锆氧传感器的基本元件是专用陶瓷体，即二氧化锆固体电解质管，亦称锆管。锆管固定在带有安装螺纹的固定套内，锆管内表面与大气相通，外表面与排气相通，其内、外表面覆盖着一层多孔性的铂膜作为电极。氧传感器安装在排气管6上，为了防止排气管内废气中的杂质腐蚀铂膜，在锆管外表的铂膜上覆盖一层多孔的陶瓷层，并加有带槽口的防护套管。在其接线端有一个金属护套，上开有一孔，使锆管内表面与大气相通。

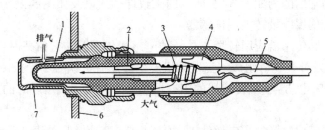

图 5-22　二氧化锆氧传感器

1—锆管　2—电极　3—弹簧　4—电极座　5—导线　6—排气管　7—气孔

当锆管接触氧气时，氧气透过多孔铂膜电极吸附于二氧化锆，并经电子交换成为负离子。由于锆管内表面通大气，外表面通排气，其内、外表面的氧气分压不同，因此负氧离子浓度也不同，从而形成负氧离子由高浓度侧向低浓度侧的扩散。当扩散处于平衡状态时，两电极间便形成电动势，所以二氧化锆氧传感器的本质是化学电池，亦称氧浓差电池。其输出特性在过量空气系数 $\alpha=1$ 时突变，$\alpha>1$ 时输出几乎为零，$\alpha<1$ 时输出电压接近 1V。

2. 转速传感器

转速作为发动机工况确定的重要参数之一使得转速传感器在电控汽车上应用最为普遍，燃油系统亦不例外。转速传感器是指将旋转物体的转速转换为电量输出的传感器。常用的转速传感器类型有光电式、电容式、磁阻式、磁电式及霍尔效应式等，如图5-23所示为磁敏式转速传感器。磁敏式传感器是通过磁电作用将被测量（如振动、位移、转速等）转换成电信号的一种传感器。

3. 温度传感器

为掌握发动机的热状态，计算进气的质量及进行排气净化处理，需要有能够连续精确地测量冷却液温度、进气温度与排气温度的传感器。温度传感器的种类很多，如热敏电阻式、半导体二极管式、热电耦式等。目前汽车上常用的为热敏电阻温度传感器，它利用对温度敏感的电阻阻值随温度变化而变化的特点作为工作方式。热敏电阻温度传感器的测量电路比较简单，只要把传感器与一个精密电阻串联到一个稳定的电源上，就可利用串联电阻上的分压值反映温度的变化。热敏电阻温度传感器如图 5-24 所示。

图 5-23　磁敏式转速传感器　　　图 5-24　热敏电阻温度传感器

4. 爆燃传感器

爆燃传感器用于检测发动机有无爆燃发生，它是发动机集中控制系统中的重要部件。爆燃检测可以有三种途径，一是检测气缸压力，二是检测发动机机体的振动，三是检测燃烧噪声。目前较为常用的为如图 5-25 所示的磁致伸缩式以及如图 5-26 所示的共振压电式爆燃传感器，二者均属能量转换型传感器。

磁致伸缩式爆燃传感器应用较早，是一种电感式传感器。它由高镍合金的铁心 2、永久磁铁 4、线圈 1 及外壳 3 等组成。当发动机发生爆燃时，铁心 2 受振使线圈 1 磁通发生变化，从而产生感应电动势。当传感器的固有振荡频率与发动机爆燃时的振动频率相同时，传感器输出最大信号。

共振压电式爆燃传感器由压电元件 1、振荡片 2、基座 3 号外壳 8 等组成。压电元件 1 紧贴在振荡片 2 上，振荡片 2 固定在基座 3 上。设置振荡片 2 的固有频率与被测发动机爆燃时的振动频率一致，则当爆燃发生时两者共振，压电元件 1 有最大谐振输出。

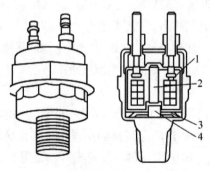
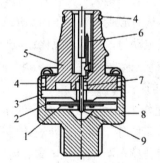

图 5-25　磁致伸缩式爆燃传感器　　　图 5-26　共振压电式爆燃传感器

1—线圈　2—铁心　3—外壳　4—永久磁铁　　1—压电元件　2—振荡片　3—基座　4—O 形圈

5—连接器　6—接头　7—密封剂　8—外壳　9—引线

5. 节气门位置传感器

节气门位置传感器安装在节气门体上，它将节气门开度转变成电压信号输出，以便计算机控制喷油量。节气门位置传感器有开关量输出和线性输出两种类型。

由于具有连续的信号输出，有利于更精确的控制，线性输出节气门位置传感器得到了更广泛的应用，如图 5-27 所示。它由与节气门轴联动的电阻器、怠速触点和外壳等组成。

电位器的动触点随节气门开度在电阻膜上滑动，从而在该触点（VTA 端子）上得到与节气门开度成比例的线性电压输出，经 A/D 转换后送至计算机。怠速信号由触点 IDL 作为开关量输出。

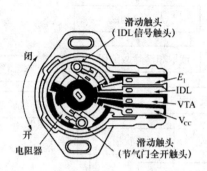

图 5-27　线性输出节气门位置传感器

5.6.3 故障诊断与保险

电控燃油喷射系统使用了各种传感器检测发动机及汽车的运行工况信息，并将信息传送给 ECU，ECU 再发出指令给执行元件进行控制，因此整个电路十分复杂，当某一电路出现故障时，将影响电控燃油喷射系统的滑动触点正常工作。加之系统中许多传感器和执行元件都是不可解体的，如果单凭驾修人员的经验去寻找故障是相当困难的。所以，如何快速准确地诊断故障的所在部位以便及时排除，就成了电控燃油喷射系统能否实际应用于汽车的一个十分重要的问题。微机管理系统为电控燃油喷射系统的故障自我诊断提供了有效手段，现代的电控燃油喷射系统都毫无例外地具有故障自我诊断功能。

当传感器产生不正常信号时，ECU 立即点亮仪表板上的故障指示灯，告知驾驶人电控燃油喷射系统出现了故障，同时将故障码存储在 ECU 的 RAM 中。为进一步确认故障所在的部位，可将故障码用读码器读出。在现代的电控燃油喷射系统中，故障码也可用检测灯的闪烁次数读出，查阅故障码表即可知道故障所在系统。为了准确地寻找故障所在位置，可按维修手册上的故障诊断步骤找出故障的所在。当点火开关开始接通时，故障诊断系统自检，ECU 给发动机故障指示灯供电 2s，若无故障，指示灯随后熄灭。图 5-28 所示为故障诊断流程。

由于电控燃油喷射系统是一个复杂的系统，它包括的传感器、执行元件较多，若系统中出现某一元件损坏、接头松动、电路断路或短路以及 ECU 本身某一电子元件损坏等情况，发动机便不能工作，这无疑会给使用人员带来极大的麻烦。为此，现代的电控燃油喷射系统都设有故障保险功能，当传感器产生不正常的信号时，ECU 便使用针对该传感器的一预定值，使发动机可以继续运行，同时点亮故障指示灯。当 ECU 本身出现故障时，燃油喷射、点火时间及燃油泵等可由后备的独立电路进行控制，以允许汽车以较低的速度行驶。

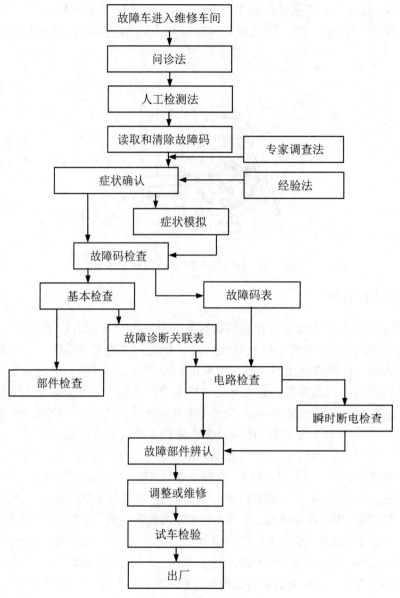

图 5-28　故障诊断流程

思考题：

1. 汽油是用什么指标进行标号的？这一指标反映了汽油的哪方面性能？

2. 论述电控燃油喷射系统与化油器式供油系统的性能对比。

3. 电控燃油喷射系统由哪几部分组成？试叙述其工作原理。

4. 缸内燃油直接喷射与进气道燃油喷射相比有什么差异？

5. 试说明各种空气流量传感器的工作原理。

6. 在电控燃油喷射系统中，喷油器的实际喷油量是如何确定的？

7. 电控燃油喷射系统中有哪些传感器？

第 6 章 汽油机点火系统

6.1 概述

6.1.1 原理与功用

在汽油发动机中，汽油机的压缩可燃混合气是靠电火花点燃的，为此在汽油机的燃烧室内装有火花塞。能够按时在火花塞电极间产生电火花的全部设备，称为汽油机点火系统。

点火系统的基本功用就是在发动机各种工况和使用条件下，在气缸内适时准确、可靠地产生电火花，以点燃可燃混合气，使汽油发动机实现做功。

6.1.2 分类

1. 按点火能量存储方式分

（1）电感蓄能式　点火系统产生高压点火前从电源获取的能量以电感线圈建立磁场能量的方式存储（见图 6-1a）。电感线圈一次点火能量 W 的大小与线圈的电感量 L 和线圈所形成的电流 I 的平方成正比：

$$W_L = LI^2 / 2 \tag{6-1}$$

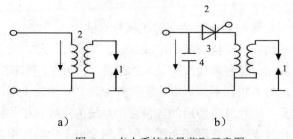

图 6-1　点火系统能量获取示意图

a）电感蓄能式　b）电容蓄能式

1—火花塞　2—电感线圈　3—可控晶闸管　4—蓄能电容

（2）电容蓄能式　点火系统从电源获取的电能以电容建立电场能量的方式存储（见图 6-1b）。能量的大小与电容量 C 和电容电压 U 的平方成正比：

$$W_L = CU^2 / 2 \tag{6-2}$$

2. 按点火系统结构分

（1）触点式点火系统　这种点火系统是传统的点火系统，利用断电器触点的闭合与张开来实现蓄能和高压的转换。目前在一些载货汽车上还有少量使用。

（2）电子点火系统　电子点火系统利用晶体管代替传统点火系统的断电器触点开关，

用点火信号发生器产生与发动机气缸点火提前角相符合的点火触发信号。电子点火系统按点火触发信号产生的方式不同有磁感应式、霍尔式和光电式等不同的形式。

磁感应式电子点火系统又称为磁感应式传感器，其突出优点是结构简单，工作可靠。但是其输出信号在发动机低速时不如霍尔式传感器准确可靠。

霍尔式电子点火系统是利用霍尔元件作为传感器，它的优点是输出信号准确，不受发动机转速的影响。

光电式电子点火系统是利用发光元件和光电转换元件制成的传感器。由于发光元件和光电转换元件的工作性能受环境条件（如灰尘、油污和光照等）影响较大，而汽车工作环境又十分恶劣，因此要求光电传感器必须安装在密封良好的环境内。

（3）微机控制点火系统　随着汽油喷射式发动机的普及，由微机控制的电子点火系统也越来越多。在电子点火系统的基础上，ECU 根据传感器的信号得到发动机转速、负荷、进气温度、冷却液温度、车速及爆燃等信息，计算出最佳点火提前角，并使发动机随时根据当前工况进行最佳点火提前角调整。

按照结构，微机控制点火系统可分为有分电器式和无分电器式两种形式。

有分电器微机控制点火系统仍采用传统的配电器将点火线圈产生的高压分配至各缸火花塞，因此其保留的分电器只起配电作用，没有调节点火提前角功能。

无分电器微机控制点火系统无需分电器，由电子控制器进行高压分配。无分电器点火系统正逐步成为点火系统的主流。

6.2　传统点火系统

汽油机曾经广泛采用传统点火系统（即机械触点式点火系统），它是利用机械式触点的开、闭来控制点火时间，由于结构简单、成本低、工作较可靠，发生故障容易排除，因而长期以来得到广泛应用。随着现代汽车技术的进步，汽油机向着高转速、高压缩比、高性能方向发展，其经济技术指标不断提高，对排气净化要求也越来越严格，因此传统点火系统受到了限制。然而，现代汽车使用的各种点火系统的组成和工作原理与传统点火系统基本相同。本节将对传统点火系统进行介绍，但是对分电器中的断电器、配电器、电容器及点火提前角调节装置等部分只做简单的介绍。

6.2.1　工作原理

传统触点式点火系统的工作原理如图 6-2 所示。点火线圈 5 是一个带有附加电阻的自耦变压器，其一次绕组的正极连接电源，负极通过断电器 7 的触点搭铁。断电器凸轮安装在分电器内部，当发动机凸轮轴驱动分电器轴转动时，带动断电器凸轮一起旋转，使断电器触点不断地闭合和张开。

当断电器的触点闭合时，点火线圈一次绕组通路，其一次电流的回路是蓄电池正极→电流表→点火开关→点火线圈附加电阻→点火线圈一次绕组→断电器触点→搭铁→蓄电池负极。在触点闭合瞬间，点火线圈一次绕组产生一个阻碍一次电流增长的自感电动势，使得一次电流增长比较缓慢，点火线圈铁心中磁通量的变化速率也较低，因此二次绕组产生的互感电动势也不大，约为1500V，此电动势不能用于点火，但点火线圈的磁场能量随一次电流的上升而逐渐增加，因此触点闭合的这段时间实际上是点火系统的蓄能过程。

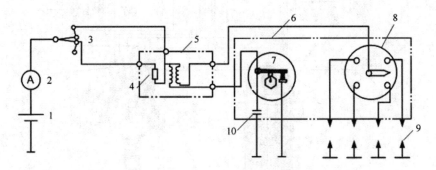

图6-2 传统点火系统的工作原理

1—蓄电池 2—电流表 3—点火开关 4—点火线圈附加电阻 5—点火线圈 6—分电器 7—断电器

8—配电器 9—火花塞 10—电容器

当断电器凸轮转到某气缸点火位置时，凸轮齿恰好顶开触点，点火线圈一次侧断路，点火线圈一次电流突然减小，引起点火线圈铁心中的磁通量迅速减小，点火线圈二次绕组产生一个很高的互感电动势。此时，与断电器凸轮同步旋转的分火头正好转到对着分电器盖某一旁电极，使二次绕组与需要点火气缸的火花塞电极接通。于是，二次绕组的互感电动势对火花塞电极充电，其电流通路为二次绕组正极→点火线圈附加电阻→点火开关→电流表→蓄电池→搭铁→火花塞电极→高压分电器盖旁电极→分火头→中央高压线→二次绕组负极，火花塞电极两端的电压迅速升高。当电压上升到火花塞的击穿电压时，火花塞电极间隙就被击穿而产生放电火花，点燃混合气。

6.2.2 主要部件

传统点火系统的组成如图6-3所示，主要由电源（蓄电池和发电机）、点火开关、点火线圈、电容器、断电器、配电器、火花塞、阻尼电阻和高压导线等组成。点火装置的核心部件是点火线圈和开关装置，提高点火线圈的能量，火花塞就能产生足够能量的火花，这是点火装置适应现代发动机运行的基本条件。

1. 点火线圈

点火线圈的作用是将电源的低压转变为高压，以使火花塞电极产生点燃混合气的电火花。通常的点火线圈里面有两组线圈，即一次线圈和二次线圈。一次线圈用较粗的漆包线，通常用直径为0.5～1mm的漆包线绕200～500匝；二次线圈用较细的漆包线，通常用直径为0.1mm左右的漆包线绕15000～25000匝。一次线圈一端与车上低压电源正极（+）连接，另一端与开关装置（断电器）连接。二次线圈一端与一次线圈连接，另一端与高压输出端连接输出高压电。

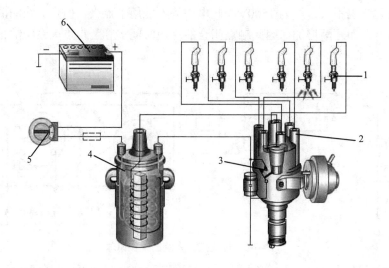

图 6-3　传统点火系统的组成

1—火花塞　2—配电器　3—断电器　4—点火线圈　5—点火开关　6—蓄电池

　　点火线圈的工作原理如图 6-4 所示。当一次线圈接通电源时，随着电流的增长四周产生一个很强的磁场，铁心存储了磁场能；当开关装置使一次线圈电路断开时，一次线圈的磁场迅速衰减，二次线圈就会感应出很高的电压。

　　一次线圈的磁场消失速度越快，电流断开瞬间的电流越大，两个线圈的匝比越大，则二次线圈感应出来的电压越高。

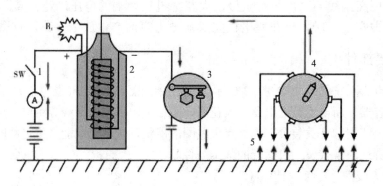

图 6-4　点火线圈的工作原理

1—点火开关　2—点火线圈　3—断电器　4—配电器　5—火花塞

　　点火线圈按磁路的结构型式不同，分为开磁路和闭磁路两种。传统触点式点火系统基本上都使用开磁路的点火线圈，闭磁路点火线圈多应用于电子点火系统。

　　（1）开磁路点火线圈　开磁路点火线圈是利用电磁互感原理制成的。开磁路点火线圈在由硅钢片叠成的铁心外套有绝缘套管，套管上分层绕有二次线圈和一次线圈。开磁路点火线圈有两接线柱式和三接线柱式之分，如图 6-5 所示。

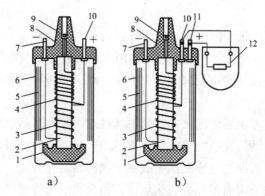

图 6-5 开磁路点火线圈

a）两接线柱式 b）三接线柱式

1—瓷杯 2—铁心 3—一次绕组 4—二次绕组 5—钢片 6—外壳 7—"—"接线柱 8—胶木盖

9—高压接线柱 10—"+"或开关接线柱 11—"+"开关接线柱 12—附加电阻

开磁路点火线圈的磁路如图 6-6 所示。由于磁路上、下部分是从空气中通过的，铁心未构成闭合磁路，所以漏磁较多，主要用于传统点火系统中。

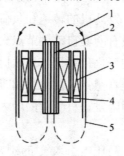

图 6-6 开磁路点火线圈的磁路

1—磁力线 2—铁心 3—一次线圈 4—二次线圈 5—导磁钢片

（2）闭磁路点火线圈 闭磁路点火线圈（也称干式点火线圈）的铁心采用日字形结构。这样，磁路均由磁导率极高的铁心构成，因而漏磁少，点火线圈的能量转换效率高。铁心中留一小空隙是为了减少铁心的磁滞现象。图 6-7 所示为闭磁路点火线圈及磁路示意图。

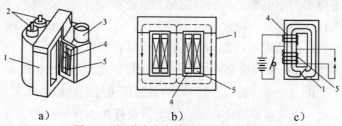

a） b） c）

图 6-7 闭磁路点火线圈及磁路示意图

a）日字形铁心的点火线圈 b）日字形铁心的磁路 c）口字形铁心的磁路

1—铁心 2—低压接线柱 3—高压插孔 4—一次绕组 5—二次绕组

2. 分电器

分电器总成由断电器、配电器、电容器以及点火提前角调节装置等组成，其结构如图6-8 所示。它用来在发动机工作时接通与切断点火系统的一次电路，使点火线圈的二次绕组中产生高压电，并按发动机要求的点火时刻与点火顺序将点火线圈产生的高压电分配到相应气缸的火花塞上。

（1）断电器　主要由断电器凸轮、断电器触点、断电器活动触点臂等组成。断电器凸轮由发动机凸轮轴驱动，并以同样的转速旋转，即发动机曲轴每转两周，断电器凸轮转一周。断电器的作用是周期性地通断点火线圈一次回路。

（2）配电器　由分电器盖和分火头组成，用来将点火线圈产生的高压电分配到各缸的火花塞。分电器盖上有一个中心电极和若干个旁电极，旁电极的数目与发动机的气缸数相等。配电器的作用是将点火线圈二次侧产生的高压按点火顺序送至各缸火花塞。

（3）电容器　其作用一是减少触点断开时的火花，保护触点；二是触点断开时加速一次电流的切断，增强二次电压。

（4）点火提前角调节装置　由离心式和真空两套点火提前角调节装置组成，分别安装在断电器底板的下方和分电器的外壳上，用来在发动机工作时随发动机工况的变化自动调整点火提前角。在汽车运行时，发动机的转速和负荷是经常变化的，为了使发动机在各种工况下能适时点火，因此一般设有两套自动调节点火提前角的装置：一套是离心式点火提前角调节装置，随发动机转速的变化自动调节点火提前角，它使点火提前角随发动机转速的上升而适当地增大；另一套是真空点火提前角调节装置，随发动机负荷的变化自动地调节点火提前角，它使点火提前角随发动机负荷的增大而适当地减小。

3. 火花塞

火花塞的作用是将点火脉冲高压电引入气缸燃烧室，并产生电火花，点燃混合气。火花塞主要由中心电极、侧电极、钢壳、瓷绝缘体等组成，如图 6-9 所示。其结构型式有多种。普通型火花塞的钢质壳体内部固定有高氧化铝陶瓷绝缘体，绝缘体的中心孔装有金属杆和中心电极，金属杆和中心电极之间用导体玻璃密封，铜制内垫圈起密封和导热作用，壳体的下端是弯曲的侧电极，火花塞通过壳体上的螺纹装在气缸盖上。

火花塞中心电极与侧电极之间的间隙称为火花塞间隙。火花塞间隙对火花塞及发动机的工作性能均有很大影响，间隙过小，火花微弱，且容易产生积炭而漏电；间隙过大，火花塞击穿电压增高，发动机不易起动，且在高速时容易发生"缺火"现象。因此，火花塞间隙的大小应适当。在传统点火系统中，火花塞间隙一般为 0.6～0.7mm，若采用电子点火，则间隙会增大到 1.0～1.2mm。火花塞间隙的调整可通过扳动侧电极来实现。

发动机工作时，火花塞绝缘体裙部的温度若保持在 500～600℃，落在绝缘体裙部的油粒就能立即被烧掉，不容易产生积炭。这个温度称为火花塞的自净温度。若裙部温度低于自净温度，落在绝缘体裙部的油粒不能立即烧掉，形成积炭而漏电，将使火花塞间隙不能跳火或火花微弱。若绝缘体裙部温度过高，超过 800℃，当混合气与炽热的绝缘体接触时，可能会在火花塞间隙跳火之前自行着火，称为炽热点火。炽热点火将使发动机出现早燃、爆燃、化油器回火等不正常现象。因此，无论哪一种类型的发动机，在发动机工作时，火花塞绝缘体裙部的温度都应该保持在自净温度的范围内。但是，各种发动机气缸内的燃烧状况是不同的，所以气缸内的温度也不尽相同，这就要求配用不同热特性的火花塞。其中，温度越高，这种火花塞称为"热型"火花塞，它适用于低速、低压缩比、小功率的发动机。相反，火花塞绝缘体裙部短，受热面积小，且传热距离短，容易散热，火花塞绝缘体裙部的温度低，这种火花塞称为"冷型"火花塞，它适用于高速、高压缩比、大功率的发动机。火花塞绝缘体裙部长度介于冷型与热型之间的火花塞称为普通型火花塞。

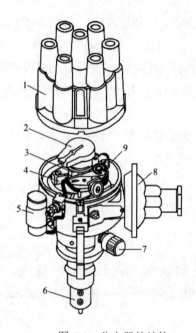

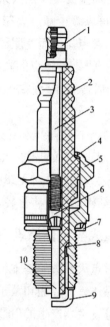

图 6-8　分电器的结构　　　　　　　图 6-9　火花塞

1—分电器盖　2—分火头　3—断电器凸轮　4—断电触点及底板总成　　　1—接线螺母　2—绝缘体　3—接线螺杆　4—垫圈
5—电容器　6—万向节　7—油杯　8—真空调节器　9—分电器壳体　　　　5—火花塞壳体　6—密封剂　7—密封垫圈
　　　　　　　　　　　　　　　　　　　　　　　　　　　　　　　　　8—纯铜垫圈　9—侧电极　10—中心电极

6.3　电子点火系统

传统的触点式点火系统依靠断电器触点的开闭来通断点火线圈一次电流，使点火线使点火线圈二次侧产生高压，这就不可避免地存在以下不足：

1）触点工作可靠性低。触点容易被烧蚀、氧化而接触不良，导致点火性能下降或不点火。

2）最高二次电压不稳定。从其工作特性可知，在发动机转速变化时，传统触点式点火系统的最高二次电压很不稳定，这使得发动机的低速起动性差，高速时容易断火，不能适应高转速发动机。

3）点火能量低。一次电流受断电器触点允许电流的限制，火花能量的提高受到限制。

4）对火花塞积炭敏感。由于触点打开时触点间电弧放电的影响，火花塞电极间的电压上升速率低，当火花塞积炭时，二次电压上升过程中的漏电量就较多，使得最高电压下降较为明显，即传统的触点式点火系统对火花塞积炭很敏感。这也是造成发动机工作可靠性差、油耗高、排气污染严重的原因之一。

5）对无线电干扰大。断电器触点间产生的电弧放电会产生高频振荡波，对周围的无线电造成干扰。

应时而生的电子点火系统具有以下优点：

1）可以减少触点火花，避免触点烧蚀，延长触点的使用寿命，有的电子点火系统还可以取消触点，因而克服了与触点相关的一切缺点，改善了点火性能。

2）可以不受触点的限制，增大一次电流，提高二次电压，改善发动机高速时的点火性能。一般传统点火系统的低压电流不超过 5A，而电子点火系统可提高到 7～8A，二次电压可达 30kV。

3）由于二次电压和点火能量的提高，使其对火花塞积炭不敏感，且可以加大火花塞电极间隙，点燃较稀的混合气，从而有利于改善发动机的动力性、经济性和排气净化性能。

4）大大减轻了对无线电的干扰。

5）结构简单，质量轻，体积小，使用和维修方便。

6.3.1 组成与工作原理

电子点火系统的基本组成如图 6-10 所示。与传统触点式点火系统不同的是，电子点火系统用晶体管的导通和截止来控制点火线圈一次电流的通断，晶体管的导通与截止则是用点火信号发生器产生的电信号来控制。

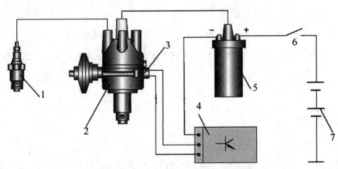

图 6-10　电子点火系统的基本组成

1—火花塞　2—分电器　3—点火信号发生器　4—电子点火器　5—点火线圈　6—点火开关　7—蓄电池

分电器轴转动时，点火信号发生器产生与气缸相对应的脉冲电压信号，此信号经电子点火器放大器前置电路的处理后，控制串联于点火线圈一次回路大功率晶体管的导通或截止。当输入电子点火器的点火脉冲信号电压使大功率晶体管导通时，点火线圈一次侧通路，存储点火能量；当输入电子点火器的点火脉冲信号使大功率晶体管截止时，点火线圈一次侧断路，二次侧便产生高压，通过配电器及高压导线等将点火高压送至点火缸火花塞。

无触点点火系统工作原理如图 6-11 所示，接通点火开关，当点火信号发生器（霍尔效应传感器）发出点火信号，输出具有一定幅值的正脉冲时，就会触发点火控制器，使其中的功率晶体管导通，于是点火线圈的一次电路接通。一次电流的路径为电源的"＋"极→点火开关→点火线圈的"＋"接线柱→点火线圈的一次绕组 L_1→点火线圈的"－"接线柱→点火控制器→搭铁→电源的"－"极。由于点火线圈一次绕组中有电流通过，于是点火线圈中便形成磁场，将电能转变为磁场能存储起来。

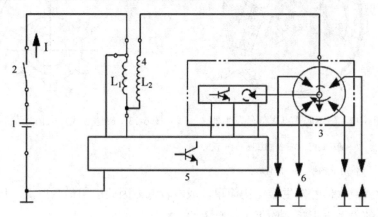

图 6-11　无触点点火系统工作原理

1—蓄电池　2—点火开关　3—配电器　4—点火线圈　5—点火控制器　6—火花塞

6.3.2　点火信号发生器

点火信号发生器取代了传统点火系统断电器中的凸轮，可用来判定活塞在气缸中所处的位置，并将非电量的活塞位置信号转变成为脉冲电信号输送到点火控制器，从而保证了火花塞在恰当的时刻点火。所以点火信号发生器实际上就是一种感知发动机工作状况、发出点火信号的传感器。

点火信号发生器根据结构及原理的不同可分为磁感应式、霍尔式和光电式三种类型。

（1）磁感应式点火信号发生器　主要由永久磁铁、导磁转子、导磁铁心和感应线圈等组成（见图 6-12）。永久磁铁、导磁铁心及导磁板、感应线圈等组成定子总成，一般固定在活动底板上。磁感应式点火信号发生器的工作原理如图 6-13 所示，工作时，可由真空点火提前角调节器改变定子总成与分电器轴的相对位置。磁力线穿过的路径为永久磁铁 N 极→定子与转子间的气隙→转子爪极（凸齿）→转子爪极与定子磁头间的气隙→磁头→导磁板→永久磁铁 S 极。由于磁头间的气隙间的变化导致传感线圈的磁场发生变化，因此在传感线圈中产生感生电压。

点火信号发生器中磁通量的变化和感应电动势如图 6-14 所示。当信号转子转到某一位置上时，磁通量变化率最大（a 点），其感应电动势最高。当转子凸齿和铁心中心线正好在一条直线上时，凸齿与铁心间的空气间隙最小，通过线圈的磁通量最大，但磁通量变化率为零（b 点），因而发生器的线圈中的感应电动势也为零。当信号转子转到第二位置（c 点）时，磁通量减小的变化率最大，线圈的感应电动势（反方向）的绝对值最大，信号每转一圈产生四个交变的信号。随着发动机转速的升高，磁通量变化率增大，感应圈产生四个交

145

变的信号，随着发动机转速的升高，磁通量变化率增大，感应电动势峰值也将增大。

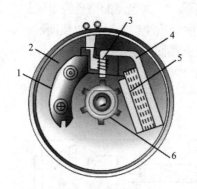 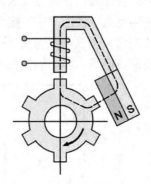

图 6-12　磁感应式点火信号发生器　　　图 6-13　磁感应式点火信号发生器的工作原理

1—底板　2—活动底板　3—传感线圈　4—铁心

5—永久磁铁　6—信号转子

磁感应式点火信号发生器结构简单，成本较低，因此应用最为广泛。日本丰田轿车、北京切诺基等汽车点火系统均采用这种方式。

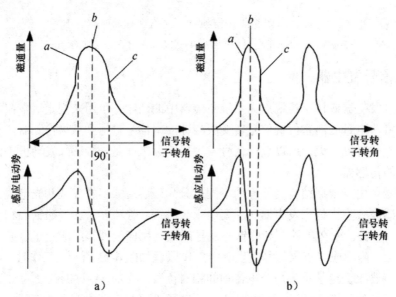

图 6-14　信号发生器中磁通量的变化和感应电动势

a）低速　b）高速

（2）霍尔式点火信号发生器　霍尔效应的原理如图 6-15 所示。将霍尔元件（半导体基片）置于磁场中并通入电流，电流的方向与磁场的方向互相垂直，在垂直于电流和磁场的霍尔元件的横向两侧会产生一个与磁感应强度成正比的电压，这种现象称为霍尔效应，这个电压称为霍尔电压。

$$U_{\mathrm{H}} = \frac{R_{\mathrm{H}}}{d} IB \tag{6-3}$$

146

式中　R_H——霍尔系数；

　　　　d——基片厚度；

　　　　I——电流；

　　　　B——磁感应强度。

从式（6-3）可知，改变 I 和 B 都可以使 U_H 发生变化。

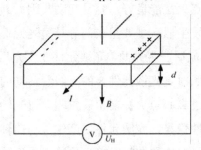

图 6-15　霍尔效应原理图

I—通过元件的电流　B—磁感应强度　U_H—霍尔电压　d—基片厚度

霍尔效应式点火信号发生器流过霍尔元件的电流 I 恒定不变，通过磁感应强度 B 周期性的变化来产生点火信号。它主要由导磁转子和信号触发开关等组成，如图 6-16 所示。

信号触发开关 4 由霍尔集成块 2 和带导磁板 5 的永久磁铁 3 组成。霍尔集成块除外层的霍尔元件外，同一基层的其他部分为集成电路，用于对霍尔元件产生的微弱信号进行放大、整形及温度修正等。导磁转子 1 有与气缸数相同的叶片，与分火头为一体，套装在分电器轴上。

霍尔发生器的工作原理如图 6-17 所示。分电器轴转动时，导磁转子由离心点火提前角装置带动而随分电器轴一起转动。当导磁转子的叶片插入信号触发开关的缝隙时，导磁叶片将磁路短路，此时霍尔元件上无磁通量而不产生霍尔电压；当导磁转子的缺口通

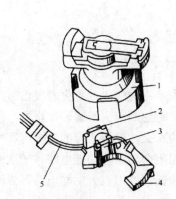

图 6-16　霍尔效应式点火信号发生器的组成

1—导磁转子　2—霍尔集成块　3—永久磁铁

4—信号触发开关　5—导磁板

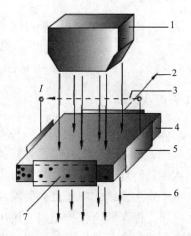

图 6-17　霍尔发生器的工作原理

1—永久磁铁　2—外回电　3—霍尔电压　4—霍尔触发器

5—接触面　6—磁力线　7—剩余电子

过叶片离开时，磁路经空气隙、导磁板、霍尔元件形成闭合回路，霍尔元件上的磁通量加

强而产生霍尔电压。分电器轴转一圈，霍尔元件产生与气缸数相同的霍尔电压脉冲，再经集成电路整形、放大后输出与霍尔电压脉冲反相的方波电压脉冲。

霍尔效应式点火信号发生器比磁感应式点火信号发生器的性能稳定、耐久性好、寿命长、点火精度高，且不受温度、灰尘、油污等影响，特别是输出的电压信号不受发动机转速的影响，使发动机低速点火性能良好，容易起动，因而其应用日益广泛。

（3）光电式点火信号发生器　主要组成部分是发光元件、光敏元件和遮光转子（见图6-18）。发光元件2通入电流后产生光源，光敏元件3受光后产生电压，遮光转子4有与气缸数相对应的缺口，光源照射到光敏元件3的光线受转动的遮光转子4控制。

分电器轴转动时，通过离心点火提前角装置驱动遮光转子转动，遮光转子周期性地通过光线，使光敏元件周期性受光，光敏元件便产生了与曲轴位置对应的电压脉冲，即点火触发信号。光电式点火信号发生器结构简单，信号电压不受转速影响，工作时需要有直流电源。其最大的缺点是抗污能力较差，发光元件和光敏元件上沾灰或油污就会影响正常的信号电压的产生。为保证其工作可靠性，光电式点火信号发生器的分电器密封性要求很高。

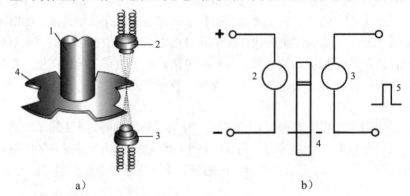

a）　　　　　　　　　　　　　b）

图 6-18　光电式点火信号发生器

a）结构简图　b）原理简图

1—遮光盘轴　2—发光元件　3—光敏元件　4—遮光转子　5—信号波形

6.3.3 电子点火器

电子点火器的电路结构型式有多种多样，其基本要求是：对输入的点火触发信号进行处理后能准确、可靠地控制开关晶体管的导通与截止，及时通断点火线圈一次电流，使点火线圈二次侧适时地产生高压。为进一步提高点火系统的点火性能及工作的安全可靠性，现代汽车电子点火系统的电子点火器增加了许多装置，如闭合角可控功能电路、一次回路电阻控制电路、停车断电保护电路、过压断电保护电路和低速推迟点火功能电路等。下面以典型的实例说明电子点火器的工作原理与作用。

1. 电子点火器的工作原理

图6-19所示为某型号电子点火器电路。该电子点火器还具有闭合角可控、发动机停机自动断电和一次电流稳定控制等功能电路。

（1）点火控制工作过程　本例点火信号发生器为磁感应式，V_1为触发管，V_2起放大作用，复合管 V_3 为大功率开关晶体管，用于通断一次电流。

电子点火器根据输入的点火信号脉冲控制点火，工作原理如下：当点火信号负脉冲输入时，信号电流流经 VD_3、R_2、VD_2、R_1，VD_3 的正向导通电压降使 V_1 处于反向偏压而截止；V_1 截止时，其 P 点的电位升高，使 V_2 导通，V_2 导通后给 V_3 提供正向偏压，使 V_3 导通，于是点火线圈一次侧通路，一次电流增长，此为点火线圈的蓄能过程。当点火信号正脉冲输入时，V_1 有正向偏压而导通，信号电流经 R_1、VD_1、R_2、V_1 发射结形成通路；V_1 导通后使 P 点的电位下降，并使 V_2 失去正向偏压而截止；V_2 截止后，V_3 便无正向偏压而截止，使点火线圈一次侧断流，二次线圈产生高压。

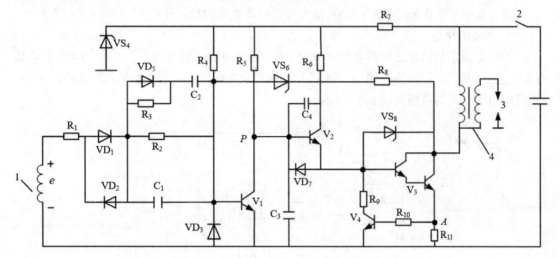

图 6-19　某型号电子点火器电路

1—点火信号发生器感应线圈　2—点火开关　3—火花塞　4—点火线圈

（2）闭合角可控电路原理　闭合角可控是要增大发动机高速时点火线圈一次侧通路相对时间（一次侧通路时间/一次侧通断周期），以保证发动机在高速时点火线圈一次侧仍有时间形成足够大的一次电流。

闭合角可控电路由 VD_5、C_2、R_3 组成，其控制原理如下：

在点火信号正脉冲输入时，信号电流同时对电容 C_2 充电，充电电路为 $e^+ \rightarrow R_1 \rightarrow VD_1 \rightarrow VD_5 \rightarrow C_2 \rightarrow V_1$ 发射结 $\rightarrow e^-$，而当信号正脉冲消失时，C_2 放电，放电电路为 C_2 正极 $\rightarrow R_3 \rightarrow VD_2 \rightarrow R_1 \rightarrow$ 点火信号发生器感应线圈 $\rightarrow VD_3 \rightarrow C_2$ 负极。C_2 放电时，使 V_1 反向偏压而保持截止，V_2 和 V_3 保持导通，使一次线圈保持通路。发动机转速升高时，信号正脉冲电压随之升高，C_2 的充电电压也随之升高，信号正脉冲消失后 C_2 的放电时间延长，V_1 的截止时间也相对增加，也即增加了点火线圈一次侧通路的相对时间。

（3）发动机停转断电保护　当发动机熄火时，如果点火开关仍然接通，这时电源通过 R_4 向 V_1 提供正向偏压而使 V_1 导通，V_2、V_3 截止，于是点火线圈一次侧处于断路状态，从而避免了蓄电池向点火线圈持续放电而白白消耗电能和烧坏点火线圈及晶体管。

（4）一次电流稳定控制　汽车在工作中，蓄电池的电压波动很大，一次回路设计时需保证在蓄电池电压较低时能有足够大的一次电流，而在蓄电池电压较高时，一次电流就会过大，这将导致点火线圈的温度过高。一次电流控制电路由 R_8、R_6 组成，控制电源电压波动稳定的原理如下：

当电源电压上升时，V_3 在截止时其集电极上的电压也随之上升，通过 R_8、VS_6 的反馈使 V_1 的饱和导通深度增加，这使得在信号负脉冲时 V_1 由导通转向截止变得迟缓，减少了 V_1 的相对截止时间，也即减少了 V_3 的相对导通时间，使点火线圈一次电流不随电源电压的上升而增大。

（5）一次回路电阻可变控制　一次回路的等效电阻可变控制也是用来实现一次电流的稳定控制。控制电路由 V_4、R_{10}、R_9 组成，当点火线圈一次电流增大到某一限值时，A 点的电位上升使 V_4 导通；V_4 导通后使 V_3 的基极电位下降，其基极电流减小，使集电极电流即点火线圈一次电流受到限制，从而实现了一次电流的稳定作用。

2. 集成电路电子点火器

雪铁龙轿车和福特公司的嘉年华等均采用了由 L497 组成的电子点火器。L497 集成块的内部电路及引出脚的排列如图 6-20 所示，国产桑塔纳轿车电子点火系统用 L497 集成块组成的电子点火器电路如图 6-21 所示。

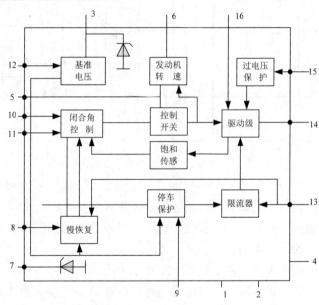

图 6-20　L497 集成块的内部电路及引出脚的排列

（1）基本点火控制　工作时，霍尔效应式点火信号发生器产生的点火触发脉冲从电子点火器的 3 脚输入。当点火信号发生器输出正脉冲时，集成电路的 5 脚为高电位，经内部电路的处理后，使 14 脚输出高电平，大功率开关晶体管 V 导通，接通点火线圈一次回路。当点火信号发生器输出负脉冲时，集成电路 5 脚为低电位，内部电路使 14 脚输出低电位，V 截止点火线圈一次回路断路，二次绕组产生高压。

（2）闭合角控制电路　该电路由两部分组成，第一部分由 L497 集成块与 10 脚电容 C_T、12 脚偏流电阻 R_7 组成闭合角基准定时电路，当霍尔电压信号为高电平时，C_T 以一恒定的电流流入充电，其电压 U_T 上升（见图 6-22b），调节偏流电阻 R_7 可调整 I_T 值；第二部分由 L497 集成块与 11 脚电容 C_W、12 脚电阻 R_7 组成闭合角控制和调整电路，当霍尔信号电压为低电平时，C_W 以恒定的电流 I_W 放电，其电压 U_W 下降（见图 6-22b），而当一次电流达

到限定值 C_W 时则开始充电，当 C_T、C_W 的充、放电达到 $U_T=U_W$（图 6-22b 两曲线相交）时，内部控制开关使驱动级立即工作，V 立即导通，接通一次电路。可见，点火线圈一次侧通路的起始点由 C_T、C_W 的充、放电压达到一致的时间控制。C_W 上的电压取决于发动机的转速和集成块的工作电压，因此可在发动机转速变化和电源电压波动时起一次电流稳定控制作用。

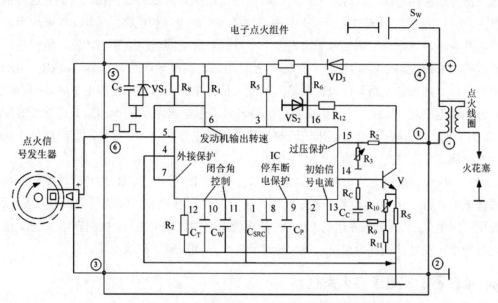

图 6-21　L497 集成块组成的电子点火器电路

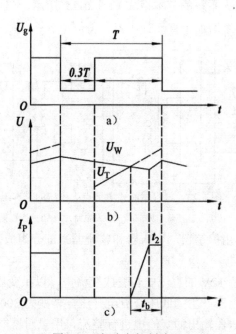

图 6-22　闭合角控制波形

a）霍尔信号发生器输出电压波形　b）C_T、C_W 充放电压波形　c）一次电流波形

151

控制原理如下：当发动机转速上升时，一次电流达到限定值后的限流时间 t_2 缩短，C_W 的充电电压降低，C_W 放电时达到 $U_T=U_W$ 点（U_W 曲线下移），使一次通路提前；当发动机转速下降时，则有相反的变化。因此，闭合角控制电路根据发电机转数的变化自动调整。

（3）发动机停转断电保护　汽车暂停时，若霍尔点火信号发生器输入高电平，就会使点火线圈持续接通电流，这对点火线圈、蓄电池及电子点火器等都不利。为避免这种情况的发生，L497 集成块组成的电子点火器中设置了停车断电保护电路。在发动机熄火但未关断点火开关时，该电路控制信号输出为低电平并使点火线圈一次侧断路。发动机停转断电保护电路由 L497 集成块 9 脚的 C_P 及 R_7 等元件组成，基准导通时间为 $T_P=16C_PR_7$（ms）。当电路工作时，保护电路不停地检测输入的点火信号电压，信号脉冲高电平时对 C_P 充电，信号脉冲低电平时 C_P 放电。如果在发动机停转时霍尔电压为高电平，C_P 充电持续时间超过 T_P 时，C_P 上的电压就会达到限流回路模块的阈值工作电压，于是控制回路就使点火线圈一次电流逐步下降为 0。

（4）一次电流限制　该电路由 L497 和 R_S、R_{10}、R_{11} 等组成。R_S 为点火线圈一次电流的采样电阻，通过 R_S 的电流除一次电流外，还有 V 的基极电流（14 脚的电流），当一次电流升至限定值 R_S 上的电压降达到 L497 内部限流电路的比较电压时，控制回路就使 V 的基极电流减小，使之从饱和导通进入放大导通状态，从而限制了一次电流。

6.3.4 电容蓄能式电子点火系统

1. 基本组成

电容蓄能式电子点火系统的基本组成如图 6-23 所示。与电感蓄能式点火系统不同的是，电容蓄能式点火系统增加了直流升压器、蓄能电容、晶闸管和晶闸管触发电路等。

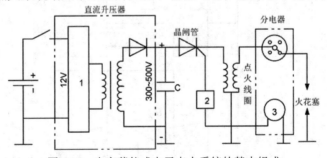

图 6-23　电容蓄能式电子点火系统的基本组成

1—振荡器　2—晶闸管触发电路　3—点火信号发生器

（1）直流升压器　由振荡器、变压器和整流器三部分组成，用于将电源的低压直流转变成 400V 左右的直流电。

1）振荡器：将电源 12V 的直流电转变成交流电，以供变压器工作。

2）变压器：将振荡器产生的低压交流电升压，转变为 300～500V 的交流电压。

3）整流器：对变压器输出的交流电进行整流，用以对蓄能电容充电。

（2）蓄能电容　蓄能电容用于存储点火能量，并在需要点火时向点火线圈一次绕组放电，使点火线圈二次侧产生高压。

（3）晶闸管　晶闸管的作用是在非点火时间里隔断蓄能电容与点火线圈的连接，以使升压器能迅速将电容充足电；在点火触发信号输入时，晶闸管则迅速导通，让蓄能电容及时向点火线圈一次绕组放电，使点火线圈二次侧产生高压。

（4）晶闸管触发电路　晶闸管触发电路的作用是根据点火信号发生器的点火信号产生触发脉冲，使晶闸管能迅速导通，而在非点火时间则保持晶闸管的控制极为零电位或负电位。

2. 基本工作原理

（1）点火线圈蓄能过程　接通点火开关，振荡器便开始工作，将电源的低压直流转变为变压器一次侧的低压交流，经升压器升压，变压器的二次侧输出 400V 左右的交流，再经整流器整形后成为 400V 左右的直流，并向蓄能电容充电。这便是这种点火系统的蓄能过程，它不受点火信号控制，只要点火开关接通，蓄能过程就开始进行。

（2）点火线圈二次侧产生高压过程　当点火信号输入时，触发电路产生一个触发脉冲，使晶闸管迅速导通，这时蓄能电容便向点火线圈一次绕组放电。在点火线圈一次侧通路、一次电流逐渐增长的同时，点火线圈二次绕组产生很高的互感电势，并使火花塞电极两端迅速升高而打火。

3. 特点

相比于电感蓄能式点火系统，电容蓄能式点火系统具有以下优点：

1）最高二次电压稳定。由于蓄能电容的充电电压高，充足电时间极短，而晶闸管的导通速率又极快，因此二次电压几乎不受发动机转速的影响。这一特性使得电容蓄能式点火系统特别适合高速发动机。

2）对火花塞积炭不敏感。二次电压上升需要的时间很少，一般为 3～20μs，因此在火花塞因积炭等原因而使二次回路绝缘电阻下降时，其最高二次电压影响较小。也就是说，电容蓄能式点火系统对火花塞积炭不敏感，在火花塞有积炭、高压回路有漏电（不很严重）的情况下仍能有很好的点火性能。

3）点火线圈的工作温度低。由于电容蓄能式点火系统只是点火的瞬间有较大的电流通过点火线圈，而在其他的时间点火线圈不通电流，因此点火线圈的平均电流小，工作温度低，使用寿命长。

4）低速时点火系统能耗低。虽然电容蓄能式点火系统电能的消耗随发动机转速的增加而增大，但在发动机怠速时电能消耗最少。这一特点对蓄电池极为有利，因为在发动机怠速时往往需要蓄电池提供能量。

5）能量损失小。整个蓄能过程能量损失小，点火线圈的能量转换效率高。

6.4　微机控制点火系统

传统点火系统和电子点火系统仍然存在较多的缺点，如基本上都采用离心点火提前角和真空点火提前角两套机械式点火提前角调整装置，而它们只能根据发动机转速和负荷的变化来调节点火提前角，且调节特性为线性(或不同线性的组合)规律，特别是对点火提前角的控制，由于最佳点火时刻不仅随发动机转速和负荷变化，而且和发动机冷却液温度、进气温度、空燃比、汽油辛烷值、发动机爆燃情况等多种运行参数有关系，所以仅靠机械和电子控制的方法是难以控制精度的。

在 20 世纪 70 年代后期，随着计算机技术的飞速发展和发达国家对汽车排放限制及对其他性能要求的提高，微机开始在汽车上获得应用，即用微机控制点火正时，形成微机控制点火系统。由于微机具有响应速度快、运算和控制精度高、抗干扰能力强等优点，通过微机控制点火提前角要比机械式的离心点火提前角调整装置和真空点火提前角调整装置的精度高得多。微机控制点火系统可以通过各种传感器感知多种因素对点火提前角的影响，使发动机在各种工况和使用条件下的点火提前角都与相应的最佳点火提前角比较接近，并且不存在机械磨损等问题，克服了离心点火提前角调整装置和真空点火提前角调整装置的缺陷，使点火系统的发展更趋完善，发动机的性能得到进一步改善和更加充分的发挥。微机控制点火系统在汽车上的应用为精确控制点火提前角找到了最佳的手段，它使发动机在任何工况下都处于最佳的点火时刻，从而进一步提高了发动机的动力性和燃油经济性，并最大限度地降低了排放污染。

6.4.1 有分电器式

有分电器微机控制点火系统一般由传感器、微机控制器和点火执行器等组成，如图 6-24 所示。

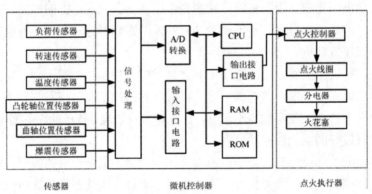

图 6-24　有分电器微机控制点火系统的组成

在微机控制点火系统中，在发动机工作时，传感器不断地采集发动机各工况的信息并输送至微机控制器，作为 ECU 进行运算和实现控制的依据。使用的传感器有负荷传感器、转速传感器、进气温度传感器、发动机凸轮轴位置传感器、发动机曲轴位置传感器、爆燃传感器和节气门位置传感器等。

凸轮轴位置传感器（CPS）信号用于确定气缸上止点，提供凸轮轴转角信号。转角信号用于控制点火时刻（点火提前角）。

转速传感器信号向 ECU 提供发动机转速信号，用于计算确定点火提前角。

空气流量传感器（AFS）和节气门位置传感器（TPS）向 ECU 提供发动机负荷信号，用于计算确定点火提前角。

冷却液温度信号（CTS）、进气温度信号（IATS）、车速信号（VSS）、空调开关信号（A/C）

以及爆燃传感器（DS）信号等用于修正点火提前角。

点火控制器又称点火电子组件、点火器或功率放大器，是微机控制点火系统的功率输出级，它接受 ECU 输出的点火控制信号并进行功率放大，来驱动点火线圈工作。点火控制器的作用是根据电子控制器输出的指令，通过内部晶体管的导通与截止，控制一次电路通断，完成点火任务。

发动机工作时，CPU 通过上述传感器把发动机的工况信息采集到随机存储器（RAM）中，并不断检测凸轮轴位置传感器信号(即标志位信号)，判定是哪一缸即将到达压缩上止点。当接收到标志位信号后，CPU 立即开始对曲轴转角信号进行计数，以便控制点火提前角。与此同时，CPU 根据反映发动机工况的转速信号、负荷信号以及与点火提前角有关的传感器信号，从只读存储器中查询出相应工况下的最佳点火提前角。在此期间，CPU 一直在对曲轴转角信号进行计数，判断点火时刻是否到来。当曲轴转角等于最佳点火提前角时，CPU 立即向点火控制器发出控制指令，使功率晶体管截止，点火线圈一次电流切断，二次绕组产生高压，并按发动机点火顺序分配到各缸火花塞跳火点着可燃混合气。

现代汽车发动机大多数都采用集中控制系统，其中微机控制点火系统仅是电子控制器的一个子系统。ECU 既是燃油喷射控制系统的控制核心，也是点火控制系统的控制核心，其功用是接收各传感器传来的信号，按照相应的程序进行判断、计算后给执行器输出最佳点火提前角和一次电路导通时间的控制信号。

日本丰田皇冠 3.0 轿车 L2JZ-GE 发动机、雷克萨斯 LS400 轿车 IUZ-FE 发动机和韩国索纳塔轿车发动机均采用有分电器的微机控制点火系统。

6.4.2 无分电器式

1.系统组成

图 6-25 所示为一种无分电器的同时点火系统示意图。无分电器微机控制点火系统由低压电源、点火开关、 ECU、点火控制器、双点火线圈、火花塞、高压线和各种传感器等组成。有的无分电器点火系统还将点火线圈直接安装在火花塞上方，取消了高压线。

在该系统中将三个独立的双点火线圈组装成一体，每个点火线圈二次绕组的两端分别接两个气缸火花塞，以供给高压电，按照点火顺序分别接相应的火花塞。

（1）ECU　由于无分电器点火系统取消了机械式高压配电而改为电子式高压配电，因此 ECU 不再只控制一个点火线圈一次绕组的通断，而是要根据曲轴的不同位置，按一定顺序控制两个或多个点火线圈一次绕组，以实现电子式高压配电。ECU 除了包括输入接口电路、A/D 转换器、CPU、只读存储器(ROM)和随机存储器(RAM)等组成部分外，还增加了气缸判别(简称判缸)电路(又称为分电电路)，以根据曲轴位置传感器或气缸判别信号传感器确定需要控制的点火线圈一次绕组。同理，输出接口电路也不只输出一路点火控制信号，而是依次输出多路点火控制信号，分别控制点火控制器中与各点火线圈一次绕组对应的大功率晶体管的通断，或者输出接口电路在输出一路点火控制信号的同时输出一路气缸判别信号，由点火控制器根据点火控制信号和气缸判别信号控制与各点火线圈一次绕组对应的大功率晶体管的通断，使需要点火气缸的火花塞适时跳火。

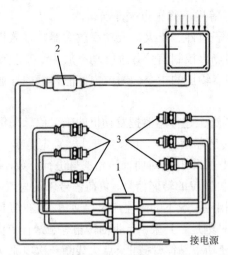

图 6-25　无分电器的同时点火系统
1—双点火线圈　2—点火控制器　3—火花塞　4—ECU

（2）点火控制器　由于无分电器点火系统中有两个或多个点火线圈或点火线圈一次绕组，所以点火控制器一般除了具有自动断电功能、导通角控制和恒流控制等电路外，还有气缸判别电路和多个大功率晶体管及相应的控制电路。

（3）点火线圈　由于无分电器点火系统中有两个或多个点火线圈一次绕组，在发动机的一个工作循环中每个点火线圈一次绕组只通断一次（独立点火）或两次（同时点火），所以点火线圈一次绕组能够有较长的通电时间，点火线圈可以采用完全闭磁路结构，提高能量利用率。点火线圈具体结构因高压配电方式的不同而不同。

有些微机控制点火系统则采用多个点火控制器，如图 6-26 所示。发动机工作时，ECU不断检测传感器的输入信号，根据存储器存储的数据计算并求出最佳点火提前角和通电时间，以点火基准传感器为标准，按照发动机各缸的做功顺序，确定每一缸点火线圈的接通时间和通电时间，并将其转换为该缸点火线圈的控制信号 IG_i（i 指第 i 个气缸）。当某缸的控制信号为低电平时，点火控制器中对应此缸的功率晶体管导通，点火线圈通电；当该缸的控制信号变为高电平时，对应的晶体管截止，线圈中电流被切断，二次线圈产生高压电，将火花塞电极击穿点火。独立点火的点火控制器需要判别的点火气缸的数目多，因此气缸判别电路较复杂。

四气门五缸发动机的每个点火线圈通过导向座用 4 个螺钉固定在气缸盖的盖板上，然后再扣压到各缸火花塞上。

2.点火方式的分类

根据点火线圈的数量和高压电分配方式的不同，无分电器点火系统的点火方式又可分为二极管和点火线圈分配高压同时点火方式。

（1）二极管分配高压同时点火的控制　利用二极管分配高压电的双缸同时点火电路原理如图 6-27 所示。点火线圈由两个一次绕组和一个二次绕组构成，二次绕组的两端通过 4只高压二极管与火花塞构成回路。4 只二极管有内装式（安装在点火线圈内部）和外装式两种。对于点火顺序为 1—3—4—2 的发动机，1、4 缸为一组，2、3 缸为另一组。点火控制器中的两只功率晶体管分别控制一个一次绕组，两只功率晶体管由 ECU 按点火顺序交替控制其导通与截止。

当 ECU 将 1、4 缸的点火触发信号输入点火控制器时，功率晶体管 VT_1 截止，一次绕组 A 中的电流切断，二次绕组中就会产生高压电动势，方向如图 6-27 中实线箭头方向所示。在该电动势的作用下，二极管 D_1、D_4 正向导通，1、4 缸火花塞电极上的电压迅速升高直至跳火，高压放电电流经图中实线箭头所指方向构成回路；D_2、D_3 反向截止，不能构成放电回路，因此 2、3 缸火花塞电极上无高压火花放电电流而不能跳火。

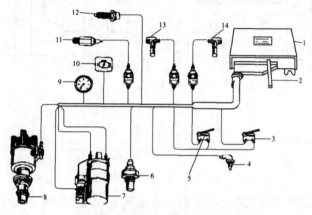

图 6-26　某型号微机控制点火系统示意图

1—ECU　2—连接管　3—全负荷开关　4—进气温度传感器　5—怠速开关　6—冷却液温度传感器　7—点火线圈
8—霍尔分电器　9—速度表　10—故障灯　11—爆燃传感器　12—制动灯开关　13—转速传感器　14—点火基准传感器

当 ECU 将 2、3 缸点火触发信号输入点火控制器时，晶体管 VT_2 截止，一次绕组 B 中的电流切断，二次绕组产生高压电动势，方向如图 6-27 中虚线箭头方向所示。此时二极管 D_1、D_4 反向截止，D_2、D_3 正向导通，因此 2、3 缸火花塞电极上的电压迅速升高直至跳火，高压放电电流经图中虚线箭头所指方向构成回路。

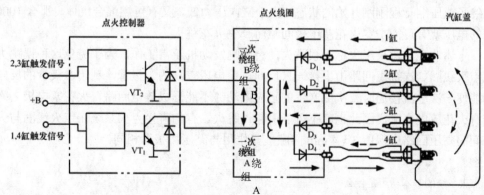

图 6-27　二极管分配高压电的双缸同时点火电路原理

（2）点火线圈分配高压同时点火的控制　利用点火线圈直接分配高压电的同时点火电路原理如图 6-28 所示。点火线圈组件由两个（4 缸发动机）或三个（6 缸发动机）独立的点火线圈组成，每个点火线圈供给成对的两个火花塞工作（4 缸发动机的 1 和 4 缸以及 2 和 3 缸分别共用一个点火线圈，6 缸发动机的 1 和 6 缸、2 和 5 缸、3 和 4 缸分别共用一个点火线圈）。电子点火控制器中配有与点火线圈数量相等的功率晶体管，分别控制一个点火线圈工作。点火控制器(ICM)根据 ECU 输出的点火控制信号，按点火顺序轮流触发功率晶体管导通、截止，从而控制每个点火线圈轮流产生高压电，再通过高压线直接输送到成对的两缸火花塞电极间隙上跳火点燃混合气。

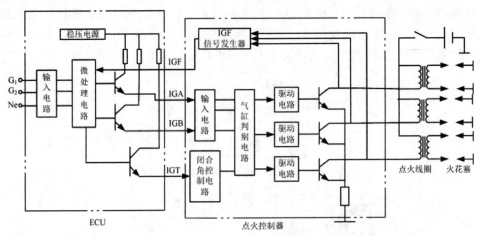

图 6-28　点火线圈分配高压电的同时点火电路原理

在部分点火线圈分配高压电的同时点火系统中，点火线圈二次回路中连接有一只高压二极管，该高压二极管的作用是防止二次绕组在一次电流接通时产生的电压(约为 1000V)加到火花塞电极上而导致误跳火。

在一次绕组电流接通瞬间，二次绕组可产生 1000V 左右的感应电动势。在传统的机械配电方式中，分火头与侧电极之间的间隙阻碍了这一电压直接加在火花塞电极两端，因此无论发动机是在什么行程工作，火花塞都不会跳火。在点火线圈分配高压电的直接点火系统中，除了火花塞电极间隙之外，没有其他附加间隙，因此当一次电流接通时，二次绕组产生的 1000V 左右的电压就会直接加在火花塞电极间隙上，如果此时气缸处于进气行程接近终了或压缩行程刚刚开始的状态，由于缸内压力低，又有可燃混合气体，那么 1000V 左右的电压就有可能击穿火花塞电极间隙而产生火花跳火。

上述非正常跳火现象称为误跳火，会影响发动机正常工作。为了避免这种误跳火，可在点火线圈二次绕组回路中串接一只反向击穿电压较高的二极管，利用二极管的反向截止功能使一次电流接通时二次侧产生的感应电动势不能形成放电回路，火花塞电极之间就不会有火花放电电流，因此也就不可能引起误跳火。有的直接点火系统在点火线圈与火花塞之间的高压回路中保留 3～4 mm 间隙，其作用与高压二极管相同。

思考题

1. 点火系统的基本功用是什么？

2. 简述传统点火系统的组成和基本原理。

3. 电子点火系统由哪些部分组成？各部分的作用是什么？

4. 电子点火系统的信号发生器有哪些？简述他们的基本原理和优缺点。

5. 试述微机控制点火系统的基本原理。

6. 简述无分电器微机控制点火系统的组成和每部分的功用。

第 7 章 润滑系统

7.1 概述

发动机工作时，相对运动表面之间必然有摩擦。摩擦产生的阻力和阻力矩会消耗发动机的功率，使相对运动表面发热和磨损，当摩擦表面的发热超过允许极限时将破坏零件的力学性能，使磨损加剧，并且使摩擦阻力进一步增大，进而使发动机受到损坏，因此为保证发动机能够长期可靠地工作，必须对相对运动表面加以润滑，也即在摩擦表面上覆盖一层薄而均匀的机油膜，以减小摩擦阻力，降低功率消耗，减轻机件磨损，延长发动机使用寿命。

润滑系统的基本任务是将机油不断地供给各运动零件的摩擦表面，以减少零件的摩擦和磨损。其作用如下：

1）减摩。在摩擦零件工作表面形成一层稳定的机油膜，减少摩擦阻力和零件磨损。

2）冷却。利用循环流动的机油将摩擦产生的热量带走，保持摩擦表面适当的工作温度。

3）清洗。利用循环机油冲洗零件表面，带走由于零件磨损产生的金属微粒和其他杂质。

4）防锈。金属零件表面上的机油膜可以减少空气、水分和燃烧气体的化学腐蚀作用。

5）密封。活塞、活塞环和气缸壁之间的机油膜可增强气缸的密封性。

对润滑系统的主要要求是油路合理、工作可靠，能够保证发动机在各种情况下各摩擦部位均获得可靠的润滑，并要求机油清洁。

7.1.1 润滑方式

现代汽车根据零件的工作条件与运动情况，通常采取以下润滑方式：

1）压力润滑：机油在机油泵的作用下以一定的压力通过专设的油道输送到摩擦表面。这种方式润滑可靠，并有较强的冷却和清洗作用，适用于相对速度较高、负荷较重的摩擦表面，如曲轴主轴承、连杆轴承、凸轮轴轴承和摇臂轴承等。

2）飞溅润滑：靠运动零件击溅起来的机油油滴或油雾直接落在摩擦表面或经集油孔收集后流到摩擦表面进行润滑。这种方式适用于速度较低、负荷较小的零件以及不易实现压力润滑的零件，如气缸壁、连杆小头衬套、活塞销座、配气凸轮及挺柱、正时齿轮等。

3）润滑脂润滑：某些辅助机构的零件（如风扇、水泵轴、发电机轴等）由于负荷小，摩擦损失不大，可采用定期加注润滑脂的方式进行润滑。

4）油雾式润滑：这是一种比较特殊的润滑方式，在某些曲轴箱扫气的二冲程汽油机上采用。它是在汽油中掺入一定比例的机油或通过机油泵将少量机油喷入到进气道中。工作时，进入曲轴箱的汽油混合物中含有少量雾化的机油，由于机油黏度大、不易燃烧，因此会黏附在各摩擦表面，从而润滑曲轴各轴承、活塞、活塞销和气缸壁等零件。

汽车发动机不采用单一的润滑方式，而是同时采用压力润滑和飞溅润滑分别对不同部位的零件摩擦表面进行润滑。这种润滑系统称为综合式润滑系统。

此外，对于一些负荷较小的发动机的辅助装置，如水泵、发电机、起动机的轴承等，只需定期定量地加注润滑脂即可。近年来，有的发动机则采用含有耐磨润滑材料（如尼龙、二硫化钼等）的轴承来代替加注润滑脂的轴承。

7.1.2 润滑剂种类与选用

汽车发动机润滑系统所用的润滑剂有机油和润滑脂两种。

1. 机油

汽车发动机润滑系统的润滑剂均采用机油，而机油根据其性能的不同又可分为各种牌号。为保证发动机的正常工作，正确选用机油是很重要的。

（1）发动机机油的主要性能指标

1）黏度。黏度是机油最主要的性能参数，又是机油分类的主要依据。黏度的大小一般用运动黏度表示。机油黏度的大小对发动机的摩擦功率、零件的磨损及起动阻力均有影响，黏度大，油膜承载能力大，易保持液体润滑，但流动阻力、摩擦阻力和起动阻力大；黏度小，流动阻力和液体摩擦阻力小，摩擦生成的热量少，但承载能力低，不易保持液体油膜。

2）酸值和腐蚀性。这两个指标表示了机油中含酸的程度和机油对金属腐蚀作用的强弱。机油中不允许有水溶性酸类，它对机件有强烈的腐蚀作用，还会加速机油的氧化变质。

3）热氧化安定性。该指标指机油在高温时抵抗氧化的能力。机油在使用过程中会不断被空气氧化而变质，生成酸性物质和沥青等，从而使机油色泽变黑，黏度和酸值增加，并析出胶状物质，在零件表面形成胶膜，给活塞、活塞环等零件带来胶结、过热等不利影响，引起机油滤清器堵塞等，因此要求机油有一定的抗氧化能力。

4）闪点。闪点指机油加热到产生的蒸气与火焰接触发生闪火时的最低温度。它是评价机油在贮存、运输和使用中的安全性和蒸发性的指标。

5）凝点。机油在规定条件下开始完全丧失流动性的温度称为凝点，它是评价机油在低温条件下流动性和过滤性的指标。

除以上指标外，还规定了机油的其他一些指标，如残炭、水分、灰分和机械杂质等均不允许超过规定值。

（2）机油分类　目前世界上广泛采用美国汽车工程师协会（SAE）的发动机油黏度分类法和美国石油协会（API）的发动机油使用性能分类法。

美国汽车工程师协会按照机油的黏度等级把机油分为冬季用机油和非冬季用机油，冬季用机油有 0W、5W、10W、15W、20W 和 25W 六个牌号，非冬季用机油有 20、30、40、50 四个牌号。号数较大的机油黏度大，宜在较高的温度下使用。

上述各牌号机油只有单一的黏度等级，用户在使用这种机油时需根据季节和气温的变化及时更换机油。目前使用的机油多数具有多黏度等级，如 5W/30、15W/40、20W/50 等。其中，15W/40 牌号机油在低温时符合 15W 黏度级，而在高温时的黏度又符合 40 黏度级。

该机油可冬夏通用。

美国石油协会将机油分为 S 系列和 C 系列两种。其中，S 系列为汽油机机油，目前有 SA、SB、SC、SD、SE、SF、SG、SH、SJ 九个级别；C 系列为柴油机机油，目前有 CA、CB、CC、CD、CE、CF-4、CG-4 七个级别。同系列机油中，字母序号越靠后，其使用性能越好，适用于机型越新或强化程度越高。其中，SA、SB 和 CA 级别的机油如果不是制造厂商推荐已不再使用。

我国机油的分类参照美国汽车工程师协会和美国石油协会的分类法，如按机油的性能和使用场合分类如下：

1）汽油机机油分为 SC、SD、SE、SF、SG、SH 六个级别。

2）柴油机机油分为 CC、CD、CD-II、CE、CF-4 五个级别。

3）二冲程汽油机机油分为 ERA、ERB、ERC 和 ERD 四个级别。

按机油黏度分类的方法基本与 SAE 分类法相似，也采用含字母 W 和不含字母 W 两组黏度等级系列。

每一种使用级别又有若干种单一黏度等级和多黏度等级的机油牌号。例如，CC 级机油有三个单一黏度等级和六个多黏度等级的机油牌号。它们分别是 30、40 和 50 及 5W/30、5W/40、10W/30、10W/40、15W/40 和 20W/40。

（3）机油选用　由于不同种类和牌号的机油对润滑性能的影响不同，因此在实际使用中必须根据具体条件选用合适的机油。需要注意的问题有以下几个：

1）工作部位：即根据汽车主要部位工作条件的不同选用不同的机油，如发动机应选用发动机机油，底盘的传动系等部件应选用齿轮油。

2）发动机种类：发动机机油分为柴油机机油和汽油机机油（亦称车用机油）两种，柴油机和汽油机应分别选用。由于高速柴油机的机械负荷和热负荷比汽油机重，柴油的含硫量和酸度比汽油高，容易污染机油，所以柴油机对机油的品质提出了更高的要求。柴油机使用的是加有多种添加剂的机油，称为柴油机机油。

3）发动机强化程度：即根据汽车发动机的强化程度选用合适的机油使用级别。汽油机的强化程度往往与生产年份有关，后生产的汽车比早年生产的汽车强化程度高，应选用较高级的机油。

柴油机的强化程度用强化系数 K 表示：

$$K = P_{me} C_m \tau$$

式中　P_{me}——平均有效压力（MPa）；

　　　C_m——活塞平均速度（m/s）；

　　　τ——发动机冲程系数（四冲程 $\tau=0.5$，二冲程 $\tau=1$）。

$K \leqslant 50$ 时，选用 CC 级机油；$K > 50$ 时，应选用 CD 级机油。

4）季节气温：即根据地区的季节气温选用适当黏度等级的机油。按环境温度选用机油时可参考图 7-1。

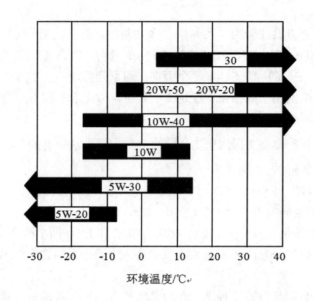

环境温度/℃

图 7-1 按环境温度选择机油

2. 润滑脂

润滑脂是将稠化剂掺入液体润滑剂中所制成的一种稳定的固体或半固体产品。在润滑脂中可以加入旨在改善其某种特性的添加剂。

润滑脂在常温下可附着于垂直表面而不流淌，并能在敞开或密封不良的摩擦部位工作，具有其他润滑剂所不能代替的特点，因此在汽车的许多部分都使用润滑脂润滑。

目前，进口汽车和国产新车普遍推荐使用汽车通用锂基润滑脂。这种润滑脂具有良好的高低温适应性，可在－30～120℃的温度范围内使用；具有良好的抗水性和防锈性能，可用于潮湿或与水接触的摩擦部位；具有良好的安定性和润滑性，在高速运转的机械部位使用不变质、不流失。这种润滑脂基本上能够满足我国从哈尔滨到海南岛广大地区汽车的使用要求。

7.2 系统组成与油路

7.2.1 系统组成

图 7-2 所示为某型号柴油机采用的综合式润滑系统。该类润滑系统主要由贮油装置、泵油装置、滤清装置、检示装置、安全装置和散热装置等组成。

（1）贮油装置 即油底壳。其容量除了要满足润滑系统工作时最大循环油量的要求，还应考虑机油自然散热的要求。容量大则机油在油底壳内停留时间长，自然散热多，但受到结构尺寸限制，油底壳不可能做得太大。

（2）泵油装置 主要有机油泵、油管和集滤器等。机油泵通过油管将油底壳中的机油吸入、加压并送往滤清装置，使机油在发动机内循环流动。机油泵一般布置在油底壳内，以降低吸油高度，使发动机起动时能很快地正常泵油。机油泵的吸油管和集滤器应保持浸

162

沉在油面下，以防止吸入空气，影响润滑系统的正常工作。

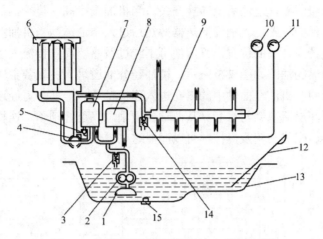

图 7-2　某型号柴油机采用的综合式润滑系统

1—集滤器　2—机油泵　3—限压阀　4—转换开关　5—旁通阀　6—机油散热器　7—机油粗滤器　8—机油细滤器

9—主油道　10—机油压力表　11—机油温度表　12—机油标尺　13—油底壳　14—回油阀　15—放油螺塞

（3）滤清装置　包括集滤器和机油滤清器(常分为粗滤器和细滤器两种)，用来滤除机油中的各种杂质，保证机油的清洁。

（4）检示装置　包括机油压力表和机油温度表、机油标尺等，用来指示润滑系统的工作状况。

（5）安全装置　包括限压阀、回油阀（亦称调压阀）和旁通阀（亦称安全阀）。限压阀安装在机油泵的出油道上，用来限制系统的最高压力，保证机油泵压力既能克服滤清器及管路、油道的阻力，满足主油道内机油压力的要求，又可防止因系统压力过高而使油管破裂、密封件损坏，以及机油泵功率消耗增大。当机油泵出口压力超过规定值时，限压阀开启，可使部分机油直接流回油底壳。回油阀安装在滤清器或主油道中，其作用是使润滑系统保持稳定的机油压力，使机油能克服管路、油道的阻力和机油的重力作用，将机油送至各摩擦表面，保证润滑可靠，并防止主油道压力过高。当主油道压力超过规定值时，回油阀开启，可使多余的机油流回油底壳。旁通阀安装在机油滤清器上并与滤芯并联。当机油滤清器被杂质堵塞、油路不畅通时，在滤清器的前后油路间将产生压力差，当此压力差达到一定数值时，旁通阀开启，可使机油不经过滤清器而直接流入主油道，以保证对发动机各部分的正常润滑。

（6）散热装置　包括机油散热器及油管、转换开关等，用于对机油进行强制冷却，以保持机油在适宜的温度范围内工作。有些发动机由于功率较小或负荷不大而没有机油散热装置。

7.2.2　机油路

各种汽车发动机的机油路大致相似，只是由于润滑系统的工作条件和某些具体结构的不同而稍有差别。

发动机工作时，机油泵通过集滤器、油管将机油从油底壳吸入，增压后沿油道送入滤清器，并在这里分成两路，约 1/3 的机油流向离心式细滤器，经滤清后直接流回油底壳，约 2/3 的机油流入粗滤器，过滤后至转换开关。当机油温度高（夏季）需要散热时，转换开关处于图 7-2 所示的位置，机油经散热器散热后进入主油道；当机油温度低（冬季）不需要散热时，改变转换开关的位置，机油便可不经过散热器而直接流入主油道。

机油进入油道后的油路如图 7-3 所示，机油经分油道进入曲轴各主轴承和配气凸轮轴轴承。曲轴主轴承中的机油经曲轴中的斜孔进入连杆轴承，一部分再经连杆杆身中的油道流至连杆小头，以润滑活塞销与衬套。从曲轴各主轴承、连杆轴承、连杆小头衬套流出的机油飞溅到气缸壁、配气凸轮及挺柱，可以润滑这些机件。

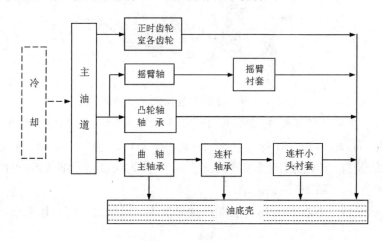

图 7-3　机油路

进入凸轮轴前轴承的部分机油经机体和气缸盖中的垂直油道，再通过前摇臂轴座被送至配气机构的摇臂轴中心孔内，再沿径向孔进入各摇臂衬套，在实现摇臂润滑后又流出滴落在配气机构其他一些零件工作表面上。主油道中还有一部分机油流到正时齿轮室，润滑各齿轮。

为了限制和调节机油压力，保持系统的正常工作，在油路中分别装有限压阀、旁通阀和回油阀。限压阀的开启压力为 640～680kPa，旁通阀调整到粗滤器中的油压为 340～440kPa 时开启，回油阀调整到柴油机处于标定转速时（1500r/min）主油道的压力为 190～240kPa。

1. 东风 EQ61001 型汽油机润滑系统

图 7-4 所示为汽油机润滑系统示意图。此汽油机采用的是综合式润滑方式，其中曲轴主轴颈、连杆轴颈、凸轮轴轴颈、凸轮轴止推凸缘、正时齿轮和分电器传动轴等均采用压力润滑，活塞、气缸壁、凸轮和挺杆等采用飞溅润滑。

发动机工作时，机油泵 11 将油底壳 17 内的机油经机油集滤器 14 初步过滤掉较大的机械杂质后分成两路：大部分机油经机油粗滤器 9（全流纸质滤清器）进一步滤去较大的机械杂质，流入纵向主油道 4，执行压力润滑任务；另一小部分机油（10%～15%），经机油细滤器进油限压阀 15 流入离心式机油细滤器 16 内，滤去较细的杂质和胶质后流回油底壳 17。为此，细滤器与粗滤器及主油道并联，这是因为如果细滤器与主油道串联，则因细滤器的阻力太大，将难以保证主油道的畅通，并使发动机消耗于驱动机油泵的功率增加，采用并联虽每次经细滤器的油量较少，但机油经过不断地循环流动仍然可取得良好的滤清效果。实践表明，一般汽车每行驶 50km 左右，全部机油便通过细滤器一次。

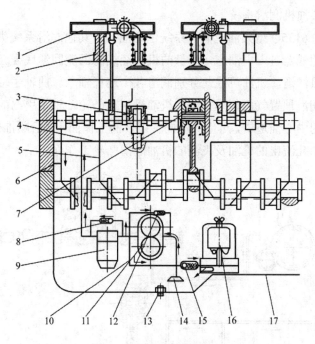

图 7-4　汽油机润滑系统

1—摇臂轴　2—上油道　3—机油泵传动轴　4—主油道　5—垂直油道　6—喷油嘴　7—连杆小头油道

8—机油粗滤器旁通阀　9—机油粗滤器　10—机油管　11—机油泵　12—限压阀　13—放油螺塞

14—机油集滤器　15—机油细滤器进油限压阀　16—离心式机油细滤器　17—油底壳

当机油泵出油压力低于 0.1MPa 时，机油细滤器进油限压阀关闭，以保证机油全部进入主油道。进入纵向主油道的机油经上曲轴箱中的 7 条并联的横向油道分别润滑主轴颈和凸轮轴颈。经主轴颈的机油从曲轴中的斜向油道润滑连杆轴颈，同时机油也从凸轮轴的第二、第四轴颈处经两个上油道通向摇臂支座，润滑摇臂轴、推杆球头和气门端部。第三横向油道还通向机油泵传动轴，由第一条横向油道通过喷油器喷射出去的机油用来润滑正时齿轮副。

润滑空气压缩机连杆的机油，是在第一、二横向油道之间用油管从主油道接出，进入空气压缩机曲轴中心的油道，然后由回油管回到油底壳中。

为便于了解机油压力及润滑系统工作状态，在主油道中还装有压力传感器和油压过低信号器，并通过导线分别与驾驶室中的机油压力表和压力过低警告灯连接。

为保证发动机工作时各部分正常润滑，不致因机油粗滤器堵塞而中断，在机油泵与主油道之间，与粗滤器并联设置一个机油粗滤器旁通阀，当机油粗滤器进油道和出油道中的压力差达到 0.15～0.18 MPa 时，机油粗滤器旁通阀被推开，机油便不经过机油粗滤器滤清而直接流入主油道。

润滑系统中油压过高将使发动机功率损失增加。为此，在机油泵端盖内设置了限压阀，当机油泵出油压力超过 0.6MPa 时，限压阀便打开，使一部分机油流回到机油泵的进油口，在机油泵内进行小循环。限压阀弹簧的预紧力可采用增加或减少垫片的办法来调节。

2. 6135Q 型柴油机润滑系统

图 7-5 所示为 6135Q 型柴油机润滑系统示意图。与其他润滑系统类似，机油泵泵出的机油绝大部分经粗滤器进入主油道，少量的机油经细滤器流回油底壳。整个曲轴制成空心的，其空腔形成机油道，机油可经此分别润滑各个连杆轴承。曲轴主轴承是滚动轴承，用飞溅方式润滑。润滑顶置气门传动机构的机油沿第二凸轮轴轴承引出的油道一直通到气缸盖上气门摇臂轴的中心油道中，再由此流向各摇臂的工作面，然后顺推杆表面下流到挺柱，由挺柱下部两个油孔流出的机油及飞溅的机油润滑凸轮工作面。

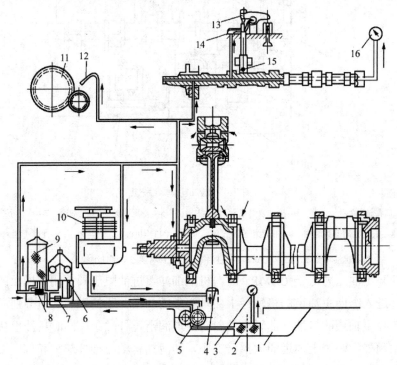

图 7-5　6135Q 型柴油机润滑系统

1—油底壳　2—机油集滤器　3—机油温度表　4—加油口　5—机油泵　6—机油细滤器　7—限压阀　8—旁通阀
9—机油粗滤器　10—空气压缩机　11—正时齿轮　12—喷嘴　13—气门摇臂　14—气缸盖　15—气门挺柱　16—油压表

7.3　主要零部件

7.3.1　机油泵

机油泵的功用是提高机油压力和保证一定的流量，向各摩擦表面强制供油，使发动机润滑部位得到可靠的润滑。

汽车发动机常用的机油泵有齿轮式和转子式两种。

1. 齿轮式机油泵

齿轮式机油泵具有结构简单、制造方便、工作可靠、泵油压力高、使用寿命长等优点，被广泛用于各种发动机。它位于机身前端的油底壳内，根据机型不同分为单级机油泵和双级机油泵。一般公路用车装用单级齿轮泵，越野车、工程机械车装用双级齿轮泵。双级齿轮泵可以看成是两个单级齿轮泵的简单串联组合。图 7-6 所示为某型号柴油机的机油泵工作示意图。图 7-7 所示为某齿轮式机油泵结构。齿轮式机油泵的工作原理如图 7-8 所示。

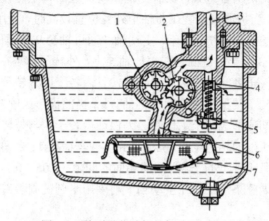

图 7-6　某型号柴油机的机油泵工作示意图

1—主动齿轮　2—从动齿轮　3—出油道　4—限压阀　5—油泵壳体　6—进油道　7—集滤器

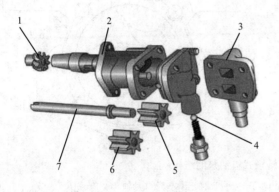

图 7-7　齿轮式机油泵结构

1—油泵驱动齿轮　2—泵体　3—泵盖　4—限压阀

5—主动齿轮　6—从动齿轮　7—主动齿轮轴

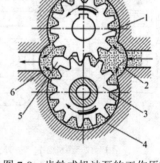

图 7-8　齿轮式机油泵的工作原理

1—主动齿轮　2—吸油腔　3—从动齿轮

4—泵体　5—卸压槽　6—压油腔

　　在机油泵壳体内装有主动齿轮和从动齿轮，齿轮与壳体内壁之间的间隙很小，壳体上有进、出油口。机油泵工作时，齿轮按图 7-8 中所示的箭头方向旋转，吸油腔的容积由于轮齿脱离啮合而增大，腔内产生一定的真空度，机油便从进油口被吸入齿腔。随着主、从动齿轮的旋转，机油在齿腔与泵体间被带到压油腔内。由于在压油腔一侧轮齿进入啮合，压油腔容积减小，油压升高，机油便经出油口被送到机油道中。机油泵通常由曲轴前端的正时齿轮或凸轮轴齿轮驱动，发动机工作时，机油泵也连续工作，从而可保证机油在机油路中不断循环。齿轮式机油泵的工作性能主要取决于机油泵齿轮与壳体间的配合间隙（端面间隙和径向间隙），当间隙过大时，机油泄漏严重，机油压力降低，油量减少，甚至使机油泵不能供油；间隙过小时，会使齿轮与泵体接触，产生严重磨损。因此，对端面间隙和径向间隙都有严格的要求。泵盖与泵体间装有很薄的密封垫，既可以防止漏油，又可用来调整泵盖与主、从动齿轮间的间隙。

2. 转子式机油泵

转子式机油泵采用内啮合方式，具有结构紧凑、吸油真空度较高、泵油量较大、供油均匀、噪声小等优点。当机油泵安装在曲轴箱外且位置较高时，采用这种机油泵较为合适。

转子式机油泵的结构如图7-9所示，主动轴5通过轴套9、卡环7安装在机油泵壳体4和盖板11上。内转子3用半圆键固定在主动轴5上，外转子2装在机油泵壳体4内，且可以自由转动，内、外转子之间有一定的偏心距，且内转子比外转子少一个齿。内、外转子齿形齿廓的设计使得转子转到任何角度时，它们每个齿的齿形齿廓线上总能互相成点接触，这样，在内、外转子间便形成四个工作腔。为保证内转子3与外转子2之间、外转子2与机油泵壳体4之间有正确的相对位置，机油泵壳体4与盖板11之间由两个定位销13定位，并且用螺钉紧固。为保证内、外转子与壳体端面的间隙（0.05～0.115mm），在盖板11与机油泵壳体4之间装有调整垫片12。在主动轴5前端用半圆键固装着传动齿轮10，由曲轴经由中间齿轮驱动。

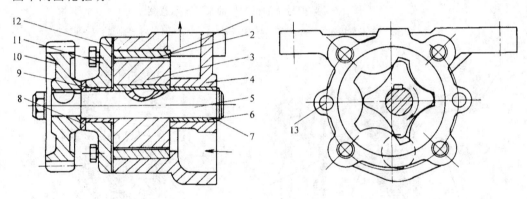

图7-9　转子式机油泵的结构

1、12—调整垫片　2—外转子　3—内转子　4—机油泵壳体　5—主动轴　6、9—轴套

7—卡环　8—推力轴承　10—传动齿轮　11—盖板　13—定位销

转子式机油泵的工作原理如图7-10所示。发动机工作时，机油泵传动轴带动内转子转动，同时外转子也转动。当内、外转子转动到某一工作腔的进油口时，该工作腔容积增大，产生真空，机油便被吸入。随着内、外转子继续旋转，该工作腔与出油孔相通，腔内容积减小，油压升高，机油便被泵出。

泵体的端面处加工有两个相互隔开的配流槽，分别与进油道和出油道相通。内转子固定在泵轴上，外转子松套在泵体内。内转子有4个凸齿，外转子有5个凹齿，它们相互啮合，可以看作是一对只相差一个齿的偏心内啮合齿轮传动，其转速比为5:4。机油泵工作时，内转子带动外转子向同一方向转动，无论转子转到任何角度，内、外转子各齿形之间都有接触点，分隔成5个容积不断变化的空腔。在进油道的配流槽处，内、外转子脱开啮合，容积逐渐增大，产生真空，机油被吸入空腔内。转子继续旋转，机油被带到出油道的配流槽处，内、外转子进入啮合，油腔容积逐渐减小，机油压力升高并从配流槽出油道送出。转子式机油泵的工作性能主要取决于内、外转子与壳体间的端面间隙，为此，在盖板与壳体之间装有很薄的耐油纸调整垫片。

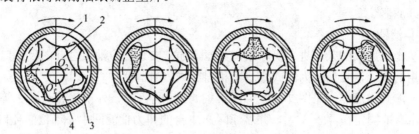

图 7-10　转子式机油泵工作原理

1—外转子　2—内转子　3—壳体　4—泵轴

3. 机油泵的供油量

机油泵应具有一定的供油压力并保证润滑系统有足够的循环油量，其供油量应保证发动机在最困难的工作条件下（低速、大负荷、温度高）润滑可靠。发动机磨损后间隙增大，供油量必须增加，以保持正常的机油压力，而机油泵的供油压力和供油量又随着本身的磨损而不断降低，为解决上述矛盾，机油泵的实际供油量应比循环油量大。多余的机油通过限压阀或回油阀直接流回油底壳，并随着发动机磨损量增加，回油量逐渐减少。根据经验，机油泵的供油量应在下列范围：汽油机为 16～20[L/（kW·h）]，拖拉机用汽车柴油机为 20～40[L/（kW·h）]。

7.3.2　机油滤清器

汽车发动机工作中由于金属磨屑和空气中的尘埃不可避免地要进入机油中，同时机油本身在受热氧化作用下会产生胶状沉淀物，而机油中含有这些杂质会加速零件磨损，堵塞油道，从而使活塞环、气门等零件发生胶结，并使机油的使用期缩短，因此在发动机的润滑系统中必须设置机油滤清器，以及时清除机油中的机械杂质和胶状沉淀物，延长机油的使用期。

对机油滤清器的主要要求是滤清效果好、流动阻力小、使用寿命长、制造成本低、保养方便。机油滤清器的种类很多，按滤清器在油路中所处的位置不同可分为全流式和分流式两种。全流式滤清器串联在润滑系统的主油路中，送往各摩擦表面的循环机油均需通过它被滤清后才进入主油道，这就能直接并较好地保护各摩擦表面免受摩擦之害。采用这种滤清器对机油流动阻力不能太大，因此滤清细度只能达到 10～30μm。为了防止滤芯堵塞后各摩擦表面不致缺少机油，全流式滤清器必须装有旁通阀。分流式滤清器与主油道并联，一般只通过机油总循环量的 10%～30%，为此在这种滤清器的油路中设有节流孔或进油限压阀以限制通过的油量。由于通过油量少，允许有较大的阻力，所以这种滤清器滤清细度可达 5～10μm。但通过这种滤清器滤清后的机油并不流向各摩擦表面，而是流回油底壳，因此不能直接保护摩擦零件，其作用是改善机油的总体技术状态。

机油滤清器按滤去杂质的大小还可分为粗滤器和细滤器。一般能滤去直径为 20μm 以下杂质的为细滤器，上述分流式滤清器都是细滤器。全流式滤清器为减少阻力，一般都是粗滤器。按滤清方法和结构特点不同，机油滤清器又可分为过滤式和离心式两类。

为了保证发动机的滤清效果，润滑系统一般使用多级滤清器——集滤器、机油粗滤器和机油细滤器。

1. 集滤器

为防止粒度大的杂质进入机油泵，集滤器通常安装在机油泵之前的吸油口端。汽车发动机使用的集滤器目前分为浮式集滤器和固定式集滤器两种。

（1）浮式集滤器（见图 7-11）　浮式集滤器由浮子 3、外罩 1 和滤网 2 等组成。滤网 2 通过外罩 1 固定在浮子 3 上，并靠滤网 2 本身的弹力使滤网中心部位的环口压在外罩 1 上，在外罩 1 四周有缺口。浮子 3 是空心密封的，可以飘浮在机油的液面上。由于吸油管 4 与固定管 5 之间是活套在一起的，故彼此可相对运动，使集滤器总成在油底壳油池中借浮子 3 的浮力而保持在油面上，并随油面高低而自由升降。滤网 2 由金属丝编织而成，有一定弹性，中央有一圆孔，装配时，在滤网弹力的作用下，圆孔紧压在外罩 1 上。网孔直径为 0.10~0.15mm，可滤去进入机油泵前的较大的机械颗粒。

机油泵工作时，机油通过外罩与滤网之间的狭缝吸入，通过滤网（见图 7-11b）时，较大的机械杂质被滤去，然后进入吸油管。当滤网被杂质淤塞时，滤网上部的真空度加大，滤网克服弹力上升，使滤网中心的圆孔脱离外罩，这时机油不经滤网，直接通过圆孔（见图 7-11c）进入吸油管，以保持机油的正常输送。

（2）固定式集滤器（见图 7-12）　吸油管 4 的上端有与机油泵进油孔连接的凸缘，下端与滤网支座 3 中心固定连接。集滤器罩 1 的翻边包在支座 3 外缘凸台上，滤网 2 夹装在支座 3 与集滤器罩 1 之间。滤网 2 靠自身的弹力紧压在集滤器罩 1 上。集滤器罩 1 的边缘有四个缺口，形成进油通道。当机油泵工作时，机油从集滤器罩 1 的缺口处经滤网 2 被吸入，粗大的杂质被滤网滤去，然后经吸油管 4 进入机油泵。

2. 机油粗滤器

机油粗滤器用以滤去机油中粒度较大（直径在 0.05mm 以上）的杂质。它对机油流动的阻力较小，一般串联在机油泵与主油道之间。国产汽车发动机一般采用纸质滤芯或锯末滤芯作为机油粗滤器的滤芯。图 7-13 所示为纸质滤芯式机油粗滤器。粗滤器由上端盖 1、外壳 3 和纸质滤芯 4 等组成。机油通过滤芯滤清后，流入主油道。当滤芯被积污堵塞，内、外压差达到 0.15~0.18MPa 时，旁通球阀 12 被顶开，大部分机油不通过滤芯滤清而直接进入主油道，从而保证主油道的供油量。

纸质滤芯是用微孔滤纸制成的，为了增大过滤面积，微孔滤纸一般都折叠成波纹形。滤芯的两端由环形密封圈密封，滤芯内装有金属丝网或用带有网眼的镀锌薄钢板作为滤芯的骨架。粗滤器工作时，机油从进油孔进入滤芯周围，经过滤芯滤清后从出油口流出。

纸质滤芯粗滤器结构简单、质量轻、成本低、滤清效果好、更换方便，得到了广泛应用。锯末滤芯式粗滤器采用酚醛树脂粘接的锯末滤芯，它阻力小、滤清效果好、使用寿命长。CA6102 发动机采用了这种机油粗滤器。

3. 机油细滤器

机油细滤器（亦称分流式滤清器）用以滤除直径为 0.001mm 以上的细小机械杂质及胶质。这种滤清器由于对机油的流动阻力较大，因此与主油道并联，只有 10%~15%的机油通过。目前较多汽车发动机都采用离心式机油细滤器。

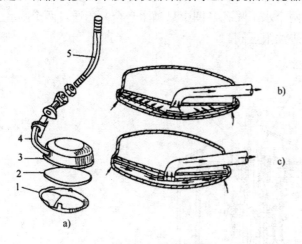

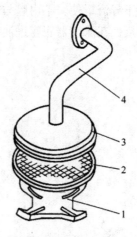

图 7-11　浮式集滤器

a）结构　　b）通过滤网　c）通过圆孔

1—外罩　2—滤网　3—浮子　4—吸油管　5—固定管

图 7-12　固定式集滤器

1—集滤器罩　2—滤网　3—支座　4—吸油管

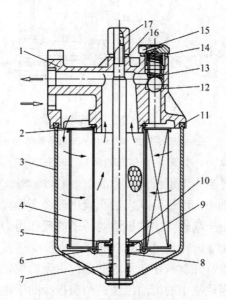

图 7-13　纸质滤芯式机油粗滤器

1—上端盖　2、6—滤芯环形密封圈　3—外壳　4—纸质滤芯　5—托板　7—拉杆　8—滤芯压紧弹簧

9—压紧弹簧垫圈　10—拉杆密封圈　11—外壳密封圈　12—旁通球阀　13—旁通球阀弹簧

14、16—密封垫圈　15—阀座　17—螺母

　　离心式机油细滤器滤清能力高，通过能力好，且不受沉淀物影响，不需更换滤芯，只需定期清洗即可，但对胶质滤清效果较差。这种滤清器由于出油无压力，一般只用作分流式机油细滤器。在有些小功率发动机上也有用它作为全流式离心机油细滤器的。

　　图 7-14 所示为某型号柴油机的 FL 系列离心式机油细滤器。在滤清器和滤清器罩内装有转子总成，转子由转子体和转子盖组成，转子体的上、下中心压入青铜衬套作为轴承，

安装在转子轴上。转子内设有上、下两个导流罩。上导流罩使转子轴出油孔与转子内腔相通，下导流罩使转子内腔与转子下端两个水平喷孔（图中只画了一个）相通，两个喷孔方向相反。在滤清器底座进油口处装有进油限压阀。

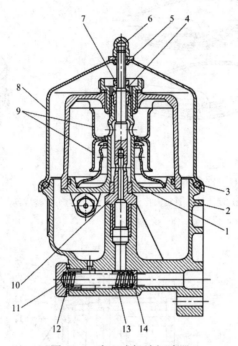

图 7-14 离心式机油细滤器

1—转子总称 2—底座 3—密封圈 4—止推垫圈 5—垫圈 6—固定螺钉 7—螺母

8—罩 9—导流罩 10—转子轴 11—限压阀螺塞 12—密封垫圈 13—弹簧 14—限压阀

发动机工作过程中，当主油道机油压力高于 147kPa 时，进油限压阀开启，从机油泵来的部分机油进入转子轴中心油道又从出油孔流出后经上导流罩进入转子内腔，再经下导流罩从喷孔高速喷出。由于高速喷出的机油对转子的反作用力，使转子高速旋转（当转子内机油压力为 294～343kPa 时转速可达 6000r/min 以上），于是转子内腔机油中的杂质在离心力的作用下被甩向四周，并沉积在转子内壁上。由于机油是经过上、下导流罩和转子内腔后才从喷孔喷出的，因此喷出的机油已经是杂质很少的干净机油了。这部分机油通过底座中的回油通道流回油底壳。

离心式机油滤清器的滤清能力强，通过能力好，转子中沉积的杂质不影响其通过能力和滤清效果，不需要更换滤芯，只要定期清洗即可，但其对胶状物质的滤清效果较差。由于这种滤清器喷孔喷出的机油没有压力，因此只能与主油道并联，即作为分流式滤清器使用。

7.3.3 机油冷却器

现代发动机由于不断强化，使零件的温度和机油的受热量增加，仅靠机油在油底壳内的自然散热已不能维持合适的机油温度，一些高性能、热负荷较大的发动机为使机油保持在最有利的温度范围内工作，保持一定的机油黏度，还装有机油冷却器，以对机油进行强制性冷却。

　　机油冷却器有风冷式和水冷式两种形式。风冷式一般安装在发动机冷却系统散热器的前面，利用冷却风扇的风力使机油冷却。水冷式机油冷却器布置方便、外形尺寸小、机油温度稳定，广泛应用在轿车上。机油冷却器安装在冷却水道中，当机油温度较高时可以靠冷却液降温，而在起动暖车时则可从冷却液中吸热迅速升高机油温度。机油冷却器为管片式结构，与一般水冷却散热器类似，并与水冷却散热器一起装在发动机前面。其主要部分为上集流器和下集流器，被隔板分开的左、右下集流器外面包有螺旋散热片的散热器芯铁管。机油自下集流器的一端进入，从另一端流出，由于隔板的作用，在散热器内进行的是自下而上又自上而下的流动过程，因此可得到较好的散热效果。

　　一般机油冷却器系列的结构如图 7-15 所示。外壳 9 内设置有许多冷却管 1，冷却液在管内自右向左流动，管外焊有散热片 2 以增加传热面积，管子两端与前、后管板焊接。壳体内隔一定距离装有半圆形挡板 3。机油自右上方进口流入冷却器，因受挡板 3 的限制经曲折的路线（图中箭头所示）流向左上方出口，从而将多余热量传给冷却液带走。

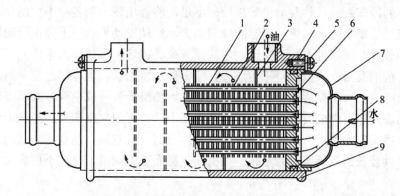

图 7-15　机油冷却器系列的结构

1—冷却管　2—散热片　3—挡板　4—定位螺钉　5—压板　6—管板　7—水室　8—O 形橡胶密封圈　9—外壳

思考题

1. 润滑系统的作用是什么？举例说明润滑方式的种类。

2. 哪些零件需要压力润滑？哪些零件需要飞溅润滑？

3. 机油压力过高或过低对发动机有哪些危害？

4. 分析发动机机油压力降低的可能原因。

5. 简述润滑系统的基本组成。

6. 试画出典型发动机机油流动路线。

7. 试述齿轮油泵的结构及工作过程。

8. 机油泵的作用是什么？试述转子式机油泵的结构和工作原理。

9. 离心式机油细滤器的优点有哪些？其工作过程是什么？

第 8 章 冷却系统

8.1 概述

8.1.1 功用与分类

1. 冷却系统功用

发动机在工作时,由于燃料的燃烧以及运动零件之间摩擦产生大量的热,气缸内气体温度可达 2000℃左右的高温。直接与高温气体接触的机件,如气缸体、气缸盖、活塞、气门等若不及时加以冷却,则其中的运动机件将可能因受热膨胀而破坏正常间隙,或因润滑在高温下失效而卡死,各机件也可能因为高温而导致其机械强度降低甚至损坏。因此,为保证发动机正常工作,必须对这些在高温条件下工作的机件加以冷却。

发动机的冷却要适度。发动机如果冷却不足,将会出现下列各种不良现象:发动机过热,造成充气效率下降,早燃和爆燃的倾向加大,致使发动机功率下降;运动机件间正常的间隙受到破坏,使零件不能正常运动,甚至卡死、损坏;零件因力学性能下降而导致变形和损坏;机油变质,不能保持正常油膜,使零件加剧磨损。若冷却过度,则会使发动机过冷,也会产生各种不良后果:导致进入气缸的可燃混合气(或空气)因温度过低而使点燃困难和燃烧延迟,造成发动机功率下降及油耗上升;机油黏度增大,不能形成良好的机油膜,使摩擦损失加大;未汽化的燃油冲刷摩擦表面(气缸壁、活塞等)上的油膜;可燃混合气与温度较低的气缸壁接触结露,使机油变稀而影响润滑。这些不良后果将导致发动机寿命降低。

冷却系统的功用是使发动机在所有工况下都保持在最适宜的温度范围内工作。

2. 冷却系统的分类

发动机冷却系统因为冷却介质的不同分为两种基本形式,即液体冷却系统与风冷系统。

(1)液体冷却系统 以水或冷却液作为冷却介质,把发动机高温零件的热量先传给水或冷却液,然后再传给大气而进行冷却的一套装置称为液体冷却系统。为使发动机正常工作,无论其负荷、转速和周围大气温度的高低,液体冷却系统中冷却液温度应保持在 80~90℃(因为水箱密封,沸点提高到 105℃),只有在这一温度范围内,才能使各机件均处在适当的热范围内。由于液体冷却系统效果好,冷却均匀,运转时噪声小,因而得到广泛的应用。

液体冷却系统根据冷却液在发动机中进行循环的方法不同,分为自然循环冷却和强制循环冷却两类。

(2)风冷系统 以空气为冷却介质的冷却系统称为风冷系统。它是通过高速的空气流把高温零件的热量直接带入大气散发的冷却系统。风冷系统对地理环境和气候环境的适应性强,冷起动后暖机时间短,维护简便,热负荷高。此种冷却时,铝气缸壁的温度允许为150~180℃,铝气缸盖则为 160~200℃。

8.1.2 冷却液

冷却液是水与防冻剂的混合物。冷却液用水最好是软水，否则会在发动机水套中产生水垢，使传热受阻，易造成发动机过热。纯净水在 0℃时结冰。如果发动机冷却系统中的水结冰，将会使冷却液终止循环而引起发动机过热，尤其严重的是水结冰时体积膨胀，可能会将机体、气缸盖和散热器胀裂。为了适应冬季行车，需要在水中加入防冻剂制成冷却液以防止循环冷却液的冻结。

冷却液由水、防冻剂和添加剂三部分组成，按防冻剂成分不同可分为酒精型、甘油型和乙二醇型等类型。

酒精型冷却液是用乙醇（俗称酒精）作为防冻剂，价格便宜，流动性好，配制工艺简单，但沸点较低，易蒸发损失，冰点易升高，易燃等，现已逐渐被淘汰。甘油型冷却液沸点高，挥发性小，不易着火，无毒，腐蚀性小，但降低冰点效果不佳，成本高，价格昂贵，用户难以接受，只有少数北欧国家仍在使用；乙二醇型冷却液是用乙二醇作为防冻剂，并添加少量抗泡沫、防腐蚀等综合添加剂配制而成。

由于乙二醇易溶于水，因此可以任意配成各种冰点的冷却液，其最低冰点可达–68℃。这种冷却液具有沸点高、泡沫倾向低、黏温性能好、防腐和防垢等特点，是一种较为理想的冷却液，目前国内外发动机所使用的和市场上所出售的冷却液几乎都是乙二醇型冷却液。

冷却液中的水与乙二醇的比例不同，其冰点也不同（见表 8-1）。

表 8-1　冷却液的冰点与乙二醇质量分数的关系

冷却液冰点/℃	乙二醇质量分数（%）	水的质量分数（%）	密度/（kg/m³）
−10	26.4	73.6	1.0340
−20	36.4	63.6	1.0506
−30	45.6	54.4	1.0627
−40	52.1	47.9	1.0713
−50	58.0	42.0	1.0780
−60	63.1	36.9	1.0833

防腐蚀添加剂（硼酸盐、磷酸盐、硅酸盐等）可延缓或阻止发动机水套壁及散热器的锈蚀和腐蚀。冷却液中的空气在水泵叶轮的搅动下会产生很多泡沫，这些泡沫将妨碍水套壁的散热，影响发动机的冷却效果，加入抗泡沫添加剂（硅油等）能有效地抑制泡沫的产生。在使用过程中，防腐蚀添加剂和抗泡沫添加剂会逐渐消耗殆尽，因此应定期更换冷却液。在发动机冷却液中，一般还要加入着色剂，使其呈蓝绿色或黄色，以便识别和发现冷却液的泄漏。

8.2　系统基本组成

8.2.1　液体冷却系统

汽车发动机的冷却系统一般为强制循环式液体冷却系统，即利用水泵将冷却液的压力提高，强制冷却液在发动机冷却系统中循环流动。它主要由散热器 2、风扇 4、水泵 5 和节温器 6 等组成，如图 8-1 所示。

发动机的气缸盖和气缸体中都铸造有贮水的、连通的夹层空间（称为水套），使冷却液得以接近受热零件，并可在其中循环流动。水泵 5 将冷却液吸入并加压，使冷却液经分水管 9 流入发动机缸体的水套 8。在此，冷却液从气缸壁吸收热量，温度升高，继而流到气缸水套 8，再次受热升温后（若有节温器将先经节温器）沿水管流入散热器 2 内。由于有风扇 4 的强力抽吸，空气流由前向后以高速从散热器 2 中通过，受热后的冷却液在流经散热器 2 的过程中，其热量不断地散到大气中去，使冷却液得到冷却。冷却了的冷却液流到散热器 2 的底部后，在水泵 5 的作用下经水管再流入水套 8，如此不断循环，使得发动机中在高温条件下工作的零件不断地得到冷却。

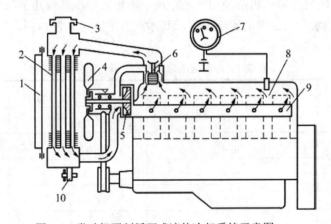

图 8-1　发动机强制循环式液体冷却系统示意图

1—百叶窗　2—散热器　3—散热器盖　4—风扇　5—水泵　6—节温器　7—冷却液温度表

8—水套　9—分水管　10—放水阀

设置分水管的目的是使多缸发动机各气缸的冷却强度均匀。插入缸体水套的分水管是一根铜制的扁管，沿纵向开有若干个出水孔。离水泵越远，出水孔越大，这是因为孔离水泵越远，水压就越小，进而流速就越慢，只有使离水泵远的孔增大孔径，才能使离泵远近不同的各个孔在同一时间内出水量相同，保证各个气缸的冷却强度比较均匀。

冷却系统中设有调节温度的装置，如节温器、风扇离合器及百叶窗，还设有冷却液温度表和高温警告灯，便于驾驶员及时掌握冷却系统的工作情况。

8.2.2　风冷系统

风冷系统的功用是利用高速空气流直接吹过气缸盖和气缸体的外表面，把从气缸内部传出的热量散到大气中去，以保证发动机在最有利的温度范围内工作。

图 8-2 所示为一台四缸发动机风冷系统示意图。它由风扇 1、导流罩 2、散热片 3、气缸导流罩 4 和分流板 5 等组成。为保证有足够的散热面积，气缸体和气缸盖的表面均布满了散热片 3，它与气缸体或气缸盖铸成一体。为便于铸造，风冷发动机的气缸和气缸盖都是单个铸出，然后装到曲轴箱上。

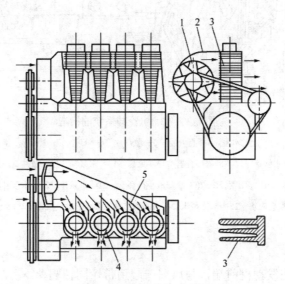

图 8-2　风冷系统示意图

1—风扇　2—导流罩　3—散热片　4—气缸导流罩　5—分流板

为了加强发动机最热部分的气缸盖的冷却，现代风冷发动机气缸盖都用导热性良好的铝合金铸造，并使气缸盖和气缸体上部的散热片相对较长，而气缸体下部的散热片相对较短。但如果为了缩短发动机的总长度，将气缸上下部分的散热片都做成一样长，则一定要加大流经气缸上部的空气流量以加强冷却。装导流罩 2 能有效地利用空气流加强冷却，设分流板 5 可以保证各缸冷却均匀，装气缸导流罩 4 可冷却气缸背风面。

因风冷发动机表面空气通道阻力比液体冷却的大，因此要求风冷系统中的风扇能产生较高的压力。目前在风冷发动机上广泛采用的轴流式风扇，其旋转叶轮的前面常装有固定不动的导向轮，以减少风扇直径并提高其鼓风压力。旋转叶轮一般用铝合金铸成，其叶片具有翼形断面。旋转叶轮的叶片外端与风扇外壳之间的间隙很小（不超过 1mm），故具有较高的效率。

8.3　液体冷却系统主要部件

液体冷却系统的主要部件包括水泵、风扇、散热器和冷却调节装置等，如图 8-1 所示。下面以如图 8-3 所示的某型号发动机冷却系统为例，说明主要零部件的构造。

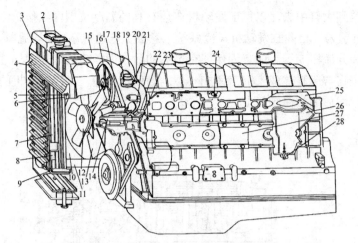

图 8-3　发动机冷却系统的构造

1—散热器盖　2—蒸汽引出管　3—上贮水室　4—百叶窗　5—散热片　6—芯管　7—冷却管　8—散热带　9—下贮水室　10—风扇护风罩　11—散热器出水软管　12—风扇离合器　13—风扇　14—水泵轴　15—散热器进水管　16—风扇带轮　17—风扇传动带　18—节温器　19—气缸盖出水管　20—冷却液小循环管　21—水泵体　22—水泵叶轮　23—水泵盖板　24—冷却液温度感应塞　25—气缸盖水套　26—气缸体水套　27—气缸盖板　28—放水阀

8.3.1　水泵

水泵通常安装在发动机前端,与风扇一起用带轮同轴驱动。

水泵的作用就是把冷却液从散热器底部抽出,然后对冷却液加压,加速冷却液循环流动。离心式水泵由于结构简单、出水量大,在水泵因故障停止工作时不妨碍冷却液自然流动,因此在车用发动机上得到广泛应用。

如图 8-4 所示,离心式水泵主要由叶轮 2、壳体 4、水泵轴 3、进水口 5 和出水口 1 等组成。当叶轮 2 转动时,水泵进水口 5 进的水被叶轮 2 带动一起旋转,在离心力的作用下,水被甩向叶轮边缘,然后经外壳上与叶轮呈切线方向的出水管压送到发动机水套内。

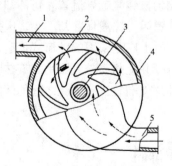

图 8-4　离心式水泵工作原理示意图

1—出水口　2—叶轮　3—水泵轴　4—壳体　5—进水口

图 8-5 所示为常见发动机用离心式水泵的结构。它主要由水泵壳体 6、泵盖 8、轴承 11、水封总成 7 和叶轮 9 等组成。水封和轴承是水泵中的关键部件,其质量好坏直接关系到水泵的可靠性和寿命。

水泵轴支承在水泵壳内的两个轴承上,叶轮紧固在水泵轴上。泵壳多制成蜗壳形状。进水孔用橡胶管与散热器出水管相连,旁通孔与气缸盖上的出水管连接,小循环时,冷却液由此直接进入水泵,叶轮旋转时,水由泵盖上的出水孔压送到发动机水套内。在叶轮前端装有水封装置,可防止水沿水泵轴向前渗漏。

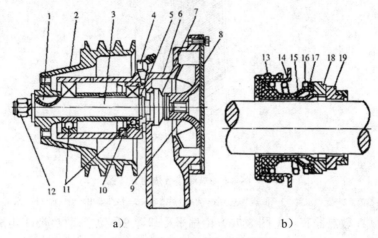

图 8-5 常见离心式水泵的结构

a)水泵结构 b)水封总成

1—半圆键 2—带轮 3—水泵轴 4—注油嘴 5—卡环 6—水泵壳体 7—水封总成 8—泵盖 9—叶轮

10—螺钉 11—轴承 12—锁紧螺母 13—橡胶坐垫 14—壳体 15—橡胶波纹管 16—水封弹簧

17—弹簧座 18—石墨静环 19—陶瓷动环

离心式水泵因其尺寸小、结构简单、工作可靠,应用日益广泛。水泵轴上装有挡水圈,渗出的水被挡水圈从泵壳上的检视孔甩出,可避免破坏轴承润滑。为了润滑水泵轴承,在水泵壳上装有注油嘴,可用来定期向其中注入润滑脂。

8.3.2 散热器

散热器俗称水箱,主要功用是将冷却液在水套中吸收的热量传给外界大气,使冷却液温度下降。

(1)按冷却液流动方向分类 散热器有横流式和纵流式两种。横流式散热器的散热器芯横向布置,冷却液从左、右两端进出散热器。纵流式散热器如图 8-6 所示。

散热器主要由散热器芯 4、散热器盖 1、上贮水室 2 和下贮水室 6 等组成。上、下贮水室分别与发动机气缸盖上的出水管口及水泵的进水管口用软管连接。下贮水室下部设有放水阀,必要时可将散热器内的冷却液放掉。

(2)按散热器芯的常见结构型式分类

1)管片式:散热器芯(见图 8-7a)由若干扁形冷却管 2 和散热片 1 构成。冷却管焊在进、出水室之间,是冷却液的通道。散热片套装在扁形冷却管周围以增大散热面积及增加整个散热器的刚度和强度。管片式散热器散热面积大、气流阻力小、结构刚度好,但制造工艺较复杂,成本较高。

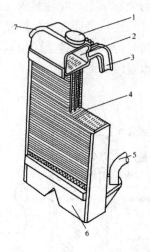

图 8-6　纵流式散热器立体图

1—散热器盖　2—上贮水室　3—散热器进水管　4—散热器芯　5—散热器出水管　6—下贮水室　7—溢水管

2）管带式：散热器芯（见图 8-7b）由扁平冷却管 2 及波形散热带 3 组成。冷却管为扁管并与波形散热带相间地焊接在一起。与管片式散热器相比，管带式散热器制造工艺简单、质量轻、成本低、散热能力较强，但刚度差。

3）板式：散热器芯（见图 8-7c）的冷却液通道由成对的金属薄板焊接而成。该种散热器芯散热效果好、结构简单，但焊缝较多、刚度较差、不易维修。

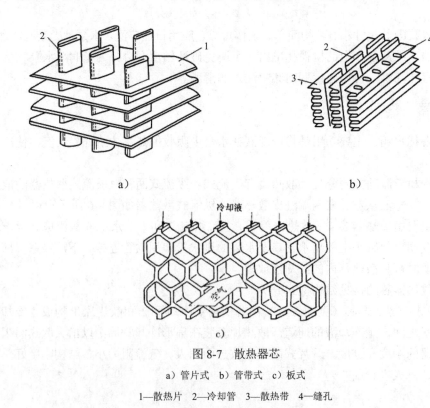

a)

b)

冷却液

c)

图 8-7　散热器芯

a）管片式　b）管带式　c）板式

1—散热片　2—冷却管　3—散热带　4—缝孔

散热器芯多采用导热性、焊接性和耐蚀性均好的黄铜制造。为减小质量，节约铜材，近年来铝制散热器芯广泛用在许多使用条件较好的轿车上，而且有些散热器的进、出水室用复合塑料制成。也有些汽车发动机的散热器芯冷却管仍用黄铜，而散热片则改用铝锰合金材料制成。

目前，汽车上广泛采用闭式液体冷却系统，即在散热器盖上装有蒸汽阀 2 及真空阀 3（见图 8-8），可自动调节冷却系统内的压力，提高冷却效果。

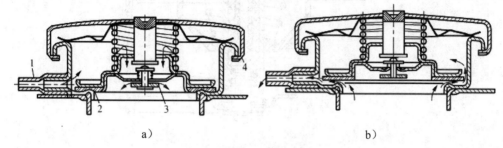

图 8-8　散热器盖

a）真空阀开启　b）蒸汽阀开启

1—空气—蒸汽管　2—蒸汽阀　3—真空阀　4—散热器盖

当把散热器盖拧在散热器冷却液加注口上时，上密封衬垫在蒸汽阀弹簧的作用下与冷却液加注口上密封面贴紧，散热器下密封衬垫与冷却液加注口下密封面贴紧，此时，冷却系统被封闭。

发动机运转后，冷却液的温度逐渐升高、体积膨胀，使散热器内压力升高，当压力升高到超过预定值时，蒸汽阀 2 开启（见图 8-8b），使一部分冷却液蒸汽从空气-蒸汽管溢出，流入补偿水桶，以降低冷却系统压力，防止散热器胀裂。发动机停机后，冷却液温度下降，当冷却系统内的压力降到大气压力以下时，真空阀 3 开启（见图 8-8a），使补偿水桶的冷却液部分地流回散热器，以防止散热器被大气压力压瘪。

8.3.3　冷却调节装置

发动机冷却系统具有根据使用条件（如转速、负荷、环境温度等）的变化而调节冷却强度的装置，以使发动机在不断变化的外部条件下经常处在最有利的温度状况下工作，否则在冬季寒冷地区，发动机以高速小负荷工作时，将会因冷却强度过强而出现过冷现象，而在夏季高温地区，发动机在低速大负荷工况下，将会因冷却强度不足而出现过热现象。一般通过节温器、百叶窗和风扇及风扇离合器等装置来调节冷却强度。

1. 节温器

节温器一般安装在气缸盖的出水口上，用来控制冷却液的流动路径。其作用是根据发动机冷却液温度的高低，自动改变冷却液的循环路线及流量，使发动机始终在最适宜的温度下工作。目前汽车上应用较多的是蜡式节温器。图 8-9 所示为某轿车冷却系统所用的蜡式双阀节温器的结构。推杆 5 的一端固定在上支架 2 上，另一端插入橡胶套 11 中，橡胶套 11 与节温器外壳 9 之间装有石蜡 10。

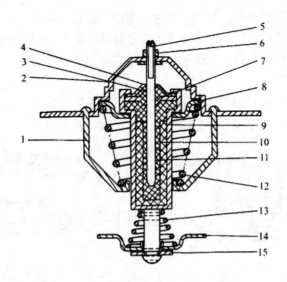

图 8-9　蜡式双阀节温器结构

1—下支架　2—上支架　3—密封橡胶圈　4—节温器盖　5—推杆　6—螺母　7—隔圈　8—主阀门

9—节温器外壳　10—石蜡　11—橡胶套　12—主阀门弹簧　13—副阀门弹簧　14—副阀门　15—垫圈

当温度低时，石蜡呈固态。在冷却液温度低于 85℃时，石蜡 10 产生的膨胀力小于主阀门弹簧 12 的预紧力，主阀门 8 在主阀门弹簧 12 的作用下压在出水口上，从散热器来的低温冷却液不能进入发动机水套内，而从发动机气缸盖出水口流出的高温冷却液可以不经散热器而直接进入水泵，于是未经散热的冷却液被水泵重新压入发动机水套内，因而减少了热量损失。此时冷却液的循环路线称为小循环（见图 8-10a）。

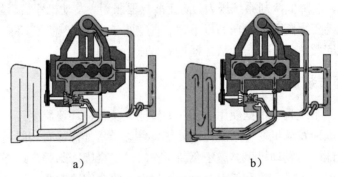

a)　　　　　　　　　　　　　b)

图 8-10　发动机冷却液循环示意图

a) 小循环　b) 大循环

当发动机冷却液温度超过 85℃时，石蜡 10 溶化产生的膨胀力克服了主阀门弹簧 12 的预紧力，主阀门 8 开始打开，当冷却液温度达到 105℃时，主阀门 8 完全打开，而副阀门 14 则彻底关闭了小循环通路，这时来自气缸盖出水口的高温冷却液全部进入散热器进行冷却，之后再由水泵重新压入发动机的水套内。此时冷却液的循环路线称为大循环（见图 8-10b）。当冷却液的温度在 80～105℃时，主、副阀门都打开一定的程度，此时冷却系统中的大、小循环同时进行。

如图 8-11 所示，大循环是指冷却液温度高时，冷却液经过散热器而进行的循环流动；

而小循环就是冷却液温度低时,冷却液不经过散热器而进行的循环流动。小循环可使冷却液温度很快升高,从而缩短了暖机过程。冷却液是进行大循环还是小循环,由节温器来控制。

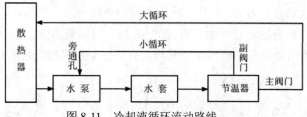

图 8-11　冷却液循环流动路线

国外有些柴油机装有两个以上的节温器,如日产 RD8 型发动机装有两个节温器,其目的是为了避免冷却液压力和温度发生急剧变化,及防止由于其中一个节温器失效而引起发动机过热;又如日产 PD6 型发动机在回水歧管前装有三个节温器,其一是在冷却液温度76℃时开启,达到 90℃时全开,其二是在冷却液温度 82℃时开启,95℃时全开,为三是当冷却液温度超过 95℃时开启,此时冷却系统的小循环通道全部关闭。冷却液全部流经散热器,实行冷却系统的大循环。

2. 百叶窗

汽车发动机一般在散热器前面装有百叶窗,用以调整控制通过散热器的空气流。百叶窗由许多活动叶片组成,如图 8-12 所示。改变百叶窗的开度,可以调节通过散热器的空气流量,以达到调节冷却强度的目的。百叶窗一般由驾驶员通过驾驶室内的手柄来操纵,也有的发动机采用自动调节装置控制百叶窗的开度。

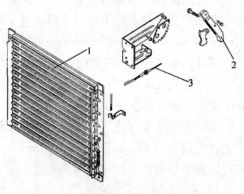

图 8-12　百叶窗及操纵机构
1—百叶窗　2—百叶窗操纵手柄　3—杠杆

3. 风扇

风扇的作用是增大流经散热器的空气流量和流速,增强散热器的散热能力。

风扇通常安装在散热器的后面,与水泵同轴,并用螺钉固装在水泵轴前端的带轮上或凸缘盘上,由曲轴通过传动带驱动。风扇的外径略小于散热器的宽度,位置应尽可能布置得对准散热器芯的中心。当风扇转动时,对空气产生轴向吸力,空气流从前到后通过散热器芯,可使散热器芯中的冷却液加速冷却。

风扇的结构与形式如图 8-13 所示。风扇的扇风量与风扇的直径、转速、叶片形状、叶片安装角和叶片数目有关。水冷发动机风扇大多采用螺旋桨式，叶片多用薄钢板冲压制成，横断面多为弧形。有的叶片用铝合金或塑料、尼龙、聚丙烯等合成树脂注射成型制成。

风扇叶片的数目通常为 4～6 片，叶片之间的夹角一般不相等，以减少叶片转动时的振动和噪声。叶片与风扇的旋转平面应有 30°～45°的倾斜角度。借以产生吸风能力，使空气沿轴向流动。为增加风量和降低工作噪声，有的发动机风扇叶片外端部冲压成弯曲状。

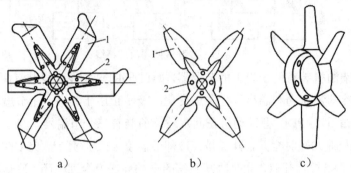

图 8-13　风扇的结构与形式

a）叶尖前弯的风扇　b）尖窄根宽的风扇　c）尼龙压铸整体风扇

1—叶尖　2—连接板

在风扇外围装设一个护罩以使通过散热器芯的气流分布得更均匀，且集中穿过风扇，减少空气回流现象。这样可提高风扇的效率。

目前国外还研制出了一种带有辅助叶片的导流风扇（见图 8-14），这也是提高风扇效率的一种措施。它是在叶片表面上铸有凸起的辅助叶片，因此增加了空气的径向流量，避免了叶片表面的气流发生附面层分离和涡流现象，从而改善了冷却性能，并降低了噪声。风扇常和发电机一起通过 V 带驱动。

风扇安装在水泵带轮前端，与水泵轴同步旋转。为了保证风扇、水泵和发电机的转速，V 带应有一定的张紧力。若 V 带过松，将引起 V 带相对于带轮打滑，使风扇风量减少；若 V 带过紧，将加速水泵轴承、发电机轴承及 V 带自身的磨损。为便于调整，通常将发电机的支架做成可移动式。V 带的张紧度应按使用说明书中的要求适时调整。调整张紧度的经验方法是用大拇指以一定的力按下 V 带，以产生 10～15mm 的挠度为宜，如图 8-15 所示。

为了减小叶片旋转时的振动和噪声，叶片之间的夹角一般不相等。近年来，有的轿车采用了电动风扇，如图 8-16 所示。它使用蓄电池的电能驱动，与发动机的转速无关。

电动风扇一般有高速和低速两个档位，转速通过温控热敏电阻开关控制。当散热器出口冷却液温度为 92～97℃时，温控开关接通驱动电动风扇的电动机低速档，风扇开始运转，保证有足够的空气流经散热器；当冷却液温度为 99～105℃时，温控开关接通电动机高速档，风扇以更高的转速运转，以提高冷却强度，防止发动机过热；当冷却液温度下降到 91～98℃时，风扇电动机恢复低速档运转；当冷却液温度下降到 84～91℃时，温控热敏电阻开关切断电源，驱动电动风扇的电动机停止工作。

电动风扇无动力损失、结构简单、布置方便，因此在轿车上的应用越来越多。

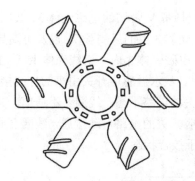

图 8-14 带有辅助叶片的导流风扇

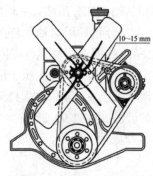

图 8-15 风扇 V 带张紧度

图 8-16 电动风扇

4. 风扇离合器

目前在发动机上常采用硅油式、电磁式等风扇离合器来控制风扇的转速，以达到改变通过散热器的空气流量的大小来改变冷却强度的目的。

（1）硅油风扇离合器 其组成如图 8-17 所示，主动轴 11 固定在风扇 15 的带轮上并由曲轴带动。主动板 7 紧固在主动轴壳体的左端且随主动轴一起转动。从动板 8、前盖 2 及壳体 9 连成一体。风扇 15 固定在壳体 9 上，壳体 9 通过轴承 10 支承在主动轴上。双金属感温器 4 装在前盖 2 上，其一端固定在前盖 2 上，另一端嵌在阀片轴 5 中。前盖 2 和从动板 8 之间的空腔为贮油腔，其中贮有高黏度的硅油。壳体 9 与从动板 8 之间的空腔为工作腔。从动板 8 上有进油孔 A、回油孔 B 和漏油孔 C。

发动机冷却液温度较低时，阀片 6 不偏转，进油孔 A 关闭，工作腔内无油，风扇离合器处于分离状态，这时仅凭密封毛毡圈 3 和轴承 10 摩擦，使风扇 15 随同离合器壳体一起在主动轴 11 上空转打滑，转速很低。当发动机的负荷增加，使吹向双金属感温器 4 的气流温度超过 65℃时，阀片 6 转到将进油孔 A 打开的位置，于是硅油从贮油腔进入工作腔，主动板 7 利用硅油的黏性带动离合器壳体和风扇 15 转动，此时离合器处于接合状态，风扇 15 转速得到提高以适应发动机需要增强冷却的需要。当发动机的负荷减小，流经双金属感温器 4 的气流温度低于 35℃时，双金属感温器 4 复原，阀片 15 将进油孔 A 关闭，工作腔内硅油继续从回油孔 B 流向贮油腔，直到甩空为止，这时风扇离合器又回到分离状态。漏油孔 C 的作用是防止硅油风扇离合器在静态时从阀片轴周围泄漏硅油。

（2）电磁风扇离合器 如 图 8-18 所示，电磁风扇离合器用螺母 8 固定在水泵轴 9 上。

离合器由主动和从动两部分组成，主动部分包括带 V 带槽的电磁壳体 3、线圈 2、集电环 1 和摩擦片 4，从动部分包括用球轴承装在电磁壳体 3 上的风扇毂 7，以及可随导销 6 轴向移动的衔铁环 12 等。线圈 2 用环氧树脂固定在电磁壳体 3 内。引线壳体 15 装在防护罩上，其中心孔内的电刷 16 靠弹簧 14 压于滑环上。从水温感应开关引来的导线接于接线柱 13 上。当冷却液温度低于 92℃时，水温感应开关的电路不通，线圈 2 不通电，离合器处于分离状态；当冷却液温度超过 92℃时，水温感应开关的电路自动接通，线圈 2 通电，电磁壳体 3 吸引铁环将摩擦片 4 压紧，使离合器处于接合状态。

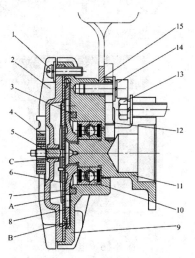

图 8-17　硅油风扇离合器的组成

A—进油孔　B—回油孔　C—漏油孔

1—螺钉　2—前盖　3—密封毛毡圈　4—双金属感温器　5—阀片轴　6—阀片　7—主动板　8—从动板

9—壳体　10—轴承　11—主动轴　12—锁止板　13—螺栓　14—圆柱头内六角螺钉　15—风扇

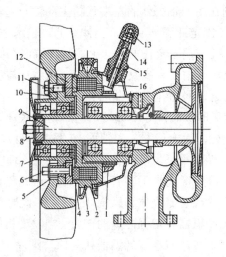

图 8-18　汽车电磁风扇离合器

1—集电环　2—线圈　3—电磁壳体　4—摩擦片　5、14—弹簧　6—导销　7—风扇毂　8—螺母　9—水泵轴　10—风扇

11—螺钉　12—衔铁环　13—接线柱　15—引线壳体　16—电刷

思考题

1. 冷却系统有何功用？过冷、过热对发动机工作有何不利影响？

2. 冷却系统的分类是什么？

3. 强制循环液体冷却系统由哪些装置组成？各元件有何功用？

4. 散热器的作用是什么？散热器芯有几种形式？

5. 离心式水泵的工作原理是什么？

6. 节温器一般安装在什么位置？阐述其功用。

7. 强制循环液体冷却系统控制冷却液大、小循环的因素是什么？大、小循环的路线有何差别？

8. 硅油风扇离合器的工作原理是什么？

第9章 起动系统

9.1 概述

起动系统是发动机的一个非常重要的辅助工作系统，主要由蓄电池、起动机、起动开关、起动继电器和安全起动开关等组成。起动系统的作用是在正常使用条件下，通过起动机将蓄电池存储的电能转变为机械能带动发动机以足够高的转速运转，顺利起动发动机。发动机能否迅速可靠地起动取决于起动系统的结构型式及其工作性能。

为了使静止的发动机进入工作状态，必须借助外力转动发动机的曲轴，使活塞开始上下运动，将气缸内吸入（或形成）的可燃混合气压缩，并点燃（或通过自燃）使其体积迅速膨胀产生强大的动力，推动活塞运动并带动曲轴旋转，使发动机自动地进入工作循环。从发动机曲轴在外力作用下开始转动，到发动机开始自动怠速运转的全过程称为发动机的起动过程。

发动机起动时，必须克服气缸内被压缩气体的阻力、发动机本身机件及其附件内相对运动零件之间的摩擦阻力。克服这些阻力所需要的转矩称为起动转矩。使发动机起动所必需的曲轴转速称为起动转速。

车用汽油发动机在温度为 0～20℃时，最低起动转速一般为 30～40r/min。为了使发动机能在更低的温度下顺利、可靠地起动，要求起动转速为 50～70r/min。若起动转速过低、气体的流速过低、压缩行程的热量损失过大，将会使汽油雾化不良，气缸内的混合气不易着火。

对于车用柴油机来说，为了防止气缸漏气和热量散失过多，需要保证压缩终了时气缸内有足够的压力和温度，还要保证喷油泵能建立起足够的喷油压力，使气缸内形成足够强的空气涡流。柴油机要求的起动转速较高，为 150～300r/min。若起动转速低则会造成柴油雾化不良，混合气质量不好，发动机起动困难。此外，柴油机的压缩比大，其起动转矩也大，所以柴油机所需的起动功率大。

9.1.1 起动方式

发动机常用的起动方式有人力起动、辅助汽油机起动和电力起动机起动等多种。

（1）人力起动　即手摇起动、绳拉起动和脚踏起动。人力起动，主要用于小型汽油机或作为备用起动方式。手摇起动装置由安装在发动机前端的起动爪和起动摇柄组成。目前仅在一些装用中、小功率汽油机的汽车上还备有起动摇柄和起动爪，作为后备起动装置或用于检修、调整发动机或起动电路故障时转动曲轴。许多高级轿车因其使用条件较好，电力起动系统工作可靠，现已不需配备起动摇柄和起动爪作为后备起动装置。对于柴油机来说，由于其起动转矩和起动转速要求很高，不可能使用手摇起动，因此其曲轴上无起动爪。

（2）辅助汽油机起动　大功率柴油机的起动可以通过小型汽油机来实现，即起动时首先起动汽油机，再由其带动柴油机运转。这是因为汽油机起动性能好，能在较低温度下使柴油机可靠起动，且可以长时间带动柴油机运转（可连续带动长达 15min），还可以利用汽油机加热的冷却液和排出的废气来预热主机，减少起动阻力。但这种起动装置体积大、结构复杂、造价高、起动操作复杂，因此只用于大功率柴油机的起动。

（3）电力起动机起动　该方式以电动机作为动力源，当电动机轴上的驱动齿轮与发动机飞轮周缘上的齿环啮合时，电动机将旋转产生的电磁转矩通过飞轮传递给发动机曲轴，使曲轴旋转带动发动机起动。电力起动机简称起动机，其起动迅速可靠、操作方便、结构简单，是目前汽车上广泛采用的起动装置。

9.1.2 工作原理

起动系统的工作原理如图 9-1 所示，当点火开关 3 置于起动档时，起动机控制电路先接通，然后起动机主供电电路接通，蓄电池 4 电流经电磁开关 1 将起动机 2 的驱动齿轮向外推出，使其与发动机飞轮齿环相啮合，同时电流流入起动机使其转动，通过驱动齿轮带动发动机。待发动机能自行运转后，飞轮会反拖带起动机驱动齿轮运转，此时起动机上的单向离合器使驱动齿轮相对于起动电动机电枢轴空转，以保护起动机。当驾驶员及时将点火开关转到点火档时，起动机控制电路切断，在回位弹簧作用下驱动齿轮回位，脱离与飞轮齿环啮合，起动机因起动电路被切断而停转。

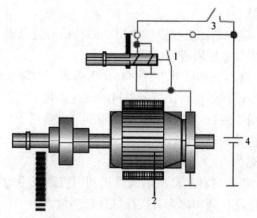

图 9-1　起动系统组成及工作原理

1—电磁开关　2—起动机　3—点火开关　4—蓄电池

9.2 电起动系统

1. 起动机组成与作用

起动机是起动系统的重要组成部分，主要由直流串励式电动机、传动机构和控制装置三部分组成，如图 9-2 所示。

直流串励式电动机的作用是将蓄电池输入的电能转换为机械能，产生电磁转矩。

传动机构的作用是利用驱动齿轮啮入发动机飞轮齿环，将直流电动机的电磁转矩传给曲轴，并及时切断曲轴与电动机之间的动力传递，防止发动机曲轴反拖电动机。

控制装置的作用是接通或切断发动机与蓄电池之间的主电路，使驱动齿轮进入或退出发动机飞轮齿环啮合。

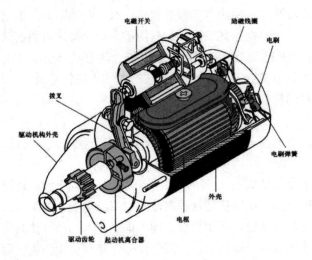

图 9-2 起动机总成

2. 起动机的分类

可以从不同角度对起动机进行分类。

（1）按励磁方式分类

1）励磁式起动机：这种起动机靠励磁绕组和磁极铁心建立磁场，虽然结构较复杂，但输出转矩和功率都很大，故应用极为广泛。

2）永磁式起动机：这种起动机以永磁材料作为磁极，取消了励磁式起动机中的励磁绕组和磁极铁心，体积小，质量轻，在节省材料的同时简化了装置结构。但永磁式起动机的功率一般较小，故使用范围在一定程度上受到限制，大多用于空间较小的车辆。永磁式起动机一般都配用行星齿轮式减速器。

（2）按控制机构分类

1）机械控制式起动机：这种起动机由驾驶员利用脚踏或手动方式直接操纵机械式起动开关接通或切断起动电路，通常称为直接操纵式起动机。

2）电磁控制式起动机：这种起动机由驾驶员旋动点火开关或按下起动按钮，通过电磁开关接通或切断起动电路，也称为电磁操纵式起动机。

（3）按啮合方式分类

1）惯性啮合式传动机构：这种起动机当接通点火开关起动发动机时，驱动齿轮靠惯性的作用，沿电枢轴移出与飞轮齿环啮合，使发动机起动；发动机起动后，当飞轮的转速超过电枢轴转速时，驱动齿轮靠惯性的作用退回，脱离与飞轮的啮合，以防止电动机超速。但这种起动机由于可靠性差，现在已不再使用。

2）强制啮合式传动机构：这种起动机当接通点火开关起动发动机时，驱动齿轮靠杠杆机构的作用沿电枢轴移出与飞轮齿环啮合，使发动机起动；发动机起动后，切断起动开关，外力的作用消除后，驱动齿轮在回位弹簧的作用下退回，脱离与飞轮齿环的啮合。因其具有结构简单、工作可靠、操纵方便等优点，在现代汽车中普遍采用。

3）电枢移动式啮合机构：起动机不工作时，起动机的电枢与磁极错开。接通起动开关起动发动机时，在磁极磁力的作用下，整个电枢连同驱动齿轮移动，与磁极对齐的同时驱动齿轮与飞轮齿环啮合。发动机起动后，切断起动开关，磁极退磁，电枢轴连同驱动齿轮退回，脱离与飞轮的啮合。此种起动机多用于大功率柴油机。

（4）按传动机构分类

1）普通式起动机：将电动机电枢产生的起动力矩直接通过离合器、驱动齿轮传给飞轮齿环的起动机称为普通式起动机。

2）减速式起动机：这种起动机的基本结构与普通式起动机的相同，只是在电枢和驱动齿轮间装有减速齿轮（一般减速比为 3~4），经减速增扭后再带动驱动齿轮。减速起动机的电动机转速高达 15000~20000r/min，通过减速器使驱动齿轮的转速降低并使转矩增加，不仅提高了起动性能，而且也相对减轻了蓄电池的负担。减速式起动机是今后车用起动机的发展方向。

9.2.1 电动机

直流电动机的功用是在直流电作用下产生电磁转矩。直流串励式电动机低速时转矩大，满足发动机的起动要求，广泛应用于发动机的电起动系统。

1. 主要结构

直流串励式电动机主要由机壳、磁极、电枢、换向器及电刷等组成，如图9-3 所示。

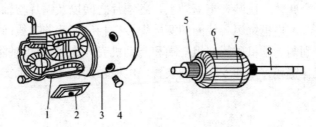

图 9-3　直流串励式电动机的结构

1—磁场绕组　2—磁极铁心　3—机壳　4—磁极固定螺钉　5—换向器　6—转子铁心　7—电枢绕组　8—电枢轴

（1）磁极　磁极的作用是产生电动机运转所必需的磁场，由磁极铁心和磁场绕组组成。磁极铁心用低碳钢制成，并用螺钉固定在机壳的内壁上，其上套有磁场绕组。磁极的数目一般为 4 个（两对），有的采用了 6 个（三对）功率超过 7.5kW 的起动机。磁场绕组用较粗的矩形截面的裸铜条绕制，匝间用绝缘纸绝缘，外部用玻璃纤维带包扎。4 个磁场绕组的连接方法有两种，一种是相互串联（见图9-4a），另一种是两串两并（见图9-4b），即先将两个串联后再并联。不论采用哪一种连接方式，4 个磁场绕组产生的极性是相互交错的。

（2）电枢和换向器　电枢（见图 9-5）是产生电磁转矩的核心部件，主要由电枢轴、电枢铁心、电枢绕组和换向器组成。换向器和电枢铁心都压装在电枢轴上，电枢绕组则嵌装在电枢铁心内。电枢轴的一端加工有螺旋花键与传动机构连接。电枢轴两端支承在壳体内。电枢铁心由许多相互绝缘的硅钢片叠装而成，其圆周表面上有槽，用来安放电枢绕组。因流经电枢绕组的电流很大(一般为 200~600A)，故电枢绕组采用较粗的矩形裸铜线绕制，绕线方式多采用波绕法。为了防止电枢绕组搭铁和匝间短路，在电枢绕组与电枢铁心之间和电枢绕组匝间用绝缘性能较好的绝缘纸隔开。较粗的裸铜线在高速时易在离心力作用下被甩出，因此在电枢铁心槽口的两侧应将电枢铁心轧纹挤紧。电枢绕组各线圈的端头均焊接在换向器上。

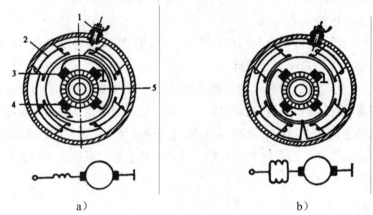

图 9-4　磁场绕组的连接方法

a) 相互串联　b) 两串两并

1—绝缘接线柱　2—磁场绕组　3—绝缘电刷　4—搭铁电刷　5—换向器

换向器（见图 9-6）是用来连接励磁绕组与电枢绕组的电路，并使处于同一磁极下的电枢导体中流过的电流保持固定方向。它由一定数量的燕尾形铜片 1 组成，并用轴套 2 和压环 3 组装成一个整体，压装在电枢轴上，各铜片之间以及铜片与轴套、压环之间均用云母或硬塑料片绝缘。电枢绕组各线圈的两端焊接在相应铜片的接线凸缘 4 上，经过绝缘电刷和搭铁电刷分别与起动机磁场绕组一端和起动机壳体连接。电枢轴除了铁心和换向器外，还制有螺旋槽或花键槽，以便安装传动装置，电枢轴两端通过轴承支撑在起动机前、后端盖上。

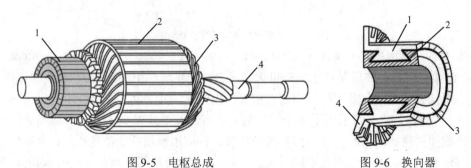

图 9-5　电枢总成

1—换向器　2—电枢铁心　3—电枢绕组　4—电枢轴

图 9-6　换向器

1—铜片　2—轴套　3—压环　4—接线凸缘

（3）电刷与电刷架　其作用是将电流引入电动机。4 个电刷架均固定在前端盖上，其中两个电刷架与端盖绝缘，称为绝缘电刷架；另外两个电刷架与端盖直接铆合而搭铁，称为搭铁电刷架。电刷由铜与石墨粉压制而成，其中铜的质量占 80%～90%，石墨的质量占10%～20%，以减小电阻，增加耐磨性及提高机械强度。为了尽量减小电刷与换向器间的接触电阻，并延长电刷使用寿命，电刷与换向器有较大的接触面积，并且电刷装在电刷架中，借弹簧压力将它压紧在换向器上。有些小功率、高速起动机的电刷弹簧采用螺旋弹簧，多数起动机采用碟形弹簧。

（4）端盖　分为前、后两个端盖。前端盖一般用钢板压制而成，其上装有 4 个电刷架，后端盖用铸铁浇注而成。它们分别装在机壳的两端，靠两个长螺栓与起动机机壳紧固在一起。两端盖均装有青铜石墨轴承或铁基含油轴承套。

（5）机壳　用钢管制成，一端开有窗口，作为观察电刷与换向器之用，平时用防尘箍盖住。机壳上只有一个电流输入接线柱（与外壳绝缘），并在内部与磁场绕组一端相接。

2. 起动机的规格型号

根据中华人民共和国汽车行业标准 QC/T 73—1993《汽车电气设备产品型号编制方法》的规定，国产起动机的型号由五部分组成，如图 9-7 所示。

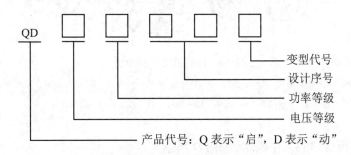

图 9-7　起动机的规格型号

1）产品代号 QD、QDJ 和 QDY 分别表示起动机、减速起动机和永磁起动机（包括永磁减速起动机）。

2）电压等级 1 表示 12V，2 表示 24V。

3）功率等级代号含义见表 9-1。

表 9-1　起动机的功率等级代号

功率等级代号	1	2	3	4	5	6	7	8	9
功率/kW	0～1	>1～2	>2～3	>3～4	>4～5	>5～6	>6～7	>7～8	>8

4）设计序号。

5）变型代号，如 QD124，表示额定电压为 12V、功率为 1～2kW、第 4 次设计的起动机。

9.2.2 传动机构

电起动机的传动机构安装在电动机电枢的延长轴上，用来在起动发动机时将驱动齿轮与电枢轴联成一体，使发动机起动。传动机构又称啮合机构或啮合器，可理解为单向离合器。单向离合器的作用是单方向传递转矩，即起动发动机时将起动机的转矩传给飞轮齿环，而当发动机起动后，它又能自动打滑，不使飞轮齿环带动起动机电枢旋转，以免损坏起动机。因为飞轮齿环与起动机驱动齿轮的传动比为 1:10～1:15，当发动机发动后，如果不及时将起动机与发动机分离，则起动机的电枢被曲轴拖带，将以 10000～15000r/min 的高速旋转，离心力会导致电枢绕组从电枢槽中甩出，造成所谓"飞散"事故，而使电枢损坏。为此，起动机的传动机构中必须设有超速保护装置。

超速保护装置是指起动机驱动齿轮与电枢轴之间的离合机构，主要有滚柱式、摩擦式和弹簧片式等形式。

1. 滚柱式单向离合器

滚柱式单向离合器的结构如图9-8所示。驱动齿轮2与外壳1连成一体，滚柱10和柱塞弹簧12嵌装在与传动套筒4制成一体的十字块3上。传动套筒4通过内花键套在电枢轴的花键部分，移动衬套（由止推盘7和止推档圈8组成）和缓冲弹簧6套在传动套筒4的另一端，由拨叉拨动，带动啮合器轴向移动，使驱动小齿轮啮入或脱离飞轮齿环。

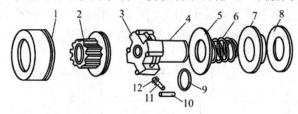

图9-8　滚柱式单向离合器

1—外壳　2—驱动齿轮　3—十字块　4—传动套筒　5—外壳盖　6—缓冲弹簧　7—止推盘

8—止推档圈　9—锁环　10—滚柱　11—柱塞　12—柱塞弹簧

滚柱式单向离合器的工作原理如图9-9所示。

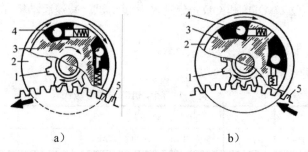

图9-9　滚柱式单向离合器的工作原理

a）起动　b）打滑

1—驱动齿轮　2—外壳　3—十字块　4—滚柱　5—飞轮齿环

由于离合器的外壳与十字块之间的间隙宽窄不等，当起动机驱动齿轮啮入飞轮齿环、起动机主电路接通时，电枢转矩由传动套筒传给十字块，使十字块随同电枢轴旋转。由于此时飞轮齿环施加给驱动齿轮的阻力使滚柱滚向窄的空间而卡死，离合器处于接合状态，于是电枢轴产生的转矩通过驱动齿轮传给飞轮，起动发动机，如图9-9a所示。发动机起动后，飞轮齿环带动驱动齿轮高速旋转。当驱动齿轮的转速大于十字块的转速时，滚柱滚入楔形槽的宽处而打滑，如图9-9b所示。这样，驱动齿轮高速旋转的转矩不会传给电枢轴，因此可防止电动机超速。

单向滚柱式离合器工作时属于线接触传力，所以不能传递大转矩，一般用在小功率（2kW以下）的起动机上，否则滚柱易变形、卡死，造成单向离合器分离不彻底。这种离合器因其结构简单，目前广泛应用于汽油发动机上。

2. 摩擦片式单向离合器

摩擦片式单向离合器的结构如图 9-10 所示。花键套筒 10 套在电枢轴的花键部分，在花键套筒的外表面上制有三条螺旋花键，其上套着内接合鼓 9，内接合鼓 9 上有 4 个轴向槽，用来插放主动摩擦片 8 的内凸齿。从动摩擦片 6 的外凸齿插在与驱动齿轮制成一体的外接合鼓 1 的槽中。主、从动摩擦片相间排列，摩擦片之间的初始压力可以通过调整垫圈 5 进行调节。

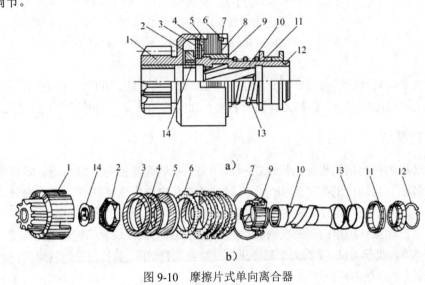

图 9-10　摩擦片式单向离合器

a）剖视图　b）零件结构图

1—驱动齿轮与外接合鼓　2—螺母　3—弹性圈　4—压环　5—调整垫圈　6—从动摩擦片　7、12—卡环

8—主动摩擦片　9—内接合鼓　10—花键套筒　11—移动衬套　13—缓冲弹簧　14—限位档圈

起动发动机时，起动机的电磁转矩通过电枢轴传递给花键套筒。由于内接合鼓和花键套筒有转速差，从而使内接合鼓靠惯性沿三线螺旋槽而左移，主、从动摩擦片被压紧，产生的摩擦力便可将起动机的转矩传递给飞轮齿环。发动机起动后，驱动齿轮被飞轮齿环带动而高速旋转，其转速高于电枢轴，内接合套靠惯性沿螺旋线右移，使主、从动摩擦片间压力减小而打滑，因此可避免电枢轴超速而飞散的危险。

摩擦片式单向离合器能传递较大转矩，故多用于大功率起动机。但摩擦片磨损后，摩擦力会大大降低，故需经常调整。

3. 弹簧式单向离合器

弹簧式单向离合器的结构如图 9-11 所示。连接套筒 6 套在电枢轴的花键上，驱动齿轮 1 套在电枢轴前端的光滑部分上。驱动齿轮 1 与连接套筒 6 由两个月形圈 3 相连，它们之间可以相对转动但不能做轴向移动。在驱动齿轮柄和连接套筒 6 上包有扭力弹簧 4，扭力弹簧 4 的两端各有四分之一圈内径较小，并分别箍紧在驱动齿轮柄和连接套筒 6 上。

当起动机带动曲轴旋转时，扭力弹簧扭紧，包紧驱动齿轮柄和连接套筒，于是电枢的转矩通过连接套筒、扭力弹簧、驱动齿轮传至飞轮齿环，使发动机起动。发动机起动后，驱动齿轮的转速高于起动机电枢，则扭力弹簧放松，这样飞轮齿环的转矩便不能传给电枢，即驱动齿轮只能在电枢轴上的光滑部分上空转而起单向分离的作用。

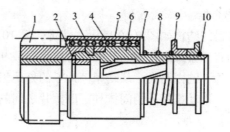

图 9-11　弹簧式单向离合器

1—驱动齿轮　2—档圈　3—月形圈　4—扭力弹簧　5—护圈　6—连接套筒

7—垫圈　8—缓冲弹簧　9—移动衬套　10—卡簧

弹簧式单向离合器结构简单、工艺性好、寿命长、成本低，并能传递较大转矩，在大功率起动机上应用比较广泛。但扭力弹簧圈数多，轴向尺寸较长，不能在小型起动机上装用。

9.2.3　控制装置

电起动机的控制机构也称为操纵机构，作用是控制起动机主电路的通、断和驱动齿轮的移出和退回。起动机的控制机构分为直接操纵式和电磁操纵式两种。直接操纵式控制机构检修方便，且不消耗电能，有利于提高起动转速，但驾驶员的劳动强度大，不易远距离操纵，目前已淘汰。由电磁开关控制起动机主电路的通、断及驱动齿轮的啮入与退出的起动机称为电磁啮合式起动机，又称为电磁操纵强制啮合式起动机，其特点是结构简单、操作方便，在现代汽车上应用最为广泛。

电磁操纵式起动机电路如图 9-12 所示。控制装置由电磁开关、拨叉等组成，电磁开关由吸拉线圈、保持线圈、活动铁心、主开关接触盘及复位弹簧等组成。其中，吸拉线圈与电动机串联，保持线圈与电动机并联。活动铁心可驱动拨叉运动，又可推动接触盘推杆。

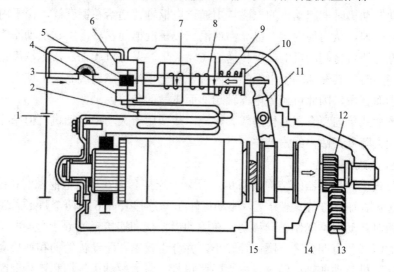

图 9-12　电磁操纵式起动机电路

1—蓄电池　2—励磁线圈　3—起动开关　4—接起动机磁场　5—接点火开关　6—接蓄电池　7—吸拉线圈　8—保持线圈　9—复位弹簧　10—活动铁心　11—拨叉　12—驱动齿轮　13—飞轮齿环　14—离合器　15—螺纹花键

控制机构的作用过程如下：

1）起动机不工作时，驱动齿轮处于与飞轮齿环脱开啮合位置，电磁开关中的接触盘与各触点分开。

2）起动开关接通时，蓄电池经起动控制电路向起动机电磁开关通电，其电流回路如下：

$$\text{蓄电池正极} \rightarrow \text{起动开关} \rightarrow \begin{cases} \text{保持线圈} \rightarrow \\ \text{吸拉线圈} \rightarrow \text{直流电动机} \rightarrow \end{cases} \rightarrow \text{蓄电池负极}$$

此时，吸拉线圈和保持线圈磁场方向相同。活动铁心在电磁力作用下克服复位弹簧的弹力向内移动，压动推杆使起动机主开关接触盘与接触点靠近，与此同时带动拨叉将驱动齿轮推向啮合；当驱动齿轮与飞轮齿环接近完全啮合时，接触盘已将接触点接通，起动机主电路接通，直流电动机产生的转矩通过结合状态的单向离合器传给发动机飞轮齿环。

主开关接通后，吸拉线圈被主开关短路，电流消失，活动铁心在保持线圈电磁力作用下保持在吸合位置。

3）发动机起动后，飞轮转动线速度超过起动机驱动齿轮的线速度时，单向离合器打滑，可避免电枢绕组高速飞散的危险。

4）松开起动开关时，起动控制电路断开，但电磁开关内吸拉线圈和保持线圈通过仍然闭合的主开关得到电流，其电流回路如下：

$$\text{蓄电池正极} \rightarrow \text{主开关} \rightarrow \begin{cases} \text{吸拉线圈} \rightarrow \text{保持线圈} \rightarrow \\ \text{直流电动机} \rightarrow \end{cases} \rightarrow \text{蓄电池负极}$$

因吸拉线圈和保持线圈磁场方向相反，相互削弱，活动铁心在复位弹簧作用下迅速回位，使驱动齿轮脱开啮合，主开关断开，起动机停止工作，起动结束。

1. ST614 型电磁控制强制啮合式起动机

ST614 型电磁控制强制啮合式起动机主要用在柴油发动机上，其电路如图 9-13 所示。在黄铜套 17 上绕有吸引线圈 6 和保持线圈 5，两个线圈的绕向相同，其公共端接至起动按钮 8。吸引线圈 6 的另一端接至起动机开关，与起动机的主电路串联，保持线圈 5 的另一端则直接搭铁。黄铜套 17 内装有活动铁心 4，与拨叉 3 相连接。档铁 16 的中心装有杆，其上套有铜质接触盘 15。

接通电源总开关 9，按下起动按钮 8，则吸引线圈 6 和保持线圈 5 的电路接通。在两线圈电磁吸力的共同作用下，活动铁心 4 克服回位弹簧 2 的弹力而被吸入，拨叉 3 便将驱动齿轮 1 推出，使其与飞轮齿环啮合。在驱动齿轮 1 左移的过程中，由于通过吸引线圈 6 的较小电流也通过电动机的磁场绕组和电枢绕组，所以电动机将会缓慢转动，使驱动齿轮 1 与飞轮齿环的啮合更为平顺。在驱动齿轮 1 与飞轮齿环完全啮合时，接触盘 15 也将蓄电池接线柱 18 和起动机接线柱 14 接通，蓄电池的大电流便流经起动机的磁场绕组和电枢绕组，使起动机发出转矩，驱动曲轴旋转。与此同时，吸引线圈 6 由于两端均为正电位而被短路，活动铁心 4 靠保持线圈 5 的磁力保持在吸合位置。发动机起动后，松开起动按钮 8，电流经接触盘 15、吸引线圈 6 和保持线圈 5 构成回路，两线圈串联通电，产生的磁通的方向相反而相互抵消，活动铁心 4 在回位弹簧 2 的作用下回至原位，使驱动齿轮 1 退出，接触盘 15 回位，切断起动机的主电路，起动机停止工作。

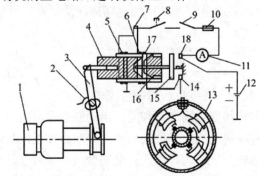

图 9-13   ST614 型电磁控制强制啮合式起动机电路

1—驱动齿轮 2—回位弹簧 3—拨叉 4—活动铁心 5—保持线圈 6—吸引线圈 7—接线柱

8—起动按钮 9—电源总开关 10—熔体 11—电流表 12—蓄电池 13—电动机

14—起动机接线柱 15—接触盘 16—档铁 17—黄铜套 18—蓄电池接线柱

2. QD124 型电磁控制强制啮合式起动机

QD124 型电磁控制强制啮合式起动机主要用在汽油机上，其结构如图 9-14 所示，电路如图 9-15 所示。电路中设有一个起动继电器。起动继电器的作用是与点火开关配合，控制起动机电磁开关的工作，减小通过点火开关的电流，保护点火开关。起动继电器为一常开型电磁继电器，其铁心上的线圈一端搭铁，一端通过点火开关与起动机主接线柱相连。

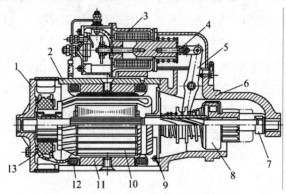

图 9-14   QD124 型电磁控制强制啮合式起动机结构

1—前端盖 2—机壳 3—电磁开关 4—调节螺钉 5—拨叉 6—后端盖 7—限位螺钉

8—单向离合器 9—中盖 10—电枢 11—磁极 12—磁场绕组 13—电刷

1）起动时，将点火开关 1 旋到起动档位，起动继电器线圈接通，电流由蓄电池正极经主接线柱 28、电流表、点火开关 1、起动继电器点火开关接线柱、起动继电器线圈 7、搭铁流回蓄电池负极。起动继电器触点 6 闭合，接通电磁开关电路。

电路为蓄电池正极→主接线柱 28→起动继电器电池接线柱→起动继电器触点 6→起动继电器起动机接线柱→起动机电磁开关接线柱 12，然后分成两并联电路：一路是吸拉线圈

13→接线柱 11→导电片 10→主接线柱 27→起动机磁场绕组→电枢绕组→搭铁→蓄电池负极，另一路是保持线圈 14→搭铁→蓄电池负极。

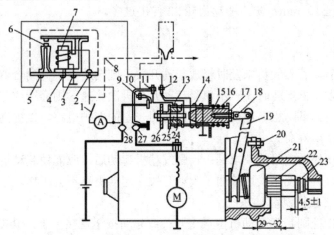

图 9-15 QD124 型电磁控制强制啮合式起动机电路

1—点火开关 2—点火开关接线柱 3—搭铁接线柱 4—电池接线柱 5—起动机接线柱 6—起动继电器触点

7—起动继电器线圈 8—附加电阻线 9—点火线圈短路附加电阻接线柱 10—导电片 11—接线柱

12—起动机电磁开关接线柱 13—吸拉线圈 14—保持线圈 15—活动铁心 16—回位弹簧 17—调节螺钉

18—连接片 19—拨叉 20—定位螺钉 21—单向离合器 22—驱动齿轮 23—限位螺钉 24—固定铁心

25—推杆 26—接触盘 27、28—主接线柱

两线圈电流产生同方向电磁力，将活动铁心 15 吸入，拨叉 19 推动滚柱式单向离合器 21，使驱动齿轮 22 啮入飞轮齿环。当齿轮啮合约一半时，活动铁心 15 开始顶动推杆 25 向左移动，当达到极限位置时齿轮已全部啮合，接触盘 26 同时将点火线圈短路附加电阻接线柱 9 和主接线柱 28、27 相继接通，于是起动机在点火线圈短路附加电阻和吸拉线圈 13 的有利条件下产生起动转矩，将发动机起动。

较大起动电流直接从蓄电池正极经主接线柱 28、接触盘 26、主接线柱 27、起动机、搭铁后流回蓄电池负极。吸拉线圈 13 短路后，齿轮的啮合靠保持线圈 14 产生的电磁力维持在工作位置。此时的保持电路为：蓄电池正极→主接线柱 28→起动继电器电池接线柱→起动继电器触点 6→起动继电器起动机接线柱→起动机电磁开关接线柱 12→保持线圈 14→搭铁→蓄电池负极。

2）发动机起动后，起动机单向离合器开始打滑，松开点火开关钥匙即自动转回到点火档位，起动继电器线圈 7 断电，起动继电器触点 6 跳开，使电磁开关两个接线圈串联，吸拉线圈 13 流过反向电流，加速电磁力的消失。电路为蓄电池正极→主接线柱 28→接触盘 26→主接线柱 27→导电片 10→接线柱 11→吸拉线圈 13（反向电流）→起动机电磁开关接线柱 12→保持线圈 14→搭铁→蓄电池负极。由于电磁开关线圈电磁力迅速消失，活动铁心 15 和推杆 25 在回位弹簧 16 作用下返回。

接触盘 26 先离开主接线柱 28、27，切断起动机电源，点火线圈短路附加电阻也随即接入点火系统。同时拨叉 19 将单向离合器 21 拨回，驱动齿轮 22 便脱离了飞轮齿环，起动机停止工作。

图 9-15 中定位螺钉 20 用于调节驱动齿轮 22 的左极限位置，保证尺寸为 29~32mm，防止驱动齿轮 22 回位后与飞轮齿环相碰。调节螺钉 17 用于调节驱动齿轮 22 的右极限位置，保证尺寸为（4.5±1）mm，防止驱动齿轮 22 伸出过多。

9.2.4 控制电路

发动机起动后，若驾驶员未及时释放起动开关，则会造成单向离合器的磨损和蓄电池能量的消耗。在发动机运转时，若不慎将起动开关再次接通，则会造成起动机驱动齿轮与飞轮齿环的撞击。为了防止上述误操作，需采用一定的保护电路，以提高起动机的可靠性并延长起动机的使用寿命。

对起动机驱动保护电路的要求是：一是发动机起动后，应能使起动机自动停止工作；二是发动机运转时，即使错误地接通了起动开关，起动机也不会工作。

1. 起动开关直接控制起动系统

起动开关直接控制是指起动机由点火开关或起动按钮直接控制，其电路如图 9-16 所示。起动功率较小的汽车常用这种控制形式。

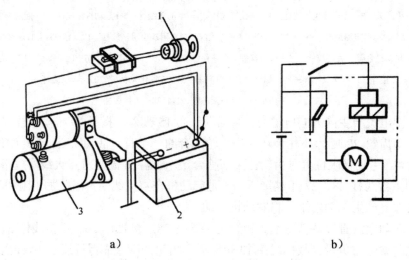

图 9-16　起动开关直接控制的起动系统电路

a）接线图　b）电原理图

1—点火开关　2—蓄电池　3—起动机

2. 起动继电器控制起动系统

起动继电器控制是指用起动继电器触点控制起动机电磁开关的大电流，而用点火开关或起动按钮控制继电器线圈的小电流，其电路如图 9-17 所示。起动继电器的作用就是以小电流控制大电流，保护点火开关，减少起动机电磁开关线路压降。

装有自动变速器的轿车在自动变速器上装有空档起动开关。空档起动开关串联于起动继电器线圈搭铁端，只有在自动变速器的变速杆处于停车档（P）和空档（N）时才接通，在其他档位时均处于断开状态，有利于保护起动机和蓄电池。

3. 起动复合继电器控制起动系统

为了在发动机起动后使起动机自动停转并保证不再接通起动机电路，解放 CA1092 及东风 EQ1092 等汽车采用了具有安全驱动保护功能的起动复合继电器控制起动系统。JD136型起动复合继电器由起动继电器和保护继电器两部分组成，其电路如图 9-18 所示。起动继电器的触点是动合的，控制起动机电磁开关；保护继电器的触点是动断的，控制充电指示灯和起动继电器线圈的搭铁。保护继电器磁化线圈一端搭铁，另一端接发电机中性点，承受中性点电压。

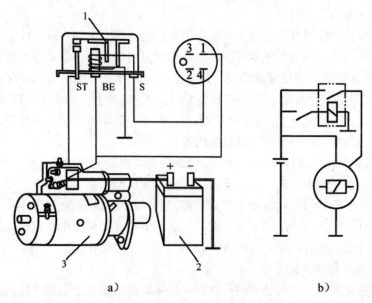

图 9-17　起动继电器控制的起动系统电路

a）接线图　b）电原理图

1—继电器　2—蓄电池　3—起动机

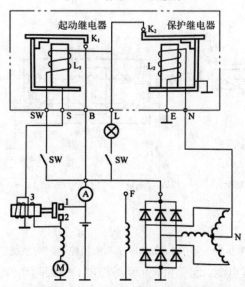

图 9-18　JD136 型起动复合继电器电路

1、2—接线柱　3—电磁开关

1）起动时，将点火开关旋至起动位置，电流经过蓄电池正极→电流表→点火开关之后，分成并联的两路：一路流经充电指示灯→接线柱 L→K_2→磁轭→搭铁→蓄电池负极，另一路流经接线柱 SW→线圈 L_1→K_2→磁轭→搭铁→蓄电池负极。

线圈 L_1 产生电磁吸力，K_1 闭合，将起动机电磁开关吸拉线圈和保持线圈的电路接通，电流流经蓄电池正极→电流表→接线柱 B→K_1→磁轭→接线柱 S，此后分成并联的两条支路：一路流经保持线圈→搭铁→蓄电池负极，另一路流经吸拉线圈→起动机磁场绕组→电枢绕组→搭铁→蓄电池负极。

在吸拉线圈和保持线圈电磁吸力共同作用下，起动机主电路（接线柱 1、2）接通，起动电流流经起动机磁场绕组和电枢绕组，起动机发出电磁转矩，驱动发动机曲轴运转。

2）发动机起动后，即使驾驶员没有及时松开点火开关，但由于此时交流发电机电压已升高，中性点电压作用在保护继电器线圈 L_2 上，使 K_2 断开，切断了充电指示灯的电路，充电指示灯熄灭，同时又将 L_1 的电路切断，K_1 断开，起动机电磁开关释放，切断了蓄电池与起动机之间的电路，仍可使起动机自动停止工作。

3）发动机正常运转过程中，在交流发电机中性点电压的作用下，K_2 一直处于断开状态，充电指示灯不亮，表示充电系统正常，即使驾驶员操作错误，将点火开关旋至起动位置，由于 L_1 中无电流，K_1 始终处于断开状态，所以起动机也不会工作，从而防止了起动机驱动齿轮被打坏的危险，起到了安全保护作用。但是，如果充电系统有故障，导致发电机中性点电压过低，则起动复合继电器将起不到安全保护的作用。

4. 车载计算机控制起动系统

随着计算机在汽车上应用越来越广泛，一些高级轿车安装了车载计算机控制防盗警报系统，起动机的运行可由车载计算机控制。

丰田 Lexus400 轿车微机控制起动系统的控制电路如图 9-19 所示。

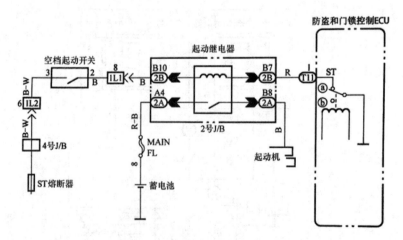

图 9-19 丰田 Lexus400 轿车微机控制起动系统的控制电路

起动系统主要由蓄电池、起动机、起动继电器、空档起动开关、防盗和门锁控制 ECU、点火开关（图中未画出）和保险装置等组成。起动继电器线圈的一端通过空档起动开关和 ST 熔断器接点火开关，由点火开关控制与蓄电池正极的连接和断开；另一端接防盗和门锁控制 ECU 的"ST"端子，由防盗和门锁控制 ECU 控制其搭铁。变速器处于 N 档或 P 档位置时，空档起动开关接通，变速器处于其他档位时，空档起动开关断开。

当点火开关没有插入钥匙或没有处于工作位置时，防盗系统工作，防盗和门锁控制 ECU 使"ST"端子为高电位 12V，即使点火开关处于起动位置并且空档起动开关接通，也会因起动继电器线圈两端电位相等，起动继电器触点不能闭合，而使起动机不工作。

当点火开关插入钥匙并处于工作位置时，全部防盗功能解除，防盗和门锁控制 ECU 使"ST"端子为低电位 0V，如果点火开关处于起动位置且变速器处于空档位置，则可使起动继电器线圈电路接通，起动继电器触点闭合，从而使起动机工作。

发动机起动后，点火开关自起动位置退回，起动继电器线圈电路切断，触点断开，起动机停止工作。

空档起动开关保证了只有变速器在 N 档或 P 档位置才能起动发动机，既有利于汽车顺利、安全起动，又能保证在汽车行驶过程中，即使误将点火开关旋至起动位置，起动机也不会工作，避免了齿轮撞击，延长了起动机驱动齿轮和飞轮齿环的使用寿命。

防盗和门锁控制 ECU 也可以根据发电机的工作情况或发动机的转速对"ST"端子的电位进行控制，实现起动机的安全保护。

如果防盗和门锁控制 ECU 是根据发电机的工作情况对"ST"端子的电位进行控制，则当发电机工作正常后，发电机的输出电压或中性点输出电压将超过规定值；如果防盗和门锁控制 ECU 是根据发动机的转速对"ST"端子的电位进行控制，则当发动机的转速达到怠速转速后，防盗和门锁控制 ECU 使"ST"端子为高电位 12V；此时，即使点火开关处于起动位置，并且接通空档起动开关，起动机也不会工作，因而可实现起动机的安全保护。

9.2.5 电压转换开关

电起动机一般采用 12V 或 24V 的蓄电池作为电源。多数通用型汽车和拖拉机用、发电机组用、固定作业用柴油机通常采用 12V 电源系统。工程机械用和汽车用柴油机发动机的压缩比较大且频繁起动或起动需带动液力变矩器，故需增加起动转矩，为此多数采用 24V 电源系统，以提高起动机的比功率，改善起动性能，但对于汽车来说，其发电机和全车用电设备仍采用 12V。为了解决此问题，在电路中安装了电压转换开关，起动时，转换开关将两只 12 V 蓄电池串联工作，以实现 24V 电压供电，在非起动状态时，转换开关又将两只蓄电池恢复为并联工作，满足 12V 电压的需要。

图 9-20 所示为某型号电压转换开关的控制电路，其电路特点和工作原理如下：

JK-270 型电压转换开关的端盖上有 5 个接线柱，+D$_1$ 接蓄电池 I 的正极，+D$_2$ 接蓄电池 II 的正极，−D$_2$ 接蓄电池 II 的负极，T 通过熔体 13 接地，J 接起动机的电磁开关。

其内部主要由电磁开关和触点两大部分组成，接线柱+D$_1$、−D$_2$ 与大接触盘 7 的两个触点相连，+D$_1$ 和 J 与小接触盘 6 的两个触点相连，8 和 10 为两个常闭触点。电磁开关磁化线圈的额定电压为 12V，在 8V 电压下便能正常工作，铁心 3 上连有推杆 5，其上装有两个接触盘，推杆 5 前端有一个夹布胶木圈 9，用来分开常闭触点 8 和 10。

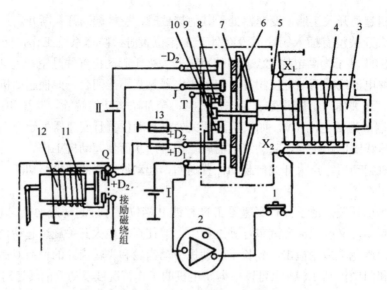

图 9-20　某型号电压转换开关的控制电路

1—起动机按钮　2—电源开关　3—铁心　4—线圈　5—推杆　6—小接触盘　7—大接触盘　8、10—常闭触点

9—夹布胶木圈　11—吸拉线圈　12—保位线圈　13—熔体　Ⅰ、Ⅱ—蓄电池

在非起动状态下,常闭触点 8 和 10 闭合,蓄电池 Ⅰ 的正极经接线柱$+D_1$、常闭触点 10、接线柱$+D_2$与蓄电池 Ⅱ 的正极相连,蓄电池 Ⅰ 的负极搭铁,蓄电池 Ⅱ 的负极经接线柱$-D_2$、常闭触点 8、接线柱 T 和熔体 13 后搭铁,所以两蓄电池处于并联状态。

在接通电源开关 2 并按下起动机按钮 1 后,两只蓄电池都向磁化线圈 4 供电,其电路如下:

蓄电池 Ⅰ 的正极→电源开关 2→起动机按钮 1→接线柱X_2→线圈 4→接线柱X_1→搭铁→蓄电池 Ⅰ 负极;蓄电池 Ⅱ 的正极→起动机接线柱$+D_2$→转换开关接线柱$+D_2$→常闭触点 10→接线柱$+D_1$和蓄电池 Ⅰ 的正极相连。蓄电池 Ⅱ 的负极→接线柱$-D_2$→常闭触点 8→接线柱 T→熔体 13→搭铁。

线圈 4 通电后,产生电磁吸力,吸动铁心 3,通过推杆 5 推动接触盘和夹布胶木圈 9 向左移动,大接触盘 7 接通$+D_1$和$-D_2$,小接触盘 6 接通$+D_2$和 J,与此同时夹布胶木圈 9 断开常闭触点 8 和 10,从而使蓄电池 Ⅰ 与蓄电池 Ⅱ 串联,并向起动机的吸拉线圈 11 和保位线圈 12 通电,产生电磁力。此时,蓄电池 Ⅰ 与蓄电池 Ⅱ 串联后向起动机供电,其电路为蓄电池 Ⅱ 的正极→起动机接线柱$+D_2$→熔体 13→转换开关接线柱$+D_2$→小接触盘 6→接线柱 J→

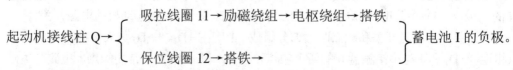

以后的工作情况与电磁操纵强制啮合式起动机相同。

发动机起动后,松开起动机按钮 1,线圈 4 失电,磁力消失,铁心 3 在回位弹簧作用下向右移动,蓄电池恢复成并联方式,起动机停止转动。

安装电压转换开关后,在非起动状态下,两蓄电池呈并联工作状态,当某一蓄电池单格损坏时，切莫将损坏的单格短路运行（一般车辆的应急措施），因为这样由于两蓄电池端电压不等会造成较大的放电电流和充电电流，导致蓄电池和发电机损坏。

9.3 起动辅助装置

9.3.1 作用与类型

在寒冷地区和严寒季节起动发动机时，由于机油黏度高，起动阻力矩增大，同时燃料汽化性能变坏，蓄电池内阻增加，工作性能降低，因此会使发动机起动困难。为此，在冬季需要将进入气缸的空气或可燃混合气、机油和冷却液加以预热。

柴油机在冬季起动更加困难。为了使车用柴油机在冬季能迅速可靠地起动，常采用一些可以改善燃料着火条件和降低起动转矩的辅助装置，如电热塞、起动预热锅炉、进气预热装置、起动液喷射装置以及起动减压装置等。目前，汽车上常采用的低温起动预热装置有电热塞、电热陶瓷进气加热器和电火焰预热器等。

进气预热的类型有集中预热和分缸预热两种，集中预热装置安装在发动机的进气总管上，分缸预热装置安装在各气缸内或进气歧管上。汽油机和部分柴油机的预热采用集中式，分缸预热装置一般应用在柴油机上。

9.3.2 主要部件

1. 电热塞

采用涡流室式或预热室式燃烧室的柴油机由于燃烧室表面积大，在压缩过程中的热量损失较燃料直接喷射式大，故起动更为困难。为此，一般在涡流室式或预热室式柴油机的燃烧室中装有预热塞，用以在起动时对燃烧室内的空气加以预热。

电热塞的结构如图 9-21 所示。螺旋形电阻丝 2 由铁镍铝合金制成，其一端焊接于中心螺杆 9 上，另一端焊接在用耐高温不锈钢制成的发热体钢套 1 的底部，中心螺杆 9 与外壳 5 之间由瓷质绝缘体 7 隔开。高铝水泥胶合剂 8 将中心螺杆 9 固定于绝缘体 7 上。外壳 5 上端翻边，将绝缘体 7、发热体钢套 1、密封垫圈 6 和外壳 5 相互压紧。在发热体钢套 1 内填充具有绝缘性能、导热好、耐高温的氧化铝填充剂 3。安装于各缸的电热塞并联与电源相接。起动发动机之前，首先接通电热塞的电路，电阻丝通电后迅速将发热体钢套加热到红热状态，使气缸内的空气温度升高，从而可以提高压缩终了时混合气的温度。电热塞通电的时间一般不超过 1min。发动机起动后，应立即将电热塞断电。若起动失败，应停歇1min，再将电热塞通电，进行第二次起动，否则将降低电热塞的使用寿命。

2. 进气预热器

在中、小功率柴油机上常采用进气预热器作为冷起动预热装置，其构造如图 9-22 所示。空心阀体 2 由热线胀系数较大的金属材料制成，其一端与油管接头 5 相连，另一端通过内螺纹与阀芯 3 相连。在预热器不工作时，阀芯 3 的锥形端将进油管的进油孔堵塞。阀体 2 的外侧绕有与外壳绝缘的电热丝 1。

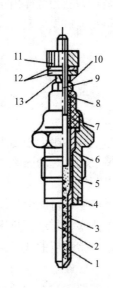

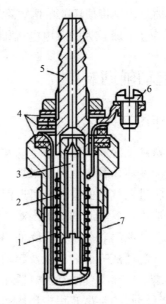

图 9-21　电热塞的结构　　　　　　　　图 9-22　进气预热器

1—发热体钢套　2—电阻丝　3—填充剂　4、6—密封垫圈　5—外壳　　　1—电热丝　2—阀体　3—阀芯

7—绝缘体　8—胶合剂　9—中心螺杆　10—固定螺母　　　4—绝缘垫圈　5—油管接头　6—预热线螺钉　7—稳焰罩

11—压紧螺母　12—压紧垫圈　13—弹簧垫圈

　　起动发动机时，预热器开关接通后，电热丝 1 通电发热并加热阀体 2，阀体 2 受热伸长带动阀芯 3 下移，其锥形端离开进油孔。燃油流入阀体 2 内腔受热而汽化，从阀体 2 的内腔喷出，并被炽热的电热丝 1 点燃生成火焰喷入进气管道，使进气得到预热。切断预热开关时，电热丝 1 断电，阀体 2 温度降低而收缩，阀芯 3 上移，其锥形端堵住进油孔，火焰熄灭，停止预热。

　　3. 电热陶瓷进气加热器

　　图 9-23 所示为北京切诺基、上海桑塔纳等汽油车使用的电热陶瓷进气加热器，加热器安装在进气管的下方，伸进进气道内。加热器制成多针状，以增大散热面积，通电后其表面温度可达到 180℃ 左右，混合气吹进时即被预热，未蒸发的燃油通过时可受热蒸发形成良好的混合气。

　　加热器的发热元件是具有正温度系数的 PTC 电热陶瓷材料，其具有随温度升高阻值增大的特性，可使加热温度得到自动控制（即恒温控制），并可节省电能。

　　图 9-24 所示为 PTC 电热陶瓷材料的温度、电流特性曲线，当环境温度为 25℃ 时，其电阻值为 0.2~0.4Ω。电路接通瞬时加热电流将达到 40~60A，温度迅速升高，1min 左右温度即可达 60~80℃，3min 内温度可达 180℃，此时电阻值趋于无穷大，电流趋于零，温度保持不变，电路几乎无电能消耗。

　　4. 起动液喷射装置

　　在某些柴油机上可根据需要选用起动液喷射装置，如图 9-25 所示。

　　喷嘴 3 安装在发动机进气管 4 上，起动液喷射罐 1 内充有压缩氮气和乙醚、丙酮、石油醚等易燃燃料。当低温起动柴油机时，将起动液喷射罐 1 倒置，罐口对准喷嘴 3 上端的管口，轻压起动液喷射罐 1 打开其端口上的单向阀 2，则起动液通过单向阀 2、喷嘴 3 喷入发动机进气管 4，并随吸入进气道的空气一道进入燃烧室。由于起动液是易燃燃料，可在较低的温度下迅速着火，因此可点燃喷入燃烧室的柴油。

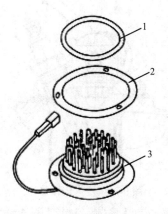

图 9-23　电热陶瓷进气加热器

1—密封圈　2—隔热垫　3—加热器

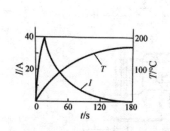

图 9-24　PTC 电热陶瓷材料的温度、电流特性曲线

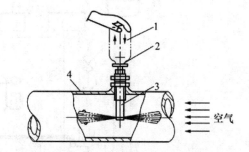

图 9-25　起动液喷射装置

1—起动液喷射罐　2—单向阀　3—喷嘴　4—发动机进气管

5. 电火焰预热器

电火焰预热装置除了电热塞产生热量外，还可通过供油装置向其周围喷油，从而形成电火焰，以产生更多的热量。该装置通常用于集中预热的柴油发动机。

电火焰预热器如图 9-26 所示，主要由电热塞 1 和电磁喷油器 2 组成，装在发动机进气管上.电热塞用来点燃柴油，加热空气。喷油器电磁阀控制其油路，在电磁阀通电时，阀门开启.喷油器将燃油喷向电热塞而形成电火焰。电热塞及电磁阀受限时控制器的控制。

图 9-27 所示为奔驰 2026 牵引车的起动预热装置示意图。在冷却液温度低于 2℃时，温度开关 3 接通，温度指示灯 4 点亮，按下冷起动按钮 5，预热电路接通，经限时器 6、控制器 7 使电热塞 11 发热，稍后使电磁阀 10 接通喷油，同时起动指示灯 8 点亮，提示驾驶员可以起动发动机。

从起动指示灯 8 点亮开始，大约 2min 内若未接通起动机电路或起动不成功，限时器 6 将自动切断预热电路，起动指示灯 8 熄灭，如果重新起动需要先断开冷起动按钮 5，然后再次接通；在起动指示灯 8 亮起的 2min 内若起动成功，起动指示灯 8 亦将熄灭，但预热电路仍然工作，当发动机冷却液温度上升到 10℃以上时，温度开关 3 断开，温度指示灯 4

熄灭，预热电路切断。在温度开关 3 断开（温度较高）时，即使按下冷起动按钮 5，预热装置也不工作。

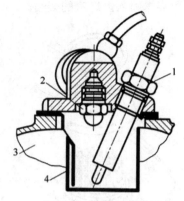

图 9-26　电火焰预热器

1—电热塞　2—电磁喷油器　3—进气管　4—导流罩

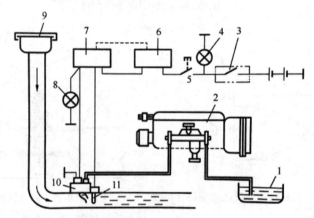

图 9-27　奔驰 2026 牵引车的起动预热装置示意图

1—油箱　2—输油泵　3—温度开关　4—温度指示灯　5—冷起动按钮　6—限时器　7—控制器

8—起动指示灯　9—空气滤清器　10—电磁阀　11—电热塞

6. 起动减压装置

有些柴油发动机采用如图 9-28 所示的起动减压装置来降低起动转矩，提高起动转速，以改善起动性能。

起动发动机时，可将转换手柄 1 转到减压位置，使调整螺钉 3 按图中的箭头方向转动，并略微顶开气门 9(气门一般压下 1～1.25mm)，以降低压缩行程的初始阻力，使起动机转动曲轴的阻力矩减小，提高起动转速。曲轴转动以后，各零件的工作表面温度升高，机油的黏度降低，摩擦阻力减小，从而进一步降低起动阻力矩。此后，将转换手柄 1 扳回原来的位置，发动机即可顺利起动。

多缸柴油机各气门的减压装置有联动机构。中、小型柴油机的联动机构一般为同步式，即各减压气门同时打开，同时关闭。大功率柴油机减压装置的联动机构一般为分级式，即起动前各减压气门同时打开，起动时各减压气门分级关闭，使部分气缸先进入正常工作，发动机预热后其余各缸再转入正常工作。

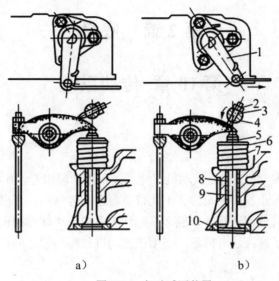

图 9-28　起动减压装置

a）非减压位置　　b）减压位置

1—转换手柄　2—锁紧螺母　3—调整螺钉　4—轴　5—气门顶帽　6—气门弹簧座

7—气门弹簧　8—气门导管　9—气门　10—气门座

思考题：

1. 起动系统有何功用？其基本组成是什么？

2. 常用的起动方式有哪几种？

3. 车用起动机的作用是什么？起动机的基本组成是什么？

4. 汽车为什么要采用串励直流电动机作为起动电动机？

5. 起动机的电磁开关为什么要采用两个线圈而不是一个线圈？

6. 为什么必须在起动机中安装离合机构？常用的起动离合机构有哪几种类型？各有何优缺点？

7. 为使发动机在低温下迅速、可靠地起动，常采用哪些辅助起动装置？

第 2 篇 底盘

第 10 章 传动系统

10.1 概述

汽车的动力来自发动机，但是发动机不能直接和驱动轮相连，因为发动机具有转速高、输出转矩及其变化范围小、不能反转、不能带负荷起动等特点，而汽车工作时，车速和驱动力变化范围较大，有能倒退行驶、能平稳起步等要求。这样发动机的特点与汽车的工作要求出现了矛盾。为了解决这一问题，必须在发动机和驱动轮之间设置传动系统。

10.1.1 功用

1）将发动机发出的动力传给驱动轮，驱动车辆行驶，这是汽车传动系统的基本作用。

2）实现汽车的降速增扭。汽车只有克服外界的阻力（如汽车的惯性、车轮的滚动阻力、风阻等）才能行驶，另外如果把汽车发动机和车轮直接连接，则会因为发动机转速过高而使汽车无法正常行驶，因此汽车应该具有增大驱动轮转矩及降低汽车行驶速度（即降速增扭）的功能。

3）实现汽车的变速。对于活塞式内燃机而言，其转速范围很大，功率和燃油消耗率的变化范围也很大，而转矩的变化范围却不是很大，综合发动机功率和燃油消耗率因素的有利转速范围很小，为使发动机保持在最有利的转速范围内工作，同时使汽车的牵引力和速度可在足够大的范围内变化，需要汽车具有变速功能。

4）实现倒退行驶。汽车是通过驱动轮的反向旋转来实现向后行驶的，这一过程也是由汽车传动系统完成的。

5）中断动力传递或平顺地接合动力。汽车在长时间停驻、滑行、换档、制动、起步时需要发动机暂时停止传递动力或缓慢接合，这也可由汽车传动系统来完成。

10.1.2 形式

汽车传动系统有机械式、液力式和电力式等形式。

1. 机械式传动系统

机械式传动系统主要由离合器 2、变速器 3、万向节 4、传动轴 8、主减速器 7 和半轴 6 组成，如图 10-1 所示。发动机 1 的动力经离合器 2、变速器 3、万向节 4 和传动轴 8（万向传动装置）、主减速器 7、半轴 6 传给驱动轮，可保证汽车在不同条件下能正常行驶。

汽车传动系统布置方案由汽车总体布置方案决定，主要包括发动机前置后轮驱动、发动机前置前轮驱动、发动机后置后轮驱动、发动机中置后轮驱动和全轮驱动等传动系统布置形式。

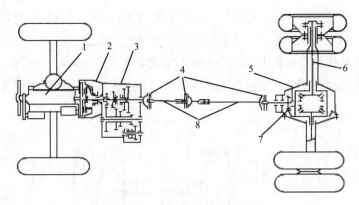

图 10-1 机械式汽车传动系统

1—发动机 2—离合器 3—变速器 4—万向节 5—驱动桥 6—半轴 7—主减速器 8—传动轴

（1）发动机前置后轮驱动的汽车传动系统（FR） 这种传动系统如图 10-1 所示，是汽车中最常见的一种布置方式。汽车发动机布置在前桥，后桥为驱动桥，在变速器和驱动桥之间设有传动轴和万向节组成的万向传动装置。该方案的优点是结构简单，工作可靠，前后轮的质量分配比较理想；缺点是变速器和驱动桥之间的万向传动装置对车重和传动系统的传动效率都有影响。

（2）发动机前置前轮驱动的汽车传动系统（FF） 这种传动系统如图 10-2 所示，在轿车中应用较多。发动机 1、离合器 2 和变速器 3 都布置在驱动桥（前桥）的前方，而且三者与主减速器 5、差速器 6 配成一个整体固定在车架上，这样在变速器和驱动器之间可省去万向节和传动轴。

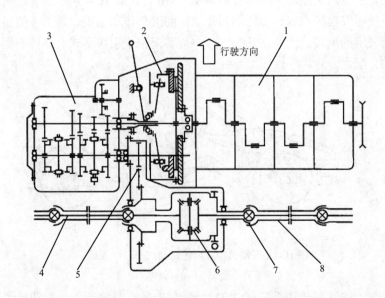

图 10-2 发动机前置前轮驱动汽车传动系统

1—发动机 2—离合器 3—变速器 4—前轴 5—主减速器 6—差速器 7—万向节 8—前桥

（3）发动机后置后轮驱动的汽车传动系统（RR） 这种传动系统如图 10-3 所示，在大型客车上多采用这种布置形式，少量微型、轻型轿车也采用这种形式。发动机后置，使前轴不易过载，并能更充分地利用车厢面积，还可有效地降低车身地板的高度或充分利用汽车中部地板下的空间安置行李，也有利于减轻发动机的高温和噪声对驾驶员的影响。缺点是发动机散热条件差，行驶中的某些故障不易被驾驶员察觉，远距离操纵也使得操纵机构变得复杂、维修调整不便。但由于优点较为突出，这种传动系统在大型客车上应用得越来越多。

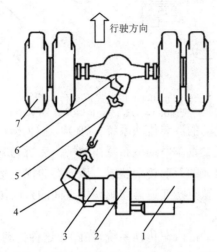

图 10-3　发动机后置后轮驱动汽车传动系统

1—发动机　2—离合器　3—变速器　4—角传动装置　5—传动轴　6—后桥驱动　7—后驱动轮

（4）发动机中置后轮驱动的汽车传动系统（MR）如图 10-4 所示，发动机中置后轮驱动汽车传动系统即发动机中置、后轮作为驱动轮的汽车传动系统，是大多数运动型轿车和方程式赛车所采用的形式。此外，某些大、中型客车也采用该形式。这种布置能实现前后轴载荷理想的分配。

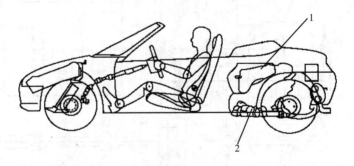

图 10-4　发动机中置后轮驱动汽车传动系统

1—发动机　2—传动系统

（5）全轮驱动的汽车传动系统（nWD）　汽车的所有车轮都作为驱动轮的汽车驱动形式主要是为了适应坏路或无路行驶条件。四轮驱动（4WD）汽车传动系统如图 10-5 所示，主要用于越野车。四轮驱动是汽车四个车轮都能得到驱动力，发动机的动力被分配给四个车轮，可使汽车的通过能力得到相当大的改善。四驱系统可分成半时四驱和全时四驱两大类。

半时四驱的使用可分两种状态：一种是两驱，汽车只有两个车轮得到动力，与普通汽车没有区别；另一种则是四驱，此时汽车前后轴平均分配动力。半时四驱结构简单、可靠性高。

全时四驱是使汽车四个车轮一直保持有驱动力的四驱系统。全时四驱可靠性更大，但其耗油量较大。

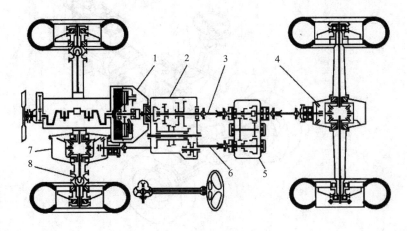

图 10-5 四轮驱动汽车传动系统

1—离合器 2—变速器 3、6—万向传动装置 4、7—主减速器和差速器 5—分动器 8—等角速万向节

2. 液力式传动系统

液力式传动系统可分为液力机械式和静液式两种。

（1）液力机械式传动系统 是液力和机械传动的组合运用，以液体为传动介质，利用液体在主动元件和从动元件之间循环流动过程中动能的变化来实现动力的传递。液力传动仅指动液传动，动液传动系统有液力耦合器和液力变矩器两种。液力耦合器只能传递转矩，而不能改变转矩的大小，可以代替离合器的部分功能，即保证汽车平稳起步和加速，但不能保证在换档时变速器中的齿轮不受冲击。液力变矩器则除了具有液力耦合器的全部功能外，还能实现无级变速，故其应用比液力耦合器广泛。但是，液力变矩器的输出转矩与输入转矩的比值变化范围还不足以满足使用要求，故一般在其后再串联一个有级式机械变速器而组成液力机械变速器，以取代机械式传动系统中的离合器和变速器。液力机械式传动系统能根据道路阻力的变化自动地在若干个车速范围内分别实现无级变速，而且其中的有级式机械变速器还可以实现自动或半自动操纵，因而可使驾驶员的操作大为简化。

（2）静液式传动系统 静液式传动系统（又称容积式液压传动系统）如图 10-6 所示，主要由发动机驱动的液压泵 7、液压马达 2 和液压自动控制装置 6 等组成。静液式传动系统是通过液体传动介质的静压力能的变化来实现动力传动的，即发动机的机械能通过液压泵转换成液压能，然后由液压马达转换为机械能。静液式传动系统存在机械效率低、造价高、使用寿命短和可靠性较差的缺点，因此该系统的应用范围受到限制。

3. 电力式传动系统

电力式传动系统如图 10-7 所示，主要由发动机驱动的发电机发电、再由电动机驱动桥

（只用一个电动机，使其与传动轴或驱动桥相连接）或直接驱动电动驱动轮来驱动车辆行驶，电力式传动系统的优点是由于从发动机到车轮只有电气连接，使汽车的布置得到简化，而且具有无级变速特性，有助于提高平均车速，还有驱动平稳、冲击力小、可延长车辆使用寿命、降低环境污染的特点。其缺点是质量大、效率低、消耗有色金属较多等。

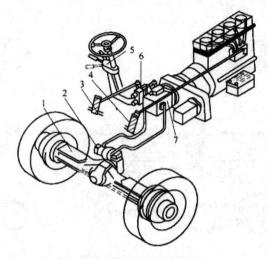

图 10-6　静液式传动系统

1—驱动桥　2—液压马达　3—制动踏板　4—加速踏板　5—变速操纵杆　6—液压自动控制装置　7—液压泵

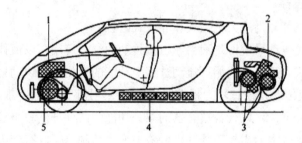

图 10-7　电力式传动系统

1—电动机控制器　2—发动机　3—发电机　4—蓄电池　5—牵引电动机

10.2 离合器

10.2.1 功用与类型

1. 离合器的功用

1) 临时切断发动机与传动系统的动力传递，以便于换档变速。为了适应不断变化的汽车行驶条件，变速器经常要换用不同档位工作。齿轮式变速器的换档一般是通过拨动齿轮或其他挂档机构，先使原用档位的某一齿轮副退出啮合，再使另一档位的齿轮副进入啮合。换档前必须迅速彻底分离离合器，中断动力传递，以防止换档时破坏齿轮。

2) 平顺接合发动机与传动系统的动力传递，以保证平稳起步。汽车起步前应将变速器挂在空档，使发动机与驱动轮之间的联系断开，待发动机起动并开始正常怠速运转后再将变速器挂上某一档位，使汽车起步。如果传动系统与发动机刚性相连，则当变速器挂上档后，汽车会由于突然接受较大的动力而猛然向前窜动，因而产生很大的惯性力，此惯性力作用在发动机曲轴上，将导致发动机熄火，甚至使传动系统机件因受过大的冲击载荷而损坏。传动系统安装离合器后，通过在车辆起步前先彻底分离离合器，再将变速器挂上档，然后逐渐接合离合器，并逐渐踩下加速踏板，可使发动机传递给驱动轮的转矩逐渐增大，当驱动轮的驱动力足以克服起步阻力时，汽车便开始运动，从而实现平稳起步。

3）防止传动系统过载。当汽车紧急制动或所受负荷过大时，如果没有离合器，传动系统将迫使发动机降速，于是发动机的运动件产生很大的惯性力矩，并对传动系统造成很大的冲击，使传动系统机件过载而损坏。有了离合器，便可通过其主动部分与从动部分之间的相对滑动摩擦来消除传动系统过载。

2. 离合器的类型

汽车上广泛采用摩擦式离合器，按其结构和工作特点分类如下：

1）按摩擦片数目分为单片式、双片式和多片式。单片式离合器分离彻底，从动部分转动惯量小；双片式和多片式接合平顺，但分离不易彻底，从动部分转动惯量较大，且不易散热。

2）按摩擦表面工作条件分为干式和湿式。湿式离合器一般用液压泵的液压油来冷却摩擦表面，带走热量和磨屑，以提高离合器使用寿命。

3）按压紧装置的结构分为弹簧压紧式、杠杆压紧式和液力压紧式。虽然目前普遍采用弹簧压紧式，但液力压紧式正在越来越多地被采用，它具有操纵轻便和不需调整等优点。杠杆压紧式又有带补偿弹簧和不带补偿弹簧两种。

4）按离合器在传动系统中的作用分为单作用式和双作用式。双作用离合器中主离合器控制传动系统的动力，副离合器控制动力输出轴的动力。主、副离合器只用一套操纵机构按顺序操纵的称为联动双作用离合器，主、副离合器分别用两套操纵机构操纵的称为双联离合器。

10.2.2 组成与工作原理

1. 摩擦式离合器的组成

摩擦式离合器依靠摩擦表面之间的摩擦力来传递转矩，由主动部分、从动部分、压紧机构和操纵机构四部分组成。

1）主动部分与发动机曲轴一起旋转，它包括飞轮 1、离合器盖 3 和压盘 4（见图 10-8a）。离合器盖 3 用螺钉固定在飞轮 1 上，压盘 4 一般通过凸台或传动片与离合器盖 3 连接，由飞轮 1 带动旋转。分离或接合离合器时，压盘做少量的轴向移动。

2）从动部分包括从动盘 2 和离合器轴 9。从动盘 2 安装在飞轮 1 与压盘 4 之间，从动盘 2 通过毂孔内花键孔与离合器轴 9 连接，可做轴向移动。离合器轴 9 连到变速器的主动轴上。

3）压紧机构由装在压盘 4 与离合器盖 3 之间的弹簧 13 或膜片弹簧组成。螺旋压紧弹簧一般均匀分布在压盘 4 的圆周上。

　　4）操纵机构由分离轴承 12、分离轴承座套 11、分离杠杆 10、分离拉杆 5、踏板 6、调节拉杆 7 和拨叉 8 等组成。分离轴承座套 11 活套在离合器轴 9 上，可轴向移动。分离杠杆 10 以某种方式支承在离合器盖 3 上，通过分离拉杆 5 与压盘 4 连接。踏下踏板 6 可操纵压盘 4 右移（见图 10-8b），使离合器传动分离。

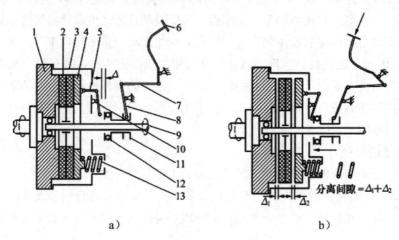

图 10-8　离合器工作原理

a）结合状态　b）分离状态

1—飞轮　2—从动盘　3—离合器盖　4—压盘　5—分离拉杆　6—踏板　7—调节拉杆　8—拨叉　9—离合器轴　10—分离杠杆　11—分离轴承座套　12—分离轴承　13—弹簧

2. 工作原理

　　现以图 10-8 所示的弹簧压紧式离合器为例说明其工作原理。

　　当离合器从动盘 2 被弹簧 13 紧压在飞轮 1 与压盘 4 之间时，分离杠杆 10 头部与分离轴承 12 端面之间留有间隙 Δ，此称为自由间隙。

　　当踏下踏板 6 时，通过调节拉杆 7 和拨叉 8，使分离轴承 12 沿轴向左移并推压分离杠杆 10，致使其绕支点摆动，继而拉动压盘 4 并使弹簧 13 压缩。由于压盘 4 右移且不再压紧从动盘 2，摩擦面之间出现间隙 $\Delta_1 + \Delta_2$，此称为分离间隙。这时离合器处于分离状态，如图 10-8b 所示，传动系统的动力被切断。离合器分离时应迅速果断，以减少摩擦副的磨损，并保证分离彻底。

　　当踏板 6 逐渐松开时，被压紧的弹簧 13 随之逐渐伸展，通过压盘 4 又将从动盘 2 压紧在飞轮 1 表面上，离合器又处于接合状态，如图 10-8a 所示。由于这种离合器经常处于接合状态，故又称为常压式摩擦离合器。

　　在离合器的接合过程中，随着弹簧对压盘压力的逐渐增大，摩擦表面间的摩擦力矩也逐渐增大，当摩擦力矩尚未达到汽车或拖拉机机组构成的阻力矩之前，从动部分仍然不动，并迫使主动部分的转速下降，此时主动部分与从动部分摩擦副之间存在着相对滑磨。当离合器的摩擦力矩增长到能克服车辆构成的阻力矩时，从动部分开始转动，主动部分转速还会进一步下降，从动部分与主动部分摩擦副之间继续相对滑磨。当摩擦力矩继续增长到超过阻力矩时，从动部分转速增加，直到主、从动部分转速一致，滑磨过程才完全结束，此时两者连接成一整体，共同增速到接近主动部分原来的转速为止。这时离合器传递的转矩等于车辆的阻力矩。

离合器接合时的滑摩过程在使车辆平顺起步、减少冲击的同时，也会造成摩擦副的磨损，且大量产生的热量还会使离合器温度升高，弹簧退火变软，摩擦片的摩擦系数下降，甚至使摩擦片烧损，降低离合器的使用寿命。虽然缩短滑摩时间可以减少滑摩功率损失，但如果踏板松放过快，则会产生很大的惯性力，造成冲击及诸多不良后果。

在离合器分离过程中，踏板总行程为自由行程与工作行程之和。自由行程用以消除各连接杆件运动副间隙和自由间隙。与摩擦面分离间隙对应的行程叫工作行程。

当从动盘摩擦片磨损变薄时，自由间隙将会变小，踏板自由行程也随之变小，若自由间隙过小或等于零，则摩擦片再稍有磨损，分离杠杆的端头便会顶住分离轴承端面，使弹簧压紧力减小，造成离合器打滑。自由间隙不宜过大，这是因为踏板总行程是一定的，若自由行程增加，则工作行程就会减小，这将使离合器分离不彻底。为了保证适当和均匀的自由间隙，离合器上设有相应的调整机构。此外，分离杠杆端头必须在同一平面上，否则会导致分离时压盘倾斜而影响彻底分离。

10.2.3 基本构件

1. 主动部分

主动部分主要由压盘和离合器盖组成。

（1）压盘　传递发动机转矩时，压盘和飞轮一起带动从动盘转动，无论离合器接合或分离，它都和飞轮一起旋转。为增大压盘的热容量，压盘需具有足够的质量。压盘的摩擦表面要有较低的表面粗糙度，以减少摩擦片的磨损。压盘一般用灰铸铁制成，应保证有足够的刚度以防止变形。为了加强通风散热，压盘上往往开有径向通风孔。

（2）离合器盖　离合器盖与飞轮固定在一起，通过它可传递发动机的一部分转矩。它还是离合器压紧弹簧和分离杠杆的支撑壳体。当离合器分离时，作用在踏板上的操纵力全部通过它传给飞轮，因此要求它有足够的刚度，否则会产生较大的变形，降低操纵部分的传动效果，严重时还可能导致离合器分离不彻底，造成摩擦片早期磨损。为减小质量，提高刚度，一般汽车的离合器盖常用厚度为 3～5mm 的低碳钢板冲压成比较复杂的形状、少数重型车辆也有采用铸铁制成的。

2. 从动部分

从动部分主要是由从动盘等组成，而从动盘一般由从动片、摩擦片和从动盘毂组成。

（1）从动片　从动片的质量应尽量小，并使其质量分布尽可能靠近旋转中心，以获得最小的转动惯量，减小从动盘转速变化时引起的惯性力，从而降低换档时齿轮之间产生的冲击载荷。因此从动片一般较薄，通常用 1.3～2.0mm 厚的钢板冲压而成，其上有数条径向切口，可防止热变形。为使接合平顺，起步平稳，从动片应做成具有轴向弹性的结构，使主动片和从动片之间的压力逐渐增长。具有轴向弹性的从动片有整体式、分开式和组合式三种。

（2）摩擦片　摩擦片的工作条件比较恶劣，对它的要求是能长期稳定地工作。目前广泛采用的石棉塑料摩擦片是由耐热性及化学稳定性较好的石棉与黏合剂（如酚醛树脂）

及其他辅助材料混合热压制成的。摩擦片常用直径为 4～6mm 的纯铜或铝铆钉铆在从动片上，其优点是换装摩擦片较方便，但其厚度利用较差。现在常采用粘接法，这样可增加摩擦片的摩擦面积，而且厚度利用较好，但其无法在从动片上安装波形弹簧片，而且修理时换装摩擦片比较麻烦。

石棉塑料摩擦片可采用上述两种方法固定，而粉末冶金摩擦片只能黏接。

（3）从动盘毂 从动盘毂一般都用内花键与离合器花键轴连接，使从动盘可在轴上做轴向移动。

在有的离合器中为了避免传动系统产生共振，并使车辆起步平稳，采用了带扭转减振器的从动盘（见图 10-9），在从动片和从动盘毂之间可通过减振弹簧传递转矩。

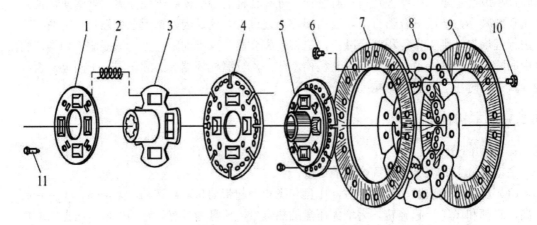

图 10-9　带扭转减振器的从动盘

1—减振盘　2—减振弹簧　3—从动盘毂　4—从动片　5—从动片与从动片毂总成　6—铆钉　7、9—摩擦片
8—波形弹簧片　10—摩擦片铆钉　11—限位销

另外，在减振盘和从动盘毂之间还装有减振摩擦片，当传动系统发生扭转振动时，靠减振摩擦片与它们之间的摩擦可吸收能量，起到阻尼作用。

3. 压紧装置

弹簧压紧式离合器在离合器盖和压盘之间装有弹簧（见图 10-8）。压盘和从动盘都可以做轴向移动，在弹簧的作用下将它们与主动盘压紧在一起即可处于接合状态。当主动盘转动时，压盘随着一起转动，通过摩擦作用将动力传到从动盘和离合器轴上。压紧弹簧的结构型式很多，如碟形弹簧、膜片弹簧、圆柱螺旋弹簧和圆锥螺旋弹簧等。其中，圆周均布圆柱螺旋弹簧极为常见。另外，汽车上的离合器还越来越多地采用膜片弹簧。

（1）圆柱螺旋弹簧 为使离合器能产生足够的摩擦力矩，必须在离合器摩擦片上施加一定的压紧力 F，其共有 Z 个弹簧，则每个弹簧的工作压力 $F_1=F/Z$。为了使摩擦片受力均匀，弹簧数取 3 的倍数，即 Z 为 6、9、12、15 等。摩擦片外径越大，弹簧数应越多。每个弹簧的刚度是不同的，一般按刚度分成两组，大于平均刚度者为一组，小于平均刚度者为另一组，两组分别涂上不同颜色以示区别。需要注意的是，一个离合器总成只能装用同一组弹簧。

目前圆周布置弹簧的离合器，其弹簧轴线与离合器轴线平行。这种结构的离合器的弹簧压紧力随摩擦片磨损而逐渐降低，这对单片离合器影响不大，在摩擦片磨损至更换新片之前压紧力可不调整，但当双片离合器摩擦片磨损到一定程度后就必须要进行调整，因为双片离合器摩擦片的磨损量比单片离合器的要多1倍，会引起压紧弹簧伸长而使压紧力下降更多，有可能严重影响离合器传递转矩的能力，因此必须要通过调整来恢复原来的压紧力。一般可在飞轮与离合器盖之间加上一定厚度的垫片，待摩擦片磨损后撤去垫片。图10-10所示为某型号汽车单盘离合器，图10-11所示为某型号拖拉机双盘离合器。

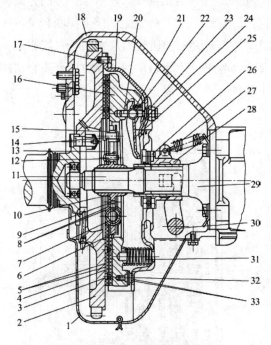

图 10-10　某型号汽车单盘离合器

1—离合器壳底盖　2—飞轮　3—摩擦片铆钉　4—从动盘本体　5—摩擦片　6—减振器盘　7—减振器弹簧

8—减振器阻尼片　9—阻尼片铆钉　10—从动盘毂　11—变速器第一轴（离合器从动轴）　12—阻尼弹簧铆钉

13—减振器阻尼弹簧　14—从动盘铆钉　15—从动盘铆钉隔套　16—压盘　17—离合器盖定位销　18—离合器壳

19—离合器盖　20—分离杠杆支承柱　21—摆动支片　22—浮动销　23—分离杠杆调整螺母　24—分离杠杆弹簧

25—分离杠杆　26—分离轴承　27—分离套筒回位弹簧　28—分离套筒　29—变速器第一轴轴承盖　30—分离叉

31—压紧弹簧　32—传动片铆钉　33—传动片

（2）膜片弹簧　膜片弹簧是由弹簧钢板冲压成的空心锥形零件，其形状像一个无底的碟子，如图10-12所示。膜片弹簧有完整的截锥体，径向开槽。径向槽部分像一圈瓣片，前部呈梯形，其根部较窄，当离合器分离时起弹性分离杠杆的作用。当沿膜片弹簧的轴线方向施加载荷时，膜片弹簧便逐渐受压变平，这种弹性变形构成膜片弹簧的弹力作用。

膜片弹簧离合器（推式）的结构及工作原理如图10-13所示。

膜片弹簧离合器由主动部分（由压盘1、离合器盖2、膜片弹簧3等组成的整体并用螺钉固定在发动机飞轮4上）、从动部分和操纵部分组成。

从动部分装在飞轮4与压盘1之间，通过滑动花键套在变速器的输入轴上。在离合器盖

2 未固定到飞轮 4 上时，膜片弹簧 3 不受力，离合器处于自由状态，如图 10-13a 所示；当离合器盖 2 用螺钉固定到飞轮 4 上时，由于离合器盖 2 靠向飞轮 4，钢丝支撑圈 6 压膜片弹簧 3 使之发生弹性变形，在膜片弹簧 3 的弹力作用下，从动盘、压盘 1 与飞轮 4 夹紧，离合器处于结合状态，分离指与分离轴承 7 之间留有自由间隙，如图 10-13b 所示。发动机工作时，飞轮和压盘通过它们与摩擦片之间的摩擦带动从动盘一起旋转，将转矩传递给离合器轴（变速器主动轴）。当驾驶员踩下离合器踏板时，操纵部分的分离叉将分离轴承推向前，消除自由间隙，推动膜片弹簧内指，使膜片弹簧上端绕支撑圈转动进一步发生变形并拉动压盘向后移动，解除了压盘与摩擦片之间的压紧力，发动机只能带动主动部分旋转，无法将转矩传递给变速器，使离合器处于分离状态。当驾驶员松开离合器踏板时，操纵部分将分离轴承拉回，膜片弹簧下端压力解除，离合器恢复结合状态。

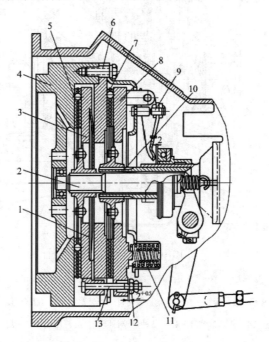

图 10-11　某型号拖拉机双盘离合器

1—碟形弹簧　2—副离合器轴　3—前压盘　4—飞轮　5—副离合器从动盘　6—隔板　7—主离合器从动盘

8—后压盘　9—调整螺钉　10—主离合器轴　11—主离合器弹簧　12—限位螺母　13—联动销

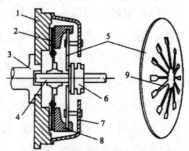

图 10-12　膜片弹簧离合器压盘总成示意图

1—飞轮　2—从动盘　3—曲轴　4—从动轴　5—膜片弹簧　6—分离轴承　7—离合器盖　8—压盘　9—分离指

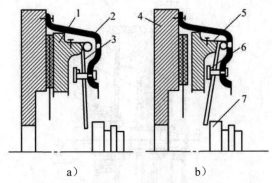

图 10-13　膜片弹簧离合器的结构及工作原理

a) 自由状态　b) 结合状态

1—压盘 2—离合器盖 3—膜片弹簧 4—飞轮 5—分离弹簧钩 6—钢丝支撑圈 7—分离轴承

膜片弹簧与圆柱螺旋弹簧的弹性特性曲线如图 10-14 所示。由图可知，周置圆柱螺旋弹簧的弹性特性为直线，而膜片弹簧的为曲线。图中 F_a 为压紧力，l_a 为与 F_a 相对应的压缩变形量，$\triangle b$ 为摩擦片磨损后弹簧的延伸量，$\triangle c$ 为离合器分离时弹簧的附加变形。

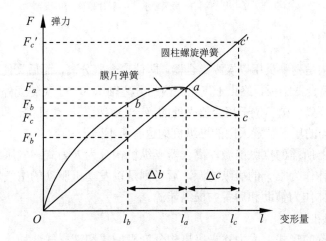

图 10-14　膜片弹簧与圆柱螺旋弹簧弹性特性曲线

比较两条曲线，不难看出，当离合器接合时，压紧力均为 F_a（a 点），两种弹簧的变形量均为 l_a，若摩擦片磨损后的磨损量相等，则弹簧的延伸量（弹簧的变形量减小）同为 $\triangle b$（b 点和 b' 点），这时膜片弹簧的压紧力 F_b 虽小于 F_a，但尚能可靠地工作，而圆柱螺旋弹簧的压紧力 F_b' 则远小于 F_a，使离合器滑磨而不能传递需要的转矩。当离合器彻底分离时，弹簧进一步压缩（变形进一步加大），其附加变量为 $\triangle c$（c 点和 c' 点）。此时，膜片弹簧压紧力 $F_c < F_a$，使离合器操纵轻便省力，而圆柱螺旋弹簧的压紧力 $F_c' > F_a$，这意味着所需操纵力加大，使操纵费力。膜片弹簧离合器根据分离内指的受力方向不同，可分为推式膜片弹簧离合器（见图 10-13）和拉式膜片弹簧离合器（见图 10-15）。装配时，推式膜片弹簧离合器膜片锥顶朝后，大端靠在压盘上，对压盘施加压力；拉式膜片弹簧的安装方向与推式相反，即膜片弹簧离合器膜片锥顶朝前，膜片弹簧中部靠在压盘上对压盘施加压力。

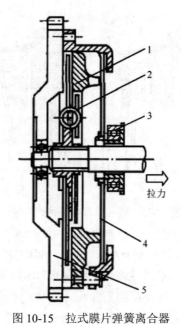

图 10-15　拉式膜片弹簧离合器

1—压盘　2—从动盘　3—分离轴承　4—膜片弹簧　5—飞轮

10.2.4　操纵机构

离合器操纵机构是驾驶员用以操纵离合器，即使离合器分离，而后又使之柔和接合的一套机构。它起始于离合器踏板，终止于飞轮壳内的分离轴承。位于飞轮壳外面的操纵部分由位于离合器壳内的分离机构和位于离合器壳处的离合器踏板及传动机构、助动机构等组成。在离合器内部，不同的压紧装置采用的操纵机构也有所不同。

按照分离离合器所需的操纵能源，离合器操纵机构分为人力式和气压助力式两类。前者是以驾驶员的肌体作为唯一的操纵能源，后者则是以发动机驱动的空气压缩机作为主要操纵能源，而以人体作为辅助和后备的操纵能源。

1．人力式操纵机构

按所用传动装置的形式，人力式操纵机构分为机械式和液压式两种。

（1）机械式操纵机构　机械式操纵机构广泛应用于中、轻型各类汽车上。机械式操纵机构又分为绳索传动装置和杆系传动装置。

图 10-16 所示为某轿车离合器的绳索式传动装置，具有自动调整功能。其结构特点是离合器踏板和分离叉之间用绳索连接，结构简单，布置方便，不受车身和车架变形的影响，适用于吊挂式踏板。但其寿命短，传递的力小，只适用于轻型及微型汽车。

与绳索式传动装置相比，杆系传动装置的关节较多，因而摩擦损失较大，而且还会受到车身或车架形状的影响，而绳索式传动装置则可消除上述缺点，同时它还便于布置，并有可能采用便于驾驶员操纵的吊挂式踏板。但是绳索寿命较短，拉伸刚度较小，故杆系传动装置最适用于轻型和微型汽车，也适用于后置发动机的汽车（见图 10-17）。

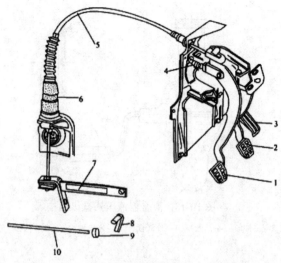

图 10-16　某轿车离合器的绳索式传动装置

1—离合器踏板　2—制动踏板　3—加速踏板　4—助力弹簧　5—绳索总成　6—绳索自调整装置

7—离合器操纵臂　8—离合器分离臂　9—离合器分离轴承　10—离合器分离推杆

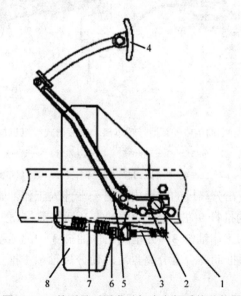

图 10-17　某型号后置发动机汽车杆系传动装置

1—离合器踏板　2—踏板轴　3—拉臂　4—拉杆　5—分离叉臂　6—调整螺母　7—踏板回位弹簧　8—飞轮壳

机械式操纵机构结构较简单，制造成本低，故障少，但其机械效率低，而且拉伸变形会导致踏板行程损失过大。

（2）液压式操纵机构　液压式操纵机构主要由主油缸、工作油缸及管路系统组成，如图 10-18 所示。液压式操纵机构具有摩擦阻力小、质量小、布置方便、接合柔和等优点，并且不受车身和车架变形的影响，因此应用较为广泛。在离合器踏板 1 与分离拨叉 6 之间有主油缸 2 和工作油缸 7，主油缸 2 和工作油缸 7 用高压油管连接。某型号轿车离合器的液压式操纵机构如图 10-19 所示。

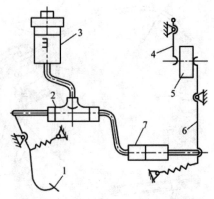

图 10-18　离合器液压式操纵机构

1—踏板　2—主油缸　3—储液室　4—分离杠杆　5—分离轴承　6—分离拨叉　7—工作油缸

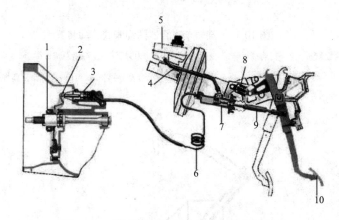

图 10-19　某型号轿车离合器液压式操纵机构

1—分离轴承　2—分离板　3—工作油缸　4—低压油管　5—储液室　6—高压油管

7—主油缸　8—助力弹簧　9—推杆　10—离合器踏板

　　分离板 2 推杆前端顶在分离板的凹槽内，另一端伸入工作油缸 3 活塞内。当踩下离合器踏板 10 时，主油缸 7 的推杆 9 左移，推动主油缸 7 活塞前移，使主油缸 7 前腔油压升高，高压油沿高压油管 6 进入工作油缸 3，并推动工作油缸 3 中的活塞前移，活塞推动其前端的分离板 2 推杆，推杆顶推动离合器分离盘，迫使分离轴承 1 推压膜片弹簧，促使离合器分离。

　　某汽车离合器主油缸的构造如图 10-20 所示。主油缸上部是储液室 5。主油缸体 7 借补偿孔 A、进油孔 B 与储液室 5 相通。主油缸体 7 内装有活塞 3。活塞 3 中部较细，使活塞 3 右侧的主油缸内腔形成环形油室。活塞 3 前端装有密封圈 2 与皮碗 5。活塞 3 顶有沿圆周分布的 6 个小孔，活塞复位弹簧 6 将皮碗 5、活塞垫片 4 压向活塞 3，盖住小孔，形成单向阀，并把活塞 3 推向最右位置，使皮碗 5 位于补偿孔 A 与进油孔 B 之间，两孔都开放。

　　工作油缸的构造如图 10-21 所示。工作油缸内装有活塞 4、皮碗 3 和活塞限位块 2。为防止活塞 4 自工作油缸体内脱出，在缸体右端装有挡环 5。在缸体左端装有进油管接头 9 与放气螺钉 8，当管路内有空气存在而影响离合器操纵时，则可拧出放气螺钉 8 进行放气。

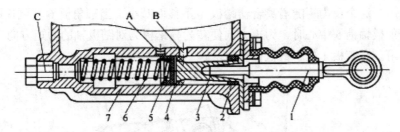

图 10-20　某汽车离合器主油缸构造

1—推杆　2—密封圈　3—活塞　4—活塞垫片　5—皮碗　6—活塞复位弹簧　7—主油缸体

A—补偿孔　B—进油孔　C—出油孔

当踩下离合器踏板时，通过主油缸推杆 1（见图 10-20）使主油缸活塞 3 向左移动，活塞复位弹簧 6 被压缩。当皮碗 5 将补偿孔 A 关闭后，管路中油液受压，压力升高。在油压作用下，工作油缸活塞 4（见图 10-21）被推向右移，并推动分离叉推杆，使分离叉转动，从而推动分离套筒、分离杠杆等使离合器分离。

当迅速放松离合器踏板时，活塞复位弹簧 6（见图 10-20）使主油缸活塞 3 较快右移，而由于油液在管路中流动有一定阻力，流动较慢，使活塞 3 左面可能形成一定的真空度。在左右压力差作用下，活塞油腔的油液便推开活塞垫片 4 和皮碗 5 形成的单向阀，由皮碗 5 间隙流向左腔弥补真空。当原先已由主油缸压到工作油缸去的油液又流回到主油缸时，由于已有少量补偿油液经单向阀流入，故总油量过多，多余的油液即从补偿孔 A 流回储液室。当液压系统中因漏油或因温度变化引起油液的容积变化时，则借补偿孔 A 适时地使整个油路中油量得到适当的增减，以保证正常油压和液压系统工作的可靠性。

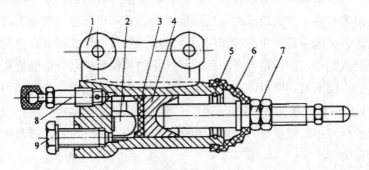

图 10-21　某汽车离合器工作油缸

1—工作油缸体　2—活塞限位块　3—皮碗　4—活塞　5—挡环　6—护罩

7—分离叉推杆总成　8—放气螺钉　9—进油管接头

（3）踏板助力装置　为了既减小所需离合器踏板力，又不致因传动装置的传动比过大而加大踏板行程，在一些中、重型货车上和某些轿车上采用了离合器踏板助力装置。

图 10-22 所示为日产 TKL-20 型重型汽车离合器液压操纵机构中所采用的弹簧助力装置。助力弹簧 4 的两端分别挂在固定于支架 3 和三角板 6 上的两支承销上。三角板 6 可以绕三角板轴销 5 转动，当离合器踏板 1 完全放松、离合器处于接合位置时，助力弹簧 4 的轴线位于三角板销轴 5 的下方。当踩下踏板 1 时，通过调整杆 2 推动三角板 6 绕三角板轴销 5 逆时针转动。这时，助力弹簧 4 的拉力对轴销的力矩实际上是阻碍踏板 1 和三角板 6

运动的反力矩。这个反力矩随着离合器踏板 1 下移而减小。当三角板 6 转到使助力弹簧 4 轴线通过三角板轴销 5 中心时，力矩方向便转为与踏板力对踏板轴的力矩方向一致，从而起到助力作用。在踏板 1 处于最低位置时，这一助力作用最大。

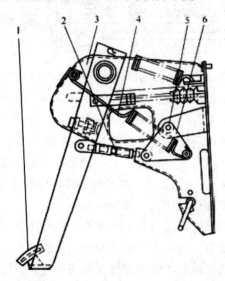

图 10-22 日产 TKL-20 型重型汽车离合器液压操纵机构中所采用的弹簧助力装置

1—踏板 2—调整杆 3—支架 4—助力弹簧 5—三脚板轴销 6—三角板

这种助力装置的助力弹簧的助力作用都存在由负变正的过程，这一过程是可以容许的，这是因为在离合器踏板的前段行程中，离合器压紧弹簧的压缩量和压缩力还不大，故所造成的踏板阻力与助力弹簧造成的踏板附加阻力的总和也在容许的范围内。在踏板的后段行程中，压紧弹簧压缩量和相应的作用力继续增加到最大值。在离合器彻底分离以后，为了变速器换档或制动，往往需要在一段时间内将踏板保持在这一最低位置，而这正是导致驾驶员疲劳的主要原因。所以，在后段踏板行程中最需要助力。弹簧助力装置的助力效果不大，一般只能降低踏板力的 25%～30%，而且助力弹簧在踏板后段行程中放出的能量正是在踏板前段行程中驾驶员对它所做的功转化而成的。由此可见，弹簧式助力装置仍然属于人力操纵范畴。

2. 气压助力式离合器操纵机构

气压助力式离合器操纵机构一般是利用由发动机带动的空气压缩机作为主要的操纵能源，驾驶员的肌体则作为辅助的和后备的操纵能源。该结构包括空气压缩机、气罐在内的一整套压缩空气源，结构较复杂，质量也很大，故单为离合器操纵机构设置整套气源系统是不适宜的，一般都是与汽车的气压制动系统及其他气动设备共用一套压缩空气源。气压助力装置可以装设在机械式操纵机构中，也可以装设在液压式操纵机构中。

为了使驾驶员能随时感知并控制离合器分离或接合的程度，气压助力装置的输出力必须与踏板力和踏板行程成一定的递增函数关系。此外，当气压助力系统失效时，应保证仍能借人力操纵离合器。

（1）气压助力式机械操纵机构 气压助力式机械操纵机构如图 10-23 所示。其中的气压助力系统主要由控制阀 4、助力气缸 8 及气压管路组成。驾驶员施于踏板上的力（踏板力）通过踏板机构 1 放大，并经第一拉杆 3 输入气压系统的控制阀 4 后，一部分作为分离离合器的作用力，直接由第二拉杆 5 输出，经中间轴外臂 6、中间轴内臂 7 和第三拉杆 9 传给离合器分离叉臂 10，另一部分则作为对控制阀 4 施加的控制力，使气源中的压缩空气经进气管 12 输入控制阀 4，并将其压力调节到定值，然后由控制阀至助力气缸的软管 11 输送到助力气缸 8。助力气缸 8 的输出力也作用在中间轴外臂 6 上，其对中间轴造成的力矩与第二拉杆 5 加于中间轴的力矩同向，因而起到助力作用。踏板力撤除后，助力气缸 8 中的压缩空气即通过控制阀 4 排入大气，于是助力作用消失。控制阀 4 除了起空气开关的作用以外，还控制输入助力气缸 8 的气压，使之与踏板力和踏板行程成递增函数关系。

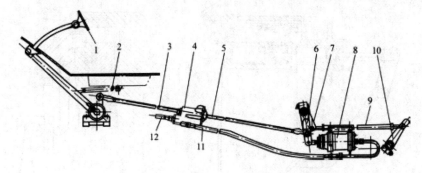

图 10-23　离合器的气压助力式机械操纵机构

1—踏板机构　2—踏板复位弹簧　3—第一拉杆　4—控制阀　5—第二拉杆　6—中间轴外臂　7—中间轴内臂

8—助力气缸　9—第三拉杆　10—分离叉臂　11—控制阀至助力气缸的软管　12—进气管

（2）气压助力式液压操纵机构　图 10-24 所示为某型号汽车离合器的气压助力式液压操纵机构。该机构主要部件是液压主油缸 I 和气压助力液压工作缸 II。气压助力液压工作缸是个将液压工作缸、助力气缸和气压控制阀三者组合在一起的部件，其中的控制阀本身又受控于液压主油缸的压力。JN1181C13 型汽车离合器主油缸的特点是没有补偿孔，而设置了进油阀。主油缸活塞的中部加工有通槽，限位螺钉穿过通槽旋装在缸体上。主油缸不工作时空心的进油阀以其尾端支靠在螺钉上，使阀保持开启，工作油液可从储液室经进油孔、活塞切槽和阀杆中的通道流入并充满主油缸压力腔。踩下离合器踏板时，活塞右移，而进油阀则在弹簧作用下保持不动，直到进油阀关闭后活塞才进入有效行程。压力腔中的液压油沿液压油管 1 流入气压助力液压工作缸 II。

气压助力液压工作缸 II 的左半部是借气管与气罐 III 相连的气压控制阀，右半部是液压工作缸和助力气缸。自主油缸来的液压油进入液压工作缸压力腔 A，一方面作为工作压力作用在液压工作缸活塞 8 上，另一方面又作为控制压力，通过液压控制活塞 10 推动气压控制活塞 4 左移，气压控制活塞 4 中心的排气孔道经排气口 E 通大气，其杆部端面是排气阀座工作表面。在活塞左移过程中，首先关闭排气阀，然后顶开进气阀 3，气罐 III 中的压缩空气便通过气阀门进入控制阀，并由此经气道 C 充入助力气缸压力腔 B。B 腔气压对气压助力活塞的作用力通过弹簧座 9 也作用在液压工作缸活塞 8 上。液压工作缸活塞 8 所受到的主油缸液压作用力和助力气室的作用力的合力通过液压工作缸推杆 7 传到离合器分离叉，使之偏转以分离离合器。

随着液压工作缸活塞 8 移动，液压工作缸压力腔 A 容积增大，使其中液压瞬时降低，因而同时气压控制活塞 4 立即右移以做补偿。气压控制活塞 4 右移到进气阀 3 关闭时，整个系统便达到平衡状态。保持助力气缸和控制阀反作用腔 D 的气压值稳定，可使整个气压助力液压工作缸的输出力及所需的踏板力都与踏板行程成递增函数关系。在踏板回升过程（即离合器接合过程）中，也同样存在着这样的关系。

如果气压助力系统失效，驾驶员只要将离合器踏板行程稍微加大，以增加进入液压工作缸的油量，消除气压控制活塞 4 与进气阀 3 座之间的间隙后，便可加大踏板力，以建立足够的液压，直接推动液压工作缸活塞 8 及其推杆右移，使离合器分离。

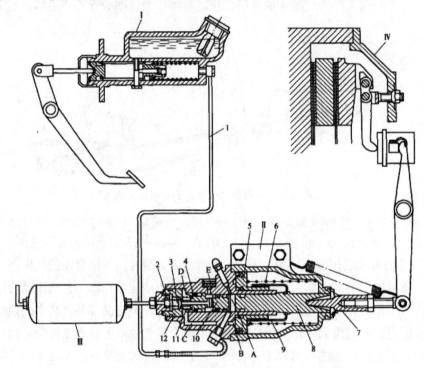

图 10-24　某型号汽车离合器的气压助力式液压操纵机构

1—液压油管　2—气阀门弹簧　3—进气阀　4—气压控制活塞　5—气压助力活塞　6—气压助力活塞回位弹簧

7—液压工作缸推杆　8—液压工作缸活塞　9—弹簧座　10—液压控制活塞　11—气压控制活塞回位弹簧

12—进气阀座　A—液压工作缸压力腔　B—助力气缸压力腔　C—气道　D—控制阀反作用腔　E—排气口

3．调整机构

弹簧压紧式离合器在使用过程中由于从动盘的摩擦片的磨损，会使踏板的自由行程减小。调整该行程，只要改变踏板到分离拨叉之间连接杆件的长度即可。如果各分离杠杆内端与分离轴承之间的自由间隙不等，则需个别调整。为此，在分离杠杆的外端或分离杠杆的支承叉处设有调整螺母。

杠杆压紧式离合器的摩擦片磨损后会使压盘压不紧而造成传递转矩下降，衡量摩擦片是否磨损一般可用操纵手柄上的接合作用力来衡量。调整时只要调整压紧杠杆支架的轴向位置即可。为此，支架上设有带螺纹的内孔，装在带外螺纹的压盘毂上。在压盘毂上转动

228

支架，即可改变压紧杠杆铰链点的轴向位置。调整完毕后，应使支架与压盘毂的相对位置锁住。

液压压紧式离合器的摩擦片磨损后不需调整，因此不设调整机构。

10.3 手动变速器

目前汽车广泛采用活塞式内燃机，其输出转矩和转速变化范围较小，而根据汽车各种工况，要求车辆的牵引力和转速能在较大范围内变化。为了解决这一矛盾，在传动系统中设置了变速器。变速器的功用如下：

1）改变发动机和驱动轮的传动比，扩大驱动轮转矩和转速变化范围，从而使之适应各种工况的需要，并且使发动机尽量工作在有利的工况下。

2）实现倒档，即在发动机旋转方向不变的前提下，使拖拉机及汽车能倒退行驶。

3）实现空档，即在发动机运转的情况下，使拖拉机及汽车能较长时间停车，或便于发动机起动和动力输出。

按传动比变化方式的不同，变速器可分为有级式、无级式和综合式3种。有级式采用齿轮传动，具有若干个定值传动比；无级式采用电力或液力传动，其传动比在一定范围内可按无限多级变化；而综合式变速器是由液力变矩器和齿轮式有级变速器组成的液力机械式变速器，其传动比可在最大值和最小值之间的几个间断的范围内做无级变化。

按换档操纵方式的不同，变速器可分为手动操纵式、自动操纵式和半自动操纵式3种。手动操纵式变速器靠驾驶员用手操纵变速杆换档；自动操纵式变速器的传动比选择是自动完成的，驾驶员只需操纵加速踏板即可控制车速；半自动操纵式变速器有两种形式，一种是常用的几个档位自动操纵，其余则由驾驶员操纵，另一种是预选式，即驾驶员预先用按钮选定档位，在踩下离合器踏板或松开加速踏板时，自动接通电磁装置或液压装置来进行换档。

10.3.1 齿轮箱

齿轮式变速传动机构是一个装有两根或两根以上齿轮轴，轴上装有传动比不同的可以轴向滑移的若干齿轮，通过与相应的齿轮啮合，实现变扭变速的机构。

变速器主要由箱体、齿轮、齿轮轴、变速杆以及拨叉等组成，如图10-25所示。

根据传动形式的不同，常见的齿轮式变速传动机构有两轴式、三轴式和组合式3种。

1. 两轴式变速器

第一轴（输入轴）花键部分套有滑移齿轮，第二轴上装有固定齿轮。当变速杆通过拨叉移动滑移齿轮中的某一齿轮与第二轴上的相应齿轮啮合时，可得到一个传动比，即获得一个档位。拨动不同的滑移齿轮与相应的齿轮啮合可得到不同的传动比，即得到不同的档位。图10-26所示为某型号轿车变速器传动机构简图。

该变速器具有五个前进档和一个倒档。在输入轴1上，从左到右分别依次为Ⅰ档、Ⅱ档、Ⅲ档、Ⅳ档、Ⅴ档和倒档的主动齿轮，其中Ⅲ、Ⅳ档主动齿轮通过轴承空套在输入轴1上，且采用可移动的花键毂连接。在输出轴12上，从左到右分别是与输入轴1上主动齿轮对应啮合的从动齿轮。

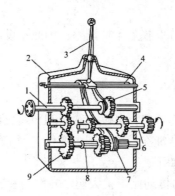

图 10-25　变速器的组成

1—输入轴　2—箱体　3—变速杆　4—拨叉轴　5—主动齿轮　6—输出轴　7—拨叉　8—花键轴　9—固定齿轮

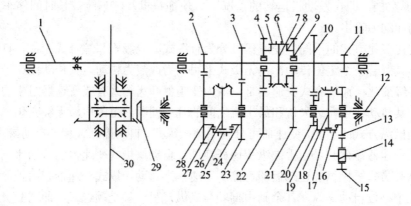

图 10-26　某型号轿车变速器传动机构简图

1—输入轴　2、3、4、9、10—I、II、III、IV、V 档主动齿轮　5、8、16、19、24、27—同步器锁杯

6、17、25—同步器接合套　7、18、26—同步器花键毂　11、13—倒档主、12—输出轴　从动齿轮　14—倒档齿轮轴　15—

倒档中间齿轮　20、21、22、23、28—I、II、III、IV、V 档从动齿轮

29—主减速器主动锥齿轮　30—半轴

可见，当三个接合套都位于花键毂中央时，变速器处于空档状态。当变速器操纵机构将同步器接合套 25 向左或向右推动与相应的接合齿圈接合时，可便得到 I 档或 II 档；向左或向右移动同步器接合套 6 时，可得到 III 档或 IV 档；向左或向右移动同步器接合套 17 时，可得到 V 档或倒档。

2. 三轴式变速器

三轴式变速传动机构具有第一轴、中间轴和第二轴。第一轴与中间轴上有一对常啮合齿轮。当第二轴上的滑动齿轮分别与中间轴上的不同固定齿轮啮合时，可得到不同的档位。

在特殊情况下，第二轴上的某一齿轮向前移动，与第一轴相应齿轮啮合时，可得到直接档。由于汽车上经常工作的是直接档，因此最适合采用这种变速器。

某型号汽车变速器各档位的传动路线如下：

图 10-27 所示为变速器的空档位置。当第一轴 1 旋转时，通过齿轮 2 带动中间轴 15 及

其上的各齿轮旋转，但由于齿轮6、7和11是以滚针轴承装在第二轴14上的，即空套在第二轴14上，故第二轴14不被驱动。

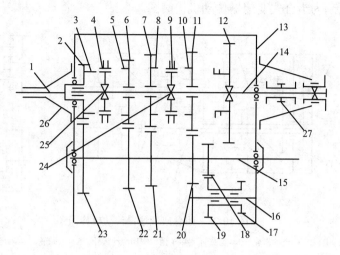

图 10-27 汽车变速器结构简图

1—第一轴 2—第一轴常啮合传动齿轮 3—第一轴齿轮接合齿圈 4、9—接合套 5—IV 档齿轮接合齿圈

6—第二轴 IV 档齿轮 7—第二轴 III 档齿轮 8—III 档齿轮接合齿圈 10—II 档齿轮接合齿圈 11—第二轴 II 档齿轮

12—第二轴 I 档、倒档滑动齿轮 13—变速器壳体 14—第二轴 15—中间轴 16—倒档轴 17、19—倒档中间齿轮

18—中间轴 I 档、倒档齿轮 20—中间轴 II 档齿轮 21—中间轴 III 档齿轮 22—中间轴 IV 档齿轮 23—中间轴常啮合传动齿

轮 24、25—花键毂 26—第一轴轴承盖 27—车速里程表传动齿轮

I 档：使齿轮 12 左移与齿轮 18 啮合。动力由第一轴 1 依次经齿轮 2、齿轮 23、中间轴 15、齿轮 18、齿轮 12 传到第二轴 14。

II 档：使接合套 9 右移与齿圈 10 啮合。动力经齿轮 2、齿轮 23、中间轴 15、齿轮 20、齿轮 11、齿圈 10、接合套 9、花键毂 24 传到第二轴 14。

III 档：使接合套 9 左移与齿圈 8 啮合。动力经齿轮 2、齿轮 23、中间轴 15、齿轮 21、齿轮 7、齿圈 8、接合套 9、花键毂 24 传到第二轴 14。

IV 档：使接合套 4 右移与齿圈 5 啮合。动力经齿轮 2、齿轮 23、中间轴 15、齿轮 22、齿轮 6、齿圈 5、接合套 4、花键毂 25 传到第二轴 14。

V 档：使接合套 4 左移与齿圈 3 啮合。动力从第一轴 1 经齿轮 2、齿圈 3、接合套 4、花键毂 25 直接传到第二轴 14，传动比为 1。此档称为直接档。

倒档：使齿轮 12 右移与齿轮 17 啮合。动力经齿轮 2、齿轮 23、中间轴 15、齿轮 18、齿轮 19、齿轮 17、齿轮 12 传到第二轴 14。由于增加了一个中间轮，故第二轴 14 的旋转方向与第一轴 1 相反，车辆反向行驶。

3. 组合式变速器

重型载货汽车的装载质量大，使用条件复杂，因此欲保证重型载货汽车有良好的动力性、经济性和加速性，必须扩大传动比范围并增多档数。为避免变速器结构过于复杂和便于系列化生产，多采用组合式变速器，即以 IV 档或 V 档变速器为主体，通过更换齿轮副和配置不同副变速器（一般为两档）的方法使变速器获得更多的档数和更宽广的传动比变

231

化范围。副变速器传动比较大时，多置于主变速器之后，以利于减小主变速器的质量和尺寸。目前，组合式变速器已成为重型载货汽车变速器的主要形式。

图 10-28 所示为组合式变速器传动机构简图。

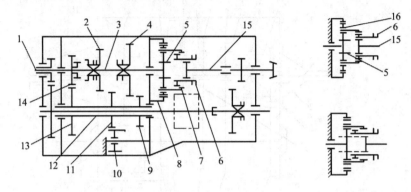

图 10-28　组合式变速器传动机构简图

1—第一轴　2—II、III 档滑动齿轮　3—第二轴　4—I 档、倒档滑动齿轮　5—太阳轮　6—啮合套　7—行星齿轮架

8—内齿圈　9—I 档主动齿轮　10—倒档齿轮　11—II 档主动齿轮　12—中间轴　13—中间轴常啮合齿轮

14—第一轴常啮合齿轮　15—传动齿轮轴　16—行星齿轮

组合式变速器通常由档位数较多的主变速器和仅有高低两个档位的副变速器串联而成，我国自行设计的拖拉机多采用此种形式。

如图 10-28 所示，中间部分为三轴式主变速器，它具有 3 个前进档和 1 个倒档，右边为行星齿轮传动构成的副变速器，它具有高、低两档，因此该组合式变速器共有 2×（3+1）档，即 6 个前进档和 2 个倒档。

副变速器中的行星齿轮传动机构由主变速器第二轴 3 右端上固定连接的太阳轮 5、行星齿轮架 7 圆周均布的 3 根轴上空套的 3 个行星齿轮 16、固定在变速器壳壁上的内齿圈 8 等组成。行星齿轮同时与太阳轮 5 和内齿圈 8 啮合。因此，当太阳轮 5 旋转时，行星齿轮既绕自身轴自转，又沿内齿圈 8 滚动，即绕太阳轮 5 公转，从而带动行星齿轮架 7 旋转。由于行星齿轮架 7 的转速低于太阳轮 5 的转速，当通过操纵机构向右拨动啮合套 6，使其外齿与行星齿轮架 7 内齿啮合时，则动力由第二轴 3 经太阳轮 5、行星齿轮、行星齿轮架 7 内齿、啮合套外齿、啮合套内齿，最后传到传动齿轮轴 15，便可得到副变速器低档。当通过操纵机构向左拨动啮合套 6，使其内齿与太阳轮 5 啮合时，即第二轴 3 与传动齿轮轴联为一体，则动力由第二轴 3 经太阳轮 5、啮合套 6 直接传到传动齿轮轴，便可得到副变速器的高档。

主、副变速器的档位分别由主、副变速操纵机构控制，并要求先使用副变速杆选定所需低档或高档，然后使用主变速杆选择所需档位。副变速器处于低档时，可获得 I、II、III 前进档和倒 I 档；副变速器处于高档时，可获得 IV、V、VI 前进档和倒 II 档。

10.3.2　同步器

同步器的作用是使接合套与待啮合的齿圈能迅速同步，以缩短换档时间，并防止在同步之前相互接触而产生齿间冲击。

1. 接合套换档装置

图 10-29 所示为无同步器的变速器 III、IV 档齿轮传动。它是通过操纵机构轴向移动套在花键毂 4 上的接合套 3，使其内齿圈与齿轮 5 或齿轮 2 端面上的外接合齿圈啮合，从而获得高速档或低速档。

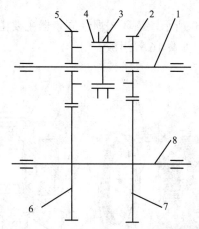

图 10-29　无同步器的变速器 III、IV 档齿轮传动

1—输入轴　2—输入轴 IV 档齿轮　3—接合套　4—花键毂　5—输入轴 III 档齿轮

6—输出轴 III 档齿轮　7—输出轴 IV 档齿轮　8—输出轴

（1）从低速档（III 档）换入高速档（IV 档）　变速器在 III 档工作时，接合套 3 与齿轮上的接合齿圈接合，两者的圆周速度相等。从 III 档换入 IV 档，首先驾驶员应先分离离合器，随即通过变速杆使接合套 3 右移，进入空档位置。在接合套 3 与齿轮 5 刚脱开时，接合套 3 转速 n_3 与花键毂 4 转速 n_4 仍然相同，即 $n_3=n_4$。由于齿轮 2 的转速 n_2 永远比齿轮 5 的转速高，即 $n_2>n_4$，故 $n_2>n_3$。若此时接合套 3 与齿轮上的接合齿圈啮合，就会发生打齿现象。

此时，由于变速器处于空档，发动机传给传动系统的动力被切断，接合套 3 和齿轮的转速及其待接合花键齿的圆周速度都将下降。接合套 3 因通过传动系统与整个汽车连在一起，惯性很大，故 n_3 下降较慢，而齿轮 2 只与中间轴及其齿轮、第一轴和离合器从动盘相连，惯性很小，故 n_2 下降较快，当 $n_3=n_2$ 时，便可平顺地换入 IV 档。

（2）从高速档（IV 档）换入低速档（III 档）　变速器在 IV 档工作以及刚从 IV 档换入空档时，接合套 3 与齿轮 2 的花键齿的转速相等，即 $n_3=n_2$，同时 $n_2>n_4$，故 $n_3>n_4$。进入空档后，由于 n_4 下降比 n_3 快，故无法实现 $n_3=n_4$，且停留在空档的时间越长，两者转速的差值将越大，为了使接合套 3 与齿轮 5 的转速达到相同，驾驶员应在分离离合器并将接合套 3 左移到空档之后，重新接合离合器，同时踩一下加速踏板，提高发动机连同第一轴的转速，使齿轮 6 的转速高于接合套 3 的转速，即 $n_4>n_3$，然后再分离离合器，当 $n_4=n_3$ 时，便可顺利地让接合套 3 与齿轮的接合齿圈结合，换入 III 档。

上述相邻档位互相转换时所采取的操作步骤同样适用于移动齿轮换档的情况。

由此可见，用接合套或滑动齿轮换档，尤其从高速档向低速档的换档操作比较复杂，而且容易产生轮齿或花键齿间的冲击，为了解决这一问题，现代的汽车上一般在变速器换档装置上设置了同步器。

2. 同步器的组成及工作原理

同步器有常压式、惯性式和自行增力式等多种，目前广泛采用惯性式同步器。惯性式同步器是依靠摩擦作用来实现同步的，按锁止同步器中接合套轴间移动的零件不同可分为锁环式和锁销式两种。

（1）主要结构　如图 10-30 所示，锁环式惯性同步器主要由接合套 7、花键毂 15、锁环 4 和 8、滑块 5、定位销 6 和弹簧 16 等组成。

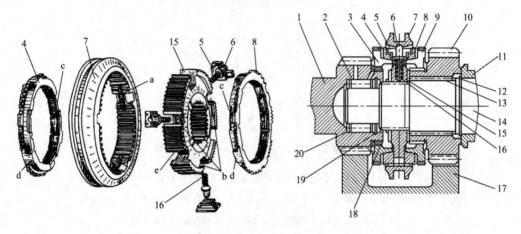

图 10-30　锁环式惯性同步器

1—第一轴　2、13—滚针轴承　3—Ⅵ档接合齿圈　4、8—锁环（同步环）　5—滑块　6—定位销　7—接合套

9—Ⅴ档接合齿圈　10—第二轴Ⅴ档齿轮　11—衬套　12、19—卡环　14—第二轴　15—花键毂　16—弹簧

17—中间轴Ⅴ档齿轮　20—挡圈　a—凹槽　b—轴向槽　c—缺口　d—凸起　e—通槽

花键毂 15 以其内花键套装在第二轴 14 的外花键上，并用卡环 18 轴向定位。两个锁环分别安装在花键毂 15 的两端及Ⅵ档接合齿圈 3 和Ⅴ档接合齿圈 9 之间。锁环内锥面与接合齿圈端部外锥面保持接触，并且在锁环内锥面上加工了细密的螺纹槽，以使配合锥面间的润滑油膜受到破坏，提高锥面摩擦系数，增加配合锥面间的摩擦力。锁环外缘上有非连续的花键齿，其齿的断面形状和尺寸与接合齿圈、花键毂外缘上花键齿均相同，并且接合齿圈和锁环上的花键齿与接合套面对的一端均有倒角（锁止角），该倒角与接合套内花键齿端倒角一样。锁环端部沿圆周均布了三个缺口 c 和三个凸起 d。在花键毂 15 外缘上均布的三个轴向槽 b 内，分别安装了可沿槽移动的三个滑块 5。滑块 5 中部的通孔中安插的定位销 6 在压缩弹簧的作用下，将定位销 6 推向接合套 7，并使其球头部分嵌入接合套 7 内缘的凹槽 a 中，以保证在空档时接合套 7 处于正中位置。滑块 5 两端伸入锁环缺口，锁环上的凸起 d 伸入花键毂 15 上的通槽 e，凸起 d 沿圆周方向的宽度小于通槽 e 的宽度，且只有凸起 d 位于通槽 e 的中央位置时接合套 7 的齿才有可能与锁环的齿进入啮合。

（2）工作原理　图 10-31 所示为变速器由低档换入高档（Ⅴ档换入Ⅵ档）时，锁环式惯性同步器的工作过程。

1）空档位置。如图 10-31a 所示，当接合套 3 刚从Ⅴ档换入空档时，它与滑块 5 均处

234

于中间位置，并靠定位销 4 定位。此时锁环 2 与接合齿圈之间的配合锥面并不接触，即锁环 2 具有轴向自由度。由于锁环 2 上凸起的一侧与花键毂 7 上通槽的一侧相互靠合，故花键毂 7 推动锁环 2 同步旋转。可见，与第二轴相关的花键毂及锁环、接合套，与第一轴相关的Ⅵ档接合齿圈，均在自身及其所连系的一系列运动件的惯性作用下继续按原方向旋转。设接合齿圈、锁环和接合套的转速分别为 n_1、n_2 和 n_3，此时 $n_2 = n_3$，由于 $n_1 > n_3$，故 $n_1 > n_2$。

2）力矩形成与锁止过程。若要挂入高档（Ⅵ档），则需通过变速器操纵机构，将接合套向左拨动，同时通过定位销带动滑块向左移动。当滑块左端面与锁环缺口端面接触时，继而推动锁环移向接合齿圈，促使具有转速差（$n_1 > n_2$）的两锥面接触，产生摩擦力矩 M_f。此时接合齿圈通过 M_f 带动锁环相对于接合套和花键毂超前转过一个角度，直至锁环凸起与花键毂通槽的另一侧接触时，锁环又开始与花键毂和接合套同步旋转。同时，接合套的齿与锁环的齿相互错开约半个齿厚，从而使接合套齿端倒角和锁环齿端倒角正好相互抵触，导致接合套不能继续向左移动进入啮合。

显然，若要接合齿圈与锁环齿圈实现接合，则要求锁环相对接合套后退一定角度。由于驾驶员始终对接合套施加了向左的轴向推力 F_1，致使作用在锁环倒角面上的法向力 F_N 产生了切向分力 F_2，如图 10-31b 中受力图所示。F_2 形成了使锁环相对接合套向后倒转的拨环力矩 M_b。由于 F_1 使锁环与接合齿圈配合锥面持续压紧，M_f 迫使接合齿圈迅速减速，以尽快与锁环同步。因接合齿圈做减速旋转，根据惯性原理所产生的惯性力矩的方向与旋转方向相同，且通过摩擦锥面作用在锁环上，故阻碍锁环相对接合套向后倒转。

由此可见，接合齿圈与锁环以及接合套在未达到同步之前，有两个方向相反的力矩作用在锁环上，即拨环力矩 M_b 和惯性力矩（摩擦力矩）M_f。若 $M_b > M_f$，则锁环即可相对接合套向后倒转一定角度，以便接合套进入啮合；若 $M_b < M_f$，则锁环阻止接合套进入啮合。正是因为待接合齿圈及与其连系的一系列零件的惯性力矩的大小决定锁环的锁止作用，故称其为惯性式同步器。

基于一定的轴向推力 F_1，惯性力矩 M_f 的大小取决于接合齿圈与锁环配合锥面锥角的大小，拨环力矩 M_b 的大小取决于锁环和接合套齿端倒角（锁止角）的大小。因此，在设计同步器时，需要适当选择锥角和锁止角，以保证达到同步之前始终是 $M_f > M_b$。这样，驾驶员施加在接合套上的轴向推力 F_1 无论有多大，锁环都能有效阻止接合套进入啮合。

3）同步换档。当驾驶员继续对接合套施加轴向推力时，锥面间的摩擦力矩就会迅速使接合齿圈的转速降到与锁环的转速相等，即二者相对角速度为零，惯性力矩不复存在。但由于轴向推力 F_1 的作用，两摩擦锥面仍紧密结合，此时在拨环力矩 M_b 的作用下，锁环连同接合齿圈及与其连系的所有零件一起相对于接合套向后倒转一定角度，导致锁环凸起转到正对花键毂通槽中央，接合套与锁环二者的花键齿不再抵触，即锁止现象消失。在驾驶员所施轴向推力的作用下，接合套克服弹簧阻力，压下定位销继续左移，直至与锁环花键齿圈完全啮合，如图 10-31c 所示。

此时，轴向推力F_1不再作用于锁环，则锥面间摩擦力矩随之消失，而驾驶员还要持续向左拨移接合套，倘若又出现了接合套花键齿与接合齿圈花键齿抵触的情况，如图 10-31c 所示，则与上述分析类似，通过作用在接合齿圈花键齿端倒角面上的切向分力，使接合齿圈及其相连系的零件相对接合套转动一定角度，最终使接合套与接合齿圈完全啮合，完成低档向高档的转换，如图 10-31d 所示。

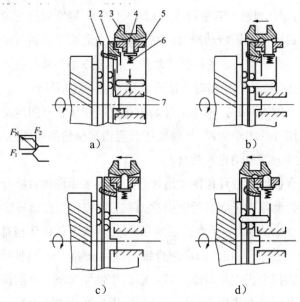

图 10-31　锁环式惯性同步器工作过程

1—Ⅵ档接合齿圈　2—锁环（同步环）　3—接合套　4—定位销　5—滑块　6—弹簧　7—花键毂

10.3.3 分动器

在多轴驱动的越野汽车的变速器之后一般装有分动器，其功能是将变速器输出的动力分配到各驱动桥上，并进一步增大转矩。

分动器的基本结构也是一个齿轮传动系统。其输入轴直接（或通过万向传动装置）与变速器第二轴相连，其输出轴有若干个，分别经万向传动装置与各驱动桥连接。前桥只有在车辆需要较大牵引力时才参与驱动，如一辆四轮驱动的汽车，当其两后轮陷入沟中，无法通过后轮与地面的摩擦产生驱动力而继续前进时，前轮可通过分动器传来的动力继续驱动汽车行驶，而在好路上行驶时，前桥则可作为从动桥，以避免增加功率消耗和轮胎及传动系统的磨损，故在分动器中设有接合和分离前驱动桥动力的装置。有的分动器还设有高低档，兼起副变速器的作用。大多数分动器由于要起到降速增矩的作用而比变速器的负荷大，所以分动器中的常啮合齿轮均为斜齿轮，轴也采用圆锥滚子轴承支承。分动器由齿轮传动机构和操纵机构两部分组成。

图 10-32 所示为三个输出轴式分动器，其结构简图如图 10-33 所示。分动器单独安装在车架上，其输入轴 1 通过万向传动装置与变速器第二轴连接。输出轴 8、12 和 17 分别经万向传动装置连接后驱动桥、中驱动桥和前驱动桥。

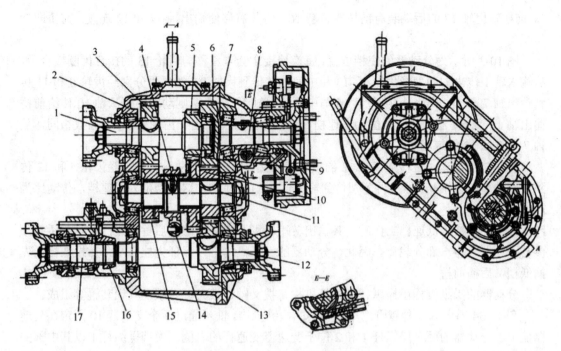

图 10-32　三个输出轴式分动器

1—输入轴　2—分动器壳　3、5、6、9、10、13、15—齿轮　4—换档接合套　7—分动器盖　8—后桥输出轴

11—中间轴　12—中桥输出轴　14—换档拨叉轴　16—前桥接合套　17—前桥输出轴

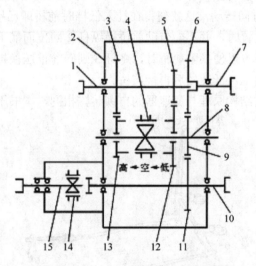

图 10-33　三个输出轴式分动器简图

1—输入轴　2—分动器壳　3、5、6、9、11、12、13—齿轮　4—换档接合套　7—后桥输出轴　8—中间轴

10—中桥输出轴　14—前桥接合套　15—前桥输出轴

　　分动器的输入轴 1 前端通过锥轴承支承在壳体上，后端通过锥轴承支承在与后桥输出轴 8 制成一体的齿轮 6 的中心孔内。齿轮 5 与输入轴 1 制成一体。齿轮 3、10、13 分别用半圆键装在轴 1、11 和 12 上。齿轮 9 和 15 松套在中间轴 11 上，两齿轮间装有换档接合套

237

4。前桥输出轴 17 的后端装有前桥接合套 16，将其右移使输出轴 17 和 12 连接，前桥即参与驱动。

图 10-3 所示为分动器的空档位置。将换挡接合套 4 左移与齿轮 13 的接合齿圈接合后，从输入轴 1 传来的动力经齿轮 3、13 和中间轴 8 传到齿轮 9，然后再分别经齿轮 6 和 11 传到输出轴 7 和 10。若前桥接合套 14 与中桥输出轴 10 接合，则动力还可从轴 10 传给前桥输出轴 15。分动器的这一档位为高速档，传动比为 1.08。由于齿轮 6 和 11 齿数相同，故轴 7、10 和 15 转速相等。

将换挡接合套 4 右移与齿轮 12 的接合齿圈接合时，动力从输入轴 1 经齿轮 5 和 12 传到中间轴 8 和齿轮 9，然后再分别传到输出轴 7、10 和 15。这一档位为低速档，传动比为 2.05。

当分动器挂入低速档工作时，其输出转矩较大，为避免中、后桥超载，此时前桥必须参与驱动，分担一部分载荷。因此，分动器的操纵机构必须保证先挂前桥，后挂低档；先摘低档，后摘前桥。

分动器的操纵机构由操纵杆、杠杆机构、拨叉轴、拨叉、自锁及互锁装置等组成。

图 10-34 所示为某种越野汽车分动器的操纵机构。轴 4 通过两个支承臂 10 固定在变速器盖上。分动器的两个操纵杆 1 和 2 位于变速器变速杆的右侧。换挡操纵杆 1 以其中部的孔松套在轴 4 上，其下端借传动杆 5 与分动器内换挡拨叉轴相连。前桥操纵杆 2 的中部固定在轴 4 的一端。在轴 4 的另一端固定着摇臂 9，其臂端经传动杆 8 与前桥接合套的拨叉轴相连。前桥操纵杆 2 的下端装有一螺钉 3。驾驶员若要挂低速档，只需将换挡操纵杆 1 的上端推向前方。此时前桥操纵杆 2 绕轴 4 逆时针转动，其下端便推压螺钉 3，带动前桥操纵杆 2 向接前桥的方向转动，这就使得在挂入低档时前桥即已接上。但当换挡操纵杆 1 被扳到空档或高速档位置时，并不能带动前桥操纵杆 2 回位而摘下前桥。同理，当将前桥操纵杆 2 的上端拉向后方以便摘下前桥时，螺钉 3 则向前推压换挡操纵杆 1 使之先退出低速档位置，但并不妨碍退出低速档后再接前桥。

分动器自锁装置的结构原理与变速器的自锁装置相同，本书不再赘述。

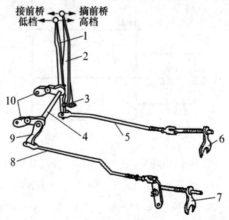

图 10-34　某种越野汽车分动器操纵机构

1—换挡操纵杆　2—前桥操纵杆　3—螺钉　4—轴　5、8—传动杆　6—换挡拨叉

7—前桥接合套拨叉　9—摇臂　10—支承臂

10.3.4 操纵机构

变速器的操纵机构包括换档机构与锁止装置，其功能是保证顺利可靠地进行换档。直接操纵机构的变速器布置在驾驶员座位附近，变速杆可以直接从驾驶室底板伸出，由驾驶员直接操纵。若变速器布置在离驾驶员座位较远，则需要在变速杆与拨叉等内部操纵机构之间加装一套传动机构或辅助杠杆进行操纵。

对操纵机构的一般要求是：保证工作齿轮啮合达到全齿宽，并可靠地止动；保证不啮合的齿轮可靠地止动；不能同时换入两个档；不能自动脱档；有防止意外地挂到最高档或倒档的保险装置。

1. 换档机构

换档机构一般由变速杆、拨块、拨叉、拨叉轴以及锁止装置等组成，多装于变速器上盖或侧盖内。图 10-35 所示为某型号Ⅵ档变速器操纵机构示意图。变速杆 12 用球铰安装在变速器盖顶部的球座内，球节上面用弹簧（图中未画出）压紧。固定于变速器盖的锁钉伸入球节的纵槽内，防止变速杆转动，而不影响它的摆动。拨叉轴 7～10 的两端均支承在变速器盖的相应孔中，可以轴向滑动。所有的拨叉和拨块都以弹性销固定在相应的拨叉轴上。Ⅲ档、Ⅳ档拨叉 2 的上端有拨块，拨叉 2 和拨块 3、4、14 的顶部有凹槽。变速器处于空档时，各凹槽在横向平面内对齐。叉形拨杆 13 下端的球头伸入这些凹槽中，选档时将变速杆 12 绕其中部球形支点横向摆动，并使其下端推动叉形拨杆 13 绕换档轴 11 做轴线转动，从而使叉形拨杆 13 下端的球头对准与所选档位相应的拨块凹槽，然后使变速杆 12 纵向摆动，带动拨叉轴及拨叉向前或向后移动，即可实现挂档。

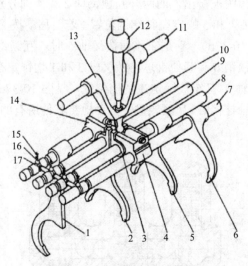

图 10-35　Ⅵ档变速器操纵机构

1—Ⅴ档、Ⅵ档拨叉　2—Ⅲ档、Ⅵ档拨叉　3—Ⅰ档、Ⅱ档拨块　4—倒档拨块　5—Ⅰ档、Ⅱ档拨叉　6—倒档拨叉

7—倒档拨叉轴　8—Ⅰ档、Ⅱ档拨叉轴　9—Ⅲ档、Ⅳ档拨叉轴　10—Ⅴ档、Ⅵ档拨叉轴　11—换档轴　12—变速杆

13—叉形拨杆　14—Ⅴ档、Ⅵ档拨块　15—自锁弹簧　16—自销钢球　17—互锁销

2. 锁止装置

锁止装置一般包括自锁装置、互锁装置、联锁装置以及防止误换到最高档或倒档的保险装置。

（1）自锁装置　其功用是保证滑动齿轮或接合套在工作时处于全齿宽啮合，不工作时完全脱开啮合，在工作中不会自行脱档或挂档。

多数变速器的自锁装置由自锁钢球 1 和自锁弹簧 2 组成，如图 10-36 所示。每根拨叉轴的上表面沿轴向分布有三个凹槽，当任一根拨叉轴连同拨叉轴向移动到空档或某一工作档位的位置时，必有一个凹槽正好对准自锁钢球 1，于是自锁钢球 1 在自锁弹簧 2 的压力作用下嵌入该槽内，拨叉轴的轴向位置即被固定，从而拨叉连同接合套（或滑动齿轮）也被固定在空档或某一工作档位上，不能自行脱出。换档时，驾驶员必须通过变速杆对拨叉轴施加一定的轴向力，克服弹簧的压力将钢球由拨叉轴的凹槽中挤出，拨叉轴和拨叉方能再进行轴向移动。拨叉轴上表面相邻两凹槽之间的距离等于为保证滑动齿轮（或接合套）全齿宽啮合或完全退出啮合所需的拨叉移动的距离。

（2）互锁装置　其功用是防止换档时同时移动两根拨叉轴从而同时挂上两个档。

图 10-36 所示的互锁装置由互锁钢球 4 和互锁销 5 组成。每根拨叉轴在朝向互锁钢球的侧表面上均制出一个深度相等的凹槽。任一拨叉轴处于空档位置时，其侧面凹槽都正好对准互锁钢球 4。互锁钢球 4 装在变速器盖 3 前端的横向孔中。两个互锁钢球直径之和正好等于相邻两轴表面之间的距离加上一个凹槽的深度。中间拨叉轴上两个侧面凹槽之间有孔相通，孔中有一根可以滑动的互锁销 5，销的长度等于拨叉轴的直径减去一个凹槽的深度。

互锁装置的工作情况如图 10-37 所示。当变速器处于空档位置时，所有拨叉轴的侧面凹槽同钢球和互锁销都在一条直线上。当移动中间拨叉轴时（见图 10-37a），拨叉轴 3 两侧的内钢球从其侧面凹槽中被挤出，而两外互锁钢球 2 和 4 则分别嵌入拨叉轴 1 和 5 的侧面凹槽中，因而将拨叉轴 1 和 5 锁定在其空档位置。若要移动拨叉轴 5，则应先将拨叉轴 3 退回到空档位置（见图 10-37b）。于是在移动拨叉轴 5 时，互锁钢球 4 便从拨叉轴 5 的凹槽中挤出，同时通过互锁销 6 和其他钢球将拨叉轴 3 和 1 均锁定在空档位置。同理，当移动拨叉轴 1 时，则拨叉轴 3 和 5 被锁定在空档位置（见图 10-37c）。由此可知，当驾驶员用变速杆移动某一拨叉轴挂档时，互锁装置便自动地将其他所有的拨叉轴锁定在空档位置，从而保证只能挂一个档。

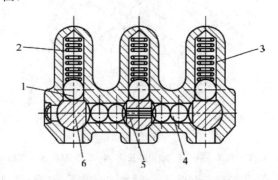

图 10-36　变速器的自锁和互锁装置

1—自锁钢球　2—自锁弹簧　3—变速器盖（前端）　4—互锁钢球　5—互锁销　6—拨叉轴

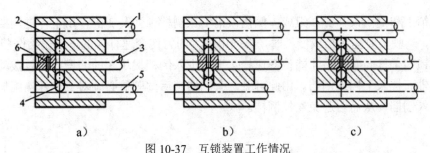

图 10-37　互锁装置工作情况

1、5、6—拨叉轴　2、4—互锁钢球　3—互锁销

（3）联锁装置　联锁装置如图 10-38 所示，可用来防止离合器未彻底分离的换档。在离合器踏板 4（或操纵杆）上用拉杆 3 连接着摆动杠杆 1，摆动杠杆 1 固定在可以转动的联锁轴 2 上。联锁轴 2 上沿轴向制有铣槽 8，当离合器踏板 4 完全踩下，也就是离合器分离时，通过拉杆 3 推动联锁轴 2，使其上的铣槽 8 正好对准锁定销 5 的上端。此时锁定销 5 才可能被顶起，换档滑杆 6 才可能被拨动，实现换档（见图 10-38a）。

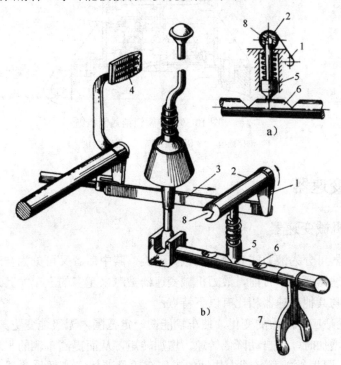

图 10-38　变速器联锁装置

a）离合器分离时　b）离合器接合时

1—摆动杠杆　2—联锁轴　3—拉杆　4—离合器踏板　5—锁定销　6—换档滑杆　7—拨叉　8—铣槽

当离合器接合时（见图 10-38b），联锁轴 2 上的铣槽 8 将转过去，而用其圆柱面顶住锁定销 5 的上端，使之插入换档滑杆 6 上 V 形槽的锁定销 5 不能向上移动，这时换档滑杆 6 也就不能被拨动，自然就不能换档。

（4）倒档锁止装置　其功用是防止车辆在起步时或在前进行驶中误挂倒档。

图 10-39 所示为 V 档变速器中常用的弹簧锁销式倒档锁，它由 I 档、倒档拨块 3 中的

倒档锁销 1 和倒档锁弹簧 2 组成。倒档锁销 1 在倒档锁弹簧 2 的作用下伸进倒档拨块 3 的凹槽中，驾驶员要挂 I 档或倒档时，必须用较大的力使变速杆 4 的下端压缩倒档锁弹簧 2，将倒档锁销 1 推向右方后才能使变速杆 4 下端进入倒档拨块 3 的凹槽内，以拨动 I 档、倒档拨叉轴而挂入 I 档或倒档。由此可见，有倒档锁后驾驶员必须对变速杆 4 施加更大的力才能挂入倒档，从而可避免误挂倒档。

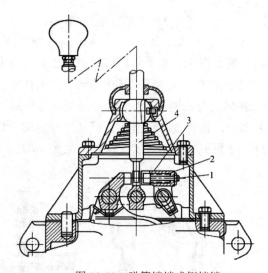

图 10-39　弹簧锁销式倒档锁

1—倒档锁销　2—倒档锁弹簧　3—倒档拨块　4—变速杆

10.4　自动变速器

10.4.1　液力机械变速器

自动变速器可分为液力式和液力机械式两类，其中后者又可分为全液式自动变速器和电控式自动变速器两种。目前，液力机械变速器被越来越多的汽车尤其是轿车所采用。液力机械变速器与其他变速器相比有以下特点：

1）能自动适应外阻力的变化，使车辆能在一定范围内无级地变更其输出转矩与转速。例如，当阻力增加时，可自动降低转速，增加转矩，从而提高车辆的平均速度。

2）防振、隔振性能强。液力传动的工作介质是液体，能吸收并减少来自发动机和机械传动系统的振动，且能提高机械的使用寿命。

3）可带载起动，并具有稳定良好的低速运行性能。

4）简化了车辆的操控。变矩器本身就相当于一个无级变速器，可减少变速器档位和换档次数，故可简化变速器结构和减轻劳动强度。

液力机械变速器与机械变速器相比也有一定缺点，即液力机械变速器的传动效率较低，经济性较差，且其结构复杂、造价高。

1. 基本组成

液力机械变速器如图 10-40 所示，其组成一般主要包括以下四部分：

（1）液力传动装置　液力传动装置有液力耦合器和液力变矩器。目前越来越多地采用液力变矩器，因其在传递动力的同时能自动增大输出轴的转矩。

（2）辅助变速机构　辅助变速机构有行星齿轮变速器和平行轴齿轮变速器。前者应用较广泛，一般由2或3排行星齿轮组成，实现2~5个速比，因而可使输出轴转矩进一步增大，车辆的行驶适应能力进一步提高。另外，行星齿轮变速器是常啮合传动，无冲击，加速性能好，结构紧凑，操作简便。

图 10-40　液力机械变速器

（3）液压控制系统　驾驶员可根据车辆实际工况的需要，利用该系统使相关离合器和制动器在一定的条件下实现行星齿轮系统自动换档。

（4）电子控制装置　该装置是为改善和提高全液式自动变速器的性能，针对液压控制系统而增设的控制装置。它可使变速器成为电控式自动变速器。

2. 液力机械变速器传动的工作原理

全液式自动变速器的组成和工作原理如图10-41所示，液力变矩器2输入端与发动机曲轴端部固定连接，其输出端与行星齿轮变速器3的输入端连接，行星齿轮变速器的输出端又与车辆的万向传动装置连接。基于设定的节气门控制油压 p_z 与加速踏板行程成正比，车速控制油压 p_v 与自动变速器输出轴转速成正比，则不同档位的自动转换可由 p_z 和 p_v 适时控制液压系统中换档阀的动作。通过油路的改变，使相应档位的离合器和制动器工作，即可完成全液式自动变速器的自动换档。

图10-42所示为电控式自动变速器的组成。根据发动机转速、加速踏板位置、车速和换档控制信号等相关信息，通过 ECU 可控制变矩器锁止电磁阀、换档电磁阀、强制低档电磁阀、超速档电磁阀、停车档锁止电磁阀、停车档和空档起动开关、监控传感器等电控装置。

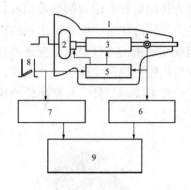

图 10-41　全液式自动变速器的组成和工作原理

1—自动变速器　2—液力变矩器　3—行星齿轮变速器　4—速控阀　5、9—液压控制系统

6—车速信号　7—节气门工作信号　8—节气门

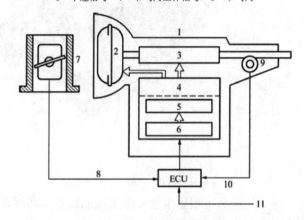

图 10-42　电控式自动变速器的组成

1—自动变速器　2—液力变矩器　3—行星齿轮机构　4—液力控制系统　5—液压阀板　6—电磁阀　7—节气门

8—节气门工作信息　9—车速传感器　10—车速信号　11—其他传感器信息

10.4.2　动力换档齿轮箱

　　液力变矩器虽能在一定范围内自动地、无级地改变传动比和转矩比，但变速范围不宽，变矩比不大，且存在传动能力与传动效率之间的矛盾，难以满足车辆所需工况的使用要求，故在汽车上广泛采用的是液力变矩器与齿轮式变速器组成的液力机械变速器。与变矩器配合使用的齿轮变速器多数是行星齿轮变速器。

　　1. 行星齿轮变速器的工作原理

　　行星齿轮变速器的行星齿轮机构通常由多个行星齿轮排组成，其工作原理可用最简单的单排行星齿轮机构说明。

　　单排行星齿轮机构（见图 10-43）由太阳轮 1、环形内齿圈 2、行星齿轮 4 和行星齿轮架 3 四个基本元件组成。太阳轮 1 位于中心位置，几个行星齿轮 4 通过滚针轴承和行星齿轮轴 5 安装在行星齿轮架 3 上。行星齿轮 4 一般均匀布置在太阳轮 1 周围，同时与太阳轮

1 和环形内齿圈 2 啮合。

　　行星齿轮机构属转轴式齿轮系统，工作时行星齿轮轴随行星齿轮架一起绕太阳轮转动，即行星齿轮除绕行星齿轮轴自转外，同时还绕太阳轮公转，因此这种齿轮系传动比的计算方法与定轴式齿轮系不同。单排行星齿轮机构的传动比可由其运动特性方程式求出，方程式如下：

$$n_1 + an_2 - (1+a)n_3 = 0 \qquad （10\text{-}1）$$

式中　　n_1——太阳轮转速；

　　　　n_2——齿圈转速；

　　　　n_3——行星齿轮架转速；

　　　　a——行星齿轮机构参数，它等于齿圈齿数 z_2 与太阳轮齿数 z_1 之比，因 $z_2 > z_1$，故 $a > 1$。

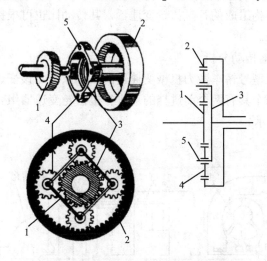

图 10-43　单排行星齿轮机构

1—太阳轮　2—环形内齿圈　3—行星齿轮架　4—行星齿轮　5—行星齿轮轴

　　由式（10-1）可见，在太阳轮、齿圈和行星齿轮架这三个元件中可任选两个分别作为主动件和从动件，而使另一元件固定不动，则整个行星齿轮机构即以一定的传动比传递动力。下面分别讨论四种情况。

　　①太阳轮 1 为主动件，行星齿轮架 3 为从动件，环形内齿圈 2 固定。此时特性方程中 $n_2 = 0$，则传动比为

$$i_{13} = \frac{n_1}{n_3} = 1 + a = 1 + \frac{z_2}{z_1} \qquad （10\text{-}2）$$

　　②环形内齿圈 2 为主动件，行星齿轮架 3 为从动件，太阳轮 1 固定。此时特性方程中 $n_1 = 0$，则传动比为

$$i_{23} = \frac{n_2}{n_3} = \frac{1+a}{a} = 1 + \frac{z_1}{z_2} \qquad （10\text{-}3）$$

　　③太阳轮 1 为主动件，环形内齿圈 2 为从动件，行星齿轮架 3 固定。此时特性方程中 $n_3 = 0$，传动比为

$$i_{12} = \frac{n_1}{n_2} = -a = -\frac{z_2}{z_1} \tag{10-4}$$

式中 n_1 与 n_2 符号相反，表示环形内齿圈 2 的转向与太阳轮 1 转向相反，属倒档减速运动情况。

④若 $n_1 = n_2$，则

$$n_3 = \frac{n_1 + an_1}{1 + a} = n_1 \tag{10-5}$$

当 $n_2 = n_3$，或 $n_1 = n_3$ 时，同样可得 $n_1 = n_2 = n_3$。由此可知，若使三个元件中的任何二个元件连成一体转动，则第三个元件的转速必然与前二者转速相等，即行星齿轮机构中各元件之间没有相对运动，从而形成直接档传动，传动比 $i=1$。

如果所有元件都不受约束，即都可以自由转动，则行星齿轮机构完全失去传动作用。

由多排行星齿轮机构组成的行星齿轮变速器，其传动比也可根据上述单排行星齿轮机构特性方程式推导出来。

2．行星齿轮变速器传动分析

图 10-44 所示为某型号轿车液力机械变速器的工作原理。该变速器由一个具有两个导轮的综合式变矩器和一个具有两个前进档的双排行星齿轮变速器组合而成。变速器各档的传动路线如图 10-45 所示。

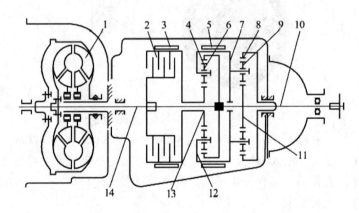

图 10-44　某型号轿车液力机械变速器工作原理

1—液力变矩器　2—直接档离合器　3—低速档制动器　4—前排齿圈　5—倒档制动器　6—前排行星齿轮

7—后排行星齿轮架　8—后排齿圈　9—后排行星齿轮　10—变速器第二轴　11—后排太阳轮　12—前排行星齿轮架

13—前排太阳轮　14—变速器第一轴

（1）空档　直接档离合器处于分离状态，低速档制动器 6 和倒档制动器 7 都松开，此时两排行星齿轮机构的各元件均不受约束而可以自由转动，故行星齿轮变速器不能传递动力，即处于空档位置。

（2）低速档　直接档离合器分离，倒档制动器 7 松开，低速档制动器 6 箍紧制动鼓，使前排太阳轮 13 固定不动。液力变矩器输出的动力一部分从前排齿圈 12 经行星齿轮架传给后排行星齿轮，另一部分直接经后排太阳轮 11 传到后排行星齿轮，然后两部分汇合由后排齿圈 9 传给变速器第二轴 10。该档传动比为 1.72。

（3）直接档　制动器 6 和 7 均放松，直接档离合器接合。此时前排太阳轮 13 与变速器第一轴 16 和前排齿圈 12 连成一体，行星齿轮架也连接着，即 $n_{13}=n_{12}=n_8$。因和行星齿轮架是前后两排共用的，后排太阳轮 11 又与前排齿圈 12 制成一体，故后排行星齿轮机构也连接着，即 $n_9=n_{11}=n_8$。变速器第二轴 10 与后排齿圈 9 以花键连接，因此变速器第一轴 16 与变速器第二轴 10 便成为一体来转动，传动比为 1。

（4）倒档　倒档制动器 7 收紧，倒档制动鼓和行星齿轮架即被固定。直接档离合器分离，低速档制动器 6 松开。此时前排太阳轮 13 可以自由转动，即前排行星齿轮机构不起传动作用。动力由变速器第一轴 16 传给后排太阳轮 11。因行星齿轮架固定，故动力由后排齿圈 9 输出，旋转方向与后排太阳轮 11 相反，即倒档齿轮运转，其传动比为 2.39。

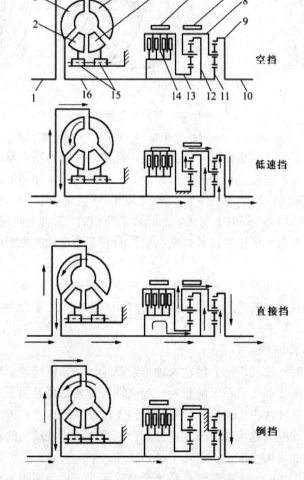

图 10-45　轿车液力机械变速器各档传动路线示意图

1—发动机曲轴　2—第一导轮　3—涡轮　4—泵轮　5—第二导轮　6—低速档制动器　7—倒档制动器　8—行星齿轮架

9—后排齿圈　10—变速器第二轴　11—后排太阳轮　12—前排齿圈　13—前排太阳轮

14—直接档离合器　15—单向离合器　16—变速器第一轴

10.4.3 液力耦合器

1. 液力耦合器的结构

液力耦合器只起传递转矩作用，而不能改变转矩大小，所以有时也将其称为"液力联轴器"。液力耦合器安装在汽车发动机和机械变速器之间，即主离合器的位置上。其结构简图如图 10-46a 所示，组成如图 10-46b 所示。

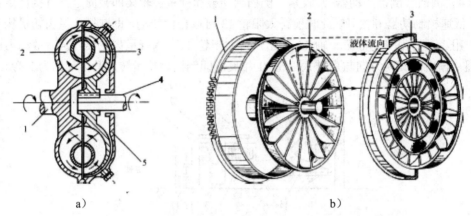

a)   b)

图 10-46　液力耦合器

1—发动机曲轴　2—泵轮　3—涡轮　4—从动轴　5—耦合器外壳

耦合器外壳 5 固定在发动机曲轴 1 的凸缘上。泵轮 2 是液力耦合器的主动元件，和耦合器外壳 5 做刚性连接，与发动机曲轴 1 一起旋转。和从动轴 4 相连的涡轮 3 是液力耦合器的从动元件。泵轮和涡轮都称为工作轮。在工作轮的环状壳体中，径向排列着许多叶片。涡轮 3 装在密封的耦合器外壳 5 中，与泵轮 2 叶片端面相对，二者之间留有 2～5mm 间隙。泵轮和涡轮装合后，形成环形空腔，其内充有工作油液。通过轴线纵断面的环形称为循环圆。

通常耦合器的泵轮与涡轮的叶片数是不相等的，以避免因液流脉动对工作轮周期性的冲击而引起振动。耦合器中的叶片一般制成平面的，工作轮多用铝合金铸成，也有采用冲压和焊接方法制造的。

2. 液力耦合器工作原理

液力耦合器工作时，发动机动力经输入轴传给泵轮，使其以转速 n_1 转动。耦合器内的工作油液在泵轮叶片的推动下，不仅随泵轮一起绕轴线旋转，而且由于离心力的作用，工作油液经叶片间通道从叶片内缘流向叶片外缘，当工作油液到达叶片外缘即即将要离开泵轮时已成为具有较高动能和速度的液流，可见耦合器完成了将发动机的机械能转换成工作油液动能的过程，其能量大小取决于泵轮半径和转速。

液力耦合器正常工作时，泵轮转速总是高于涡轮转速，由于两轮半径相等，所以泵轮叶片外缘油液动能大于涡轮叶片外缘油液动能，致使离开泵轮的油液冲向涡轮叶片并进入涡轮，当其克服涡轮转动阻力时，则推动涡轮以转速 n_2 转动，且转向与泵轮一致。至此，涡轮带动输出轴转动，耦合器完成了将工作油液动能转换成机械能输出的最终过程。同时，在上述能量差的作用下，油液还沿循环圆并按图 10-47 中箭头所示的方向循环流动，致使油液流线是一个首尾相连的螺旋线，说明油液沿循环圆做环流运动是液力耦合器能够正常传递动力的必备条件。

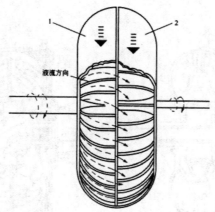

图 10-47　液力耦合器工作示意图

1—泵轮　2—涡轮

由以上分析可知，油液在循环流动过程中不受任何附加外力作用，泵轮的转矩与涡轮的转矩相等，故液力耦合器只有传递转矩的功能，而不具备改变转矩大小的作用，若要改变转矩大小，还需要有变速装置与其配合使用。然而，变速换档时为了使传动系统能与发动机彻底分离，不得不在耦合器和变速器之间增加离合器，这不但导致传动系统质量和尺寸增加，而且仍然不可避免操作离合器，加上客观存在的油液损失使传动系统效率相对无耦合器时低，故液力耦合器的应用日趋减少。

10.4.4　液力变矩器

1. 液力变矩器的构造

普通液力变矩器由可转动的泵轮和涡轮以及固定不动的导轮这三个基本元件组成，其组成如图 10-48 所示。汽车所用液力变矩器的工作轮一般都是用钢板冲压焊接而成的，而工程机械和一些军用车辆所用液力变矩器的工作轮则是用铝合金精密铸造成的。与液力耦合器不同的是，在液力变矩器的泵轮和涡轮之间安装有导轮，并使其与泵轮和涡轮保持一定的轴向间隙。导轮通过导轮固定套固定在变速器壳体上。在装配所有工作轮后，形成的环状体的断面称为变矩器循环圆。

2. 液力变矩器的工作原理

液力变矩器在正常工作时，贮存于环形腔内的油液除了绕变矩器轴线做圆周运动外，还有如图 10-48 中箭头所示的在循环圆中的循环流动，故可将转矩从泵轮传至涡轮。

液力变矩器不仅能传递转矩，而且能在泵轮转矩不变的情况下，随着涡轮转速的不同自动地改变涡轮所输出的转矩值，即"变矩"。

液力变矩器之所以能起变矩作用，就是因为在结构上比液力耦合器多了一个导轮机构。在液体循环流动的过程中，固定不动的导轮给涡轮反作用力矩，使涡轮输出的转矩不同于泵轮输入的转矩。

现以液力变矩器工作轮的展开图来说明液力变矩器的工作原理。沿图 10-48 中的工作轮循环圆中间流线将三个工作轮叶片假想地展开，得到泵轮、涡轮和导轮的环形平面，如图 10-49 所示。各工作轮叶片的形状和进出口角度也被显示在图中。

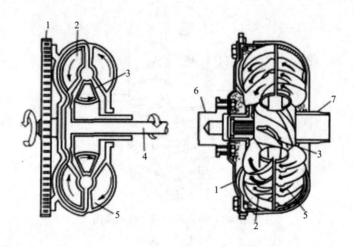

图 10-48　液力变矩器的组成

1—飞轮　2—涡轮　3—导轮　4—变速器输入轴　5—泵轮　6—曲轴　7—固定套

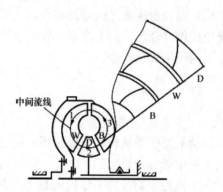

图 10-49　液力变矩器工作轮展开图

B—泵轮　W—涡轮　D—导轮

为便于说明，设发动机转速及负荷不变，即液力变矩器泵轮的转速 n_B 及转矩 M_B 为常数。先以汽车起步工况为例进行讨论。

当发动机运转而汽车还未起步时，涡轮转速 n_W 为零，如图 10-50a 所示。工作液在泵轮叶片带动下，以一定的绝对速度沿图 10-50a 中箭头 1 的方向冲向涡轮叶片，对涡轮有一作用力，产生绕涡轮轴的转矩，此即液力变矩器的输出转矩。因此时涡轮静止不动，液流则沿着叶片流出涡轮并冲向导轮，其方向如图 10-50a 中箭头 2 所示，该液流也对导轮产生作用力矩。然后液流再从固定不动的导轮叶片沿箭头 3 的方向流回到泵轮中。当液流流过叶片时，对叶片作用有冲击力矩，根据作用力与反作用力定律，液流此时也会受到叶片的反作用力矩，其大小与作用力矩相等，方向相反。作用力矩或反作用力矩的方向及大小与液流进出工作轮的方向有关。设泵轮、涡轮和导轮对液流的作用力矩分别为 M_B、M_W 和

M_D，方向如图 10-50a 中箭头所示。根据液流受力平衡条件，三者在数值上满足关系式 $M_W = M_B + M_D$，即涡轮转矩等于泵轮转矩与导轮转矩之和。显然，此时涡轮转矩 M_W 大于泵轮转矩 M_B，即液力变矩器起到了增大转矩的作用。也可以这样来理解其增矩作用，当液流冲击进入涡轮时，对涡轮有一作用力矩，此为泵轮给液流的力矩；当液流从涡轮流出冲击导轮时，对导轮也有一作用力矩，因导轮被固定在变速器壳体上，从而导轮给液流的反作用力矩通过液流再次作用在涡轮上，使得涡轮的转矩等于泵轮转矩与导轮转矩之和。

当液力变矩器输出的转矩经传动系统传到驱动轮上所产生的牵引力足以克服汽车起步阻力时，汽车即起步并开始加速，与之相连的涡轮转速 n_W 也从零起逐渐增加。定义液流沿叶片方向流动的速度为相对速度 w，在叶轮的作用下所具有的沿圆周方向运动的速度为牵连速度 u，二者的矢量和为绝对速度 v。涡轮转速 n_W 不为零时，液流在涡轮出口处不仅具有相对速度 w，而且具有牵连速度 u_1，故冲向导轮叶片的液流的绝对速度 v_1 为两者的合成速度，如图 10-50b 所示。因设泵轮转速不变，即液流循环流量基本不变，故涡轮出口处的相对速度 w 不变，变化的只是涡轮转速 n_W，即牵连速度 u 发生变化。由图 10-50b 可见，冲向导轮叶片的液流的绝对速度 v 将随牵连速度 u 的增加而逐渐向左倾斜，使导轮上所受转矩值逐渐减小。

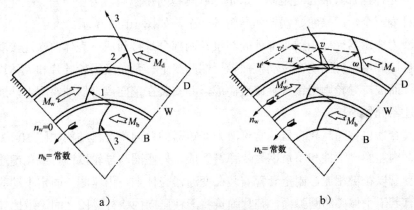

图 10-50　液力变矩器工作原理

a）力矩　b）速度

当涡轮转速增大到一定值时，由涡轮流出的液流 v_2 正好沿导轮出口方向冲向导轮，由于液体流经导轮时方向不改变，故导轮转矩 M_D 为零，即涡轮转矩与泵轮转矩相等，$M_W = M_B$。

若涡轮转速 n_W 继续增大，液流绝对速度 v 方向继续向左倾斜，如图 10-50b 中 v' 所示方向，液流冲击导轮叶片反面，导轮转矩方向与泵轮转矩方向相反，则涡轮转矩为前二者转矩之差（$M_W = M_B - M_D$），即液力变矩器输出转矩反而比输入转矩小。当涡轮转速 n_W 增大到与泵轮转速 n_B 相等时，工作液在循环圆内的循环流动停止，不能传递动力。

液力变矩器在泵轮转速 n_B 不变的条件下，涡轮转矩 M_W 随其转速 n_W 变化的规律即为液力变矩器特性，如图 10-51 所示。

由图 10-51 中可看出，涡轮转矩是随涡轮转速的改变而连续变化的。当汽车起步、上坡或遇到较大阻力时，如果发动机的转速和负荷不变，则车速将下降，即涡轮转速降低。于是涡轮转矩相应增大，以使驱动轮获得较大的力矩，从而保证汽车能克服增大的阻力而继续行驶。所以，液力变矩器本身就是一种能随汽车行驶阻力的改变而自动改变输出转矩的无级变速器。此外，液力变矩器的外特性曲线同样也具备使汽车平稳起步，衰减传动系统的扭转振动，防止传动系统超载等作用。由图 10-51 也可看出，液力变矩器的效率曲线随涡轮转速变化呈两头小、中间大的形态，其最高效率接近 90%。

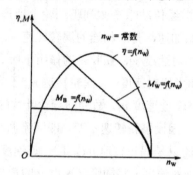

图 10-51　液力变矩器的外特性曲线

3. 液力变矩器的类型

（1）三元件综合式液力变矩器　这是一种典型的轿车用液力变矩器。三元件是指其工作轮的数目为三个，即泵轮、涡轮和导轮各一个，如图 10-52 所示。

这种液力变矩器壳体由前半部外壳与泵轮两部分焊接而成。壳体前端连接着装有起动齿圈的托盘，并用螺钉固定在发动机曲轴后端凸缘上。泵轮及涡轮叶片和壳体均采用钢板冲压件焊接而成，导轮则用铝合金铸造而成，并安装在单向离合器外座圈上，通过单向离合器与变速器壳体连接。

单向离合器也称超越离合器。常见液力变矩器的单向离合器结构如图 10-53 所示，它由外座圈、内座圈、滚柱和不锈钢叠片弹簧组成。外座圈与导轮以铆钉或花键连接，内座圈与固定套管以花键相连，固定套管安装在变速器壳体上，内座圈是固定不动的。外座圈的内表面有若干个偏心的圆弧面，叠片弹簧将滚柱压向内、外座圈之间滚道比较狭窄的一端，从而将内、外两个座圈楔紧。

当涡轮转速较低、与泵轮转速差较大时，从涡轮流出的液流冲击导轮叶面，使导轮按顺时针方向（图 10-53 中虚线箭头所指）旋转，此时滚柱被楔紧在滚道的窄端，导轮和单向离合器外座圈一起被卡紧在内座圈上固定不动，液流可获得导轮的反作用力矩，液力变矩器起增大输入转矩的作用。当涡轮转速升高到一定值时，液流对导轮的冲击力反向，即液流冲击导轮叶片背面，使导轮相对于内座圈按图 10-53 中实线箭头方向转动，滚柱被挤向滚道宽的一端，单向离合器内、外座圈松开，导轮成为自由轮，与涡轮做同向旋转，对液流不再有反作用力。此时，液力变矩器相当于只有泵轮和涡轮工作，如同液力耦合器一样。这种可以转入液力耦合器工况工作的液力变矩器称为综合式液力变矩器。

使用综合式液力变矩器的目的，是当涡轮处于低速和中速时可利用液力变矩器能增大输入转矩的特点，而当涡轮处于高转速时可利用液力耦合器高效率的特点，即结合了普通液力变矩器和液力耦合器的优点。

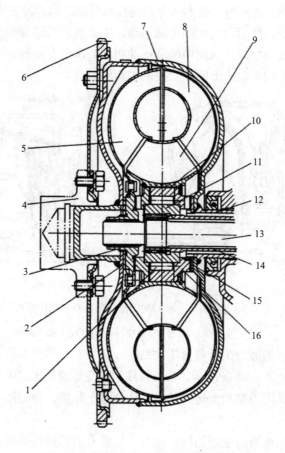

图 10-52 轿车用液力变矩器的典型结构

1—滚柱 2—塑料垫片 3—涡轮轮毂 4—发动机曲轴凸缘 5—涡轮 6—起动齿圈 7—液力变矩器壳 8—泵轮 9—导轮 10—单向离合器外座圈 11—单向离合器内座圈 12—泵轮轮毂 13—液力变矩器输出轴（齿轮变速器第一轴）14—导轮固定套管 15—推力垫片 16—单向离合器盖

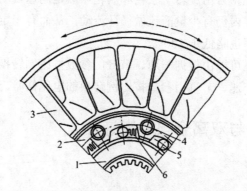

图 10-53 液力变矩器的单向离合器

1—内座圈 2—外座圈 3—导轮 4—铆钉 5—滚柱 6—叠片弹簧

（2）闭锁式液力变矩器 这种液力变矩器内有一个由液压操纵的闭锁离合器，或称锁止离合器。在图 10-54 所示的结构中，闭锁离合器的主动盘就是液力变矩器壳体，从动盘是可在轴向移动的压盘，通常为了减小离合器结合和分离瞬间的冲击力（即动载），从动盘内圈上带有弹性减振盘，然后与涡轮输出轴相连。主动盘和从动盘相接触的工作面上有摩擦片。压盘右面的油液与泵轮、涡轮中的液压油相通，压盘左面的油液通过液力变矩器输出轴中间的控制油道与阀板总成上的锁止控制阀相通。

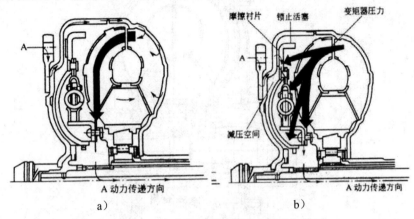

图 10-54　液力变矩器闭锁离合器工作原理

a）闭锁离合器分离状态　b）闭锁离合器接合状态

当锁止控制阀接通液力变矩器液压油路时，压盘左右两侧保持相同的压力，闭锁离合器处于分离状态，如图 10-54a 所示。动力需经液力变矩器传递，可充分发挥液力传动减振吸振、自动适应行驶阻力剧烈变化的优点，适合汽车起步、换档或在坏路面行驶等工况使用。

当锁止控制阀接通液力变矩器回油路时，压盘右侧的油压降低，但油液压力仍较高，在此压差的作用下，压盘通过摩擦片压紧在主动盘上，闭锁离合器接合，如图 10-54b 所示。动力经闭锁离合器实现机械传动，液力变矩器输入（泵轮）轴与输出（涡轮）轴成为刚性连接，传动效率较高，提高了汽车的行驶速度和燃油经济性。当闭锁离合器接合时，导轮单向离合器即脱开，导轮自由旋转。泵轮和涡轮虽然是同速转动，但与导轮有一定的转速差，因此在液力变矩器内仍有少量液流做循环流动，从而有一定的液力损失，即使成为直接机械传动，传动效率也略低于 100%。

锁止控制阀的操纵可以由根据车速、节气门参数按比例转换的液压信号进行控制。现在较多采用的是根据车速、节气门参数按比例转换的电压信号，由微电脑进行控制。

10.5　无级变速器与双离合自动变速器

10.5.1　无级变速器

无级变速器（简称 CVT，Continuously Variable Transmission）采用传动带和工作直径可变的主、从动轮相配合来传递动力，可以实现传动比的连续改变，从而得到传动系统与发动机工况的最佳匹配。常见的无级变速器有液力机械式无级变速器和金属带式无级变速器（VDT-CVT）。图 10-55 所示为无级变速器的主要结构。该系统主要包括主动轮组、从动轮组、金属带和油泵等基本部件。金属带由两束金属环和几百个金属片构成。

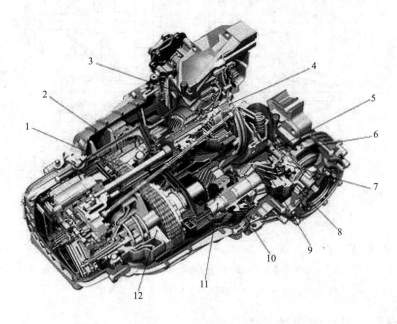

图 10-55　无级变速器的结构

1—金属带　2—主动轮　3—离合器　4—动力输入轴　5—半轴　6—动力输出从动齿轮　7—差速器行星齿轮

8—差速器侧齿轮　9—动力输出主动齿轮　10—中间转动从动齿轮　11—从动轴　12—从动轮

无级变速器有 V 形橡胶带式、金属带式、多盘式、钢球式和滚轮转盘式等多种构造，大都利用金属带和可变半径的滚轮传输动力，通过主动滚轮与被动滚轮半径的变化达到齿轮比的变化。理论上这种传动方式的效率很高，不过必须建立在能负荷所传递的动力的情况下。由于是利用金属带与滚轮之间的摩擦力传递动力，所以金属带及滚轮的工作情况十分苛刻，如为了有效传递动力，金属带与滚轮之间不允许打滑，而且原本产生的热能已经很多，如果再打滑恐怕将会造成内部机件的烧毁或严重耗损。而为了增加静摩擦力，最直接的方式就是增加金属带与滚轮之间的压力。但摩擦力增加了，动力传输的耗损也会增加，无形中还是增加了油耗。并且金属带的强度也是一大重点。所以无级变速器纵然有能提高舒适度、效率高及节能等优点，但是目前一般的无级变速器不能承受较大的扭力，否则就会造成燃油消耗量过大。

无级变速器的工作原理如图 10-56 所示，主动轮组和从动轮组都由可动盘和固定盘组成，与油缸靠近的一侧带轮可以在轴上滑动，另一侧则被固定。可动盘与固定盘都是锥面结构，它们的锥面有 V 形槽来与 V 形金属带啮合。发动机输出轴输出的动力首先传递到无级变速器的主动轮，然后通过 V 形金属带传递到从动轮，最后经减速器、差速器传递给车轮来驱动汽车。工作时通过主动轮与从动轮的可动盘做轴向移动来改变主动轮、从动轮锥面与 V 形金属带啮合的工作半径，从而改变传动比。可动盘的轴向移动量是由驾驶员根据需要，通过控制系统自动调节主动轮、从动轮液压泵油缸压力来实现的。由于主动轮和从动轮的工作半径可以实现连续调节，因而实现了无级自动变速。

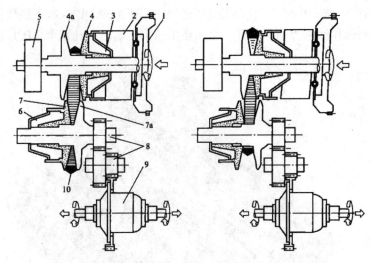

图 10-56　无级变速器的工作原理

1—发动机飞轮　2—离合器　3—主动轮液压控制缸　4—主动轮可动部分　4a—主动工作油缸固定部分

5—液压泵　6—从动轮液压控制缸　7—从动轮可动部分　7a—从动轮固定部分　8—中间减速器

9—主减速器与差速器　10—金属带

10.5.2 双离合自动变速器

双离合自动变速器（简称 DCT，Dual Clutch Transmission）有别于一般的自动变速器系统，它基于手动变速器而又属于自动变速器，除了拥有手动变速器的灵活性及自动变速器的舒适性外，还能提供无间断的动力输出。而传统的手动变速器使用一台离合器，当换档时，驾驶员须踩下离合器踏板，使不同档的齿轮做出啮合动作，输出动力就会在换档期间出现中断。DCT 内含两台自动控制的离合器，由电子控制及液压操纵，能同时控制两台离合器的运作。图 10-57 所示为大众迈腾 1.8TSI6 速 DSG 双离合自动变速器。图 10-58 所示为双离合自动变速器的传动结构。

图 10-57　大众迈腾 1.8TSI6 速 DSG 双离合自动变速器

当变速器工作时，一组齿轮被啮合，而接近换档时，下一组档段的齿轮已被预选，但离合器仍处于分离状态；当换档时，一台离合器将使用中的齿轮分离，同时另一台离合器啮合已被预选的齿轮，在整个换档期间能确保最少有一组齿轮在输出动力，从而不会出现动力中断的状况。为配合以上运作，DCT 的传动轴在运动时被分为两部分，一为实心的传动轴，另一为空心的传动轴。实心的传动轴连接了 1、3、5 及倒档，而空心的传动轴则连接 2、4 及 6 档，两台离合器各自负责一根传动轴的齿轮啮合动作，发动机的动力便会由其中一根传动轴做出无间断的传送。

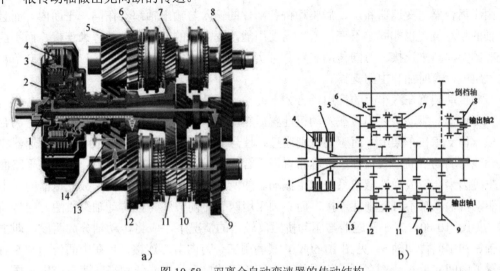

图 10-58　双离合自动变速器的传动结构

1—内输入轴　2—外输入轴　3—离合器 C2　4—离合器 C1　5、13—主减速器主动齿轮　6—倒档齿轮　7—6 档齿轮

8—5 档齿轮　9—1 档齿轮　10—3 档齿轮　11—4 档齿轮　12—2 档齿轮　14—主减速器从动齿轮

如图 10-58b 所示，车辆处于停车状态时，离合器 C1、C2 都不分离，不传递动力。当车辆起步时，自动换档机构将档位切换为 1 档，然后离合器 C1 接合，车辆开始起步运行，控制过程与机械式自动变速箱（AMT）类似。此时离合器 C2 处于分离状态，不传递动力。当车辆加速接近 2 档的换档时，由 ECU 控制自动换档机构将档位提前换入 2 档。当达到 2 档换档点时离合器 C1 分离，同时离合器 C2 开始接合，两个离合器交替切换，直到离合器 C1 完全分离，离合器 C2 完全接合，整个换档过程结束。车辆进入 2 档运行后，车辆自动变速器电控单元可以根据相关传感器信号判断车辆当前的运行状态，进而确定车辆即将进入运行的档位是升档还是降档，而 1 档和 3 档均连接在离合器 C1 上，因为该离合器处于分离状态，不传递动力，故可以指令自动换档机构十分方便地预先换入即将进入工作的档位，当车辆运行达到换档点时，只需要将正在工作的离合器 C2 分离，同时将另一个离合器 C1 接合，配合好两个离合器的切换时序，整个换档动作即可全部完成。车辆继续运行时，其他档位的切换过程也类似。

双离合自动变速器的动力传递通过两个离合器连接两根输入轴，相邻各档的从动齿轮交错地与两输入轴齿轮啮合，配合两离合器的控制，能够实现在不切断动力的情况下转换传动比，从而缩短换档时间，有效提高换档品质。双离合自动变速器既继承了手动变速器传动效率高、安装空间紧凑、质量轻、价格便宜等许多优点，又实现了换档过程不中断动力，这不仅对 AMT 来说是一个巨大的进步，还保留了 AT、CVT 等换档品质好的优点，因此是自动变速器的发展方向。

10.6 万向传动装置

10.6.1 功能与应用

由于离合器、变速器和前、后驱动桥各部件的输入与输出轴都不在同一平面内，而且有些轴的相对位置也非固定不变，所以需要用能改变方位的万向传动装置来连接，而不能用一般的万向节来连接。万向传动装置是可实现变角度动力传递的机件，一般由万向节与传动轴组成，有时加装中间支撑。

万向传动装置在汽车上的应用场合如下：

1）变速器与驱动桥之间。在发动机前置后轮驱动的汽车上，变速器常与发动机、离合器连成一体支承在车架上，而驱动桥则通过弹性悬架与车架连接（见图10-59）。变速器输出轴轴线与驱动桥的输入轴轴线很难布置得重合，并且在汽车行驶过程中，由于不平路面的冲击等因素会造成弹性悬架系统产生振动，使两轴相对位置经常变化，故变速器的输出轴与驱动桥输入轴不可能刚性连接，而必须采用两个万向节和一根传动轴组成的万向传动装置（见图10-60a）。在变速器与驱动桥距离较远的情况下，应将传动轴分成两段，即主传动轴3和中间传动轴5（见图10-60b），其间用三个万向节2连接，且在中间传动轴5后端设置了中间支承6，这样，可避免因传动轴过长而使自振频率降低和高转速下产生共振，同时可提高传动轴的临界转速和工作可靠性。

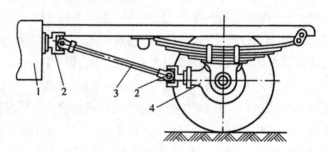

图10-59 变速器与驱动桥之间的万向传动装置

1—变速器 2—万向节 3—传动轴 4—驱动桥

2）变速器与分动器之间。对于双轴驱动的越野汽车来说，当变速器1与分动器7分开布置时（见图10-60c），虽然它们都支承在车架上（在设计时需使其轴线重合），但为了消除制造、装配误差以及车架变形对传动的影响，在其间也常设有万向传动装置（中间传动轴5）。为了传递动力，在分动器7与转向驱动桥8之间又设置了前桥传动轴9。在双轴驱动的越野汽车中，中、后桥的驱动形式有两种，即贯通式（见图10-60d）和非贯通式（见图10-60e）。若采用非贯通式结构，其后桥传动轴11也必须设置中间支承14，并常将其固定在中驱动桥10桥壳上。

3）转向驱动桥中的减速器与转向驱动轮之间。对于转向驱动桥来说，前轮既是转向轮又是驱动轮。作为转向轮，要求它能在最大转角范围内任意偏转某一角度；作为驱动轮，则要求半轴在车轮偏转过程中不间断地把动力从主减速器传到车轮。因此，转向驱动桥的半轴不能制成整体而要分段，且用万向节连接，以适应汽车行驶时半轴各段的交角不断变

258

化的需要。若前驱动轮采用独立悬架，则在靠近主减速器处也需要布置万向节（见图 10-61a）；若前驱动轮用非独立悬架，则只需在转向轮附近装一个万向节（见图 10-61b）。万向传动装置除用于汽车的传动系统外，还可用于动力输出装置和转向操纵机构。

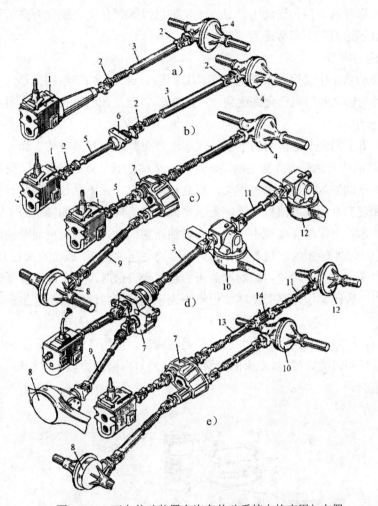

图 10-60　万向传动装置在汽车传动系统中的应用与布置

1—变速器　2—十字轴万向节　3—主传动轴　4—驱动桥　5—中间传动轴　6、14—中间支承　7—分动器

8—转向驱动桥　9—前桥传动轴　10—中驱动桥　11—后桥传动轴　12—后驱动桥　13—后桥中间传动轴

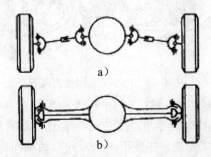

图 10-61　万向传动装置在汽车驱动桥中的应用与布置

10.6.2 万向节

万向节是实现转轴之间变角度传递动力的部件，按万向节扭转方向是否有明显的弹性，可分为刚性万向节和挠性万向节两类。刚性万向节靠零件的铰链式连接传递动力，而挠性万向节则靠弹性零件传递动力，且有一定的缓冲减振作用。刚性万向节又可分为不等速万向节、准等速万向节和等速万向节。

1. 不等速万向节

在车辆传动系统中采用较多的是十字轴万向节。这种万向节结构简单，工作可靠，效率高，且两传动轴之间的夹角允许达到 $15°\sim20°$，但是在两轴夹角不为零的情况下不能等角速度传递动力。

图 10-62 所示为汽车上常用的十字轴式刚性万向节。两万向节叉 2 和 6 上的孔分别活套在十字轴 4 的两对轴颈上。当主动轴转动时，从动轴既可随之转动，又可绕十字轴 4 中心在任意方向摆动。为了减少摩擦损失，提高传动效率，在十字轴 4 轴颈和万向节叉孔间装有滚针 8 和套筒 9 组成的滚针轴承，轴承靠固定在万向节叉上的轴承盖 1 轴向定位。为了便于润滑轴承，十字轴 4 做成中空的，并有油路通向轴颈。为避免润滑油流出及尘垢进入轴承，在十字轴 4 轴颈内端套着带有金属座圈的毛毡油封 7（或橡胶油封）。带弹簧的安全阀 5 的作用是，在十字轴 4 内腔润滑油压力超过允许值时，安全阀 5 被顶开而使润滑油外溢，使油封不致因油压过高而损坏。近年来为了提高密封性能，十字轴式万向节多采用橡胶油封。

实践证明，橡胶油封的密封性能远优于毛毡油封，当用注油枪向十字轴内腔注入润滑油而使内腔油压超过允许值时，多余的润滑油会从油封内圆表面与十字轴轴颈接触处溢出，故无需装安全阀。

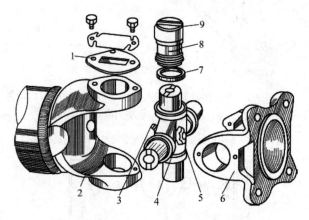

图 10-62　十字轴式刚性万向节

1—轴承盖　2、6—万向节叉　3—油嘴　4—十字轴　5—安全阀　7—油封　8—滚针　9—套筒

欲使具有一定交角的两轴实现等角速度传动，根据运动学分析得知，应将两个十字轴万向节按图 10-63 所示的方式安装，并使第一个万向节两轴间夹角 α_1 与第二个万向节两轴间夹角 α_2 相等，第一个万向节的从动叉与第二个万向节的主动叉处于同一平面内。这样使

第一万向节的不等速效应有可能被第二万向节的不等速效应所抵消，从而可使从动叉 4 与主动叉 1 的角速度相等。

但车辆驱动轮采用非独立悬架时，由于弹性悬架的振动，使得变速器输出轴与驱动桥输入轴的相对位置不断变化，以致不可能保证任何时候 $\alpha_1 = \alpha_2$，因而两轴间的传动等速性只能是近似的。

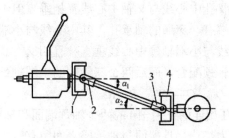

图 10-63　双万向节等角速度传动布置

1、3—主动叉　2、4—从动叉

2. 准等速万向节

准等速万向节是根据上述双万向节实现等速传动的原理而设计的，常见的有双联式和三销轴式万向节。

（1）双联式万向节　双联式万向节实际上是一套将传动轴长度减缩至最小的双万向节等速传动装置。双联式万向节如图 10-64 所示，其中双联叉 2 相当于两个在同一平面上的万向节叉，欲使轴 1 和轴 3 的角速度相等，应保证 $\alpha_1 = \alpha_2$，为此在双联式万向节的结构中装有分度机构，以尽量保证双联叉的对称线平分所连两轴的夹角。

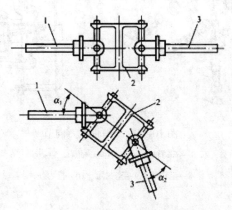

图 10-64　双联式万向节

1、3—轴　2—双联叉

双联式万向节用于转向驱动桥时可以没有分度机构，但必须在结构上保证双联式万向节中心位于主销轴线与半轴轴线的交点，以保证准等速传动。双联式万向节允许有较大的间夹角（一般可达 50°），且具有轴承密封性好、效率高、制造工艺简单、加工方便、工作可靠等优点，但零件数目较多，外形尺寸较大，故一般多用在越野汽车上。例如，北京吉普汽车有限公司生产的切诺基轻型越野汽车的前传动轴与分动器前输出轴之间即采用了这种双联式万向节。

（2）三销轴式万向节　这种万向节是由双联式万向节演变而来的准等速万向节。图10-65所示为汽车转向驱动桥中的三销轴式万向节。该万向节主要由两个偏心轴叉1和3、两个三销轴2和4以及六个轴承、密封件等组成。主、从动偏心轴叉分别与转向驱动桥的内、外半轴制成一体，叉孔中心线与叉轴中心线互相垂直但不相交。两偏心轴叉由两个三销轴连接。三销轴的大端有一穿通的轴承孔，其中心线与小端轴颈中心线重合。靠近大端两侧有两轴颈，其中心线与小端轴颈中心线垂直并且相交。装合时每一偏心轴叉的两叉孔与一个三销轴的大端两轴颈配合，而后两个三销轴的小端轴颈互相插入对方的大端轴承孔内，这样便形成了 $Q_1—Q'_1$，$Q_2—Q'_2$，$R—R'$。

在与主动偏心轴叉1相连的三销轴4的两个轴颈端面和轴承座6之间装有推力垫片10。其余各轴颈端面均无推力垫片，且端面与轴承座之间留有较大的空隙，以保证在转向时三销轴式万向节不致发生运动干涉现象。

三销轴式万向节的特点同样是允许相邻两轴有较大的交角，最大可达45°。在转向驱动桥中采用这种万向节可使汽车获得较小的转弯半径，提高了汽车的机动性。其缺点是所占空间较大。

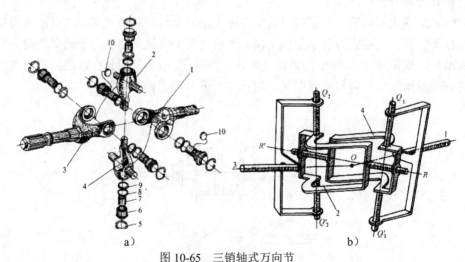

图 10-65　三销轴式万向节

1—主动偏心轴叉　2、4—三销轴　3—从动偏心轴叉　5—卡环　6—轴承座　7—衬套

8—毛毡圈　9—密封罩　10—推力垫片

3. 等速万向节

等速万向节的基本原理是从结构上保证万向节在工作过程中，其传力点永远位于两轴交角的平分面上。如图10-66所示，等速万向节由一对大小相等的锥齿轮组成，在其传动过程中，两齿轮的接触点 P 位于两齿轮轴线交角 a 的平分面上，由 P 点到两轴的垂直距离都等于 r，P 点处两齿轮的圆周速度是相等的，故两个齿轮旋转的角速度也相等。同理，若万向节的传力点在其交角变化时始终位于两轴交角的平分面上，则可使两万向节叉保持相等的角速度，实现等速传动。

等速万向节有球笼式和球叉式两种。

（1）球笼式万向节 其结构如图 10-67 所示。星形套 7 以内花键与主动轴 1 相连接，其外表面有六条弧形凹槽，形成内滚道。球形壳 8 的内表面有相应的六条弧形槽，形成外滚道。六个钢球 6 分别装在各条凹槽中，由保持架 4 使之保持在一个平面内。动力由主动轴 1 经钢球 6、球形壳 8 输出。

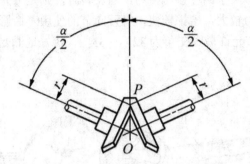

图 10-66 等速万向节的工作原理

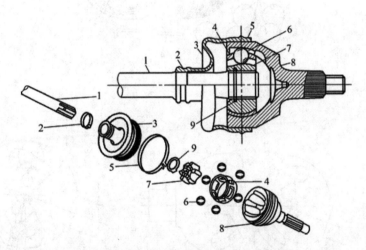

图 10-67 球笼式等速万向节的结构

1—主动轴 2、5—钢带箍 3—外罩 4—保持架（球笼） 6—钢球 7—星形套（内滚道） 8—球形壳 9—卡环

球笼式万向节在结构上能保证传力钢球在工作时始终位于主、从动轴交角的平分面上，从而使得从动轴与主动轴能以等角速度旋转。

球笼式万向节在工作时，不论传动方向如何，六个钢球全部传力，并且在两轴的最大交角为 42° 时仍可传递转矩，同时其结构紧凑，承载能力强，拆装方便，因而越来越得到广泛应用。

（2）球叉式万向节 其结构如图 10-68a 所示。在轴 1 和轴 2 的一端都做有一个叉子，两个叉子相互垂直放置，两叉间嵌进四个传力钢球 6，在两叉中心嵌入一个定心钢球 5，传动时两个叉子绕着定心钢球 5 转动一个角度。为达到等速传递动力的目的，在每个叉子上都做有四个曲槽，如图 10-68b 所示。轴 1 叉子的曲槽半径为 R_1（图中只画出两个曲槽，另两个在背面，投影与之重合），曲槽中心为 O_1，轴 2 叉子的曲槽半径 R_2，中心为 O_2，而

万向节的中心为 O 点。O_1、O_2 与 O 点不重合，当叉子装配起来之后（见图 10-68c），两个叉子凹槽的中心线是以 O_1、O_2 为圆心的两个半径相等的圆，而圆心 O_1、O_2 与万向节中心 O 的距离相等，曲槽半径 R_1、R_2 也相等，因此在两轴以任何角度相交的情况下，传力钢球中心都位于两圆的交点上，亦即所有传力钢球都位于角平分面上，因而保证了等角速度转动。

球叉式万向节只有两个钢球参与传力，当反转时，则是另外两个钢球参与传力，因此钢球与曲槽之间的压力较大，磨损较快，对万向节的使用寿命影响较大。其优点是结构紧凑、简单。球叉万向节允许最大交角为 32°～33°，较好地满足了转向驱动桥的要求，使用广泛。

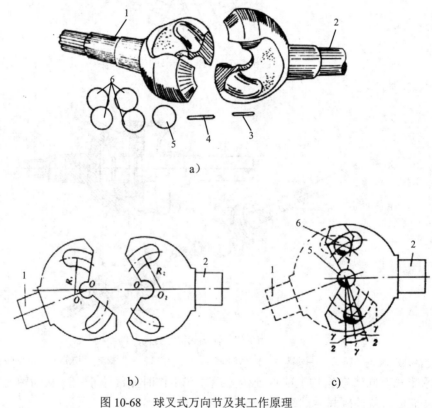

图 10-68　球叉式万向节及其工作原理

1、2—轴　3—销锁　4—销　5—定心钢球　6—传力钢球

4. 挠性万向节

挠性万向节依靠其中弹性件的弹性变形来保证在相交两轴间传动时不发生机械干涉，如图 10-69 所示。

六角形橡胶圈、橡胶盘、橡胶金属套管等是常用的弹性件。因为弹性件的弹性变形量有限，所以挠性万向节一般适用于两轴间夹角不大（3°～5°）和有微量轴向位移的万向传动场合。挠性万向节具有结构简单，无需润滑，能吸收传动系统中的冲击载荷和衰减。扭转振动等优点。

264

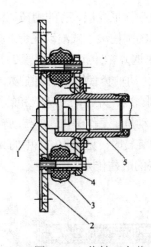

图 10-69　挠性万向节

1—中心轴　2—大圆盘　3—弹性连接件　4—连接圆盘　5—花键毂

10.6.3　传动轴

1. 组成与结构

在常见的轻、中型货车中，连接变速器与驱动桥的传动轴部件由传动轴及其两端焊接的花键轴和万向节叉组成。

在汽车行驶过程中，变速器与驱动桥的相对位置经常变化，为避免运动干涉，传动轴用由滑动叉和花键轴组成的滑动花键连接，以适应传动轴长度的变化。为减少磨损，还装有用以加注润滑脂的润滑脂嘴、油封、堵盖和防尘套。

在传动轴高速旋转时，由于质量不均衡引起的离心力将使传动轴发生剧烈振动，因此当传动轴与万向节装配后必须进行动平衡。传动轴过长时，自振频率降低，易产生共振，故常将其分为两段并加中间支承。图 10-70 所示为某型号汽车中间传动轴及支承总成。

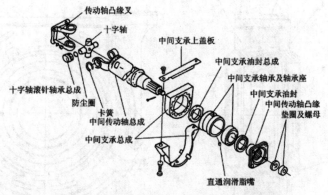

图 10-70　某型号汽车中间传动轴及支承总成

为了得到较高的强度和刚度，传动轴多做成空心的，一般用厚度为 1.5～3.0mm 的薄钢板卷焊而成。超重型货车的传动轴则直接采用无缝钢管。在转向驱动桥、断开式驱动桥或微型汽车的万向传动装置中通常将传动轴制成实心轴。为减小传动轴中花键连接的轴向滑动阻力和磨损问题，可对花键进行磷化处理或喷涂尼龙层，有的则在花键槽内设置滚动元件，如国外有的汽车传动轴采用了如图 10-71 所示的圆柱滚子式滚动花键连接。在传动轴内套管 3 上制有四条均布的夹角为 90°的贯通凹槽（滚道），在传动轴外套管 2 上也相应地制有四条均布的夹角为 90°的贯通凹槽（滚道）。内、外传动轴套管的凹槽装配吻合后，放入滚柱 1，并使相邻的滚柱各按向右和向左的顺序间隔排列。内、外传动轴套管和的两端装有挡圈 4，以防滚柱 1 脱落及限定内、外传动轴套管的相对移动量。工作中内、外传动轴套管的相对滑动由滚柱在凹槽内滚动来实现。当传动轴逆时针方向旋转时（见图 10-71 中的 A—A 剖视图），各凹槽中向右倾斜安装的滚柱传力；反之，向左倾斜的滚柱传力。

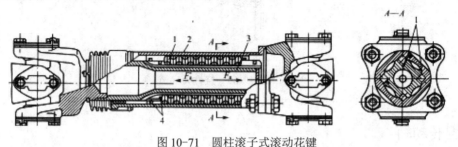

图 10-71　圆柱滚子式滚动花键

1—滚柱　2—传动轴外套管　3—传动轴内套管　4—挡圈

2. 中间支承

传动轴分段时须加中间支承。通常中间支承安装在车架横梁上，应能补偿传动轴轴向和角度方向的安装误差以及车辆行驶过程中由于发动机窜动或车架等变形所引起的位移。大多数汽车的中间支承由原来采用的双列圆锥滚子轴承式的中间支承改进为如图 10-72 所示的蜂窝软垫式球轴承的中间支承。由于蜂窝形橡胶垫 5 有弹性作用，故能适应传动轴的安装误差和行驶中出现的位移，此外还可吸收振动，减少噪声传导。蜂窝软垫式的结构简单、效果好，应用较广泛。汽车传动轴的中间支承如图 10-73 所示。

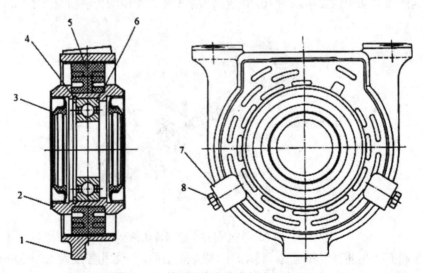

图 10-72　某型号汽车传动轴中间支承

1—中间盘支承架　2—轴承座　3—防尘油封　4—弹性挡圈　5—蜂窝形橡胶垫　6—球轴承　7—中间支承卡板　8—螺栓

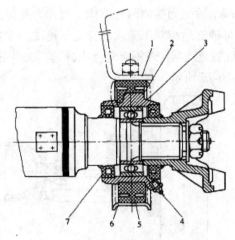

图 10 -73　汽车传动轴中间支承

1—车架横梁　2—轴承座　3—轴承　4—润滑脂嘴　5—蜂窝形橡胶垫　6—U 形支架　7—油封

10.7 驱动桥

10.7.1 功用与类型

汽车、拖拉机的驱动桥是指变速器与驱动轮之间除万向节及传动轴以外的所有传动部件和壳体的总称。驱动桥的功用如下：

1）将传动装置传来的发动机转矩通过主减速器、差速器、半轴等传到驱动车轮，实现降速增大转矩。

2）通过主减速器锥齿轮副或双曲面齿轮副改变转矩的传递方向。

3）通过差速器实现两侧车轮差速作用，保证内、外侧车轮以不同转速转向。

4）通过桥壳体和车轮实现承载及传力作用。

驱动桥如图 10-74 所示，一般由主减速器、差速器（或转向机构）、半轴、最终传动和桥壳等零部件组成。经万向节传动装置输入驱动桥的转矩首先传到主减速器 2，经差速器 3 分配给左右半轴 4，最后提高半轴外端的凸缘盘传至驱动车轮的轮毂 5。驱动桥壳 1 由主减速器 2 和半轴套管组成。

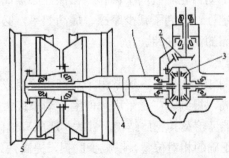

图 10 -74　驱动桥示意图

1—驱动桥壳　2—主减速器　3—差速器　4—半轴　5—轮毂

如图 10-74 所示的驱动桥壳为整体刚性结构，故称为整体式驱动桥。现在有的汽车采用独立悬架，其驱动轮可独立地相对车架或车身上下跳动。主减速器壳固定在车架或车身上，驱动桥壳分段并通过铰链连接（或不再有除主减速器壳外的其他部分），这种驱动桥称为断开式驱动桥，如图 10-75 所示。

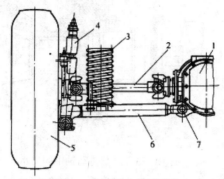

图 10-75　断开式驱动桥
1—主减速器　2—半轴　3—弹性元件　4—减振器　5—车轮　6—摆臂　7—摆臂轴

10.7.2　主减速器

主减速器的功用是把变速器传来的转矩进一步放大，并相应降低转速。目前，汽车发动机和变速器多数采用纵置，还必须通过锥齿轮主减速器改变转矩的方向，以适应行驶需要。根据不同的使用要求，主减速器有不同的结构型式。

主减速器按齿轮传动副的数目分，有单级式和双级式。目前，轿车、小型客车、轻型和中型货车一般采用单级主减速器；大型和重型货车不仅要求较大的主减速比，而且要求较大的离地间隙，故多采用双级主减速器。

主减速器按齿轮传动比档数分，有单速式和双速式。单速式的传动比是固定的；双速式有供驾驶员选择的两个传动比，以适应不同工作条件。国产拖拉机一般采用单速式主减速器。

主减速器按齿轮传动副的结构型式分，有圆柱齿轮式、锥齿轮式和准双曲面齿轮式。圆柱齿轮式又可分为定轴轮系和行星齿轮系，适用于发动机横置的汽车。对于大多发动机纵置的汽车来说，其主减速器采用螺旋锥齿轮或准双曲面齿轮。与螺旋锥齿轮相比，准双曲面齿轮工作稳定性更好，机械强度更高，同时允许主动齿轮轴线相对于从动齿轮轴线偏移，如图 10-76 所示。若主动齿轮轴线向下偏移，在保证必需离地间隙的情况下，可使车辆质心降低，提高行驶稳定性。但为了减少摩擦、提高效率，必须采用含防刮伤添加剂的准双曲面齿轮油及合理可靠的润滑油路。

1．单级减速主减速器

单级减速主减速器如图 10-77 所示，通常由一对锥齿轮组成。此种形式机构简单、体积小、质量轻、传动效率高，得到了广泛采用，但因主动小锥齿轮的最少齿数受到限制，如传动比太大，会使从动锥齿轮及其壳体结构尺寸大，造成离地间隙小，机械通过性能差。主、从动锥齿轮必须保证正确的相对位置，以减少磨损，提高效率，降低噪声，延长寿命。为此，在结构上应保证两齿轮有足够的支承刚度和必要的啮合调整装置。

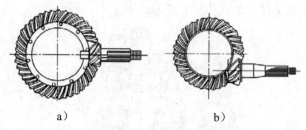

图 10-76 主动齿轮和从动齿轮轴线位置

a）螺旋锥齿轮传动，轴线交叉　b）准双曲面齿轮传动，轴线下偏移

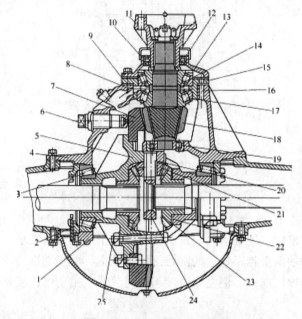

图 10-77 单级减速主减速器

1—差速器轴承盖　2—轴承调整螺母　3、13、17—圆锥滚子轴承　4—主减速器壳　5—差速器壳　6—支撑螺栓

7—从动锥齿轮　8—进油道　9、14—调整垫片　10—防尘罩　11—叉形凸缘　12—油封　15—轴承座　16—回油道

18—主动锥齿轮　19—圆柱滚子轴承　20—行星齿轮垫片　21—行星齿轮　22—半轴齿轮推力垫片　23—半轴齿轮

24—行星齿轮轴（十字轴）　25—螺栓

为保证主动锥齿轮有足够的支承刚度，主动锥齿轮 18 与轴支承应为一体，前端支承在互相贴近小端相向的两个圆锥滚子轴承 13、17 上，后端支承在圆柱滚子轴承 19 上，形成跨置式支承。

装配主减速器时，圆锥滚子轴承应有一定的装配预紧度，即在消除轴承间隙的基础上再给予一定的预紧力。其目的是减少在锥齿轮传动过程中产生的轴向力所引起的齿轮轴的轴向位移，以提高轴的支承刚度，保证锥齿轮副的正常啮合。但也不能过紧，若过紧则传动效率低，且加速轴承磨损。

2．双级减速主减速器

根据发动机特性和汽车使用条件，当要求主减速器具有较大的减速比时，若仍采用单级主减速器，则不能保证具有足够的离地间隙而影响车辆的通过性。因此，需要采用两对齿轮减速的双级主减速器，如图 10-78 所示。

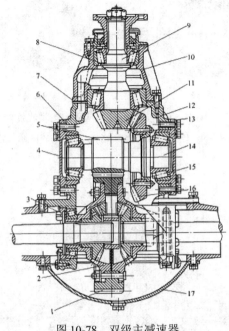

图 10-78　双级主减速器

1—第二级从动齿轮　2—差速器壳　3—调整螺母　4、15—轴承盖　5—第二级主动齿轮　6、7、8、13—调整垫片　9—第一
级主动齿轮轴　10—轴承座　11—第一级主动齿轮　12—主减速器壳　14—中间轴　16—第一级从动锥齿轮　17—后盖

　　一般双级主减速器中主动锥齿轮与轴制成一体，采用悬臂式支承。即主动锥齿轮轴支承在位于齿轮同一侧的两个相距较远的圆锥滚子轴承上，而主动锥齿轮悬伸在轴承之外。这种支承形式的结构比较简单，但支承刚度不如跨置式。主动锥齿轮轴多用悬臂式支承的原因有两点：

　　1）第一级齿轮传动比较小，相应的从动锥齿轮直径较小，因而在主动锥齿轮外端要再加一个支承。这在布置上很困难。

　　2）因传动比小，故主动锥齿轮及轴颈尺寸有可能做得较大，同时尽可能将两轴承间的距离加大。这样也可得到足够的支承刚度。

10.7.3　驱动轮轴与半轴

　　最终传动为外置式时，驱动轮安装在最终传动从动齿轮的轴上，此轴称为驱动轮轴。若驱动轮安装在与差速器半轴齿轮相连接的轴上或内置式最终传动从动齿轮的轴上，则称此轴为半轴。按结构布置和受力情况，半轴可分为四种：全浮式、四分之三浮式、半浮式和不浮式。驱动轮受力和力矩的情况如图 10-79 所示。驱动轮受到切线牵引力 F_q、路面的垂直反作用力 F_{yq}、路面对驱动轮的侧向反作用力 F_z 和驱动转矩 M_q 的作用。这些力和力矩都从车轮的一端作用在轴上。轴的另一端固定有齿轮，从这一端也有相应的力和力矩作用在轴上，使轴受转矩和弯矩的共同作用。

　　1. 全浮式半轴

　　全浮式半轴如图 10-80 所示。这种半轴一端用花键与在差速器壳内的半轴齿轮连接，而差速器壳通过锥轴承装在后桥壳内，使半轴呈"浮动支承"而不承受弯矩；作用在大锥齿轮上的力引起的水平弯矩和垂直弯矩都由壳体承受。半轴从另一端安装驱动轮，半轴通过轮毂和双排锥轴承支承在半轴壳上。这种结构使作用在车轮和大锥齿轮上的力所形成的弯矩都由半轴壳或后桥壳承受，半轴只受转矩。由图 10-80 可知，力 F_q 和 F_{yq} 通过支承轴承的对称平面不能引起弯矩，只有侧向力 F_z 能引起弯矩 $F_z \cdot r_{dq}$，而此弯矩由两轴承的支反力 F 所形成的反力矩 $F \cdot e$ 所平衡，力矩 $F \cdot e$ 则作用在半轴壳上，所以这种半轴称为全浮式半轴。

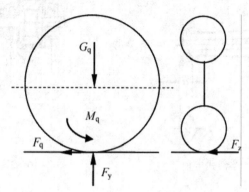

图 10-79　驱动轮受力和力矩的情况

2. 四分之三浮式半轴

四分之三浮式半轴如图 10-81 所示。这种半轴用在载重量较轻的汽车上。其结构布置与全浮式半轴相似，不同之处是用单排圆柱滚子轴承代替双排锥轴承。因 e 值较小，反力矩 $F \cdot e$ 亦小，支承刚度不够，部分弯矩 $F_x \cdot r_{dq}$ 要传给半轴，由半轴承受。力 F_q 和 F_{yq} 也不通过轴承的对称平面而有 a 值，由此而产生的弯矩部分由半轴承受，所以称为四分之三浮式半轴。

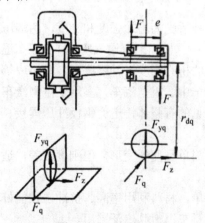

图 10-80　全浮式半轴

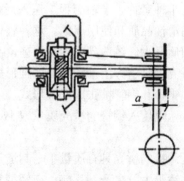

图 10-81　四分之三浮式半轴

3. 半浮式半轴

半浮式半轴如图 10-82 所示。这种半轴多用在小轿车上。其与上述两种半轴不同之处是车轮一端的半轴直接通过轴承支承在半轴壳上，使半轴受到所有作用在车轮上的力所形成的水平弯矩和垂直弯矩。

4. 不浮式半轴

不浮式半轴如图 10-83 所示。其靠近车轮的一端支承结构与半浮式半轴相同。靠近半轴齿轮的一端直接通过支承，支承在壳体上，使作用在大锥齿轮上的力形成的弯矩都由半轴承受。内置式最终传动的拖拉机一般采用这种半轴。

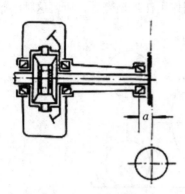

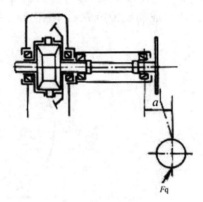

图 10-82　半浮式半轴　　　　　　　　　　　图 10-83　不浮式半轴

10.7.4 桥壳

驱动桥壳的功用是支承并保护主减速器、差速器和半轴等，使左、右驱动车轮的轴向相对位置固定；同从动桥一起支承车架及其上的各总成质量；汽车行驶时，承受由车轮传来的路面反作用力和力矩，并经悬架传给车架。

驱动桥壳应有足够的强度和刚度，且质量要小，并便于主减速器的拆装和调整。由于桥壳的尺寸和质量一般都比较大，制造较困难，故其结构型式在满足使用要求的前提下要尽可能便于制造。驱动桥壳从结构上可分为整体式桥壳和分段式桥壳两类。

1. 整体式桥壳

图 10-84 所示为某型号汽车的整体式桥壳。这种桥壳为增加强度和刚度，两端压入无缝钢管制成的半轴套管。半轴套管 1 压入后桥壳 2 中。桥壳上有通气塞 8，保证高温下的通气，保持润滑油品质和使用周期。这种整体铸造的桥壳刚度大、强度高、易铸成等强度梁形状，但因质量大，铸造品质不易保证，故适用于中、重型汽车，多用于重型汽车上。

整体式桥壳因制造方法不同又有多种形式，常见的有整体铸造、钢板冲压焊接、中段铸造两端压入钢管和钢管扩张成形等形式。

中段铸造两端压入钢管的桥壳质量较小、工艺简单且便于变形，但刚度较差，适用于批量生产。

钢板冲压焊接的桥壳具有质量小、制造工艺简单、材料利用率高、抗冲击性能好、成本低等优点并适于大量生产。目前，在轻型货车和轿车上得到广泛采用。

用钢管扩张成形方法加工的桥壳称为钢管扩张成形桥壳。它广泛应用于轿车和微、轻型货车。其优点是材料利用率好、质量小、强度和刚度高、制造成本低，适于大量生产。

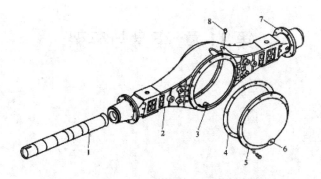

图 10-84　某型号汽车的整体式桥壳

1—半轴套管　2—后桥壳　3—放油孔　4—后桥壳垫片　5—后盖　6—油面孔　7—凸缘盘　8—通气塞

2. 分段式桥壳

分段式桥壳一般分为两段（见图 10-85），由螺栓 1 将两段连成一体。它由主减速器壳 10、两个半轴套管 4 及凸缘盘 8 等组成。分段式桥壳比整体式桥壳易于铸造，加工简便，但维修不便，当拆检主减速器时必须把整个驱动桥从汽车上拆卸下来，因此目前已很少采用。

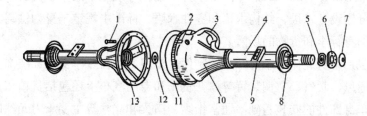

图 10-85　分段式桥壳

1—螺栓　2—注油孔　3—主减速壳颈部　4—半轴套管　5—调整螺母　6—止动垫片　7—锁紧螺母　8—凸缘盘

9—弹簧座　10—主减速器壳　11—垫片　12—放油孔　13—油封

思考题：

1. 汽车上为什么要设置离合器？试述摩擦式离合器的组成和工作过程。

2. 摩擦式离合器为什么要定期检查调整？

3. 试述摩擦片式离合器工作时打滑或分离不清的原因及排除方法。

4. 什么是双轴式、三轴式和组合式变速器？

5. 同步器有何功用？试说明惯性式同步器的工作原理。

6. 分动器的功能是什么？为什么分动器中的常啮合齿轮要为斜齿轮，轴采用圆锥滚子轴承支承？

7. 行星齿轮式和定轴式动力换档变速器各有什么特点？各自适用于哪些场合？

8. 在汽车上采用液力机械变速器与普通机械变速器相比有何优缺点？

9. 球笼式与球叉式万向节在应用上有何差别？为什么？

10. 什么叫驱动桥？驱动桥由哪些部分组成？

11. 主减速器如何调整？调整的目的是什么？

12. 半轴主要有哪几种类型？各有什么特点？

第 11 章 车身与车架

11.1 车身

11.1.1 功用与类型

1. 车身功用

车身是驾驶员工作以及装载乘客和货物的场所。车身应为驾驶员提供良好的操作条件，为乘员提供舒适的乘坐条件（隔离汽车行驶时的振动、噪声、废气以及恶劣气候的影响），并保证完好无损地运载货物且装卸方便。车身结构和设备还应保证行车安全和减轻事故后果。车身应具有合理的外部形状，以便在汽车行驶时能有效地引导周围的气流，提高汽车的动力性、燃油经济性和行驶稳定性，并改善发动机的冷却条件和车内通风状况。

在国家标准 GB/T 4780—2020《汽车车身术语》中规定了汽车车身的术语及其定义。汽车车身术语分为设计术语、结构术语和零件术语。标准中规定车身为供驾驶员操作，以及容纳乘客及随身行李和货物的场所。

车身结构包括车身壳体、车前、后板制件、车门、车窗、车身外部装饰件和内部覆饰件、座椅以及通风、暖气、空调装置等。在货车和专用汽车上还包括货箱和其他装备。车身壳体是一切车身部件的安装基础，通常指纵、横梁和立柱等主要承力元件以及与它们相连接的板件共同组成的结构，还包括在其上敷设的隔声、隔热、防振、防腐、密封等材料及涂层。

2. 车身类型

（1）车身壳体按受力分类

1）非承载式车身：非承载式车身就是悬置于车架上的车身结构型式，其结构特点是车身与车架之间通过橡胶软垫或弹簧柔性连接。该类型的汽车有刚性车架，俗称底盘大梁架。对于非承载式车身来说，安装在车架上的车身对车架的加固作用不大，车身本体弹性悬置于车架上，车架是支承全车的基体，承受着在其上所安装的各个总成的各种载荷。车架的振动通过弹性元件传到车身上，大部分振动能被减弱或消除，在坏路行驶时对车身起到保护作用。非承载式车身车厢变形小，平稳性和安全性好，而且车厢内噪声低。但非承载式车身比较笨重，质量大，汽车质心高，高速行驶稳定性较差。

2）承载式车身（或称全承载式车身）：图 11-1 所示为承载式轿车车身。承载式车身就是无独立车架的整体车身结构型式，其结构特点是底架不是传统的冲压成型铆接车架式结构，而是由矩形钢管构成的格栅式结构。底架与前后围、侧围、车顶组成全承载式车身。由于没有车架，故可降低地板和整车高度。整个车身承受载荷，在承受载荷时，整个车身壳体可以达到稳定平衡状态。在具有较大的抗扭刚度的格栅式结构的底架上配置发动机、前后桥等总成，可以保证各总成正确的相对位置关系。承载式车身除了其固有的乘载功能外，还要直接承受各种负荷。该形式的车身具有较大的抗弯曲和抗扭转的刚度，质量小，高度低，汽车质心低，装配简单，高速行驶稳定性较好。但由于道路负载会通过悬架装置直接传给车身本体，因此噪声和振动较大。

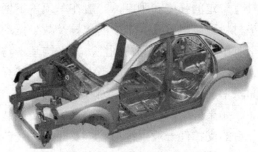

图 11-1　承载式轿车车身

3）半承载式车身：半承载式车身就是车身与车架刚性连接，车身部分承载的结构型式，其结构特点是车身通过焊接、铆接或螺钉与车架刚性连接，是一种介于非承载式车身和承载式车身之间的车身结构。它的车身本体与底架用焊接或螺栓刚性连接，加强了部分车身底架而起到一部分车架的作用，如发动机和悬架都安装在加固的车身底架上，车身与底架成为一体，共同承受载荷。

非承载式车身和承载式车身各有优缺点，适用于不同用途的汽车。一般而言，非承载式车身用在货车、客车和越野车上，承载式车身一般用在轿车上，现在一些客车也采用这种形式。

（2）车身按有无骨架分类　根据车身是否有骨架可分为有骨架式车身和无骨架式车身。

1）有骨架式车身：在制造时将车身外壳及内壁固定在焊接装配好的骨架上。骨架通常由薄钢板冲压焊接而成。车身外壳大多是以薄钢板焊接在骨架上制成。车身骨架主要由左右门框的前立柱、中立柱和后立柱以及上边梁、地板、前风窗框、前围板、后围板及其他后部加强零件所组成，这种车身具有很好的强度和刚度。

2）无骨架式车身：这种车身直接由若干块形状复杂的覆盖件组成，仅靠筋和肋代替骨架作用，此外靠角板、横支条等措施来加强。无骨架式车身本身就是一个刚性空间结构，有较好的强度和刚度，质量比有骨架式车身要小得多，而且汽车总高度也可降低。

11.1.2　壳体结构

1. 轿车车身壳体的主要零部件（见图 11-2）

（1）发动机舱盖　发动机舱盖又称发动机罩，其结构一般由外板和内板组成，中间夹以隔热材料，内板起增强发动机舱盖刚度的作用，基本上是骨架形式。发动机舱盖开启时一般是向后翻转，也有小部分是向前翻转。向后翻转的发动机舱盖打开至预定角度，不应与前挡风玻璃接触，应有一个约为 10mm 的最小间距。为防止在行驶中发动机舱盖由于振动自行开启，发动机舱盖前端设有保险锁钩锁止装置，锁止装置开关设置在车厢仪表板下面，当车门锁住时发动机舱盖也应同时锁住。对发动机舱盖的要求是隔热、隔音、质量轻、刚性好。

（2）车顶盖　车顶盖是车厢顶部的盖板。对于轿车车身的总体刚度而言，车顶盖不是很重要的部件，这也是允许在车顶盖上开设天窗的理由。从设计角度来讲，重要的是它如何与前、后窗框及与支柱交界点平顺过渡，以求得最好的视觉感和最小的空气阻力。为了安全考虑，车顶盖还应具有一定的强度和刚度，一般在车顶盖下增加一定数量的加强梁，车顶盖内层敷设绝热衬垫材料，以阻止外界温度的传导及减少振动时噪声的传递。

（3）行李舱盖　行李舱盖要求具有良好的刚性，其结构基本与发动机舱盖相似，也有外板和内板，内板有加强肋。一些被称为"二厢半"的轿车，其行李舱向上延伸，包括后挡风玻璃在内，使开启面积增加，形成一个门，因此又称为背门，这样既保持一种三厢车形状又能够方便存放物品。如果采用背门形式，背门内板侧要嵌装橡胶密封条，围绕一圈以防水防尘。行李舱盖开启的支撑件一般用钩形铰链及四连杆铰链，铰链装有平衡弹簧，可使启闭舱盖省力，并可自动固定在打开位置，便于提取物品。

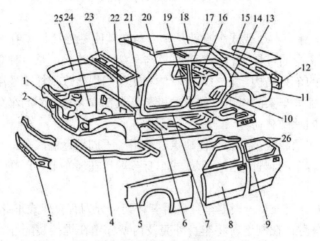

图 11-2　轿车车身壳体主要零部件

1—发动机罩前支撑板　2—散热器固定框架　3—前裙板　4—前框架　5—前翼子板　6—地板总成　7—门槛　8—前门

9—后门　10—车轮挡泥板　11—后翼子板　12—后围板　13—行李舱盖　14—后立柱（C柱）　15—围上盖板

16—后窗台板　17—上边梁　18—车顶盖　19—中立柱（B柱）　20—前立柱（A柱）　21—前围侧板

22—前围板　23—前围板上盖板　24—前挡泥板　25—发动机舱盖　26—门框架

（4）翼子板　翼子板是遮盖车轮的车身外板，因旧式车身该部件的形状及位置似鸟翼而得名。翼子板按照安装位置不同可分为前翼子板和后翼子板。前翼子板安装在前轮处，必须要保证前轮转动及跳动时的最大极限空间，因此设计者会根据选定的轮胎型号尺寸用"车轮跳动图"来验证翼子板的设计尺寸。后翼子板无车轮转动碰擦的问题，但出于空气动力学的考虑，后翼子板略显拱形弧线向外凸出。现在有些轿车的翼子板已与车身本体成为一个整体，一气呵成，但也有轿车的翼子板是独立的，尤其是前翼子板，因为前翼子板碰撞机会比较多，独立装配容易整件更换。有些车的前翼子板用有一定弹性的弹塑性材料（如塑料）做成。弹塑性材料具有缓冲性，比较安全。

（5）前围板　前围板是发动机舱与车厢之间的隔板，其位置在制动器、离合器踏板前面，仪表台下面。前围板上有许多孔口，作为操纵用的拉线、拉杆、管路以及电器线束通过之用，同时还要配合踏板等部件安装位置。为防止发动机舱里的废气、高温、噪声窜入车厢，前围板上要有密封措施和隔热装置。在发生意外事故时，它应具有足够的强度和刚度。对比车身其他部件，前围板装配最重要的工艺技术是密封和隔热。

（6）地板　汽车的地板由前地板和后地板组成。前地板即"前座"和"后座"放脚的地方下面那块最大的板。后地板即"行李舱"和"后座"那块冲出了备用胎凹坑的板。

（7）轿车车身的三大立柱　一般轿车车身有三个立柱，从前往后依次为前立柱（A柱）、中立柱（B柱）、后立柱（C柱），如图11-2所示。对于轿车而言，立柱除了支撑作用，也起到门框的作用。

中立柱不但支撑车顶盖，还要承受前、后车门的支撑力，在中立柱上还要装置一些附加零部件，如前排座位的安全带，有时还要穿电器线束，因此中立柱大都有外凸半径，以保证有较好的力传递性能。现代轿车的中立柱截面形状是比较复杂的，它由多件冲压钢板焊接而成。随着现代汽车制造技术的发展，直接采用液压成型的封闭式截面中立柱已经问世，它的刚度大大提高而质量大幅度减小，有利于现代轿车的轻量化。有些设计师从乘客上下车的便利性角度考虑取消了中立柱。取消中立柱就要相应增强前、后立柱，其车身结构必须要用新的形式，材料选用也有所不同。

后立柱与前立柱、中立柱不同的一点就是不存在视线遮挡及上下车障碍等问题，因此构造尺寸大些也无妨，关键是后立柱与车身的密封性要可靠。

立柱的刚度很大程度上决定了车身的整体刚度，因此在整个车身结构中，立柱是关键件，它要具有很高的刚度。

图11-3所示为承载式车身壳体。

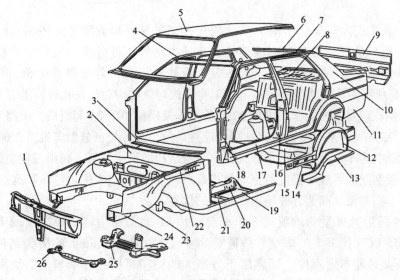

图11-3　承载式车身壳体

1—散热器框架　2—前围板　3—前风窗框下横梁　4—前风窗框上横梁　5—车顶盖　6—后风窗框上横梁　7—上边梁

8—后窗台板　9—后围板　10—后立柱（C柱）　11—后翼子板　12—后轮罩　13—后纵梁　14—地板后横梁

15—后地板　16—中立柱（B柱）　17—门槛　18—前立柱（A柱）　19—前地板　20—地板通道　21—前座椅横梁

22—前挡泥板加强肋　23—前挡泥板　24—前纵梁　25—副车架　26—前横梁

该车身由外部覆盖件和内部板件焊接而成。车身壳体的纵向承力构件有前纵梁24、门槛17、地板通道20、后纵梁13、上边梁7和前挡泥板加强肋22，横向承力构件有前座椅横梁21、地板后横梁14、前风窗框上横梁4、前风窗框下横梁3、后风窗框上横梁6、后窗台板8和后围板9，垂直承力构件有前立柱（A柱）18、中立柱（B柱）16、后立柱（C柱）10等。车身主要板件有前挡泥板23、前地板19、后地板15、前围板2、车顶盖5、后轮罩12和后翼子板11等。上述构件和板件利用搭接、翻边等连接方式按先后顺序定位焊组装成后地板总成、左侧围和右侧围总成、前地板和前围板总成、车顶盖等，最后装焊合成整个车身壳体。

2. 客车车身的壳体结构

理论上按车身承载形式可以把客车车身壳体分为三类：非承载式车身、半承载式车身、承载式车身。

（1）非承载式客车车身结构　在客车发展初期，其车身通常由专业化车身厂生产，然后安装在现成的货车底盘车架上，这种结构的优点是便于在同一底盘上安装不同的车身。国内的轻型客车中绝大部分都是这种非承载式车身壳体结构，普遍采用在货车三类底盘（包括一部分进口轻型货车底盘）或者在专用客车底盘上直接改装车身。该形式具有传统底盘-车身结构的优点，如缓冲隔振性能和舒适性较好，安全性能由底盘加强，便于生产和装配，所以成为现阶段轻型客车设计的主流。但其结构上存在明显的缺陷：底盘单独承载，必须保证一定强度，故整车质量难以减轻；车身地板高度受底盘的限制而难以降低；底盘结构件复杂；车架构件（如纵梁）的制造需要大型压力机及装焊、校验等一系列昂贵生产设备；底盘结构调整不易，改进成本高，开发周期长。

（2）半承载式客车车身结构　半承载式客车车身结构克服了上述车身结构的部分缺陷，特点是车身底部与车架刚性连接，其基本思想是将车身骨架侧壁立柱与车架纵梁两侧的外伸横梁或牛腿焊接在一起，使车身也承担一部分弯曲载荷和扭转载荷。

图11-4所示为典型的半承载式客车车身结构。该结构通常是在现成的客车专用底盘（其车架由两根前后直通的车架纵梁27与若干车架横梁10、23等组成）上将车架用若干车架悬臂梁25加宽并与车身侧壁立柱刚性连接，使车身骨架也分担车架的一部分载荷。

（3）承载式客车车身结构　承载式客车车身结构取消了车架，利用各种型钢、型材、薄壁钢板焊接装配成可能等强度的空间结构梁系，车身具有较大的抗弯曲和抗扭转的刚度，具有质量小、质心低、高速行驶稳定性较好的优点。

图11-5所示为典型的承载式客车车身结构。其底架是由薄钢板冲压或用型钢焊制的纵横格栅，以取代笨重的车架。格栅是高度较大（约500mm）的桁架结构，因而车身两侧地板上只能布置座席，而座席下方高大的空间可用作行李舱，故适用于大型长途客车。整体承载式客车车身结构的特点是所有的车身壳体构件（包括蒙皮）都参与承载，互相牵连和协调，可充分发挥材料的潜力，使车身质量最小而强度和刚度最大。

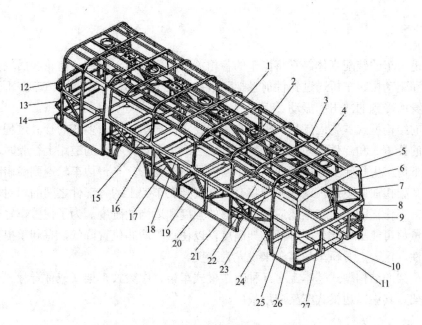

图 11-4 典型的半承载式客车车身结构

1—顶灯地板 2—换气扇框 3—顶盖横梁 4—顶盖纵梁 5—前风窗框上横梁 6—前风窗立柱 7—前风窗中立框

8—前风窗框下横梁 9—前围搁梁 10—车架前横梁 11—前围立柱 12—后风窗框下横梁 13—后围隔梁

14—后围裙边梁 15—侧窗框立柱 16—车轮拱 17—斜撑 18—腰梁 19—侧围隔梁 20—侧围立柱

21—侧围裙边梁 22—上边梁 23—车架横梁 24—门立柱 25—车架悬臂梁 26—门槛 27—车架纵梁

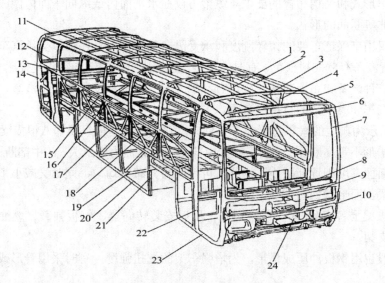

图 11-5 典型的承载式客车车身结构

1—侧窗立柱 2—顶盖纵梁 3—顶盖横梁 4—顶盖斜撑 5—上边梁 6—前风窗框上横梁 7—前风窗立柱 8—仪表板横梁

9—前风窗框下横梁 10—前围搁梁 11—后风窗框上横梁 12—后风窗框下横梁 13—后围加强横梁 14—后围立柱

15—腰梁 16—角板 17—侧围搁梁 18—斜撑 19—底架横格栅 20—侧围裙边梁 21—裙立柱 22—门立柱

23—门槛 24—底架纵格栅

11.2 车架

车架是全车的装配基体，它将汽车的各相关总成连接成一整体。前轮和后轮分别支承着从动桥和驱动桥。车桥通过弹性前悬架和后悬架与车架连接，以减少汽车在不平路面上行驶时车身所受到的冲击和振动。

车架的结构型式首先应满足汽车总布置的要求。汽车在复杂多变的行驶过程中，固定在车架上的各总成和部件之间不应发生干涉。当汽车在崎岖不平的道路上行驶时，车架在载荷作用下可产生扭转变形以及在纵向平面内的弯曲变形，当一边车轮遇到障碍时，还可能使整个车架扭曲成菱形。这些变形将会改变安装在车架上的各部件之间的相对位置，而影响其正常工作。因此，车架还应具有足够的强度和适当的刚度。为了使整车轻量化，要求车架质量尽可能小。此外，降低车架高度，以使汽车质心位置降低，有利于提高汽车的行驶稳定性。这一点对轿车和客车来说尤为重要。

汽车车架的结构型式基本上有三种：边梁式车架、中梁式车架（或称脊骨式车架）和综合式车架。其中以边梁式车架应用最广。

11.2.1 边梁式车架

边梁式车架是由两根位于两边的纵梁和若干根横梁组成，用铆接法或焊接法将纵梁与横梁连接成的坚固的刚性构架。

纵梁通常用低合金钢板冲压而成，断面形状一般为槽形，也有的做成Z字形或箱形断面。根据汽车形式和结构布置的要求，纵梁可以在水平面内或纵向平面内做成弯曲的，以及等断面或非等断面的形状。

横梁不仅用来保证车架的扭转刚度和承受纵向载荷，而且还可以支承汽车上的主要部件。通常载货汽车有5~6根横梁，有时会更多。边梁式车架的结构特点是便于安装驾驶室、车厢及一些特种装备和布置其他总成，有利于改装变型车和发展多品种汽车，因此被广泛采用在载货汽车和大多数的特种汽车上。

图11-6所示为典型的汽车边梁式车架总成，它主要由两根纵梁和八根横梁铆接而成。

纵梁为槽形不等高断面梁，由于纵梁中部受到的弯曲力矩最大，故中部断面高度最大，由此向两端断面高度则逐渐减小。这样，可使应力分布较均匀，同时又减小了质量。

车架纵梁剖面形状如图 11-7 所示。

在左右纵梁上各有100多个装置用孔，用以安装转向器、钢板弹簧、燃油箱、气罐和蓄电池等的支架。

横梁一般也用钢板冲压成槽形，为增强车架的抗扭强度，有时采用管形或箱形断面的横梁。

纵梁与横梁的常见的连接方式主要有以下几种（见图11-8）。

1）横梁和上下翼缘相连接。这种连接方式有利于提高纵梁的抗扭刚度，但在扭转严重时会产生约束扭转，纵梁翼缘上会出现较大的应力。车架前后两端的横梁多采用这种连接方式。

2）横梁和纵梁的腹板相连接。其连接刚度较差，允许截面产生自由翘曲，可以避免前一种形式出现的缺点。为了相应地加强车架的刚度，可以加宽连接处的尺寸，一般多用于车架中部的横梁。

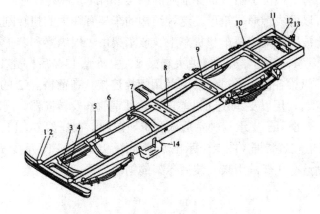

图 11-6　典型的汽车边梁式车架总成

1—保险杠　2—挂钩　3—前横梁　4—发动机前悬置横梁　5—发动机后悬置右（左）支架和横梁　6—纵梁

7—驾驶室后悬置横梁　8—第四横梁　9—后钢板弹簧前支架横梁　10—后钢板弹簧后支架横梁　11—角撑横梁组件

12—后横梁　13—拖钩部件　14—蓄电池拖架

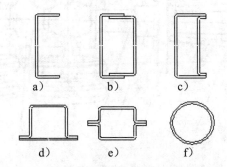

图 11-7　车架纵梁的剖面形状

a）槽形　b）叠槽形　c）叠槽形Ⅱ　d）礼帽形　e）对接箱形　f）管形

3）横梁同时和纵梁的任一翼缘以及腹板相连接。此方式兼有以上两种形式的特点，但作用在纵梁上的力直接传到横梁上。

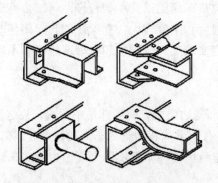

图11-8　纵梁与横梁的连接方式

11.2.2 中梁式车架

中梁式车架只有一根位于中央贯穿前后的纵梁，因此亦称为脊骨式车架，如图 11-9 所示。中梁的断面可以做成管形或箱形。这种结构的车架有较大的扭转刚度，使车轮有较大的运动空间，因此被用在某些轿车和货车上。该车架由一根纵梁和若干根横梁组成。纵梁由前桥壳 2、前脊梁 4、分动器壳 7、中央脊梁 8、中桥壳 13、后桥壳 11 及中后桥之间的连接梁 9 所组成。纵梁各部分通过安装法兰用螺栓连接。在前桥壳 2 的前端有托架 1，后端有托架 3（即横梁），用以支承发动机前部、驾驶室前部及转向器，同时用来安装前悬架的扭杆弹簧 5。托架 6 用于支承驾驶室后部及货厢前部。在托架 6、14、10 上安装连接货厢的副梁，在副梁上安装货厢（图上未示出），因此托架 6、14、10 承受货厢及货物的质量。在连接梁 9 的两侧设有托架，用来安装后悬架的钢板弹簧 12。

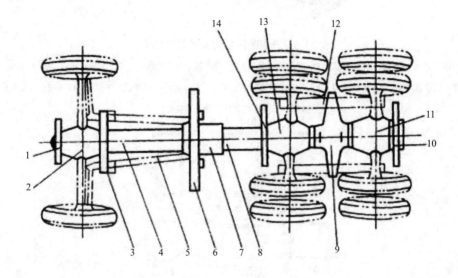

图 11-9　中梁式车架

1—发动机前部托架　2—前桥壳　3—发动机后部及驾驶室前部托架　4—前脊梁　5—前悬架的扭杆弹簧
6—驾驶室后部及货厢副梁前部托架　7—分动器壳　8—中央脊梁　9—连接梁　10—连接货厢副梁的托架　11—后桥壳　12
—后悬架的钢板弹簧　13—中桥壳　14—连接货厢副梁的托架

采用这种中梁式车架的优点是车轮有较大的运动空间，便于采用独立悬架，从而可提高汽车的越野性；与同吨位货车相比，其车架较轻，可减少整车质量；同时重心较低，因此行驶稳定性好；车架的强度和刚度较大；脊梁还能起封闭传动轴的防尘套作用。但这种车架的制造工艺复杂，精度要求高，给维护和修理造成诸多不便。

11.2.3 综合式车架

图11-10所示的车架前部是边梁式，而后部是中梁式，故这种车架称为综合式车架（也称复合式车架）。它同时具有中梁式和边梁式车架的特点。该车架的边梁用以安装发动机，悬伸出来的支架可以固定车身。这种车架实际上属于中梁式车架的变型。

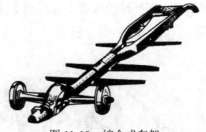

图 11-10　综合式车架

11.2.4 其他类型车架

随着汽车工业的发展及新材料、新技术的应用，近年来车架结构型式也出现了多样化和复杂化。

（1）钢管式车架　钢管式车架又称桁架式车架，是用很多钢管焊接成的一个立体框架。汽车的零部件安装在框架上。钢管式车架的生产工艺简单，适合小规模的工作坊作业。对钢管式车架进行局部加强也十分容易（只需加焊钢管），在质量相等的情况下，往往可以得到比承载式车架更强的刚度，主要用于竞赛汽车及特种汽车。车架兼有车架和车身的作用。钢管式车架如图 11-11 所示。

（2）平台式车架　平台式车架是一种将车身底板从车身中分出来而与车架组成一个整体的结构，车身和车架通过螺栓相连接，座椅的金属冲压件焊在车架上，具有较高的刚度。平台下部平坦，改善了汽车底部空气流动，有利于提高汽车的空气动力学性能，而且在坎坷不平的路面上行驶时颠簸也小。车身底板是由中间的底板通道和平坦的底板部分焊接成一体的结构。平台式车架如图 11-12 所示。

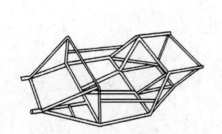

图 11-11　钢管式车架

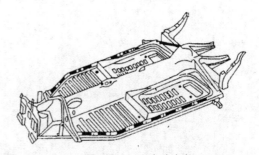

图 11-12　平台式车架

（3）铝合金车架　铝合金车架是将铝合金条梁焊接、铆接或贴合在一起组成的一个立体框架，可以理解为钢管式车架的变种，只是铝合金是方梁状而非管状。铝合金车架的最大优点是轻（相同刚度的情况下）。铝合金车架成本高，不适合大量生产，且铝合金承载能力有限，故只用在少数跑车上。图 11-13 所示为奥迪 A8 全铝车身框架结构，它是由铸造和液压成型的铝材焊接而成，可提供较小的质量和较大的稳定性。

（4）碳纤维车架　碳纤维车架是一体成型式车架，制作方法是用碳纤维浇注成一体化的底板、座舱和发动机舱结构，再装上其他零部件和车身覆盖件。碳纤维的密度只有钢材的 1/4 倍左右，而强度和硬度都是钢材的两倍，因此碳纤维车架的刚度极高，质量比其他任何车架都要小，重心也可以造得很低。但是碳纤维车架制造成本极高，因此目前只用于不计成本的赛车和极少数跑车上。碳纤维的刚度不仅有利于操控，对提高安全性也有很大的作用。

图 11-13　奥迪 A8 全铝车身框架结构

思考题

1. 什么是车身？其功用是什么？
2. 承载式车身、半承载式车身、非承载式车身有什么异同？
3. 说明轿车承载式车身壳体的主要结构和功用。
4. 半承载式轿车车身和承载式轿车车身在结构上有什么异同？
5. 车架的作用是什么？对车架有什么要求？
6. 车架的结构型式主要有哪几种？
7. 何为边梁式车架？为什么这种结构的车架应用更广泛？

第 12 章 行驶系统

12.1 概述

汽车行驶系统由汽车车架与汽车行走装置组成，主要包括车桥、车轮和悬架，如图 12-1 所示。汽车行驶系统通过行走装置直接与路面接触，产生推动汽车行驶的动力，同时路面又通过行走装置对汽车产生影响。

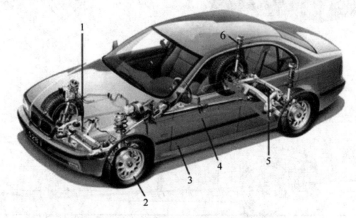

图 12-1　汽车行驶系统的组成（轮式）

1—从动桥　2—车轮　3—车架　4—传动轴　5—驱动桥　6—悬架

12.1.1 功用与分类

1. 行驶系统的功用

汽车行驶系统主要有如下功用：

1）将发动机传到驱动轮上的驱动转矩变为推动汽车行驶的驱动力，并使驱动轮的转动变成汽车在地面上的移动。

2）传递并承受路面作用于车轮上的各向反力及其形成的力矩。

3）尽可能缓和不平路面对车身造成的冲击和振动，保证汽车行驶过程平稳，且与汽车转向系统配合工作，实现汽车行驶方向的正确控制，以保证汽车操纵稳定性。

4）支承汽车的全部质量。

2. 行驶系统的分类

一般的汽车行驶系统是轮式的，所以这种系统又称为轮式行驶系统，如图 12-1 所示。除轮式行驶系统外还有其他形式行驶系统，如履带式和车轮-履带式，如图 12-2 所示。

12.1.2 行驶原理

汽车的行驶原理如图 12-3 所示。发动机的转矩传到驱动轮上产生驱动转矩 M_q，使驱动轮与地面接触处产生摩擦和向后挤压土壤的切向作用力（水平方向的向后推力），路面或土壤便给驱动轮一个大小相等、方向相反的反作用力，这个反作用力就是推动汽车行驶

的驱动力 F_q（切向牵引力）。

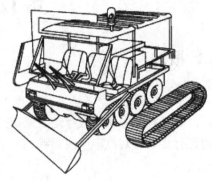

a）   b）

图 12-2　其他形式行驶系统

a）履带式　b）车轮-履带式

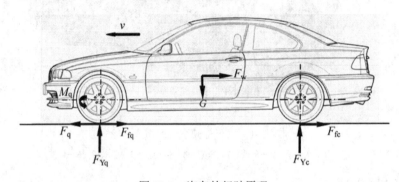

图 12-3　汽车的行驶原理

M_q—驱动转矩　F_q—驱动力　G—重力　F_{fq}—前轮滚动阻力　F_{fc}—后轮滚动阻力　F_w—风阻　F_{Yq}—前轮垂直反力

F_{Yc}—后轮垂直反力　v—前进方向

汽车驱动轮的驱动力 F_q 要克服汽车前进过程中所受到的各种阻力（如前、后轮的滚动阻力 F_{fq} 、F_{fc}，前进过程中汽车受到的风阻 F_w 等）才能向前行驶。

驱动力的大小不仅取决于驱动转矩的大小，还受到道路附着力的限制。发动机转矩越大，则驱动转矩越大，自然驱动力也就越大。道路给驱动轮的最大反作用力叫作附着力，附着力大则驱动轮产生最大驱动力的能力也大，附着力小则地面对驱动轮可能产生的反作用力也小，此时即使发动机能给驱动轮提供足够的驱动转矩，也难以产生足够的驱动力。例如，汽车在松软的路况下行驶时，由于道路承载能力差而容易破坏变形，所以道路对驱动轮的最大反作用力（即附着力）小，驱动力也必然很小，此时若汽车的驱动转矩过大则会引起驱动轮打滑，甚至使汽车无法行驶。

附着力的大小除道路条件外，还与驱动轮的构造类型、尺寸、轮胎气压以及驱动轮所承担的重力有关。在行驶过程中应根据具体情况（特别是在松软的土地上），通过适当降低轮胎气压以增大轮胎的支承面积及减少道路变形，来改善车轮对道路的附着能力。但轮胎气压不宜太低，以防因轮胎变形而引起滚动阻力增大，使轮胎使用寿命降低。适当增加车轮质量（如配重）也有利于提高附着力。

12.2 车桥

汽车车桥通过悬架与车架相连接，其两端安装车轮。车桥的作用是承受汽车的载荷，维持汽车在道路上的正常行驶。

根据悬架的结构型式，车桥可分为断开式和整体式两种。断开式车桥为活动关节式结构，它与独立悬架配合使用；整体式车桥的中部是刚性实心或空心梁，它多配用非独立悬架。按车轮的功能，车桥又可分为转向桥、驱动桥、转向驱动桥和支承桥四种类型。其中，转向桥和支承桥均属于从动桥。一般汽车的前桥多为转向桥，而后桥或中、后两桥多为驱动桥，但越野汽车和大部分轿车的前桥既是转向桥也是驱动桥，故称为转向驱动桥；有些单桥驱动的三轴汽车（6×2）的中桥（或后桥）是驱动桥，则后桥（或中桥）都是支承桥。本节将按功能分类介绍车桥，其中驱动桥由于已在第10章汽车传动系统中介绍过，支承桥除了不能转向外，其他功能和结构与转向桥相同，因此本节将主要介绍转向桥和转向驱动桥。

12.2.1 转向桥

利用转向桥中万向节的摆动使车轮偏转一定的角度可以实现汽车的转向。转向桥承受车轮与车架之间的垂直载荷、纵向的道路阻力、制动力和侧向力以及这些力所形成的力矩。

转向桥主要由前轴、万向节和轮毂等组成，如图12-4所示。

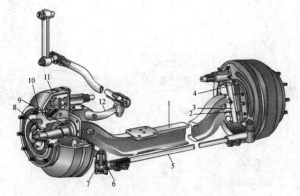

图12-4 汽车转向桥的组成

1—前轴 2—主销滚子推力轴承 3—主销 4—衬套 5—横拉杆 6—油封 7—转向球节 8—轮毂外轴承

9—轮毂内轴承 10—轮毂 11—制动鼓 12—万向节臂

（1）前轴 前轴经锻压制成工字形断面，使其有较高的抗弯强度。接近两端部分略成方形，使其有较高的抗扭强度。中部为钢板弹簧座，且向下弯曲，便于安装发动机，并使重心下降，以减小传动轴的倾斜角度。两端翘起各加工成拳形，拳部有主销孔，用以安装万向节主销。

（2）万向节 万向节用主销和前轴连接，可绕主销转动，以达到前轮偏转的目的。为减小磨损，万向节上下耳的主销孔内压装有铁基粉末冶金套，并可通过装在万向节上的润滑脂嘴注入润滑脂进行润滑。为使前轮偏转灵活轻便，在万向节下耳与前轴拳形部位之间装有推力轴承，万向节上耳与前轴拳形部位之间装有调整垫片，用以调整其轴向间隙。

两个万向节下耳均有锥形孔，可安装与转向横拉杆相连接的万向节下臂。左万向节上耳有锥形孔，用以安装与直拉杆相连接的万向节上臂。

前轮的最大偏转角由装在万向节凸缘上的转角限位螺钉加以限制，偏转角度可用转角限位螺钉进行调整。

（3）轮毂　轮毂用两套圆锥滚子轴承支承于万向节轴颈上，轴承的松紧度可用轴端的螺母调整。轮毂外端安装车轮，内端与制动鼓连接。轮毂内轴承的内侧装有油封，可防止润滑油进入制动鼓。

（4）主销　主销的作用是铰接前轴及万向节，使万向节绕着主销摆动以实现车轮的转向。主销的中部加工有凹槽，安装时用主销固定螺栓与它上面的凹槽配合，将主销固定在前轴拳形孔中。主销与万向节上的销孔洞配合，以便实现转向。

断开式转向桥在轿车和微型客车上得到了广泛应用。断开式前桥不但具有和前述转向桥一样的承载传动能力，而且还具有实现转向的功能。与独立悬架相配置的转向桥能有效减小非承载质量，降低发动机的质心高度，从而提高汽车的行驶平顺性和操纵稳定性。JL6360型客车断开式转向桥如图12-5所示。

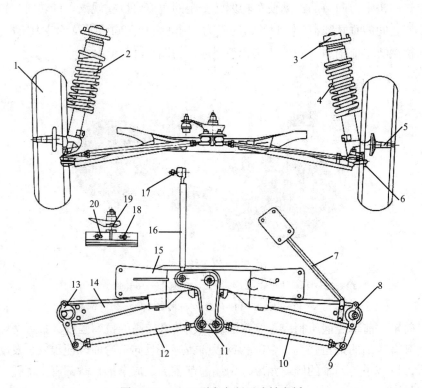

图12-5　JL6360型客车断开式转向桥

1—车轮　2—减振器　3—上支点总成　4—缓冲弹簧　5—万向节　6—大球头销总成　7—横向稳定杆总成　8—左梯形臂
9—小球头销总成　10—左横拉杆　11—主转向臂　12—右横拉杆　13—右梯形臂　14—悬臂总成　15—中臂　16—纵拉杆
17—纵拉杆球头　18—转向限位螺钉座　19—转向限位杆　20—转向限位螺钉

12.2.2 转向驱动桥

一些四轮驱动的汽车，其前桥既要转向又要驱动，因此在结构上既要有一般驱动桥所具有的主减速器、差速器、最终传动和半轴，也要有转向桥所具有的万向节和主销等（见图12-6）。

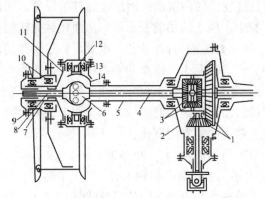

图 12-6 转向驱动桥

1—主减速器 2—主减速器壳体 3—差速器 4—内半轴 5—半轴套管 6—万向节 7—万向节轴 8—外半轴

9—轮毂 10—轮毂轴承 11—万向节壳体 12—主销 13—主销轴承 14—球形支座

转向驱动桥与单独的驱动桥和转向桥相比，不同之处是为了转向需要将半轴分成两段（称为内半轴和外半轴），两段用等角速万向节连接起来。于是，主销也被分成上下两段，分别固定在万向节的球形支座上。万向节制成空心的，以便外半轴从中穿过。万向节由万向节壳体和万向节轴组合而成。

等角速万向节的内外端有止推垫片，用以防止轴向窜动，以保证节销轴线通过节心，防止运动干涉。万向节壳体与上下盖之间有调整垫片，用以调整主销轴承的预紧度和保证两半轴的轴线重合。

12.2.3 前轮定位

为了保证汽车直线行驶的稳定性、操纵轻便性以及减少轮胎和机件的磨损，要求前轮和转向主销安装在前轴上，并保持一定的相对位置。这种具有一定相对位置的安装叫作前轮定位。前轮定位包括万向节主销后倾、万向节主销内倾、前轮外倾和前轮前束四项。

（1）万向节主销后倾 万向节主销装在前轴上，其上端向后倾斜，这种现象叫作主销后倾。在纵向垂直平面内，垂线与主销轴线之间的夹角 γ 称为主销后倾角（见图12-7）。

主销后倾的作用主要是为了保证汽车直线行驶的稳定性，并使汽车转向后前轮有自动回正作用。

主销后倾后，主销轴线的延长线与路面的交点 a 位于轮胎与地面接触点 b 的前面。当前轮偏转而汽车绕一转向轴线 O 转向时，在前轮上就作用有一个使汽车转向的侧向力 P，此力作用在轮胎支承面的中心 b。如果万向节主销后倾，则其轴线与地面的交点 a 将位于 b 点的前方，这样，侧向力 P 将对 a 点产生一个回正力矩 $M=PL$，其方向与车轮偏转方向相反，驱使前轮回到居中位置。因此，当汽车在行驶中遇到较小的侧向力时，前轮会在回正力矩的作用下自动回正。前轮的这种自动回正作用，有利于保持汽车直线行驶的稳定性。

车速越高则P值越大，后倾角越大则L值越大，前轮的稳定效应也越强，特别是在高速和大转弯时，其作用尤为突出。

显然，主销后倾角越大，回正力矩也越大。但过大的回正力矩反而会使汽车在行驶中产生"晃头"现象，并且会发生转向沉重或回正过猛打手现象，所以主销后倾角应该适当。试验表明，汽车在行驶中，由于轮胎的变形，与地面接触处轮胎的支承面实际上将后移，其中点b亦随之后移，回正力矩的力臂L加长。因此，为了不致造成过大的回正力矩，现在有不少汽车的主销不后倾，甚至少数汽车的主销还前倾，即为负值。

主销后倾角的获得一般是前轴、钢板弹簧和车架三者装配在一起时，由于钢板弹簧前高后低，使前轴向后倾斜而形成。由此可知，车架变形、钢板弹簧疲劳、万向节松旷、车桥扭转变形等均会使主销后倾角发生变化。

一般汽车的万向节主销后倾角为 $\gamma=0°\sim3°$。

（2）万向节主销内倾　主销装在前轴上时，其上端略向内倾斜，这种现象称为主销内倾。在横向平面内，主销轴线与垂线之间的夹角β叫作主销内倾角（见图12-8）。

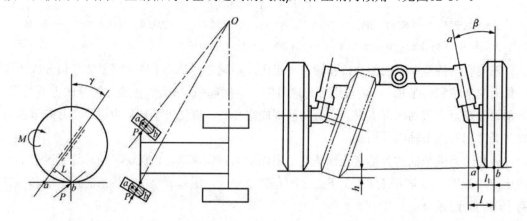

图 12-7　万向节主销后倾　　　　　　　图 12-8　万向节主销内倾

主销内倾的主要目的是使前轮具有自动回正作用，以提高其在居中位置时的稳定性，从而有利于保持汽车直线行驶的稳定性。这是因为当主销内倾后，前轮偏转时会将机体抬高，假设前轮绕主销轴线转过180°（这里仅是为了解释问题而做的假设，实际前轮最大偏转角不超过50°），车轮将陷入路面"h"深，但车轮陷入路面是不可能的，实际情况是此时前轴被抬高了"h"，被抬高了的前轴在汽车质量的作用下随时都有下落到最低位置的趋势，所以主销内倾后，前轮就可以在行驶中不会因遭遇不大的侧向力而轻易发生偏转，并且在转向结束松开转向盘时，前轮能迅速回到行驶位置。

主销内倾后，由于转向时会将前轮抬起，因而转向费力沉重，需要驾驶员多用一些力，但也有使操纵省力的一方面，当前轮偏转时，作用在轮胎支承面中点b上的纵向阻力将对主销的轴线aa产生一个阻止它偏转的阻力矩，轮胎中点b离主销轴线aa的距离越小，阻止前轮偏转的阻力矩就越小，转向操纵就越轻便。

主销内倾角是由前轴在制造时其主销孔轴线的上端向内倾斜而获得的，因此前轴弯曲变形、主销与销孔磨损变形都将引起主销内倾角的改变。

一般汽车的万向节主销内倾角β不大于8°。

综上所述，主销后倾和主销内倾均能使汽车转向时自动回正，保证直线行驶的稳定性，不同之处是主销后倾的回正作用与车速有关，而主销内倾的回正作用与车速无关。这样，在不同的车速时，二者各自发挥其稳定性作用。

（3）前轮外倾　前轮安装在车桥上时，其旋转平面上方略向外倾斜，这种现象称为前轮外倾（见图12-9）。在通过车轮轴线的垂直面内，车轮轴线与水平线之间所夹的锐角α（也等于垂面与车轮中间平面所构成的锐角）叫作前轮外倾角。

前轮外倾的作用是避免汽车重载时车轮产生负外倾，以提高行驶的安全性。

前轮外倾后，可使轮胎支承面中点到万向节主销轴线的距离进一步缩小，从而进一步减小阻止前轮偏转的阻力矩，使转向操纵轻便。

前轮外倾后，地面对车轮的垂直反力的轴向分力指向前轮轴的根部，使前轮始终压向内端大轴承。它可抵消前轮在转向时所承受的向外的部分轴向力，从而减轻外端小轴承的负荷，减少前轮松脱的危险。

如果空车时车轮正好垂直路面，则满载时车轮因承载变形后可能会出现车轮内倾。若车轮内倾，则地面对车轮的垂直反力的轴向分力指向前轮轮轴的外端，使车轮外轴承及锁紧螺母负荷增大，寿命缩短，严重时会使车轮脱出。一般汽车的前轮外倾角α为1°左右。

（4）前轮前束　前轮安装时，同一轴线上两侧车轮的旋转平面不平等，前端略向内束，这种现象称为前轮前束（见图12-10）。

由于外倾，前轮就好似一个滚锥，在行驶中就有绕轮轴轴线与地面的交点O而向外滚开的趋势（见图12-11）；另一方面，由于在转向梯形的球铰链等处不可避免地总会存在有间隙，因此汽车在行驶中，前轮也可能因外撇而产生向外滚开的趋势。但是由于前轴和横拉杆的约束，实际上前轮不可能向外滚开，而是由前轴强制着它向前做直线滚动，这势必增加轮胎的磨损，俗称"吃胎"。前轮前束的作用就是使锥体中心前移，消除前轮外倾带来的这种不良后果。由于前束使前轮轴线与地面的交点O的位置略向前移，从而减小轮胎支承面上各点滚离直线行驶方向的倾向，故有利于减轻轮胎磨损。

在同一水平高度上，车轮前后端水平距离之差（A－B）称为前束值（见图12-10）。当A－B>0时，前束值为正；反之为负。

一般前轮前束值在A－B＝2～12mm范围内。

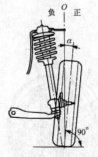

图12-9　前轮外倾

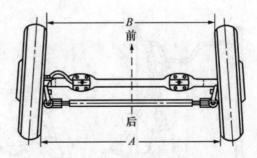

图12-10　前轮前束

前轮在使用过程中要对前束值进行检查和调整。在有转向梯形的汽车上，可通过调整横拉杆的长度来调整前束值；而在双拉杆转向操纵机构中，则需通过调整左右拉杆的长度来实现。

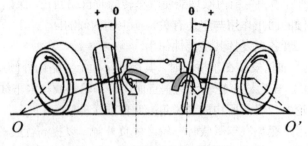

图12-11 前轮外倾时的运动情况

12.3 车轮

车轮的作用是支承汽车的质量，传递驱动力矩、制动力矩和侧向力等，因此车轮不仅要具有一定的强度，而且还要能缓和不平路面所造成的冲击和振动。轮胎与地面还要有良好的附着能力。

按轮辐的构造，车轮可分为辐板式（见图12-12）和辐条式（见图12-13）两种。目前，普通级轿车和轻、中型载货汽车多采用辐板式车轮，而高级轿车、竞赛汽车及重型载货汽车多采用辐条式车轮。

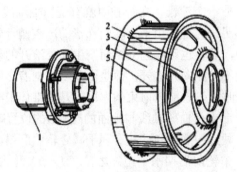

图 12-12 辐板式车轮

1—轮毂 2—挡圈 3—辐板 4—轮辋 5—气门嘴

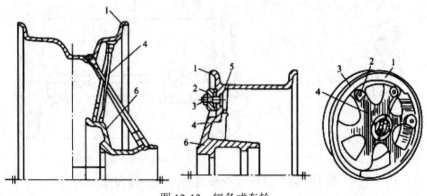

图 12-13 辐条式车轮

1—轮辋 2—衬块 3—螺栓 4—辐条 5—配合锥面 6—轮毂

如图 12-14 所示,车轮一般主要由轮胎、轮辋(轮圈)和轮盘(辐板)等组成。轮盘与轮辋的连接形式有焊接、铆接和螺栓连接三种。汽车车轮或拖拉机前轮的轮盘与轮辋一般是焊接的,而拖拉机驱动轮的轮盘多数用螺栓装配在轮辋的连接凸耳上,以便用来调整拖拉机驱动轮的车距。轮盘一般用螺栓连接在车桥的轮毂上。

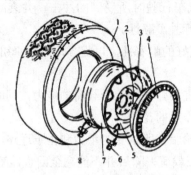

图 12-14　车轮与车轮结构

1—轮胎　2—螺栓　3—气门嘴　4—车轮装饰罩　5—辐板　6—平衡块定位弹簧　7—轮辋　8—平衡块

12.3.1　轮辋

轮辋的功能是安装轮胎。按结构不同,轮辋可分为深式轮辋、平式轮辋和可拆式轮辋三种形式,如图 12-15 所示。

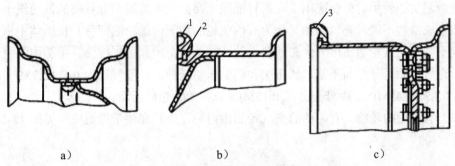

a)　　　　　　　　　　　　b)　　　　　　　　　　　　c)

图 12-15　轮辋断面形式

a)深式轮辋　b)平式轮辋　c)可拆式轮辋

1、3—挡圈　2—锁圈

(1)深式轮辋　是一整体轮辋(见图 12-15a),有带肩的凸缘,用以安放外胎的胎圈,断面中部的深凹槽是为便于外胎的拆装。深式轮辋最适于小尺寸弹性较大的轮胎,对尺寸较大、较硬的轮胎则很难装进。汽车上的车轮经常采用这种轮辋。

(2)平式轮辋(见图 12-15b)　是我国载货汽车上用得较多的一种。它是一边制有凸缘,一边装有整体的挡圈,并用一个开口的弹性锁圈来防止挡圈脱出。装上轮胎后,要将挡圈向内推,越过轮辋上的环形锁槽,再将弹性锁圈嵌入环槽中。

(3)可拆式轮辋　由内、外两部分组成(见图 12-15c),其内、外轮辋的宽度可以相等,也可以不相等,二者用螺栓连成一体。拆装轮胎时拆卸螺栓上的螺母即可。可拆式轮辋安装轮胎可靠、拆卸方便,多用在越野汽车上。

12.3.2 轮胎

1. 轮胎的作用

汽车几乎都采用充气轮胎。轮胎安装在轮辋上,直接与路面接触。它的作用如下:

1)与悬架共同来缓和汽车行驶时所受到的冲击,并衰减由此而产生的振动,以保证汽车有良好的乘坐舒适性和行驶平顺性。

2)保证车轮和路面有良好的附着性,以提高汽车的牵引性、制动性和通过性。

3)承受汽车的重力。

因此,轮胎必须具有适宜的弹性和承受载荷的能力。同时,在其与路面直接接触的胎面部分应具有用以增强附着作用的花纹。

此外,在车轮滚动时,轮胎在所承受的重力和由于道路不平而产生的冲击载荷作用下受到压缩。消耗于压缩的功在载荷去除后并不能完全回收,有一部分消耗于橡胶的内摩擦,结果使得轮胎发热,若温度过高将严重地影响橡胶的性能和轮胎的组织,从而大大增加轮胎的磨损而缩短轮胎的使用寿命。从试验和理论分析可知,轮胎发热的程度随轮胎的结构、内部压力、载荷、行驶速度和所传递转矩大小而改变。这些因素在轮胎设计、制造和使用时必须充分考虑,以不断提高轮胎使用性能和使用寿命。

2. 轮胎的分类

按胎体结构不同,汽车轮胎可分为充气轮胎和实心轮胎。现代汽车绝大多数采用的是充气轮胎。实心轮胎目前仅应用于在沥青混凝土路面的干线道路上行驶的低速汽车。

按组成结构不同,充气轮胎又分为有内胎轮胎和无内胎轮胎两种。按胎体中帘线排列的方向不同,充气轮胎还可分为普通斜交胎、带束斜交胎和子午线胎。按胎内的空气压力大小,充气轮胎可分为高压胎、低压胎和超低压胎三种,一般气压为 0.5~0.7MPa 的为高压胎,0.15~0.45MPa 的为低压胎,0.15MPa 以下的为超低压胎。

(1)有内胎的轮胎 有内胎的充气轮胎由内胎、外胎和垫带等组成(见图 12-16)。

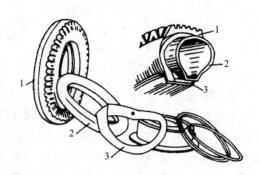

图 12-16 充气轮胎的组成

1—外胎 2—内胎 3—垫带

内胎是一个环形粗橡胶管,上面装有气门嘴以便充入或排出空气。为使内胎在充气状态下不产生皱褶,其尺寸应稍小于外胎内壁尺寸。

垫带是一个环形橡胶带，安装在内胎与轮辋之间，用以防止内胎被轮辋及外胎的胎圈擦伤和磨损。

外胎是保护内胎不受外来损害的强度高而且有一定弹性的外壳，它直接与地面接触。根据其胎体中帘线排列方向的不同，外胎可分为普通斜线外胎和子午线外胎。

1）普通斜线外胎。普通斜线外胎由胎圈、缓冲层、胎面和帘布层等组成，如图 12-17 所示。

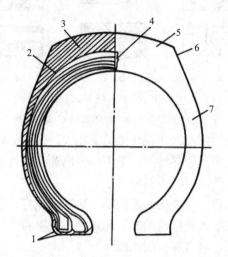

图 12-17　普通斜线外胎的结构

1—胎圈　2—缓冲层　3—胎面　4—帘布层　5—胎冠　6—胎肩　7—胎侧

帘布层是外胎的骨架，也称胎体。其主要作用是承受负荷，保持外胎的形状和尺寸，通常由多层挂胶帘线用橡胶黏合而成。帘布层的帘线按一定角度交叉排列（见图12-18a）。普通斜线外胎的帘线与轮胎横断面（子午断面）的交角一般为52°～54°。帘线料可以是棉线、人造丝、尼龙或钢丝等。

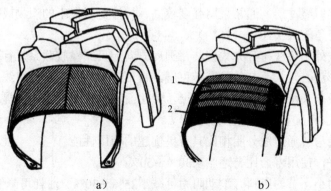

a）　　　　　　　　b）

图12-18　帘布层和缓冲层帘线的排列

a）普通斜线外胎　b）子午线外胎

1—帘布层　2—缓冲层

缓冲层位于胎面和帘布层之间，其作用是加强胎面和帘布层的结合，防止紧急制动时胎面从帘布层上脱离，缓和汽车行驶时路面对轮胎的冲击和振动。缓冲层一般由稀疏的帘线和富有弹性的橡胶制成。

胎面是外胎的外表面，包括胎冠、胎肩和胎侧。胎冠与路面接触，直接承受冲击和磨损，保护帘布层和内胎免受机械损伤。为使轮胎与路面之间有良好的附着性能，胎面上制有各种凹凸花纹（见图12-19）。

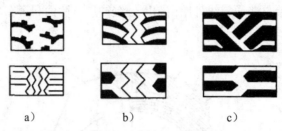

图 12-19　轮胎的花纹

a）普通花纹　b）混合花纹　c）越野花纹

普通花纹的特点是花纹细而浅，花块接地面积大，适用于较好路面。其中，纵向花纹轮胎的滚动阻力小，防侧滑和散热性好，噪声小，高速行驶性能好，但甩石性和排水性较差。横向花纹轮胎的耐磨性能好，不易夹石子。

越野花纹的沟槽深而宽，花块接地面积小，防滑性能好，花纹有八字形、人字形和马牙形等。安装八字形和人字形花纹轮胎时，花纹"八"字和"人"字尖端的指向要与汽车前进时车轮旋转方向一致，以提高排泥性能。

混合花纹介于普通花纹和越野花纹之间。

胎圈的作用是使外胎牢固地装在轮辋上，有较大的刚度和强度，由钢丝圈、帘布层包边和胎圈包布组成。

2）子午线外胎。子午线外胎帘布层的帘线排列方向与轮胎子午断面一致（即与胎面中心线成90°）。各层帘线彼此不相交（见图12-18b）。帘线这种排列可使其强度被充分利用，故它的帘布层数比普通轮胎的可减少近一半。

带束层（类似缓冲层）通常采用强度较高、拉伸变形很小的织物或钢丝作为帘线。帘线与子午断面交角较大（70°～75°）。

因为子午线外胎帘线排列方式使其在圆周方向上只靠橡胶联系，行驶时由于切向力的作用，周向变形势必较大。有的具有带束层，带束层帘线与帘布层帘线成三向交叉，且层数较多，可形成一条刚性环带束在胎体上，使胎面的刚度和强度大为提高。所以，子午线外胎切向变形较小，但胎侧较软，易变形。

子午线外胎与普通斜线外胎相比具有更优越的使用性能：

①耐磨性好，使用寿命比普通胎长30%～50%。

②滚动阻力小，节约燃料（滚动阻力可减小25%～30%，油耗可降低8%左右）。

③附着性能好，承载能力大，缓冲能力强，不易被刺穿，并且质量较小。

（2）无内胎的轮胎　无内胎轮胎在外观上与有内胎轮胎近似，所不同的是它没有内胎及垫带，压缩空气直接充入外胎内，由轮胎和轮辋保证密封。

如图12-20所示，轮胎内壁上有一层硫化橡胶密封层，厚为2～3mm，密封层正对着胎面的内壁上还黏附着一层未硫化橡胶的特殊混合物制成的自粘层。当轮胎穿孔时，自粘层能自行将孔黏合。在胎圈外侧有一层橡胶密封层，用以增加胎圈与轮辋贴合的气密性。轮辋底部倾斜且漆层均匀。气门嘴直接固定在轮辋上，其间用橡胶衬垫密封。

无内胎轮胎只在爆胎时才会失效，在穿孔时则漏气缓慢，仍能继续安全行驶。无内胎轮胎由于没有内胎，故摩擦生热少，散热快，工作温度低，使用寿命长，适于高速行驶。此外，其结构简单，质量小，维修方便。

无内胎轮胎必须配用深式轮辋，其几何形状精度较高，汽车上应用较少。

轮胎上装有充放气的气门嘴，其构造如图 12-21 所示。它有一个金属座筒 7，气门嘴底部的凸缘 10 经内胎上的狭孔插入内胎中。内胎孔的边缘用编织物和橡胶衬垫加强并紧密地包住座筒，由螺母 8 将衬垫夹紧在两个垫片 9 之间，使气门嘴严密地装在轮胎上。轮胎安装在车轮上时，气门嘴被固定在轮辋上的孔内。座筒 7 里面装有带密封衬套 3 的气门芯。衬套 3 的环形槽内嵌有橡胶密封圈，当拧入螺母 2 时，密封圈即被压紧在座筒 7 的锥形凹座上。座筒 7 外面旋装一个带橡胶密封罩的盖 1，其柄部可以作为拧出气门芯螺母 2 的扳手。衬套 3 下面装有橡胶阀门 4。当轮胎被充气时，阀门 4 被空气压力压下，充气完毕后，套在杆 5 上的弹簧 6 便将它紧密地压在阀座上。

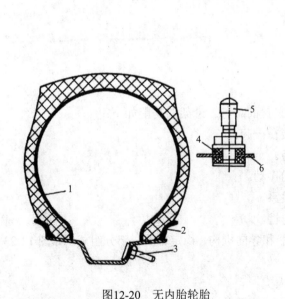

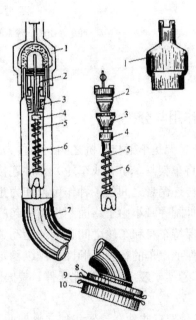

图12-20　无内胎轮胎

1—硫化橡胶密封层　2—胎圈橡胶密封层　3—气门嘴

4—橡胶密封层　5—气门嘴帽　6—轮辋

图12-21　气门嘴

1—盖　2—螺母　3—衬套　4—阀门　5—杆　6—弹簧

7—座筒　8—螺母　9—垫片　10—凸缘

3. 轮胎规格的表示方法

一般用轮胎的外径 D、轮辋的直径 d、断面宽度 B 和断面高度 H 的公称尺寸来表示轮胎的公称尺寸，如图 12-22 所示。公称尺寸的单位有英制、公制和公英混合制三种。轮胎的其他性能用字母表示。目前常用的表示方法如下：

高压胎一般用两个数字中间加"×"号表示，可写成 $D×B$。由于 B 约等于 H，故选取轮辋直径 d 时可按 $d=D-2B$ 来计算。例如，34×7 表示轮胎外径 D 为 34in（864mm），断面尺寸为 7in（178mm），中间"×"表示为高压胎。

低压胎用两个数字中间加"-"号表示，写成 B-d。例如，9.00-20，其中第一个数字表示轮胎断面宽度 B 为 9in（228mm），第二个数字表示轮辋直径 d 为 20in（508mm），中间的"-"表示低压胎；而公制可写成 228-508，公英混合制则为 228-20。

轮胎的层级用"PR"表示。它不代表实际的层数，而是表示可承受的载荷，一般标在轮辋直径后，用"-"相连。例如，9.00-20-12PR 表示可承受相当于 12 层棉帘线的负荷。有的在层级后面又标明帘线材料类型，如我国的代号中 M 表示棉线，R 表示人造丝，N 表示尼龙。

图 12-22　轮胎的尺寸

D—轮胎外径　d—轮辋的直径　B—断面宽度　H—断面高度

12.4 悬架

12.4.1 作用与分类

汽车悬架是车架与车桥之间一切传力装置的总称。悬架的功能如下：

1）将车架与车桥（或车轮）弹性连接在一起。

2）传递两者之间的各种作用力和力矩。

3）抑制并减小由于路面不平而引起的振动。

4）保持车身和车轮之间正确的运动关系。

5）保证汽车的行驶平顺性和操纵稳定性。

汽车悬架一般主要由弹性元件、减振器和导向机构（稳定杆）三部分组成，如图 12-23 所示。

汽车悬架有非独立悬架和独立悬架两大类。

非独立悬架的特点是左、右车轮安装在一根整体式车桥两端，车桥则通过弹性元件与车架相连。这类悬架当一侧车轮跳动时要影响到另一侧车轮，因此也称相关悬架（见图 12-24a）。汽车非独立式悬架主要有平行钢板弹簧式和螺旋弹簧式两种。

独立悬架的特点是每一侧车轮单独通过悬架与车架相连，每个车轮能独立上下运动而无相互影响（见图 12-24b）。采用独立悬架时，车桥是断开的。汽车上独立悬架的种类很多，主要有双叉式、撑杆式和摆臂式三种。

由于非独立悬架结构简单，制造和维修方便，成本低，车轮上下跳动时定位参数变化小，故在中型、重型汽车中应用较广。而独立式悬架车轮接地性好，行驶平顺性和操纵稳定性均优于非独立悬架，并且独立悬架的前轮可调整定位，故被广泛应用在轿车上。

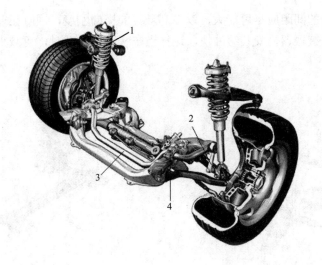

图 12-23　汽车悬架的组成

1—弹性元件和减振器　2—连接杆　3—横向稳定杆　4—横向推力杆支座

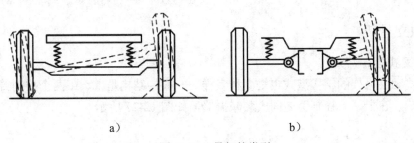

a）　　　　　　　　　　　　b）

图 12-24　悬架的类型

a）非独立悬架　b）独立悬架

12.4.2　非独立悬架

1. 平行钢板弹簧式非独立悬架

这种悬架采用U形螺栓将钢板弹簧固定在装有左右车轮车轴的桥壳上（见图12-25）。是非独立悬架中最为普遍的方式，适用于货车及厢式车。

平行钢板弹簧式非独立悬架的优点是钢板弹簧兼起车轴定位的作用，结构简单，基本上不需要悬臂。另外，它具有耐久性，可降低高度，使驾驶室、车厢及底板平坦。

但由于借助钢板弹簧连接车轮与车身，若弹簧过软，会因驱动力和制动力大而引起钢板弹簧的卷曲（弹簧卷曲会产生振动）现象以及车轮的弹跳现象。此外，钢板弹簧还存在着板间摩擦，有时容易传播微振。

2. 螺旋弹簧式非独立悬架

这种以螺旋弹簧代替钢板弹簧的悬架方式是为了改善乘坐舒适性而诞生的。它大多应用于前置后驱动（FR）车的后轮悬架装置（见图12-26）。

螺旋弹簧非独立悬架是一种复合式悬架。由于悬架弹簧作为弹性元件只能承受垂直载荷，所以其悬架系统要加设导向机构和减振器。在使用螺旋弹簧式非独立悬架的车上，左右两个螺旋弹簧的间距应尽可能大，以提高悬架的横向刚度，同时在非独立悬架中需要安装减振器，并在减振器内安装缓冲块，这样当车辆上下跳动时，可减少车身冲击，使车身振动衰减。

图 12-25　平行钢板弹簧式非独立悬架

图 12-26　螺旋弹簧式非独立悬架

1—螺旋弹簧　2—橡胶护罩　3—减振器　4—后桥总成
5—支承座　6—手制动拉索　7—制动器　8—缓冲限位块

12.4.3　独立悬架

1. 双叉式独立悬架

双叉式独立悬架的结构型式也是多种多样。一般的结构是上、下两个控制臂支承有车轴的万向节，在上、下控制臂之间安装减振器，如图 12-27 所示。

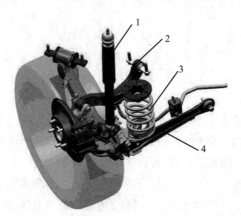

图12-27　双叉式独立悬架

1—减振器　2—上控制臂　3—螺旋弹簧　4—下控制臂

上、下控制臂多为A形和V形，两点支承车身，这样可从前后方向稳固地支承车身。一般来讲，下控制臂比上控制臂长，可以利用控制臂的长度（或者说控制臂的支点位置）控制悬架上下活动产生的车轴方向（即轮胎方向）的变化。从控制臂长度与轮胎方向变化的关系来看，上、下控制臂长度相同时，不会由于悬架上下运动而产生外倾角的变化，但是轮距的变化增大。一般情况下，加长下控制臂，减少悬架上下运动时轮距的变化，可以避免轮胎磨偏。

双叉式独立悬架的上、下控制臂可完全承受横向力，所以减振器工作平滑。这种悬架的最大特点是设计上的自由度大，即悬架控制臂的长度（控制臂的支点位置）可自由设定（若具有足够的空间），可使汽车具有突出的转弯性能、直线行驶性能及乘坐舒适性。这种悬架装置的基本性能优于其他形式的悬架装置。

2. 撑杆式独立悬架

这种悬架装置因为减振器兼作悬架支柱（支撑杆），故将其称为撑杆式独立悬架。撑杆式独立悬架根据发明者的名字，用于前轮时称为"麦弗逊式"撑杆式独立悬架（见图12-28），而用于后轮时则称为"查普曼式"撑杆式独立悬架（见图12-29）。

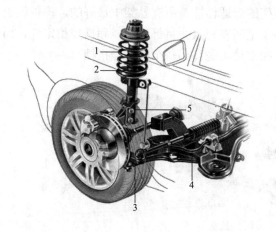

图 12-28 "麦弗逊式"撑杆式独立悬架   图 12-29 "查普曼式"撑杆式独立悬架
1—螺旋弹簧 2—液压减振器 3—横摆臂   1—螺旋弹簧 2—液压减振器 3—下控制臂
4—横向稳定器 5—万向节

其结构是将装有减振器的撑杆上端安装在车身上，下端借助于控制臂与车轴连接。前悬架采用此方式时，撑杆本身还兼起转向主销的作用。撑杆式独立悬架的可伸缩减振器承受一部分横向力，所以当减振器动作时会产生很大的摩擦力。

由于撑杆式独立悬架的零部件可起多种作用，所以构件数量少，质量小，可节省空间。撑杆式独立悬架的缺点是转弯时减振器承受横向力，在伸缩过程中会产生很大的摩擦力，影响悬架系统的工作。另外，不能降低撑杆上端的安装高度，使汽车整体造型受到限制。从上述方面来看，撑杆式独立悬架适用于中低档轿车。

3. 摆臂式独立悬架

摆臂式是指仅车轴中间部位的差速器固定，左、右半轴在差速器外侧附近设万向节，以此为中心摆动。这种悬架装置主要分为半后延摆臂式和全后延摆臂式两种。

所谓后延就是"拖拉"的意思。摆动支点的枢轴位于车轴之前，车轮以此为中心一面被拖拉，一面摆动。半后延摆臂式的意思是臂的回转轴倾斜，臂向后方外侧伸出的形式。这种悬架装置的优点是平顺性和操纵稳定性好，设计上的自由度也大，差速器和传动轴没有上下运动，能降低车底板。缺点是车轴需要4个万向节，有的场合需要2个伸缩万向节（花链轴和装球的车轴等）。

全后延摆臂式也可简称为单纵臂式，其臂的回转轴与车身纵向成直角。因此，即使车轮上下运动，外倾和轮距也没有变化，平顺性好。可是由于后倾有大的变化和把握转向盘的感觉受路面状况的影响，故紧急制动时汽车摆动大（因为回转轴轴线为直线）。

4. 多连杆独立悬架

多连杆独立悬架如图 12-30 所示，其可分为多连杆前悬架和多连杆后悬架系统。前悬架一般为 3 连杆或 4 连杆式独立悬架；后悬架则一般为 4 连杆或 5 连杆式独立悬架，其中 5 连杆式独立悬架应用较为广泛。多连杆独立悬架结构相对复杂，材料成本、研发试验成本以及制造成本远高于其他类型的悬架，而且其占用空间大，中、小型车出于成本和空间考虑极少使用这种悬架。但多连杆独立悬架的舒适性能是所有悬架中最好的，操控性能也和双叉式独立悬架不相上下，高档轿车由于空间充裕且注重舒适性能和操控稳定性，所以大多使用多连杆独立悬架，可以说多连杆独立悬架是高档轿车的绝佳搭档。

图 12-30　多连杆独立悬架

12.4.4　主要元件

1. 减振器

（1）减振器的工作原理　汽车在不平的道路上行驶时，车身将产生振动。为了使振动加速衰减，改善汽车行驶平顺性，一些汽车的悬架系统中还装有减振器。

减振器有多种类型，根据是否设置贮液缸筒，可分为双筒式和单筒式减振器，根据压缩行程是否工作又可分为双向作用式和单向作用式减振器。目前，汽车上主要采用双筒双向作用式减振器。

双向作用式减振器的作用原理是采用缩小油路的方式，以产生的阻尼力来起减振效果。当车架和车桥相对运动时，减振器内的油液反复地经一些窄小的孔隙从一个腔室流入另一腔室，此时孔壁与油液间的摩擦及液体分子内摩擦等便形成阻尼力，从而将车身振动的机械能转化为热能而被油液和壳体吸收，并散入大气中。阻尼力的大小可通过油液通道的面积、阀门弹簧刚度及油液的黏度等来控制。

（2）减振器的作用　减振器阻尼力越大，振动消除得越快。但阻尼力过大将导致弹簧的缓冲作用不能充分发挥，甚至使某些连接件损坏。为使减振器与弹性元件协调工作，减振器应满足以下要求：

1）在悬架压缩行程内（车架与车桥相互靠近），减振器的阻尼力应较小，以便充分利用弹性元件的弹性来缓和冲击。

2）在悬架伸张行程内（车架与车桥相互远离），减振器的阻尼力应较大（为压缩行程的2～5倍），以求迅速减振。

3）当车桥与车架的相对运动速度过大时，减振器应能自动加大油液通道截面积，使阻尼力始终保持在一定限度之内，以避免承受过大的冲击载荷。

（3）减振器的构造　减振器一般由几个同心缸筒、活塞和若干个阀门组成（见图12-31）。

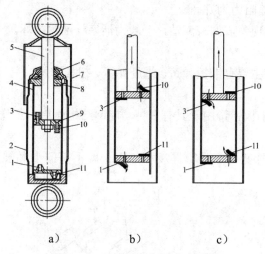

图12-31　双筒双向作用式减振器

a）结构　b）压缩行程　c）伸张行程

1—压缩阀　2—贮油缸筒　3—伸张阀　4—工作缸筒　5—活塞杆　6—油封　7—防尘罩

8—导向座　9—活塞　10—流通阀　11—补偿阀

最外面的缸筒是防尘罩。中间缸筒为贮油缸筒，内装油液，但不装满，其下端通过底座上焊接的吊耳与车桥相连。里面的缸筒叫作工作缸筒，其内装满油液，上端密封。活塞装在工作缸筒内，活塞杆穿过密封装置，上端与防尘罩和吊耳焊成一体，下端用压紧螺母固定着活塞。活塞将工作缸分成上、下两个腔。

活塞上装有伸张阀和流通阀。工作缸筒下端的支座上装有压缩阀和补偿阀。

流通阀和补偿阀弹簧较软，较低的油压即可使其关闭或开启；压缩阀和伸张阀弹簧较硬，需要较大的油压才能使其开启，只要油压稍降低，即可立刻关闭。

（4）减振器的工作过程

1）压缩行程：车桥靠近车架，减振器受压缩，活塞下移，工作缸下腔容积减小，上腔容积增大，下腔油压高于上腔，油液压开流通阀进入上腔。由于活塞杆占去上腔部分容积，因此使上腔增加的容积小于下腔减小的容积，致使下腔油液不能全部流入上腔，而多余的油液则从压缩阀进入贮油缸筒。这些阀的流通面积不大，因而产生一定的阻尼力。

2）伸张行程：车桥远离车架，减振器被拉长，活塞上移，使上腔容积减小，下腔容积增大，上腔油压高于下腔，油液推开伸张阀流入下腔。同样，由于活塞杆的存在致使下腔产生一定的真空度，这时贮油缸筒内的油液在真空吸力的作用下打开补偿阀流入下腔。油液流经这些阀时便产生了阻尼力。

由于伸张阀弹簧刚度和预紧力比压缩阀的大，且伸张行程油液通道截面也比压缩行程的小，所以减振器在伸张行程所产生的最大阻尼力远远超过了压缩行程的最大阻尼力。这是因为在压缩行程是弹性元件起主要作用，而在伸张行程则是减振器起主要作用。

汽车每行驶4000 km之后，应对减振器进行检查和维护。减振器的简易判断方法如下：

1）在汽车行驶一段路程后，用手抚摸减振器外壳，有温热感为正常。若拆下检查，则以拉伸阻力大于压缩阻力为好。

2）观察有无漏油现象，如有漏油，一般为活塞杆油封损坏。

2. 弹性元件

悬架中的弹性元件主要有钢板弹簧、螺旋弹簧、扭杆弹簧、空气弹簧、橡胶弹簧和油气弹簧六种。

（1）钢板弹簧　钢板弹簧由于具有多种功能，结构简单，工作可靠，因此在汽车中得到广泛应用。

钢板弹簧由若干片宽度一致、厚度相等而长度不等的半椭圆形合金弹簧钢板组合而成，如图12-32所示。

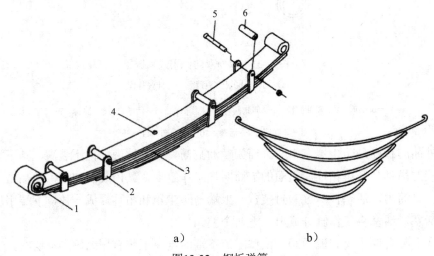

a）　　　　　　　　　b）

图12-32　钢板弹簧

a）装配后的钢板弹簧　b）自由状态的钢板弹簧

1—卷耳　2—钢板夹　3—钢板弹簧　4—中心螺栓　5—螺栓　6—套管

钢板弹簧第一片最长，称为主片，其两端弯成卷耳，内装衬套，以便用销子与车架连接。为增加其强度，常将第二片两端做成能包卷主片卷耳的加强卷耳。各片弹簧钢片的组合除以中心螺栓固定外，还用多个钢板夹紧固，以防止当钢板弹簧反向变形时各片错位而互相分开，致使主片单独承载。

弹簧钢板用销与固定在车架上的支架或吊耳相连，中部用骑马螺栓固定在车桥上。

在载荷作用下，钢板弹簧各片之间因变形滑动而产生摩擦，摩擦可促使车架振动衰减。但是各片之间的干摩擦会使车轮所受的冲击在很大程度上传给车架，这不仅降低了悬架的缓冲能力，还加速了弹簧的磨损。为此，在装合钢板弹簧时，各片间须涂上较稠的石墨润滑脂或塑料垫片，并定期维护。

（2）螺旋弹簧　螺旋弹簧如图 12-33 所示。螺旋弹簧广泛应用于独立悬架，特别是前轮独立悬架中。它与钢板弹簧相比，具有无需润滑、不忌泥污、安装所需的纵向空间小、弹簧质量小等优点。螺旋弹簧本身没有减振作用，因此在螺旋弹簧悬架中必须另装减振器。此外，它只能承受垂直载荷，故必须装设导向机构以传递垂直力以外的各种力和力矩。螺旋弹簧用弹簧钢棒料卷制而成，可做成刚度不变的等螺距或变刚度、变螺距的弹簧。

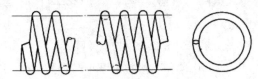

图 12-33　螺旋弹簧

（3）扭杆弹簧　扭杆弹簧本身是一根由弹簧钢制成的杆，如图 12-34 所示。扭杆断面通常为矩形、管形和片形，它的一端固定在车架上，另一端固定在悬架的摆臂上，摆臂则与车轮相连。当车轮跳动时，摆臂便绕着拉杆轴线摆动，使扭杆产生扭转弹性变形，借以保证车轮与车架的弹性联系。

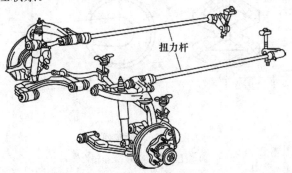

图 12-34　扭杆弹簧

扭杆本身的扭转刚度虽然是常数，但采用扭杆的悬架刚度却是可变的。

扭杆弹簧用铬钒合金弹簧钢制成，其表面经加工后很光滑，使用中必须很好地保护其表面，以防因碰撞、刮伤和腐蚀影响扭杆弹簧的使用寿命。

在制造扭杆弹簧时，经热处理后需预先施加一定的扭转力矩载荷，使之产生一个永久的扭转变形，致使其具有一定的预应力。左、右扭杆的预加扭转的方向都应与扭杆安装在车上后承受工作载荷时的扭转方向相同，以减少工作时的实际应力，延长扭杆弹簧的使用寿命。左、右扭杆刻有不同标记，不能互换。

与钢板弹簧相比，扭杆弹簧质量较小，不需要润滑。

（4）空气弹簧　空气弹簧是在一个密封的容器中充入压缩气体（气压 0.5～1MPa），利用气体的可压缩性实现其弹簧作用的。这种弹簧的刚度是可变的，因为作用在弹簧上的载荷增加时，容器内的定量气体受压缩，气压升高，则弹簧的刚度增大，反之，当载荷减小时，弹簧内的气压下降，刚度减小，故它具有较理想的弹性特性。

空气弹簧有囊式（见图 12-35a）和膜式（见图 12-35b）两种。

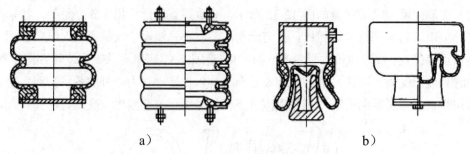

图 12-35　空气弹簧

a）囊式空气弹簧　b）膜式空气弹簧

（5）橡胶弹簧　橡胶弹簧是利用橡胶本身的弹性来起弹性元件作用。它可以承受压缩和扭转载荷（见图 12-36）。其特点是单位质量的蓄能量较金属弹簧大，隔声性能好。橡胶弹簧多用作悬架副簧和缓冲块，也有在悬架中用作主簧的。

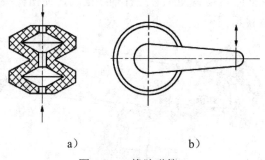

图 12-36　橡胶弹簧

a）受压缩载荷　b）受扭转载荷

（6）油气弹簧　油气弹簧以气体（一般用惰性气体或氮气）作为弹性介质，而用油液作为传力介质。它一般由空气弹簧和相当于液力减振器的液压缸所组成。油气弹簧有单气室、双气室及两级压力式等形式。

单气室油气弹簧如图 12-37 所示，又分为油气分隔式和油气不分隔式。单气室油气分隔式弹簧如图 12-38 所示。

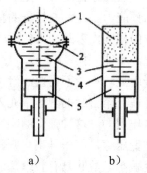

图 12-37　单气室油气弹簧

a.）油气分隔式　b）油气不分隔式

1—气体　2—油气隔膜　3—油液　4—工作缸　5—活塞

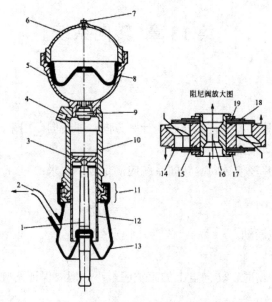

图 12-38　单气室油气分隔式弹簧

1—悬架活塞杆　2—油溢流口　3—活塞　4—加油口　5—橡胶油气隔膜　6—上半球室　7—充气螺塞　8—下半球室

9—减振器阻尼阀　10—工作缸　11—密封装置　12—活塞导向缸　13—防护罩　14—伸张阀　15—阀体

16—油液节流孔　17—伸张阀限位挡片　18—压缩阀　19—压缩阀限位挡片

　　油气弹簧除了能减缓车轮的冲击振动外，还可利用油压作用使车身上下动作，是一种特殊的悬架装置，即使在路况差的路面上及载荷状态和破道等状态下行驶，车身也能保持水平。

思考题

1. 汽车行驶系统的作用是什么？

2. 转向桥的作用是什么？

3. 前轮定位参数有哪些？各自的作用是什么？

4. 轮胎的作用是什么？

5. 为什么要推广使用子午线轮胎？

6. 悬架的作用是什么？

7. 何谓独立悬架、非独立悬架？钢板弹簧能否作为独立悬架的弹性元件？

8. 为使减振器与弹性元件协调工作，减振器应满足什么要求？

9. 简述液力减振器的工作原理。

第13章 转向系统

13.1 概述

汽车在道路上行驶时，经常需要改变行驶方向，即转向。用来改变或恢复汽车行驶方向的机构称为汽车转向系统。

若使汽车能顺利并轻便转向，转向系统应满足以下要求：

1）工作可靠。

2）操纵轻便。

3）转向时车轮纯滚动。

4）调整简单易行。

5）转向轮受到冲击时，转向盘上的感觉应最小，但要保证驾驶员有正确的道路感觉。

13.1.1 类型、组成和工作原理

汽车转向系统根据转向能源的不同可分为机械转向系统和助力转向系统两大类。完全靠驾驶员手力操纵的转向系统称为机械转向系统。借助动力来操纵的转向系统称为助力转向系统。助力转向系统又可分为液压助力转向系统和电动助力转向系统。

1. 机械转向系统

机械转向系统以驾驶员的体力作为转向能源，其中所有传力件都是机械的。机械转向系统由转向操纵机构、转向器和转向传动机构三大部分组成。

图13-1所示为机械转向系统的组成。当汽车转向时，驾驶员对转向盘1施加的转向力矩通过转向轴2、转向万向节3和转向传动轴4输入转向器5。经转向器放大后的力矩和减速后的运动传到转向摇臂6，再经过转向直拉杆7传给固定于左万向节上的转向节臂8，使左万向节和它所支承的左转向轮偏转，并通过转向梯形，使右万向节13及其支承的右转向轮随之同向偏转相应角度。转向梯形由固定在左、右万向节上的梯形臂10、12和两端与梯形臂做球铰链连接的转向横拉杆11组成。从转向盘到转向传动轴的一系列零部件属于转向操纵机构，由转向摇臂至转向梯形的一系列零部件（不含万向节）均属于转向传动机构。

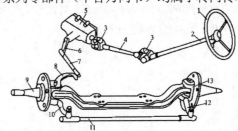

图13-1 机械转向系统的组成

1—转向盘 2—转向轴 3—转向万向节 4—转向传动轴 5—转向器 6—转向摇臂 7—转向直拉杆 8—转向节臂

9—左前轴 10、12—梯形臂 11—转向横拉杆 13—右转向节

转向盘在驾驶室的安置位置与各国交通法规规定的车辆靠道路左侧还是右侧通行有关。包括我国在内的大多数国家规定车辆靠右侧通行，相应地应将转向盘安置在驾驶室左侧，这样，驾驶员的左方视野较广阔，有利于两车安全交会。相反，在一些规定车辆靠左侧通行的国家和地区使用的汽车上，转向盘则应安置在驾驶室右侧。

2. 助力转向系统

助力转向系统是兼用驾驶员体力、发动机动力和（或）电动机作为转向能源的转向系统。在正常情况下，汽车转向所需的能量只有一小部分由驾驶员提供，而大部分是由动力转向装置提供的。但在动力转向装置失效时，一般还能由驾驶员独力承担汽车转向任务。因此，助力转向系统是在机械转向系统的基础上加设一套转向加力装置而形成的。

（1）液压式助力转向系统　图 13-2 所示为一种液压式助力转向系统的组成和液压转向加力装置的管路布置示意图。其中属于转向加力装置的部件是转向液压泵 5、转向油管 4、转向油罐 6 以及位于整体式转向器 10 内部的转向控制阀及转向动力缸等。当驾驶员转动转向盘 1 时，通过机械转向器使转向横拉杆 8 移动，并带动转向节臂，使转向轮偏转，从而改变汽车的行驶方向。与此同时，转向器输入轴还带动转向器内部的转向控制阀转动，使转向动力缸产生液压作用力，帮助驾驶员转向操作。由于有转向加力装置的作用，驾驶员只需使用较小的转向力矩就能实现转向轮偏转。

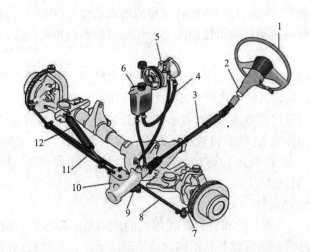

图 13-2　液压式助力转向系统的组成和液压转向加力装置的管路布置

1—转向盘　2—转向轴　3—转向中间轴　4—转向油管　5—转向液压泵　6—转向油罐　7—转向节臂　8—转向横拉杆
9—转向摇臂　10—整体式转向器　11—转向直拉杆　12—转向减振器

（2）电动助力转向系统　简称电动式 EPS，EPS（Electronic Power Steering system）在机械转向机构的基础上增加了信号传感器、电子控制单元和转向助力机构。图 13-3 所示为 EPS 的组成。

EPS 利用电动机作为助力装置，根据车速和转向参数等因素，由电子控制单元完成助力控制，其原理可概括如下：当操纵转向盘时，装在转向盘轴上的转矩传感器不断地测出转向轴上的转矩信号，该信号与车速信号同时输入到电子控制单元，电子控制单元根据这些输入信号确定助力转矩的大小和方向，即选定电动机的电流和转动方向，调整转向辅助动力的大小。电动机产生的转矩由电磁离合器通过减速机构减速增矩后，加在汽车的转向机构上，使之得到一个与汽车工况相适应的转向作用力。

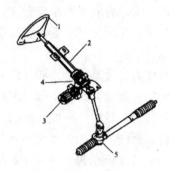

图 13-3　EPS 的组成

1—转向盘　2—转向轴及柱管　3—助力电动机　4—减速机构　5—机械转向器

13.1.2　角传动比及车轮运动规律

1. 转向系统角传动比

转向盘转角增量与相应的转向摇臂转角增量之比 i_{w1} 称为转向器角传动比。转向摇臂转角增量与转向盘所在一侧的万向节的转角相应增量之比 i_{w2} 称为转向传动机构角传动比。转向器角传动比与转向传动机构角传动比之积称为转向系统角传动比，以 i_w 表示。显然，$i_w = i_{w1} \cdot i_{w2}$。

转向系统角传动比 i_w 越大，为了克服一定的地面转向阻力矩所需的转向盘上的转向力矩便越小，从而在转向盘直径一定时使得驾驶员施加于转向盘的力也就越小。但 i_w 过大将导致转向操纵不够灵敏，所以选取 i_w 时应适当兼顾转向省力和转向灵敏的要求。

转向传动机构角传动 i_{w2} 的数值较小，对于一般汽车而言，i_{w2} 大约为 1。而转向器角传动比 i_{w1} 的数值，一般轿车为 12~20，货车为 16~32。由此可知，转向系统角传动比 i_w 主要取决于转向器角传动比 i_{w1}。

2. 转向时车轮运动规律

1）汽车转向时，内侧车轮和外侧车轮滚过的距离是不相等的。前桥左右两侧的转向轮要滚过不同的距离，必然引起车轮沿路面边滚动边滑动，致使转向时的行驶阻力增大，轮胎磨损增加。为了避免这种现象，要求转向系统能保证在汽车转向时，所有车轮均做纯滚动。显然，这只有在转向时，所有车轮的轴线都交于一点方能实现。此交点 O 称为汽车的转向中心（见图 13-4）。由图可见，汽车转向时内侧转向轮偏转角 β 大于外侧转向轮偏转角 α。α 与 β 的关系为

$$\cot\alpha = \cot\beta + B/L \qquad (13\text{-}1)$$

式中　B——两侧主销中心距（略小于转向轮轮距）；

　　　L——汽车轴距。

这一关系是由转向梯形保证的，故式（13-1）也称为转向梯形理论特性关系式。迄今为止，所有汽车转向梯形的设计实际上都只能保证在一定的车轮偏转角范围内，使两侧车轮偏转角大体上接近以上关系式。

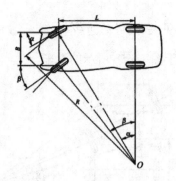

图 13-4　汽车转向

从转向中心 O 到外侧转向轮与地面接触点的距离 R 称为汽车转弯半径。转弯半径 R 越小，则汽车转向所需场地就越小，汽车的机动性也越好。从图 13-4 可以看出，当外侧转向轮偏转角达到最大值 α_{max} 时，转弯半径 R 最小。

汽车内侧转向轮的最大偏转角一般在 35°～42° 范围内。货车的最小转弯半径一般为 7～13m。

三轴或四轴汽车转向时与上述情况类似。

对于只用前桥转向的三轴汽车，由于中桥和后桥车轮的轴线总是平行的，故不存在理想的转向中心。它是用一根与中、后轮轴线等距的假想平行线 CD 与前轮轴线交于 O 点，如图 13-5a 所示，转向时所有车轮均绕 O 点滚动。在这种情况下，只有前轮做纯滚动，而中、后桥车轮在滚动的同时还伴有轻微的滑动。

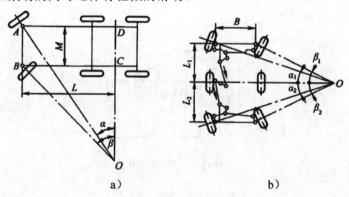

图 13-5　三轴汽车转向

a) 前桥转向的三轴汽车　b) 第一、第三桥转向的三轴汽车

对于用第一、第三桥转向的三轴汽车来说，如图 13-5b 所示，以中桥车轮轴线为基线，可分别求出第一、第三桥的转向梯形理论特性关系式（与双轴汽车相同）。若 $L_1=L_2=L/2$，则汽车的转弯半径仅为同轴距的双轴汽车的转弯半径的一半。

双前桥转向的四轴汽车转向如图 13-6 所示。以第三、第四两桥轴线之间的中间平行线为基线，可求出第一桥和第二桥的转向梯形理论特性关系式分别为

$$\cot \alpha_1 = \cot \beta_1 + B/L_1 \tag{13-2}$$

$$\cot\alpha_2 = \cot\beta_2 + B/L_2 \tag{13-3}$$

显然，以上两个关系式也适用于图 13-5b 所示的汽车。

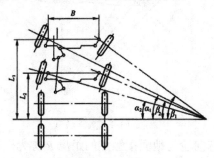

图 13-6　双前桥转向的四轴汽车转向

2）如图 13-7 所示，采用四轮异相位转向时，后桥左右两侧的驱动轮在同一时间内走过的路程是不相等的，外侧驱动轮转得要快，而内侧驱动轮转得慢，即

$$\frac{n_2}{n_1} = \frac{R+0.5B}{R-0.5B} \tag{13-4}$$

式中　n_1、n_2——内、外侧驱动轮转速；

R——转弯半径；

B——后轴轮距。

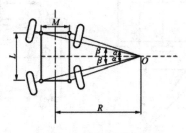

图 13-7　四轮异相位转向

13.2　机械转向系统

13.2.1　转向操纵机构

图 13-8 所示的转向操纵机构主要由转向盘、转向柱、转向万向节和转向传动轴等组成。转向轴上部与转向盘固定连接，下部装有转向器。转向轴与转向器的连接方式有两种：一种是通过万向传动装置间接与转向器的输入轴相连接，一种是与转向器的输入轴直接连接。

1. 转向盘

转向盘即通常所说的方向盘，它是驾驶员直接操纵的转向构件。

转向盘主要由轮缘 1、轮辐 2 和轮毂 3 组成，其结构如图 13-9 所示。轮辐的形式有三根辐条式（见图13-9a）和四根辐条式（见图13-9b）两种。轮辐和轮圈的心部有钢或铝合金等金属制骨架，外层以合成树脂或合成橡胶包覆，下侧形成波浪状以利于驾驶员把持。转向盘与转向轴通常通过带锥度的细花键连接，端部通过螺母轴向压紧固定。有的汽车喇叭开关按钮装在转向盘上，方便驾驶员操作。

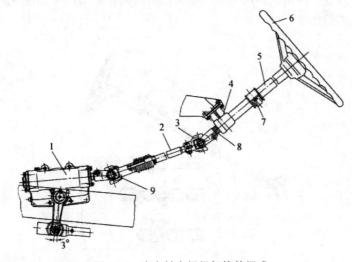

图 13-8　汽车转向操纵机构的组成

1—转向器　2—转向传动轴　3—上万向节　4、7—转向柱管支座　5—转向柱管
6—转向盘　8—转向轴限位弹簧　9—下万向节

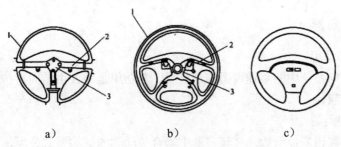

图 13-9　转向盘结构

a）三根辐条　b）四根辐条　c）转向盘外观

1—轮缘　2—轮辐　3—轮毂

转向盘位于驾驶员的正前方，是碰撞时最可能伤害到驾驶员的部件，因此转向盘必须具有很高的安全性，在驾驶员撞在转向盘上时，转向盘骨架能够产生变形，吸收冲击能，从而减轻对驾驶员的伤害。转向盘的惯性力矩也是很重要的，惯性力矩小，驾驶员驾驶时就会感到轻便，操纵性良好，但惯性力矩小的转向盘容易反弹而产生打手的现象。适当的惯性力矩可以通过调整骨架的材料或形状等来获得。

2. 转向轴和转向柱管

转向轴是连接转向盘和转向器的传动件，并传递它们之间的转矩。转向柱管安装在车身上，支承着转向盘。转向轴从转向柱管中穿过，支承在柱管内的轴承和衬套上。随着汽车车速的提高，许多国家制定了严格的安全法规。对于轿车来说，除要求装有吸能式转向盘外，还要求转向柱管也必须备有缓和冲击的吸能装置。转向轴和转向柱管的吸能装置有多种形式。其基本结构原理是，当转向轴受到巨大冲击时，转向轴产生轴向位移，使支架或某些支承件产生塑性变形，从而吸收冲击能量。

图 13-10 所示为网格状转向柱管吸能装置。当汽车发生猛烈碰撞，人体冲撞到转向盘上的力超过允许值时，网格状转向柱管的网格部分将被压缩而产生塑性变形，吸收冲击能量，以减轻对人体的伤害。

图 13-10　网格状转向柱管吸能装置

现代轿车还要求当汽车受到碰撞而产生较大变形时，转向轴和转向柱管能够朝上倾斜，以避免转向盘撞击驾驶员的胸部和头部。

13.2.2　机械转向器

1. 转向器的功用

转向器是转向系统中的减速增力传动装置。其功用是增大由转向盘传到万向节的力，改变力的传递方向。

2. 转向器的类型

转向器的种类较多，一般是按转向器中啮合传动副的结构型式分类，有齿轮齿条式、循环球式和蜗杆曲柄指销式等几种。

3. 转向器传动效率和转向盘自由行程

（1）转向器传动效率　　转向器的输出功率与输入功率之比称为转向器传动效率。在功率从转向轴输入、由转向摇臂输出的情况下求得的传动效率称为正效率，而传动方向与上述相反时求得的效率则称为逆效率。显然，转向器的正效率越高，转向操纵就越轻便灵活。

逆效率很高的转向器称为可逆式转向器。可逆式转向器很容易将路面反力经转向传动机构传到转向盘上，这有利于汽车转向结束后转向轮和转向盘自动回正，但它同时也会将坏路对车轮的冲击力传到转向盘，导致"打手"情况发生。

逆效率很低的转向器称为不可逆式转向器。不平道路对转向轮的冲击载荷不会传到转向盘上，路面作用于转向轮上的回正力矩同样也不能传到转向盘，因而转向轮没有自动回正作用。此外，道路的转向阻力矩不能反馈到转向盘，驾驶员得不到路面反馈信息（所谓丧失"路感"），无法据以调节转向力矩。现代汽车基本上不采用不可逆式转向器。

逆效率略高于不可逆式的转向器称为极限可逆式转向器，其反向传力性能介于可逆式和不可逆式之间，驾驶员能有一定的路感，转向轮也可实现自动回正。极限可逆式转向器多用于中型以上越野汽车和工矿用自卸汽车。

（2）转向盘自由行程　在整个转向系统中，各传动件之间都存在装配间隙，而且这些间隙将随着零件的磨损而增大。在转向盘转动过程的开始阶段，驾驶员对转向盘所施加的力矩很小，因为此时只是克服转向系统内部的摩擦阻力，使各传动件之间的间隙完全消除，故可以认为这一阶段是转向盘空转阶段。然后才需要对转向盘施加更大的转向力矩以克服经车轮传到万向节上的转向阻力矩，从而实现使各转向轮偏转的目的。转向盘在空转阶段中的角行程称为转向盘自由行程。

转向盘自由行程对于缓和路面冲击及避免驾驶员过度紧张是有利的，但不宜过大，以免过分影响转向灵敏性。一般说来，转向盘从相应于汽车直线行驶的中间位置向任一方向的自由行程最好不超过 15°。当零件磨损严重到使转向盘自由行程为 25°～30° 时，必须进行调整。

4. 转向器的结构

（1）齿轮齿条式转向器　齿轮齿条式转向器如图 13-11 所示，主要由转向器外壳 8、转向齿条 2 以及转向齿轮 3 等组成。齿轮齿条式转向器具有效率高、结构简单、体积小且维修方便等优点，所以被广泛应用于微型、普通级、中级和中高级轿车上，甚至在高级轿车上也有采用的。有的装载量不大、前轮采用独立悬架的货车和客车也采用齿轮齿条式转向器。

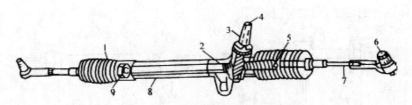

图 13-11　齿轮齿条转向器

1—防护套　2—转向齿条　3—转向齿轮　4—花键与转向柱　5—内端球　6—转向横拉杆末端

7—转向横拉杆总成　8—外壳　9—齿条导块

图 13-12 所示为某型号轿车的齿轮齿条转向器。转向齿轮 1 通过轴承支承在壳体 10 上，转向齿轮 1 的一端与转向轴连接，将驾驶员的转向操纵力输入，另一端与转向齿条 2 直接啮合，形成一对传动副，并通过转向齿条 2 传动，带动横拉杆，使万向节转动。弹簧 3 通过压块 6 将转向齿条 2 压靠在转向齿轮 1 上，以保证无间隙啮合。弹簧 3 的预紧力可用调整螺钉 4 调整。

根据输入齿轮位置和输出特点的不同。齿轮齿条式转向器可分为 4 种，即中间输入、两端输出式，侧面输入、两端输出式，侧面输入、中间输出式，侧面输入、一端输出式，如图 13-13 所示。

齿轮齿条式转向器采用侧面输入、中间输出时，与转向齿条固连的左、右拉杆延长到接近汽车纵向对称平面附近，由于拉杆长度增加，车轮上、下跳动时拉杆摆角减小，有利于减少转向系统与悬架系统的运动干涉。拉杆与转向齿条用螺栓固定连接，因此两拉杆与转向齿条同时向左或向右移动，为此在转向器壳体上开有轴向方向的长槽，从而降低了它的强度。

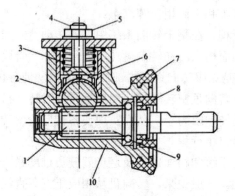

图 13-12　某型号轿车齿轮齿条式转向器

1—转向齿轮　2—转向齿条　3—弹簧　4—调整螺钉　5—锁紧螺母　6—压块　7—防尘套　8—油封　9—轴承　10—壳体

用两端输出方案时，由于转向拉杆长度受到限制，故容易与悬架系统的导向机构产生运动干涉。侧面输入、一端输出的齿轮齿条式转向器常用在微型货车上。

如果齿轮齿条式转向器采用直齿圆柱齿轮与直齿齿条啮合，则运转平稳性较差，冲击大，工作噪声较大。此外，这种转向器由于齿轮轴线与齿条轴线之间的夹角只能是直角，与总体布置不适应，故而遭淘汰。采用斜齿圆柱齿轮与斜齿齿条啮合的齿轮齿条式转向器重合度较高，运转平稳，冲击与工作噪声均较低，而且齿轮轴线与齿条轴线之间的夹角易于满足总体设计的要求，故被广泛采用。

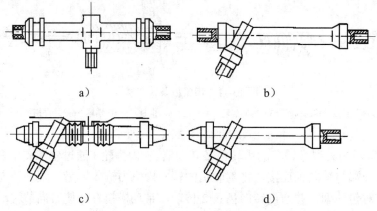

图 13-13　齿轮齿条式转向器的四种形式

a）中间输入、两端输出　b）.侧面输入、两端输出　c）侧面输入、中间输出　d）侧面输入、一端输出

根据齿轮齿条式转向器和转向梯形相对前轴位置的不同，齿轮齿条式转向器在汽车上有4种布置形式，即转向器位于前轴后方、后置梯形，转向器位于前轴后方、前置梯形，转向器位于前轴前方、后置梯形，转向器位于前轴前方、前置梯形，如图13-14所示。

（2）循环球式转向器　循环球式转向器是目前国内外应用最为广泛的结构型式之一，它的第一级传动副是螺杆螺母传动副，第二级是齿条齿扇传动副或滑块曲柄销传动副。

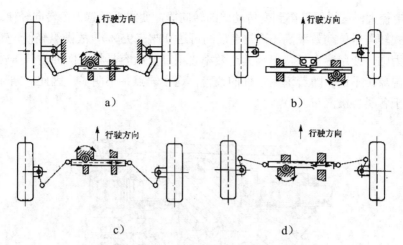

图 13-14　齿轮齿条式转向器的布置形式

a）转向器位于前轴后方、后置梯形　b）转向器位于前轴后方、前置梯形

c）转向器位于前轴前方、后置梯形　d）转向器位于前轴前方、前置梯形

图 13-15 所示为循环球-齿条齿扇式转向器的整体结构。它有两级传动副，一级是与转向轴连接的转向螺杆 4 和转向螺母 9，另一级是齿条和齿扇。转向螺母 9 既是第一级传动副的从动件，又是第二级传动副的主动件。为了减少转向螺杆 4 与转向螺母 9 之间的摩擦与磨损，二者的螺纹不直接接触，而是做成滚珠的内外滚道，中间装有许多滚珠，以实现滚动摩擦：转向螺母 9 上装有两个滚珠导管 8，每个滚珠导管的两端分别插入转向螺母 9 侧面的孔中。滚珠导管 8 中也装满了滚珠，形成两个各自独立的封闭通道。

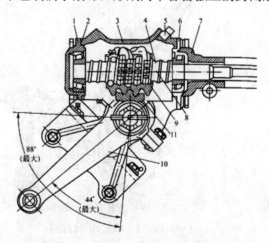

图 13-15　循环球-齿条齿扇式转向器的整体结构

1—下盖　2、6—调整垫片　3—外壳　4—转向螺杆　5—螺塞　7—上盖　8—滚珠导管　9—转向螺母

10—转向摇臂　11—齿条齿扇传动副

图 13-16 所示为循环球式转向器齿轮机构。当转向盘转动时，转向轴带动转向螺杆 1 旋转，通过滚珠将力传给转向螺母 5，使得转向螺母 5 沿轴向移动，并通过转向螺母 5 上的齿条带动扇形齿轮轴 6 转动，进而带动转向摇臂转动，实现车轮的转向。如果将齿条的齿顶面制成鼓型弧面，则齿扇上的每一个齿的节圆半径也需相应变化，即使得中间齿节圆半径小，

两端齿节圆半径大，这样便可得到变传动比的转向器，使得操纵省力，转向轻便。

循环球式转向器传动效率高（正效率最高可达 90%～95%），故操纵轻便，转向结束后自动回正能力强，使用寿命长。但因其逆效率也很高，故容易将路面冲击传给转向盘而产生"打手"现象。不过，随着道路条件的改善，这个缺点并不明显。因此，循环球式转向器广泛应用于各类各级汽车。

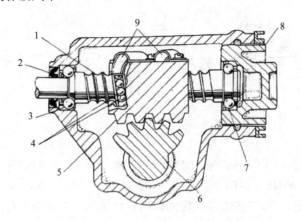

图 13-16 循环球式转向器齿轮机构

1—转向螺杆 2、7—密封 3—轴承 4—滚珠 5—转向螺母 6—扇形齿轮轴 8—调整插头 9—滚珠导套

（3）蜗杆曲柄指销式转向器 蜗杆曲柄指销式转向器如图 13-17 所示，其传动副是蜗杆和指销，按指销的数目不同，可分为单销式和双销式两种。

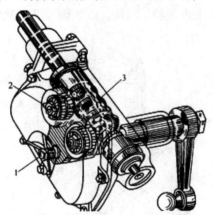

图 13-17 蜗杆曲柄指销式转向器

1—摇臂轴 2—指销 3—转向蜗杆

转向蜗杆具有梯形螺纹，通过两个滚动轴承支承在壳体内，在壳体下盖上装有调整螺塞，用以调整轴承的预紧度。转向蜗杆与两个锥形指销相啮合，指销均用双列圆锥滚子轴承支承在转向摇臂轴的曲柄上。轴承无内座圈，轴承滚子直接与销颈接触。指销装在滚子轴承上可以减轻蜗杆和指销的磨损，并提高传动效率，使转向轻便。

当汽车直线行驶时，两个指销分别与转向蜗杆的螺旋槽相啮合。在汽车转向时，转向蜗杆轴转动，嵌于转向蜗杆螺旋槽内的锥形指销一边自转，一边使转向摇臂轴转动，并通过转向传动机构使汽车转向轮偏转而实现汽车转向。

13.2.3 转向传动机构

从转向器到转向轮之间的所有传动杆件总称为转向传动机构。

转向传动机构具有以下功用：

1）将转向器输出的力传给转向轮，且使两转向轮偏转角按一定的关系变化，以实现汽车顺利转向。

2）设有减振缓冲装置，可承受冲击和振动，并能自动消除磨损后的间隙。

1. 与非独立悬架配用的转向传动机构

如图 13-18 所示，与非独立悬架配用的转向传动机构由转向摇臂 2、转向直拉杆 3、万向节臂 4、转向横拉杆 6 和两个梯形臂 5 组成。转向横拉杆和梯形臂与前桥构成转向梯形结构。

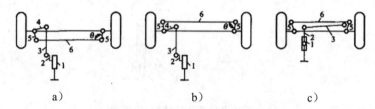

图 13-18　与非独立悬架配用的转向传动机构

1—转向器　2—转向摇臂　3—转向直拉杆　4—转向节臂　5—梯形臂　6—转向横拉杆

这种转向传动结构的布置形式有三种：转向梯形结构后置（见图 13-18a），适用于前桥仅为转向桥的情况，国内中型载重汽车上大多采用这种结构；转向梯形结构前置（见图 13-18b），适用于前桥为转向驱动桥的情况，可避免布置转向传动机构时的运动干涉；转向梯形结构前置且转向直拉杆横置（见图 13-18c），有的越野汽车上采用这种结构。

2. 与独立悬架配用的转向传动机构

与独立悬架配用的转向桥是断开式转向桥，因而转向传动机构中的转向梯形也必须是断开式的，分成几段（见图 13-19）。

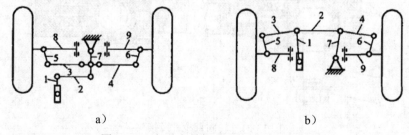

图 13-19　与独立悬架配用的转向传动机构

1—转向摇臂　2—转向直拉杆　3—左转向横拉杆　4—右转向横拉杆　5—左梯形臂　6—右梯形臂

7—摇杆　8—悬架左摆臂　9—悬架右摆臂

图 13-19a 所示为与循环球式转向器配用的转向传动机构的布置形式。图 13-19b 所示为与齿轮齿条式转向器配用的转向传动机构布置形式。

3. 转向传动机构主要零部件的结构

转向传动机构的主要零部件包括转向摇臂、转向直拉杆和转向横拉杆。这些杆件都是传动件并做空间运动，因此杆件之间的连接都采用球头销做空间铰链连接。杆件连接部分易磨损，需要定期加注润滑脂润滑。

（1）转向摇臂　它是把转向器输出的力和运动传给转向直拉杆或转向横拉杆的传动件，其结构如图 13-20 所示。转向摇臂的上端具有锥形三角形细花键槽孔，与转向摇臂轴外端花键相连接。为保证装配关系正确，在转向摇臂轴的外端面和摇臂上孔的外端面上刻有装配标志。转向摇臂的小端锥形孔装有与转向直拉杆相连接的球头销，球头销的球面部分必须耐磨损，并能承受较大的冲击负荷，一般要经过表面的强化和硬化处理。

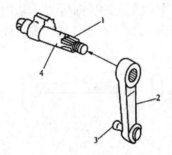

图 13-20　转向摇臂和摇臂轴

1—带锥度的细齿花键　2—转向摇臂　3—球头销　4—摇臂轴

（2）转向直拉杆　它可把转向摇臂传来的力和运动传给转向梯形或转向节臂，其结构如图 13-21 所示。转向直拉杆的中间段为实心或空心杆件，两端则较粗，内装球头销座 5。球头销座 5 分别将两个球头销 2 的球头夹住，通过球头销 2 一端与转向摇臂连接，另一端与万向节臂（或梯形臂）连接。在球头销座 5 的两侧或一侧有压缩弹簧 6 和端部螺塞 4，用以保证球头销 2 和转向直拉杆的铰链连接不松旷。弹簧预紧力可由端部螺塞 4 调节。

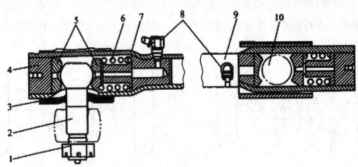

图 13-21　转向直拉杆及接头

1—螺母　2—球头销　3—橡胶防尘片　4—端部螺塞　5—球头销座　6—压缩弹簧

7—弹簧座　8—油嘴　9—直拉杆体　10—转向摇臂球头销

（3）转向横拉杆　它是连接左、右梯形臂的传动件，其结构如图 13-22 所示。转向横拉杆由转向横拉杆体（图中未画出）和两端的横拉杆接头 4 组成。球头销 3 的球头置于横拉杆接头 4 的两个球头座 2 内，球头销 3 的尾部与梯形臂或转向节臂相连。

横拉杆接头靠螺纹与转向横拉杆体连接。横拉杆接头旋装到横拉杆体上后，用夹紧螺母夹紧。转向横拉杆体由钢管或钢杆制成，它的两端有正、反旋向螺纹。松开夹紧螺母，转动转向横拉杆体，可调整其长度，即调整转向轮的前束值。

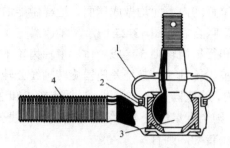

图 13-22　转向横拉杆及接头

1—防尘罩　2—球头座　3—球头销　4—横拉杆接头

13.2.4　差速器

车辆在行驶过程中，由于转弯、路面高低不平、各车轮的轮胎气压不等和胎面磨损滚动半径不相等等原因，经常要求车轮能够以不同的角速度旋转，来避免两侧驱动轮在滚动方向上产生滑动。差速器就是使各驱动轮以不同转速转动并传递动力的部件，其结构如图13-23 所示。

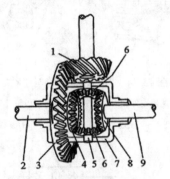

图 13-23　差速器的结构

1—主减速器小齿轮　2—左侧半轴　3—主减速器齿圈　4—左侧半轴齿轮　5—行星齿轮轴

6—行星齿轮　7—差速器壳　8—右侧半轴齿轮　9—右侧半轴

1. 锥齿轮差速器

齿轮式差速器有锥齿轮式和圆柱齿轮式两种。

按两侧输出转矩是否相等，齿轮差速器分为对称式（等转矩）和不对称式（不等转矩）。目前汽车上广泛采用的是对称式锥齿轮差速器，如图13-24 所示。

对称式锥齿轮差速器由行星齿轮 6、半轴齿轮 4、十字形行星齿轮轴 9（行星齿轮轴或一根直销轴）和差速器外壳 2、8 等组成。差速器左外壳 2 和差速器右外壳 8 用螺栓 10 紧固在一起。主减速器的从动齿轮 7 用螺栓（或铆钉）固定在差速器右外壳 8 的凸缘上。十字形行星齿轮轴 9 安装在差速器壳接合面处所对出的圆孔内，每个轴颈上套有一个带有滑动轴承（衬套）的直齿圆锥行星齿轮 6，四个行星齿轮的左右两侧各与一个直齿圆锥半轴齿轮 4 相啮合。半轴齿轮的轴颈支承在差速器壳左右相应的孔中，其内花键与半轴相连。与差速器壳一起转动（公转）的行星齿轮拨动两侧的半轴齿轮转动，当两侧车轮所受阻力不同时，行星齿轮还要绕自身轴线转动（自转），以实现对两侧车轮的差速驱动。行星齿轮的背面和差速器壳相应位置的内表面均做成球面，这样做能增加行星齿轮轴孔长度，有利于和两个半轴齿轮正确地啮合。如图 13-25 所示，差速器壳 3 作为差速器中的主动件，与主减速器的从动齿轮 6 和行星齿轮轴 5 连成一体。半轴齿轮 1 和 2 为差速器中的从动件。行星齿轮 4 既可以随行星齿轮轴 5 一起绕差速器旋转轴线公转，又可以绕行星齿轮轴 5 轴线自转。设在一段时间内，差速器壳转了 n_0 圈，半轴齿轮 1 和 2 分别转了 n_1 圈和 n_2 圈（n_0、n_1 和 n_2 不一定是整数），则当行星齿轮 4 只绕差速器旋转轴线公转而不自转时，行星齿轮 4 拨动半轴齿轮 1 和 2 同步转动，则有

$$n_1 = n_2 = n_0 \tag{13-5}$$

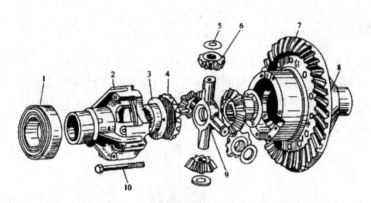

图 13-24　对称式锥齿轮差速器零件分解图

1—轴承　2—差速器左外壳　3—垫片　4—半轴齿轮　5—垫圈　6—行星齿轮

7—从动齿轮　8—差速器右外壳　9—十字形行星齿轮轴　10—螺栓

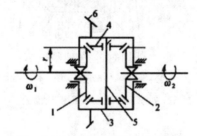

图 13-25　差速器差速原理示意图

1、2—半轴齿轮　3—差速器壳　4—行星齿轮　5—行星齿轮轴　6—从动齿轮

当行星齿轮 4 在公转的同时又绕行星齿轮轴 5 轴线自转时，由于行星齿轮 4 自转所引起一侧半轴齿轮 1 比差速器壳多转的圈数（n_4）必然等于另一侧半轴齿轮 2 比差速器壳少转的圈数，如图 13-26 所示。

于是有
$$n_1 = n_0 + n_4 \tag{13-6}$$
$$n_2 = n_0 - n_4 \tag{13-7}$$

以上两种情况，n_1、n_2 与 n_0 之间都有以下关系：
$$n_1 + n_2 = 2n_0 \tag{13-8}$$

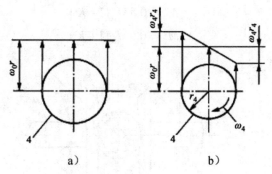

图 13-26　差速器差速原理

若用角速度表示，应有

$$\omega_1 + \omega_2 = 2\omega_0 \tag{13-9}$$

其中 ω_1、ω_2 和 ω_0 分别为左、右半轴和差速器壳的转动角速度。

式（13-9）表明，左、右两半轴齿轮的转速之和等于差速器壳转速的两倍，这就是两半轴齿轮直径相等的对称式锥齿轮差速器的运动特性关系式。

对称式锥齿轮差速器中的转矩分配关系式计算如下：

在以上差速器中，设输入差速器壳的转矩为 M_0，输出给左、右两半轴齿轮的转矩为 M_1 和 M_2。当与差速器壳连在一起的行星齿轮轴带动行星齿轮转动时，行星齿轮相当于一根横向杆，其中的点被行星齿轮轴推动，左右两端带动半轴齿轮转动，作用在行星齿轮上的推动力必然平均分配到两个半轴齿轮之上。又因为两个半轴齿轮半径也是相等的，所以当行星齿轮没有自转趋势时，差速器总是将转矩 M_0 平均分配给左、右两半轴齿轮，即

$$M_1 = M_2 = 0.5M_0 \tag{13-10}$$

当两半轴齿轮以不同转速朝相同方向转动时，设左半轴转速 n_1 大于右半轴转速 n_2，则行星齿轮 4 将按图 13-27 上实线箭头 n_4 的方向绕行星齿轮轴 3 轴颈自转，此时行星齿轮孔与行星齿轮轴轴颈间以及行星齿轮背部与差速器壳之间都产生摩擦，半轴齿轮背部与差速器壳之间也产生摩擦。这几项摩擦综合作用的结果，使转得快的左半轴齿轮得到的转矩 M_1 减小，设减小量为 $0.5M_f$；而转得慢的右半轴齿轮得到的转矩 M_1 增大，增大量也为 $0.5M_f$。

因此，当左、右车轮存在转速差时，有

$$M_1 = 0.5(M_0 - M_f) \tag{13-11}$$

$$M_2 = 0.5(M_0 + M_f) \tag{13-12}$$

左、右车轮上的转矩之差等于折合到半轴齿轮上总的内摩擦力矩 M_f。

差速器中折合到半轴齿轮上总的内摩擦力矩 M_f 与输入差速器壳的转矩 M_0 之比叫作差速器的锁紧系数 K，即

$$K = M_f / M_0 \tag{13-13}$$

输出给转得快慢不同的左、右两侧半轴齿轮的转矩可以写成

$$M_1 = 0.5M_0\left(1-K\right) \qquad\qquad (13\text{-}14)$$

$$M_2 = 0.5M_0\left(1+K\right) \qquad\qquad (13\text{-}15)$$

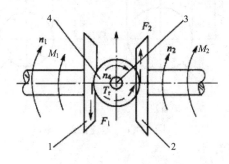

图 13-27　对称式锥齿轮差速器中的转矩分配

1、2—半轴齿轮　3—行星齿轮轴　4—行星齿轮

输出到低速半轴的转矩与输出到高速半轴的转矩之比 K_b 可以表示为

$$K_b = M_2/M_1 = \left(1+K\right)/\left(1-K\right) \qquad\qquad (13\text{-}16)$$

锁紧系数 K 可以用来衡量差速器内摩擦力矩的大小及转矩分配特性。目前广泛使用的是对称式锥齿轮差速器，其内摩擦力矩很小，锁紧系数 K 为 0.05～0.15，输出到两半轴的最大转矩之比 K_b＝1.11～1.35。因此，可以认为无论左、右车轮转速是否相等，对称式锥齿轮差速器总是将转矩近似平均分配给左、右车轮。这样的转矩分配特性对于汽车在良好路面上行驶是完全可以的，但当汽车在坏路面行驶时，却会严重影响其通过能力。例如，当汽车的一侧驱动车轮驶入泥泞路面，由于附着力很小而打滑时，即使另一车轮是在好路面上，汽车也往往不能前进，，这是因为对称式锥齿轮差速器平均分配转矩的特点，使在好路面上车轮分配到的转矩只能与传到另一侧打滑车轮上很小的转矩相等，以致使汽车总的牵引力不足以克服行驶阻力，因而不能前进。

2. 强制锁止式差速器

为了提高汽车在坏路上的通过能力，可采用各种形式的防滑差速器。各种防滑差速器的共同出发点都是在一个驱动轮打滑时，设法使大部分转矩甚至全部转矩传给不打滑的驱动轮，以充分利用这一侧驱动轮的附着力而产生足够的驱动力，使汽车能继续行驶。为实现上述要求，最简单的办法是在对称式锥齿轮差速器上设置差速锁，使之成为强制锁止式差速器。这样，当一侧驱动轮打滑时，可利用差速锁使差速器锁死而不起差速作用。

图 13-28 所示为某型号汽车所用的强制锁止式差速器，首先应予说明的是，该车由于在单级主减速器之前有一对外啮合圆柱齿轮传动，因而主减速器从动齿轮布置在主动齿轮的右侧，以保证驱动车轮的转动方向与汽车前进方向一致。差速锁由接合器及其操纵装置组成。端面上有接合齿的外、内接合器 9 和 10 分别用花键与半轴 6 和差速器壳 11 左端相连。前者可沿半轴 6 轴向滑动，后者则以锁圈 8 固定其轴向位置，图示位置即接合器分离、差速器正常工作的状况。内、外接合器分别与差速器壳和左半轴一同旋转。

该车采用电控气动方式操纵差速锁。当汽车的一侧车轮处于附着力较小的路面上时，可按下仪表板上的按钮，使电磁阀接通压缩空气管路，压缩空气便从气路管接头 3 进入工作缸 4，推动活塞 1 克服压力弹簧 7 的弹力，带动外接合器 9 右移，使之与内接合器 10 接合。结果，左半轴 6 与差速器壳 11 成为刚性连接，差速器不起差速作用，即左、右两半轴被联锁成一体一同旋转。这样，当一侧驱动轮打滑而无驱动力时，从主减器传来的转矩全部分配到另侧驱动轮上。当汽车通过坏路后驶上好路时，驾驶员通过按下按钮可使电磁阀切断高压气路，并使工作缸 4 通大气，缸内压缩空气即经电磁阀排出，于是压力弹簧 7 复位，推动活塞 1 使外接合器 9 左移回到分离位置。仪表板上装有差速锁信号灯，当按下按钮接合差速锁时，亮起红色信号灯，以提醒驾驶员注意。在汽车驶入好路面时应摘下差速锁，差速锁分离后，红灯便立即熄灭。强制锁止式差速锁结构简单，易于制造，但操纵不便，一般要在停车时进行，而且如果过早接上或过晚摘下差速锁，也即在好路段上左、右车轮仍刚性连接，则将产生上述在无差速器情况下出现的一系列问题。因此，在有些轿车和越野汽车上采用了在行驶过程中能根据路面情况自动改变或控制驱动轮间转矩分配的高摩擦限滑差速器。

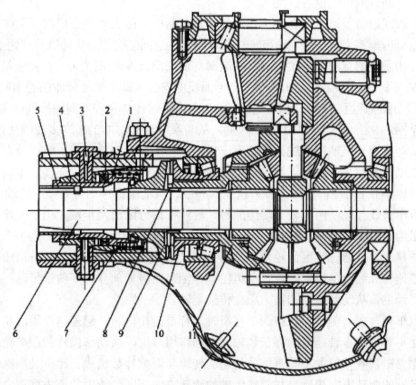

图 13-28　某型号汽车所用的强制锁止式差速器

1—活塞　2—活塞皮碗　3—气路管接头　4—工作缸　5—套管　6—半轴　7—压力弹簧
8—锁圈　9—外接合器　10—内接合器　11—差速器壳

3. 限滑差速器

普通圆锥行星齿轮式差速器的结构特点决定了其只能在驱动轮间平均分配驱动转矩，而无法实现按需分配，这在很大程度上影响了汽车的通过性，特别是在附着系数较低或者附着条件不均匀路面上行驶时，将严重影响汽车行驶的安全性、稳定性和动力性。为解决这一问题，人们开发出了限滑差速器（Limited Slip Differential，简称 LSD）。这种差速器最早在赛车上使用，随后在轿车、越野汽车和载货汽车上也逐渐得到广泛应用。

根据其工作原理，目前主要使用的限滑差速器可以分为三大类，即转矩敏感式、转速敏感式和主动控制式。转矩敏感式限滑差速器因其具有性能优越、价格适中等优点而获得市场的青睐，成为商用车用差速器的主导产品。转速敏感式限滑差速器一般是借助于液体的黏摩擦特性（如黏性式、Gerodise 式）或是特殊齿形（如 NO-SPIN 式）来实现对差动速度的感知。但随着科技发展和电子技术的突破，主动控制式限滑差速器将有良好的发展空间。

（1）转矩敏感式限滑差速器　简称转矩式限滑差速器，其限滑转矩主要与差速器壳的输入转矩密切相关。一般此类差速器的限滑转矩与差速器壳输入转矩成递增函数关系，即随着差速器壳输入转矩的增加，其限滑转矩也将增大。

转矩式限滑差速器的种类有多种，按其结构主要可以分为锥盘式、轮齿式、摩擦片式三种。摩擦片式限滑差速器是转矩式限滑差速器中所占比例最高的一种，它不仅是最早开发的产品，而且应用也最为广泛。

摩擦片式限滑差速器是在对称式锥齿轮差速器的基础上发展而成的（见图 13-29）。为增加差速器内摩擦力矩，在半轴齿轮与差速器壳 1 之间装有主、从动摩擦片组 2。十字轴 4 由两根互相垂直的行星齿轮轴组成，其端部均加工出凸 V 形斜面 6，相应地差速器壳孔上也有凹 V 形斜面，两根行星齿轮轴的 V 形面反向安装。每个半轴齿轮的背面有推力压盘 3 和主、从动摩擦片组 2。主、从动摩擦片组 2 由弹簧钢片 7 和若干间隔排列的主动摩擦片 8 及从动摩擦片 9 组成（见图 13-29b）。主、从动摩擦片上均加工出许多油槽（两面均有），且主、从动摩擦片上油槽（线）形状不一样，以利于增大摩擦、减小噪声及有利润滑。推力压盘 3 以内花键与半轴相连，而且轴颈处用外花键与从动摩擦片连接。主动摩擦片则用花键与差速器壳 1 内键槽相配。推力压盘 3 和主、从动摩擦片均可做微小的轴向移动。

当汽车直线行驶、两半轴无转速差时，转矩平均分配给两半轴，由于差速器壳通过斜面对行星齿轮轴两端压紧，故斜面上产生的轴向力迫使两行星齿轮轴分别向左、右两向（向外）轻微移动，并通过行星齿轮使推力压盘压紧摩擦片。此时转矩经两条路线传给半轴：一路由差速器壳经行星齿轮轴、行星齿轮和半轴齿轮将大部分转矩传给半轴，另一路则由差速器壳经主、从动摩擦片和推力压盘传给半轴。

当汽车转弯或一侧车轮在路面上打滑时，行星齿轮自转，起差速作用，左、右半轴齿轮的转速不等。由于转速差的存在和轴向力的作用，主、从动摩擦片间在车轮打滑的同时产生摩擦力矩，其数值大小与差速器传递的转矩和摩擦片数量成正比，且摩擦力矩的方向与快转半轴的旋转方向相反，与慢转半轴的旋转方向相同。较大数值内摩擦力矩将使慢转半轴传递的转矩明显增加。

摩擦片式差速器结构简单，工作平稳，锁紧系数可达 0.6～0.7 或更高，常用在轿车和轻型汽车上。

（2）转速敏感式限滑差速器　简称转速式限滑差速器，其限滑转矩主要与差速器左、右半轴的转速差密切相关。一般此类差速器的限滑转矩与差速器左、右半轴的转速差成递增关系，即随着差速器左、右半轴的转速差的增加，其限滑转矩也将增大。

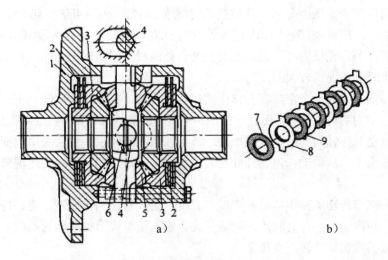

图 13-29　摩擦片式限滑差速式

a）结构剖面图　b）摩擦片组

1—差速器壳　2—主、从动摩擦片组　3—推力压盘　4—十字轴　5—行星齿轮

6—V 形斜面　7—弹簧钢片　8—主动摩擦片　9—从动摩擦片

　　黏性万向节的结构如图 13-30 所示。它是由壳体 4、前传动轴 1、后传动轴 5 和交替排列的内叶片 3（花键轴传力片）、外叶片 6（壳体传力片）及隔环构成。内叶片 3 通过内花键与后传动轴 5 上的外花键连接，外叶片 6 通过外花键与壳体 4 上的内花键连接，外叶片 6 之间设置有隔环，以限制外叶片 6 的轴向移动。隔环厚度决定了内、外叶片间的间隙。内、外叶片上还加工出孔和槽，以利硅油的流动。黏性万向节的密封空间内注满高黏度的硅油。前传动轴 1 通过螺栓与壳体 4 连接，并与外叶片 6 一起组成主动部分。内叶片 3 与后传动轴 5 组成从动部分，主、从动部分靠硅油的黏性来传递转矩，从而实现前、后传动轴间的差速作用和转矩重新分配。端盖压配在外壳上，并用 O 形密封圈密封。内叶片 3 的两端由滚子轴承支承，轴端用两个橡胶密封件密封。

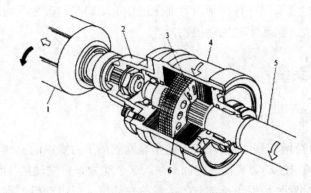

图 13-30　黏性万向节结构

1—前传动轴　2—传力毂　3—内叶片　4—壳体　5—后传动轴　6—外叶片

　　黏性万向节传递转矩的工作介质（硅油）具有黏度稳定性好、抗剪切性强以及抗氧化、低挥发和闪点高的特性。当内、外叶片有转速差并传递转矩时，硅油温度上升，产生热膨

胀，黏性万向节内部压力升高，其最高温度可达 200℃，内压可达 100kPa。为了解决由于热膨胀引起的内压增高，在壳体内封入了 10%～20% 的空气。硅油本身还具有高爬行性能，即使黏性万向节内无压力时，硅油也会从油封处的极小间隙渗出壳体，造成漏损，为此，油封在轴上时常需保持较大的压力。

黏性万向节很像一个密封在壳体中的多片离合器，在外叶片间隙一定时，它是利用油膜剪切传递动力的传动装置。还有一种不具有隔环的黏性万向节，它依靠壳体内温度升高、内压增大迫使叶片轴向移动，以减小内、外叶片之间的间隙，也就是用改变油膜的厚度来调节转矩，当主、从动轴（内、外叶片）间转速差大时，即会出现上述现象，故它有自适应作用。

黏性万向节传递的转矩与硅油密度，黏度，主、从动轴转速差，内、外叶片数和半径等成正比，与内、外叶片之间的间隙成反比。输入轴与输出轴的转速差越大，由输入轴传递到转速低的输出轴的转矩就越大。

（3）主动控制式限滑差速器　简称主动式限滑差速器，是通过电子装置或电液控制装置来实现限滑的限滑差速器，能使两侧驱动轮实时获得更好的驱动附着效果。主动控制式限滑差速器分为电磁式主动限滑差速器和电液式主动限滑差速器两种类型。

1）电磁式。电磁式主动限滑差速器多以摩擦片式差速器为基础结构，利用电磁力来实现限滑性能的主动控制。它一般由相关的传感器采集汽车运行工况和路面工作状态等信息，然后传递给 ECU，ECU 对这些信息进行分析、判断及处理，进而根据内设的控制程序对电磁装置进行电磁力大小的调整与控制，并通过凸轮等促动机构将此电磁力放大，形成对摩擦元件的压紧力，从而产生内摩擦力矩，起到限滑作用。这种差速器由于可以根据工况需要对电磁装置的电磁力进行主动调整，改变其内摩擦力矩，即动态改变其锁紧系数，进行实时主动控制，因此可以更好地满足汽车使用的需求。

2）电液式。电液式主动限滑差速器也是以摩擦片式差速器为基础结构，其与液压泵式差速器相似，只是液压泵式差速器中的油压是被动产生，而电液式主动限滑差速器的油压是主动调整。ECU 对汽车运行工况和路面工作状态等信息进行分析、判断及处理后，可以根据控制程序对电控液压阀进行控制，对油压进行主动调整，改变其内摩擦力矩，从而动态地改变其锁紧系数，实现实时主动控制。

13.3 助力转向系统

13.3.1 类型与组成

当汽车前轴负荷增加到一定程度时，完全靠驾驶员手力操纵的机械转向系统已经不能满足转向要求，必须借助动力来操纵转向系统。这个动力来自发动机（或电动机）。在正常情况下，汽车转向时驾驶员提供小部分的能量，发动机（或电动机）则提供大部分能量。助力转向系统兼顾了操纵省力和灵敏两方面的要求，一方面可以减小转向操纵力，另一方面采用较小的转向器角传动比就能满足转向灵敏的要求。目前，在转向系统中普及率较高的有液压助力转向（HPS）系统、电控液压助力转向（EHPS）系统和电动助力转向（EPS）系统。

液压助力转向系统已发展了近一个世纪，技术成熟，成本低廉，普及率也最高。但是，这种助力转向会消耗发动机功率，并且结构复杂，泵、管路、液压缸都需要定期维护保养，液压泵转子与液压油之间的损耗会造成很大的能量损失，而液压泵在不转向时也会消耗能量，因此目前在小型轿车中已慢慢被淘汰。

电控液压助力转向系统虽比传统的液压助力转向系统先进一些，引入了电控装置，可随速度调节助力力度，不过它的开发成本高，并且依旧靠发动机驱动，这就意味着它的能耗并未降低。

电动助力转向系统是在上述两种助力转向机构的基础上发展起来的，它采用独立电动机直接提供助力，助力的大小由电控单元根据车速快慢进行控制。它具有节能、环保（可相应降低排放）及高安全性等特点，目前正逐步取代液压助力转向系统。电动助力转向系统将是未来动力转向技术的发展方向之一。

13.3.2 液压助力转向系统

液压助力转向系统是在机械式转向系统的基础上加装一套动力转向装置而成。齿轮齿条液压助力转向系统如图 13-31 所示。

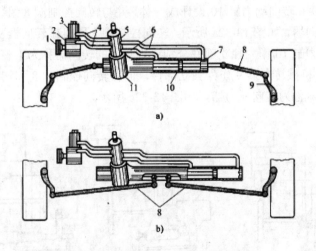

图 13-31　齿轮齿条液压助力转向系统

a）两端输出式转向器　b）中间输出式转向器

1—带轮　2—液压泵　3—贮油罐　4—液压软管　5—转向控制阀　6—金属油管　7—动力缸

8—横拉杆　9—万向节臂　10—动力缸活塞　11—齿轮齿条转向器

（1）贮油罐　用于贮存、滤清和冷却油液，常与液压泵形成一体。贮油罐 3 有进、出油管接头，通过油管分别与液压泵 2 和转向控制阀 5 连接。

（2）液压泵　转向液压泵安装在发动机上，是液压助力转向系统的动力源，其功用是将发动机产生的机械能转变为驱动转向动力缸工作的液压能，再由转向动力缸驱动转向车轮。除液压泵本体外，通常还包括限制液压泵输出油压的安全阀和调节输出油量的溢流阀等。

（3）转向控制阀　转向控制阀可根据转向盘的操纵方向、转角范围与力矩大小来改变液压动力的传递路线及油液压力与通道面积的大小。转向控制阀通常还包含一个单向阀，其功用是当助力转向系统液压部分出现故障时，能保证驾驶员通过转向盘直接操纵机械转向器工作，使汽车的行驶方向可继续得到控制，但此时所需要的转向力比正常时要大很多。转向控制阀与转向齿轮连接。

（4）齿轮齿条转向器11与转向动力缸7　齿轮齿条转向器的齿条上安有动力缸活塞10，动力缸活塞将动力缸分成左、右两个工作腔，它们分别通过油道与转向控制阀连接。转向动力缸是转向的加力机构，借助于液压及活塞对机械转向器起助力作用。机械转向器通常采用齿轮齿条式或循环球式转向器。

当汽车直线行驶时，转向控制阀将液压泵泵出来的工作液与贮油罐接通，液压泵处于卸荷状态，动力转向器不起助力作用。汽车向右转向时，驾驶员向右转动转向盘，转向控制阀将液压泵泵出来的工作液与左腔接通，将右腔与贮油罐接通，在油压的作用下，活塞向右移动，通过传动机构中的横拉杆8和万向节臂9使左、右车轮向右偏转，从而实现右转向。向左转向时，情况与上述相反。

按机械转向器、转向控制阀和转向动力缸三者的组合及相对位置，液压助力转向系统可分为整体式动力转向器、半整体式动力转向器和转向加力器三种结构型式，如图 13-32 所示。机械转向器9和转向动力缸10设计成一体，并与转向控制阀8组装在一起的转向器称为整体式动力转向器，如图 13-32a 所示。转向控制阀8同机械转向器9组合成一个整体的部件，将转向动力缸10作为独立部件分别进行装配的转向器称为半整体式动力转向器，如图 13-32b 所示。机械转向器9作为独立部件，而将转向控制阀8和转向动力缸10组合成一个部件的转向器称为转向加力器，如图 13-32c 所示。

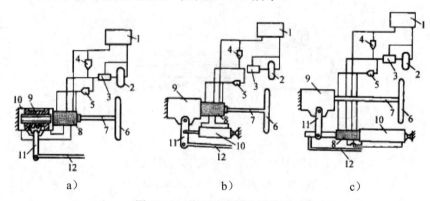

图13-32　液压助力转向系统的结构

a）整体式动力转向器　b）半整体式动力转向器　c）转向加力器

1—贮油罐　2—转向液压泵　3—流量控制阀　4—溢流阀　5—单向阀　6—转向盘　7—转向轴　8—转向控制阀

9—机械转向器　10—转向动力缸　11—转向摇臂　12—转向直拉杆

按照转向控制阀的布置方式不同，转向控制阀可分为转阀式和滑阀式。转阀式转向控制阀是转阀相对于阀体转动的转向控制阀。滑阀式转向控制阀是滑阀相对于阀体做直线运动的转向控制阀。

按照转向系统内部油液状态不同，液压助力转向系统可分为常流式和常压式。前者在不转向（静态）时油液仍不断流动，故称为常流式液压助力转向系统；后者在静态时油液不流动，系统维持高压，故称为常压式液压助力转向系统。常流式比常压式转向系统功率消耗小，结构也较简单（少了蓄能器），故现在大部分汽车都采用常流式助力转向系统。常压式助力转向系统的优点是可采用较小流量的液压泵，即使液压泵停止工作仍能保持一定的转向能力。

目前，各种常见轻型汽车上的动力转向器多采用整体式动力转向器，而重型车辆则多采用半整体式动力转向器或转向加力器。现代汽车助力转向系统转向控制阀采用转阀式结构的更多。

1. 动力转向器

动力转向器的结构是在机械式齿轮齿条转向器的基础上增加了液压阀，并在齿条端部增加了活塞，在转向器壳体上与活塞相配处增加了活塞缸等。转阀式动力转向器的结构和工作原理如图 13-33 所示。

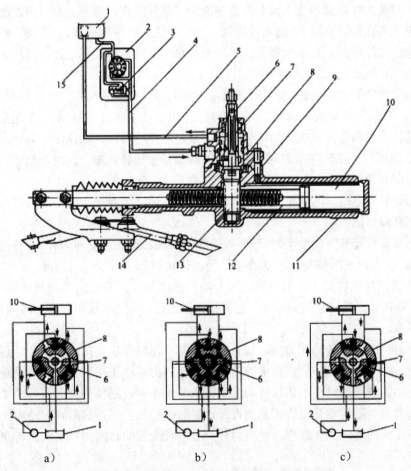

图 13-33　转阀式动力转向器的结构和工作原理

a）向右转弯时　b）直线行驶时　c）向左转弯时

1—油罐　2—叶片泵　3—压力与流量限制阀　4—进油管　5—回油管　6—扭力杆　7—阀芯
8—阀套　9—螺钉　10—转向器活塞缸　11—壳体　12—转向齿条　13—转向齿轮　14—横行杆

当轿车行驶时，油罐 1 中的油液流入叶片泵 2，通过叶片泵产生液压油，并经过压力与流量限制阀 3。压力与流量限制阀 3 与叶片泵 2 做成一体。压力与流量限制阀 3 能调节油压与油液流量两个参数，可使最大工作油压限制在 104kPa，额定流量限制在 6L/min。油液经过压力与流量限制阀 3 后进入转阀阀体。转阀阀体内的主要零件为阀套 8、阀芯 7 及扭力杆 6。转向盘与转向轴以花键连接，转向轴通过柔性万向节与扭力杆 6 以花键连接，扭力杆 6 上端部又以销钉与阀芯 7 连接，阀芯 7 与阀套 8 能相对运动。而阀套 8 下部又以销轴与小齿轮连接，扭力杆 6 下部与小齿轮刚性连接。

转向液压油进入阀体后，由图 13-33b 可见，阀套 8 内壁开有 6 个纵向槽，相应地在阀芯 7 外表有 6 个凸肩，每个凸肩的左右与阀套 8 纵向槽配合处有间隙，这就是转阀的预开隙。叶片泵 2 向阀套 8 的 3 个进油孔供油，油液通过顶开隙进入阀芯 7 的凹槽，再通过阀芯 7 的回油孔进入阀芯 7 与扭力杆 6 间的空腔，再经过阀套 8 的回油孔，通过回油管流回油罐 1，形成油路循环。

另一回路是由叶片泵 2 压入阀套 8 的油液经过预开隙进入阀套 8 左右两侧的出油孔，其中一路进入转向器活塞缸 10 的左液压缸，另一路进入转向器活塞缸 10 的右液压缸。由于左、右液压缸均进油，且油压相等，更由于油路连路回油道而无法建立高压，因此无转向助力作用。这也就是直线行驶状态。

当转向盘向右转弯方向转动时，转向盘带动转向轴转动并带动扭力杆 6 顺时针转动（见图 13-33a）。扭力杆 6 端头与阀芯 7 以销钉连接，因而带动阀芯 7 转动一个角度，这时阀套 8 的进油孔一侧的预开隙被关闭，另一侧的预开隙开度增大，液压油压向转向器活塞缸 10 的右缸，活塞向伸出转向器方向移动，也即将齿条推出转向器，这时起到了转向助力的作用，轿车向右转弯。

活塞缩进转向器时，活塞缸左缸的油液被压出，通过阀套孔、阀芯及阀芯与扭力杆间的间隙流回转向油罐 1。

当转向盘向左转变方向转动时，转向盘带动转向轴转动并带动扭力杆 6 逆时针转动（见图 13-33c）。扭力杆 6 端头与阀芯 7 连接，因而带动阀芯 7 转动一个角度，这时阀套 8 的进油孔一侧的预开隙被关闭，另一侧的预开隙的开度增大，液压油压向转向器活塞缸 10 的左缸，活塞向缩进转向器方向移动，也即将齿条推进转向器，这时起到了转向助力作用，轿车向左转弯。

在转向时，转向盘转动扭力杆，扭力杆底部与小齿轮刚性连接，小齿轮受到转向阻力而不能转动，此时由施加在转向盘上的转向力矩使扭力杆产生扭转变形而带动阀芯转动。当液压油推动齿条移动时使小齿轮转动，小齿轮与阀相连，则使阀套向阀芯转动的同方向转动，使阀套与阀芯的相互位置恢复至直线行驶时的初始位置，这时转向助力作用消失。这就是液压系统的随动工作原理。使扭力杆产生扭转变形的转向力矩反映在转向盘上就是转向时驾驶员的路感。

除了转阀式动力转向器，常见的还有滑阀式动力转向器，二者仅仅是控制阀结构不同，其他均相同。

2. 常压式液压助力转向系统

常压式液压助力转向系统如图 13-34 所示。

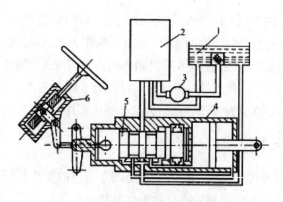

图 13-34　常压式液压助力转向系统

1—油罐　2—蓄能器　3—转向液压泵　4—转向动力缸　5—转向控制阀　6—机械转向器

　　在汽车直线行驶、转向盘保持中立位置时，转向控制阀 5 处于关闭位置。转向液压泵 3 输出的液压油充入蓄能器 2。当蓄能器压力增长到规定值后，液压泵即可自动卸荷空转，从而蓄能器压力得以限制在规定值以下。当转动转向盘时，机械转向器 6 即通过转向摇臂等杆件使转向控制阀 5 转入开启位置。此时蓄能器 2 中的液压油即流入转向动力缸 4。转向动力缸 4 输出的液压作用力作用在转向传动机构上，可以弥补机械转向器输出力之不足。转向盘一停止运功，转向控制阀便随之回复到关闭位置。于是，转向加力作用终止。由此可见，无论转向盘处于中立还是转向位置，也不管转向盘保持静止还是运动状态，该系统工作管路中总是高压。

　　3. 常流式液压助力转向系统

　　常流式液压助力转向系统如图 13-35 所示。

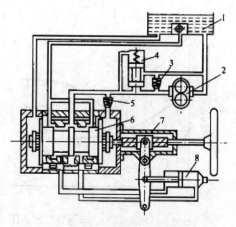

图 13-35　常流式液压助力转向系统

1—油罐　2—转向液压泵　3—安全阀　4—流量控制阀　5—单向阀　6—转向控制阀　7—机械转向器　8—转向动力缸

　　不转向时，转向控制阀 6 保持开启，转向动力缸 8 的活塞两边的工作腔都与低压回油管路相通而不起作用。转向液压泵 2 输出的油液流入转向控制阀 6，又由此流回转向油罐 1。因转向控制阀 6 的节流阻力很小，故转向液压泵 2 输出压力也很低，实际上处于空转状态。当驾驶员转动转向盘，通过机械转向器 7 使转向控制阀 6 处于与某一转弯方向相应的工作

333

位置时，转向动力缸 8 的相应工作腔与回油管路隔绝，转而与转向液压泵 2 输出管路相通，而转向动力缸 8 的另一腔则仍然通回油管路。地面转向阻力经转向传动机构传到转向动力缸 8 的推杆和活塞上，形成比转向控制阀 6 节流阻力高得多的液压泵输出管路阻力。于是转向液压泵 2 输出压力急剧升高，直到足以推动转向动力缸 8 活塞为止。转向盘停止转动后，转向控制阀 6 随即回复到中立位置，使转向动力缸 8 停止工作。

13.3.3 电动助力转向系统

汽车转向时，地面对转向轮的反向阻力矩随汽车速度的变化而变化。车速越高，转向阻力矩越小，相应地转向系统所需的操纵动力也就越小。

从图 13-36 中可以看到，传统助力转向系统在一定程度上解决了汽车低速转向时操纵轻便的问题，但无法保证高速转向时的操纵稳定性，甚至使高速转向时路感变差。若要较好地保证高速转向时的稳定性，则该助力转向系统无法在汽车低速转向时提供足够的助力。

而电子控制助力转向系统根据理想的转向操纵特性（见图 13-36 中曲线 c）对助力转向系统的助力进行控制，可兼顾汽车低速转向时的轻便性和高速转向时的操纵稳定性。

电子控制助力转向系统根据动力源不同可分为液压式电子控制助力转向系统（EHPS）和电动式电子控制助力转向系统（Eletronic Control Power Steering，简称 EPS 或 ECPS）。

1. 液压式电子控制转向系统（EHPS）

EHPS 是在传统的液压助力转向系统的基础上增设了控制液体流量的电磁阀、车速传感器和电子控制单元等。电子控制单元根据检测到的车速信号控制电磁阀，使转向动力放大倍率实现连续可调，从而满足了高、低车速时的转向助力要求。常见的控制方式有流量控制式和反力控制式。

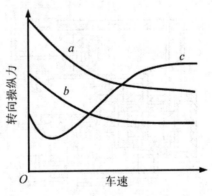

图 13-36　转向操纵力—车速特性示意图

a—机械转向系统操纵特性曲线　b—传统助力转向系统操纵特性曲线　c—理想转向操纵特性曲线

（1）流量控制式 EHPS　这是一种根据车速传感器信号调解动力转向装置供应的液压油改变油液的输入输出流量，以控制转向操纵力的转向系统。控制流量的方法有两种：一是加旁通流量阀，即对液压泵输出流量进行分流，控制流入转向动力系统的流量；二是直接改变液压泵的输出流量。

图 13-37 所示为一种旁通流量控制式液压助力转向系统的结构和原理。与普通液压助

力转向系统相比，该系统中增加了转向盘转速传感器 4、车速传感器 13、流量控制阀 8、电磁阀 9 及电控单元 5 等。流量控制阀 8 与转向液压泵 1 并联，转向液压泵 1 输出的油液一部分进入转向器，一部分经流量控制阀 8 直接回贮油罐 2。电控单元 5 根据采集到的车速和转向盘转速信号，通过电磁阀 9 控制流量控制阀 8 的开度，从而改变了旁通流量。例如，当根据对路感的要求，随着车速的增加，希望增大操纵力时，依据车速及转向盘转动的速度，可使流经电磁线圈的电流适当增大，让助力转向系统的供给流量相应适当减小。由于转向液压泵是定量泵，因此旁通流量的变化会引起助力转向系统供给流量的变化。

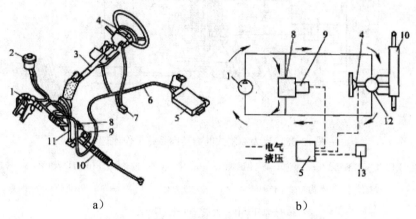

图 13-37　旁通流量控制式液压助力转向系统

a）结构图　b）原理图

1—转向液压泵　2—贮油罐　3—转向管柱　4—转向盘转速传感器　5—电控单元　6—线束　7—转速信号处理电路

8—流量控制阀　9—电磁阀　10—转向器　11—油管　12—转向控制阀　13—车速传感器

旁通流量控制式液压助力转向系统的液压泵由发动机驱动，只要发动机在运转，液压泵就工作，这会增加发动机的附加燃油消耗。如果液压泵的转速能随车速和转向盘转速的变化而改变，而且汽车不转向时液压泵不工作或以较低转速运转，这样不仅能获得随车速而变化的路感，而且能减少由助力转向系统造成的附加燃油消耗。为此，该系统采用电动机驱动液压泵。控制器根据车速和转向盘转速对电动机转速进行控制，从而改变流入液压助力转向系统的油液流量，可达到改变操纵力大小的目的。

采用流量控制式 EHPS 系统，不仅能够获得随车速而变化的路感，而且可以大大减少转向动力系统的功率消耗。

（2）反力控制式 EHPS　反力控制式助力转向系统主要由转向控制阀、分流阀、电磁阀、转向动力缸、转向液压泵、贮油箱、车速传感器及电控单元等组成，其工作原理如图 13-38 所示。

转向控制阀是在传统的整体转阀式动力转向控制阀的基础上增设了油压反力室构成的。扭力杆 5 的上端通过销子与转阀阀杆 8 相连，下端与小齿轮轴 12 用销子连接。小齿轮轴 12 的上端部通过销子与控制阀阀体 9 相连。转向时，转向盘上的转向力通过扭力杆 5 传递给小齿轮轴 12。当转向力增大、扭力杆 5 发生扭转变形时，控制阀阀体 9 和转阀阀杆 8 之间将发生相对转动，于是就改变了阀体和阀杆之间油道的通、断关系和工作油液的流动方向，从而实现了转向助力作用。

分流阀 3 把来自转向液压泵 1 的油液向控制阀一侧和电磁阀一侧分流，可按照车速和转向要求，改变控制阀一侧与电磁阀一侧的油压，确保电磁阀一侧具有稳定的机油流量。固定小孔的作用是把供给转向控制阀的一部分流量分配到油压反力室一侧。

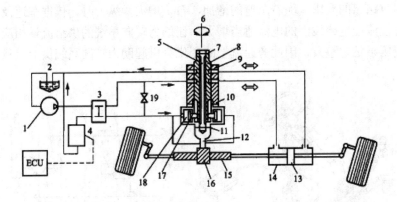

图 13-38　反力控制式助力转向系统工作原理

1—转向液压泵　2—贮油箱　3—分流阀　4—电磁阀　5—扭力杆　6—转向轴　7、10、11—销子　8—转阀阀杆
9—控制阀阀体　12—小齿轮轴　13—活塞　14—转向动力缸　15—齿条　16—小齿轮　17—柱塞
18—油压反作用力室　19—小节流孔

电磁阀根据需要开启适当的开度，将油压反力室一侧的油液流回贮油箱。工作时，电控单元（ECU）根据车速的高低线性控制电磁阀的开口面积。当车辆停驶或速度较低时，ECU 使电磁阀线圈的通电电流增大，电磁阀开口面积增大，经分流阀分流的油液通过电磁阀重新回流到贮油箱中，使作用于柱塞的背压（油压反力室压力）降低。于是柱塞推动控制阀转阀阀杆的力（反力）较小，因此只需要较小的转向力就可使扭力杆扭转变形，使阀体与阀杆发生相对转动而实现转向助力作用。当车辆在中高速区域转向时，ECU 使电磁阀线圈的通电电流减小，电磁阀开口面积减小，所以油压反力室的油压升高，作用于柱塞的背压增大，于是柱塞推动转阀阀杆的力增大，此时需要较大的转向力才能使阀体与阀杆之间做相对转动而实现转向助力作用，使得在中高速时驾驶员可获得良好的转向手感和转向特性。

2. 电动式电子控制助力转向系统（ECPS）

ECPS 是在传统的机械式转向系统的基础上利用直流电动机作为动力源，电控单元则根据转向参数和车速等信号控制电动机转矩的方向和大小。电动机的转矩由电磁离合器通过减速机构减速增矩后加在汽车的转向机构上，使之得到一个与工况相适应的转向作用力。

电动式电子控制助力转向系统的组成如图 13-39 所示。当转向轴 3 转动时，转矩传感器 2 开始工作，把两段转向轴在拉杆作用下产生的相对转角转变成电信号传给 ECU，ECU根据车速传感器和转矩传感器的信号决定电动机的旋转方向和助力电流的大小，并将指令传递给电动机，通过离合器 6 和减速机构 4 将辅助动力施加到转向系统（转向轴）中，从而完成实时控制的助力转向。电动式电子控制助力转向系统一般由转矩传感器、电控单元

（微处理器）、电动机、减速器、机械转向器和蓄电池电源等组成。

根据电动机布置位置的不同，电动式电子控制助力转向系统可以分为转向轴助力式、齿轮助力式和齿条助力式三种类型。

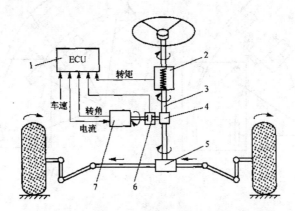

图 13-39　电动式电子控制助力转向系统的组成

1—电控单元　2—转矩传感器　3—转向轴　4—减速机构　5—转向器　6—离合器　7—电动机

3. 电动助力转向系统的优点

与传统液压助力转向系统相比，电动助力转向系统具有以下优点：

1）只在转向时电动机才提供助力，可以显著降低燃油消耗。传统的液压助力转向系统由发动机带动转向液压泵，无论转不转向都要消耗发动机部分动力，而电动助力转向系统只是在转向时才由电动机提供助力，不转向时不消耗能量，因此电动助力转向系统可以降低车辆的燃油消耗。与液压助力转向系统相比，电动助力转向系统在不转向时可以降低燃油消耗 2.5%，在转向时可以降低 5.5%。

2）转向助力大小可以通过软件调节，能够兼顾低速时的转向轻便性和高速时的操纵稳定性，回正性能好。传统的液压助力转向系统所提供的转向助力大小不能随车速的提高而改变，这样就使得车辆虽然在低速时具有良好的转向轻便性，但是在高速行驶时转向盘太轻，会产生转向发飘的现象，使驾驶员缺少显著的路感，降低了高速行驶时的车辆稳定性和驾驶员的安全感。

3）结构紧凑，易于维护保养。电动助力转向系统不需要转向液压泵、液压缸、液压管路和油罐等部件，而且电动机及减速机构可以和转向柱、转向器做成一个整体，使得整个转向系统结构紧凑，质量小，在生产线上的装配性好，可节省装配时间，且易于维护保养。

4）通过程序的设置，电动助力转向系统容易与不同车型匹配，可以缩短生产和开发的周期。

13.3.4　四轮转向

1. 四轮转向定义及分类

（1）四轮转向　汽车通常是通过操纵转向盘使前轮偏转来实现转向功能，而四轮转向则是对后轮也进行转向操纵以配合前轮转向。前、后转向轮的转向控制有同相和逆相两种情况（见图 13-40）。

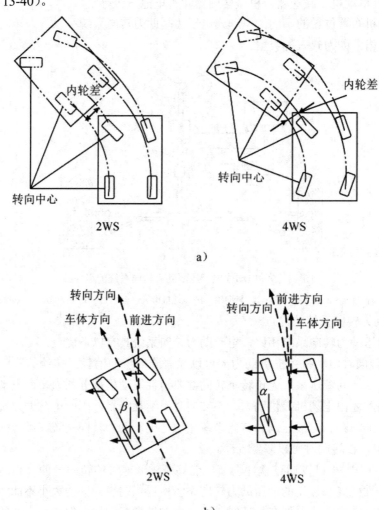

图 13-40　四轮转向与二轮转向比较

a）逆相控制模式　b）同相控制模式

　　四轮转向系统中若后轮的转向与前轮的转向方向相反，则称逆相控制模式（见图 13-40a）。其转弯半径比两轮转向的转弯半径小，因此提高了汽车停车或在狭小空间内转向的机动性。这种模式适用于汽车低速行驶。

　　若后轮的转向与前轮的转向方向相同，则称同相控制模式（见图 13-40b）。其转弯半径比两轮转向的转弯半径大，但汽车在转向时车身与行驶方向的偏转角小，因此减小了汽车转向时的旋转和侧滑，提高了操纵稳定性。这种模式适用于汽车高速行驶。

　　（2）四轮转向的种类　四轮转向的种类很多，包括非电控式四轮转向和电控式四轮转向。其中，非电控式四轮转向又可分为机械式四轮转向和液压式四轮转向，而电控式四轮转向又可分为电控机械式四轮转向、电控液压式四轮转向和电控电动式四轮转向。

　　电控电动式四轮转向系统取消了前后轮之间的传动轴、绳索和液压管道等部件，大大简化了后轮转向机构，并且能够实现前后轮转向角关系的精确控制，其应用前景极为广阔。

2. 电控电动式四轮转向系统

（1）电控电动式四轮转向系统的组成　图 13-41 所示为电控电动式四轮转向系统的组成。装于转向执行机构内的电动机可使后轮转向，所以不像其他方式那样，用拉杆连接前齿轮机构和执行机构。前轮采用普通的动力转向系统，为机械式转向系统，而后轮则采用电动式转向系统，后轮转向角由计算机控制。

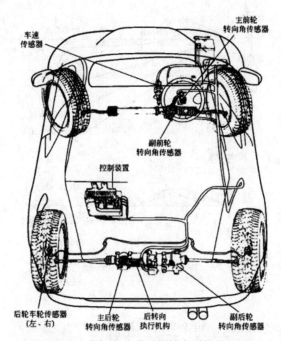

图 13-41　电控电动式四轮转向系统的组成

控制后轮转向角的计算机通过检测车速、转向角的转向、角度及速度等监视汽车的转向状况。计算机根据转向盘的操作状态及车速，计算出后轮的目标转向角以及目标转向角与实际后轮转向角的差，向电动机输入电流使后轮转向。

采用这种方式可准确细致地掌握汽车的行驶状态，然后根据实际情况得出后轮转向角。例如，在低速行驶时，可控制转向盘转向角的大小比例，使后轮与前轮进行逆相位转向，便于转小弯；在中速行驶时，可减少后轮的转动，接近于 2WS 的操纵性，减轻了操纵时的不自然感；而当高速行驶时，后轮与前轮进行同相位转向，其转向角变大，适当地减少了转弯时车身的转动，可提高稳定性。

（2）后轮转向特性　电控电动式四轮转向系统可根据转向盘转向角度的大小，使后轮的转向从同相位转变为逆相位，还可根据车速及转动转向盘的速度减小同相位的转向角，以便于改变车身的方向，提高车身姿势的稳定性。这种根据车速和转向盘操作状态来改变后轮转向角的特性，可以实现驾驶员期待的转弯效果。电控电动式 4WS 的后轮转向特性如图 13-42 所示。

电控电动式四轮转向系统的优点是：按照存入计算机内部的后轮转向角数据，可参照各种条件进行灵活的转向；可根据小轿车和运动车等各自的特点，改变计算机的数据进行控制；前轮与后轮无机械连接，只需布设电缆便可使后轮转向，便于布置安装。另外，该系统还备有安全设备，当系统发生故障时，可使后轮缓慢恢复直线行驶状态，与普通的2WS一样行驶。

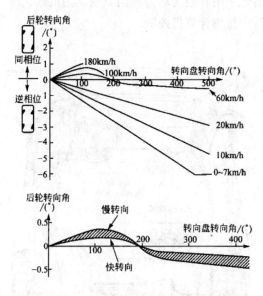

图 13-42　电控电动式 4WS 的后轮转向特性

思考题：

1. 汽车转向系统具体包括哪些类型？其组成和工作原理是什么？

2. 电动助力转向系统包括哪些结构？

3. 机械式转向器的类型有哪些？具体的结构和优缺点是什么？

4. 液压助力转向器的工作原理是什么？

5. 齿轮齿条式液压助力转向系统的工作原理是什么？

6. 常压式液压助力转向系统的工作原理是什么？

7. 电动式电子控制助力转向系统由哪些部分组成？都有哪些类型？

8. 四轮转向和两轮转向的区别和联系是什么？

第14章 制动系统

14.1 概述

目前，汽车的行驶速度不断提高，道路情况越来越复杂。为了在技术上保证汽车的安全行驶，提高汽车的平均行驶车速，以提高运输生产率，在各种汽车上都设有专用的制动机构，用来使行驶中的汽车减低速度、停车或者使已经停下来的汽车保持不动。

能使外界（主要是路面）对汽车某些部分（主要是车轮）施加一定的力，从而对其进行一定程度的强制制动的一系列专门装置统称为制动系统。其功用是使行驶中的汽车按照驾驶员的要求进行强制减速甚至停车，使已停驶的汽车在各种道路条件下（包括在坡道上）稳定驻车，使下坡行驶的汽车速度保持稳定。

14.1.1 组成与工作原理

1. 组成

汽车制动系统一般采用摩擦制动，即车轮制动器利用摩擦制动车轮，通过轮胎与路面间的摩擦力使汽车减速或停车。因此，制动的实质就是将汽车的动能强制地转化为其他形式的能量（通常是热能），扩散到大气环境中。汽车的制动系统具有以下四个基本组成部分。

（1）供能装置 该装置为汽车制动系统中供给、调节制动所需能量以及改善传能介质状态的部件。其中产生制动能量的部分称为制动能源。人的肌体可作为制动能源。制动系统如图 14-1 所示。

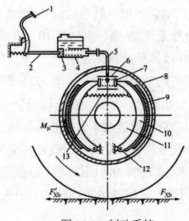

图 14-1 制动系统

1—制动踏板 2—推杆 3—主缸活塞 4—制动主缸 5—油管 6—制动轮缸 7—轮缸活塞 8—制动鼓

9—摩擦片 10—制动蹄 11—制动底板 12—支承销 13—制动蹄回位弹簧

（2）控制装置 该装置为汽车制动系统中产生制动动作和控制制动效果的部件，如图

14-1 中的制动踏板就是最简单的一种控制装置。

（3）传动装置　用于将制动能量传输到制动器的各个部件，如图 14-1 中的制动主缸和制动轮缸就是传动装置。

（4）制动器　用于产生阻碍车辆运动或运动趋势的力（制动力）的部件，如图 14-1 中的鼓式制动器。制动器也包括辅助制动系统中的缓速装置。

较为完善的制动系统还应具有制动力调节装置、报警装置和压力保护装置等附加装置。

2. 工作原理

各种类型制动系统的工作原理类似，故可用一种简单的液压制动系统来说明一般制动系统的工作原理。如图 14-1 所示，该制动系统由鼓式制动器和液压传动机构组成。车轮制动器主要由旋转部分、固定部分和张开机构组成。旋转部分是一个以内圆面为工作表面的金属制动鼓 8，它固定在车轮轮毂上，随车轮一起旋转。固定部分为制动底板 11，制动底板用螺栓与万向节凸缘（前轮）或桥壳凸缘（后轮）固定在一起。张开机构包括轮缸活塞 7 和制动蹄 10，在两个弧形制动蹄 10 的下端分别由制动底板 11 上的两个支承销 12 支承，制动蹄 10 的上端用制动蹄回位弹簧 13 拉紧压靠在轮缸活塞 7 上。制动蹄 10 的外圆面上铆有摩擦片 9。

液压传动机构主要由制动踏板 1、推杆 2、制动主缸 4、制动轮缸 6 和油管 5 等组成。制动踏板 1 安装在驾驶室内，踏板下端与推杆 2 铰接，推杆 2 的另一端支承在制动主缸活塞 3 上。制动轮缸 6 装在制动底板 11 上，用油管 5 与装在车架上的制动主缸 4 相连。

不制动时，制动鼓 8 的内圆面和制动蹄摩擦片 9 之间留有一定的间隙（简称制动器间隙），制动鼓 8 可以随车轮自由旋转。

制动时，驾驶员踏下制动踏板 1，带动推杆 2 推动制动主缸活塞 3 移动，使制动主缸 4 内的制动液以一定的压力经过油管 5 流入制动轮缸 6，推动轮缸活塞 7 移动，驱动两制动蹄 10 的上端绕着支承销 12 向外张开，从而使制动蹄 10 上的摩擦片 9 压紧在制动鼓 8 的内圆面上。此时，不旋转的制动蹄对旋转的制动鼓产生一个摩擦力矩 M_μ，其方向与车轮旋转方向相反。制动鼓将该力矩传到车轮后，由于车轮与路面间有附着作用，车轮即对路面作用一个向前的周缘力 F'_{xb}。与此同时，路面会给车轮一个向后的反作用力 F_{xb}，也就是车轮的制动力。各车轮上制动力的总和就是汽车受到的总制动力。制动力由车轮经车桥和悬架传给车架及车身，迫使整个汽车产生一定的减速度。制动力越大，减速度也越大。

放松制动踏板 1 时，制动蹄 10 在制动蹄回位弹簧 13 的作用下向中央收拢，回到原位，制动鼓 8 和制动蹄 10 的间隙又恢复，制动力矩和制动力消失，制动作用解除。

14.1.2 分类

汽车制动系统的分类方法有以下几种。

1. 按照制动系统的功用分类

制动系统按照功用可分为行车制动系统、驻车制动系统、应急制动系统和辅助制动系统，其中行车制动系统和驻车制动系统是各种汽车上必须具备的基本制动装置。

（1）行车制动系统　它是由驾驶员用脚来操纵的，故又称脚制动系统。它的功用是使正在行驶中的汽车减速或在最短的距离内停车。

（2）驻车制动系统　驻车制动系统的作用是，汽车停驶后使汽车可靠停车，防止汽车滑溜；汽车在坡道起步时，协同离合器、加速踏板等使汽车顺利起步；在行车制动器失效后临时使用或配合行车制动器进行紧急制动。为实现这些功能要求，驻车制动系统多采用机械传动装置。对轻型和中型车辆，多采用人力机械式驻车制动装置；对重型车辆，多采用助力式驻车制动装置。目前，也有些中高档轿车采用电子驻车制动系统。

（3）应急制动系统　该系统是当行车制动系统失效时仍然能够保证汽车实现减速或停车的装置。在许多国家的制动法规中规定，应急制动系统也是汽车必须具备的制动系统。

（4）辅助制动系统　该系统是在汽车下长坡时用以稳定车速的装置。经常行驶在山区的汽车，若仅靠行车制动系统来达到连续下长坡时稳定车速的目的，可能会致使行车制动系统的制动器过热而降低制动效能，甚至完全失效。若采用辅助制动系统，则能避免这种情况的发生。辅助制动系统能够降低车速或保持车速稳定，但不能将车辆紧急制停。

2．按制动系统的使用能源分类

根据制动系统使用能源不同，以驾驶员的肌体作为唯一制动能源的制动系统称为人力制动系统，完全靠发动机的动力转化而成的气压或液压形式的势能进行制动的系统称为动力制动系统，兼用人力和发动机动力进行制动的制动系统称为伺服制动系统或助力制动系统。

3．按照制动能量的传输方式分类

按照制动能量传输方式的不同，制动系统可分为机械式、液压式、气压式和电磁式等。同时采用两种以上传输方式的制动系统称为组合式制动系统。

14.2 制动器

制动器是制动系统中产生制动力的部件，也是制动系统中用以产生阻碍车辆运动或运动趋势力的部件。目前，一般汽车所使用的制动器的制动力矩都来源于固定元件和旋转元件工作表面之间的摩擦。利用液压缸张开的制动器分为鼓式制动器和盘式制动器两大类。

14.2.1 鼓式制动器

鼓式制动器的摩擦副中的旋转元件是制动鼓，其工作表面是内圆柱面；固定元件是制动蹄，制动蹄的张开由液压机构控制的制动轮缸驱动。轮缸式鼓式制动器按照其结构与工作特点不同，又分为领从蹄式制动器、双领蹄式制动器、双从蹄式制动器、双向双领蹄式制动器和自动增力式制动器。

1. 领从蹄式制动器

领从蹄式制动器的结构如图14-2所示。制动底板5固装在后桥或前桥万向节的凸缘上，在制动底板 5 的下部装有两个偏心调整螺钉 1，两个制动蹄 11、12 的下端有孔，套装在偏心调整螺钉 1 上，并用锁止螺母 3 锁止。旋动偏心调整螺钉 1，可调整制动蹄下端的间隙。在制动底板 5 的中上部装有两个制动蹄调整偏心轮 7，用来调整制动蹄上部的间隙；中部装有两制动蹄托架 4，用以限制制动蹄的轴向位置。制动蹄上端用回位弹簧 10 拉靠在制动轮缸 9 的顶块上。制动蹄的外圆面上用埋头铆钉铆接着用石棉和铜丝压制成的摩擦片 8。作为制动蹄促动装置的制动轮缸 9 也用螺钉固装在制动底板 5 上。制动鼓固装在车轮轮毂的凸缘上，随车轮一起转动。轮毂内装有油封，用以防止润滑油漏入制动鼓内。制动鼓的边缘有一小孔，用来检查摩擦片 8 与制动鼓的间隙。

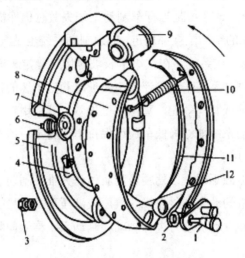

图 14-2　领从蹄式制动器结构

1—偏心调整螺钉　2—垫圈　3—锁止螺母　4—托架　5—制动底板　6—偏心轮调整螺钉　7—偏心轮
8—摩擦片　9—制动轮缸　10—回位弹簧　11、12—制动蹄

制动时，两制动蹄在相同的轮缸液压作用下绕各自的偏心调整螺钉 1 的轴线向外旋转张开，压靠到旋转的制动鼓上，制动蹄与制动鼓之间产生摩擦力矩（即制动力矩），其方向与车轮的旋转方向相反，对车轮产生制动作用。解除制动时，油压撤除，两制动蹄在回位弹簧 10 的作用下回位。

当汽车前进行驶时，制动鼓的旋转方向如图 14-2 中的箭头所示。制动时，两制动蹄绕各自的支承点向外旋转张开。制动蹄 12 的旋转方向与制动鼓的旋转方向相同，称为领蹄，制动蹄 11 的旋转方向与制动鼓的旋转方向相反，称为从蹄。当汽车倒驶制动时，制动蹄 12 变成从蹄，而制动蹄 11 则变成领蹄。这种在汽车前进制动和倒向行驶制动时都有一个领蹄和一个从蹄的制动器称为领从蹄式制动器。

领从蹄式制动器的受力分析如图 14-3 所示。制动时，两制动蹄（即领蹄 1 和从蹄 2）在相等的促动力 F 的作用下绕各自的支承销 3、4 向外偏转一个角度，紧压在制动鼓 5 上，旋转的制动鼓即对两制动蹄分别作用着垂直方向的反作用力 F_1 和 F_2，以及相应的切线方向的摩擦反作用力 F_1' 和 F_2'。这些作用力实际是在两个制动蹄的全部工作面上分布的，为了简化说明，假设这些反作用力都集中于摩擦片的中央位置，力的作用方向如图 14-3 所示。领蹄 1 上的摩擦力 F_1' 对支承销 4 所形成的力矩的方向与制动力 F 对支承销 4 形成的力矩方向是相同的，所以由于 F_1' 作用的结果，使领蹄 1 在制动鼓 5 上压得更紧，从而使力 F_1、F_1' 变得更大，起到增势作用，故领蹄也称为增势蹄。而从蹄 2 上的摩擦力 F_2' 对支承销 3 所形成的力矩的方向与促动力 F 对支承销 3 形成的力矩方向是相反的。由于 F_2' 的作用，使从蹄 2 有离开制动鼓 5 的趋势，使力 F_2、F_2' 变得更小，起到减势作用，故从蹄也称为减势蹄。由此可见，虽然两制动蹄所受的制动力 F 相等（制动轮缸活塞直径相同，系统中油压相等），但由于摩擦力 F_1'、F_2' 所起的作用不同，故使两制动蹄所产生的制动力矩不等，当其他条件相同时，领蹄制动力矩为从蹄制动力矩的 2～3 倍。为了使领蹄和从蹄的摩擦片寿命相近，一般的措施是将领蹄摩擦片设计得比从蹄长些。由于领蹄和从蹄所受的法向力 F_1、F_2 不能互相平衡，因此这种制动器也称为简单非平衡式制动器。不平衡的法向力由车轮轮毂轴承的反力来平衡，这就对轮毂轴承形成了附加径向载荷。该载荷会影响轮毂轴承的使用寿命。

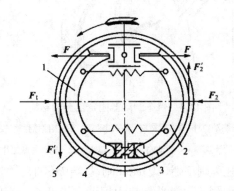

图 14-3　领从蹄式制动器的受力分析

1—领蹄　2—从蹄　3、4—支承销　5—制动鼓

在制动器不工作时，其摩擦片与制动鼓之间应留有适当的间隙，一般为 0.25～0.5mm。若间隙过小，则不能保证彻底解除制动，将造成摩擦副的拖磨；若间隙过大，则会推迟制动器开始起作用的时刻，造成制动不灵，同时也会使制动踏板行程过长，致使驾驶员操作不便。这一间隙可通过转动偏心轮 7 和偏心调整螺钉 1（见图 14-2）来调整。当只因摩擦片磨损而影响制动器工作性能时，仅通过偏心轮 7 进行局部调整即可。

如果制动器磨损严重，则需要在更换摩擦片或镗削制动鼓后重新装配，并进行全面调整。全面调整时除了转动偏心轮 7 外，还需转动偏心调整螺钉 1，即上下同时进行调整。

轿车制动器固定部分的结构如图 14-4 所示。两个制动蹄 4 下端插在制动底板 10 相应槽内，由上、下两个回位弹簧 5 和 1 将其拉拢，使其上端拉靠在制动轮缸 9 的活塞上。制动蹄通过限位螺钉和限位弹簧使其压靠在制动蹄底板上。

制动蹄外圆弧面上铆有制动蹄摩擦片 12，其特点是制动蹄采用了浮式支承，可使整个制动蹄沿支承平面有一定的浮动量，并使制动蹄可以自动定心，保证有可能与制动鼓全面接触。

另外，制动蹄和制动鼓间的间隙可以自动调整。调整楔 8 装在推杆 6 右端槽内，其下端与调整弹簧 13 相连。调整弹簧 13 固定在制动蹄上。

如果制动蹄和制动鼓的间隙大，制动过程中，调整弹簧 13 会拉动调整楔 8 下移（调整楔 8 上宽下窄），这样可使驻车制动拉杆 2 向外移动一点，从而使制动蹄和制动鼓间的间隙变小。

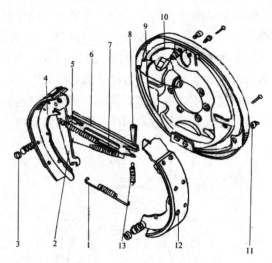

图 14-4　轿车制动器固定部分的结构

1—下回位弹簧　2—驻车制动拉杆　3—弹簧座　4—制动蹄　5—上回位弹簧　6—推杆　7—连接弹簧
8—调整楔　9—制动轮缸　10—制动底板　11—螺塞　12—制动蹄摩擦片　13—调整弹簧

该行车制动器可兼作驻车制动器，因此在制动器中还加装了驻车制动机械传动机构。驻车制动拉杆 2 铆装在制动蹄 4 上，并能自由摆动。推杆 6 一端的槽插在驻车制动拉杆 2 上，另一端槽孔插装在另一制动蹄的凸棱上。连接弹簧 7 一端钩挂在推杆 6 一侧的孔内，另一端钩挂在制动蹄凸棱的孔内，其位置与推杆 6 平行，由于连接弹簧 7 的作用，使推杆 6 拉靠在驻车制动拉杆 2 上。驻车制动拉杆 2 的下端与驻车制动软轴相连。

制动时，驾驶员拉动驻车制动操纵手柄，带动驻车制动软轴，进而带动驻车制动拉杆 2 绕支点向前转动，推动推杆 6 移动，向外推开一个制动蹄。当这个制动蹄压紧在制动鼓上后，驻车制动拉杆 2 又绕推杆 6 接触处转动，推动另一个制动蹄也压靠在制动鼓上。这样两个制动蹄都将制动鼓胀住，即可对车轮进行制动。解除制动时，驾驶员松开驻车制动操纵杆，两个制动蹄在上、下回位弹簧 5、1 和连接弹簧 7 的作用下回位，使制动蹄和制动鼓间保持适当的间隙，制动作用解除，车轮便可以自由转动。

2. 双领蹄式制动器、双从蹄式制动器、双向双领蹄式制动器

在制动鼓正向旋转时，两制动蹄均为领蹄的制动器称为双领蹄式制动器，如图 14-5 所示。两制动蹄各用一个单活塞式制动轮缸，两制动轮缸与前、后制动蹄及其调整凸轮等零件在制动底板上均为对称中心布置。两制动轮缸用油管连接，使其中油压相等。这样，在前进制动时两制动蹄均为领蹄，从而提高了前进制动时的制动效能。但在倒车制动时，两制动蹄都变成从蹄，会使制动效能下降很多。

如果将图 14-5 所示的双领蹄式制动器翻转 180°，便成为在汽车前进时两制动蹄均为从蹄的双从蹄式制动器。显然，双从蹄式制动器的前进制动效能低于双领蹄式制动器和领

从蹄式制动器，但其制动效能对摩擦因数变化的敏感程度较小，即具有良好的制动效能稳定性。

图14-6所示为双向双领蹄式制动器的结构。制动底板上的所有固定元件（如制动蹄、制动轮缸、回位弹簧等）都是成对的，而且既按轴对称又按中心对称布置。两制动蹄的两端均采用浮式支承，且支点的周向位置也是浮动的。在前进制动时，制动轮缸活塞均在液压作用下向外移动，将两制动蹄压靠到制动鼓上。在摩擦力矩作用下，两制动蹄绕车轮中心朝车轮旋转方向转动，将两制动轮缸的活塞外端的支座推回，直至顶靠在制动轮缸端面为止。于是两制动蹄便以此为支点，如图14-6所示进行工作。

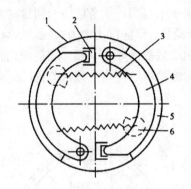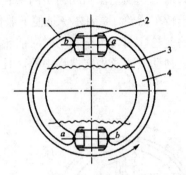

图14-5　双领蹄式制动器的结构　　　图14-6　双向双领蹄式制动器的结构

1—制动底板　2—制动轮缸　3—制动蹄回位弹簧　　1—制动底板　2—制动轮缸　3—回位弹簧　4—制动蹄

4—制动蹄　5—摩擦片　6—调整凸轮

倒车制动时，制动轮缸的另一端成为制动蹄的支点，使两制动蹄同样成为领蹄，产生与前进制动时一样的制动效能。

制动器的间隙可以用制动轮缸处的调整螺母来调整。拨动蹄片向外或向内轴向移动可改变制动蹄与制动鼓间隙的大小，调整好后用螺母锁紧。

双领蹄式制动器、双从蹄式制动器与双向双领蹄式制动器的固定元件都是中心对称布置的，如果间隙调整正确，两制动蹄对制动鼓所施加的法向作用力能够相互平衡，不会对轮毂轴承造成附加的径向载荷，因此这三种制动器都是平衡式制动器。

3. 自动增力式制动器

自动增力式制动器的工作原理是将两制动蹄用推杆浮动铰接代替固定的偏心销，利用液压张开力触动（制动分泵活塞），使两制动蹄产生增势作用，还可充分利用前蹄的增势推动后蹄，使总的摩擦力矩进一步增大。自动增力式制动器可分为单向自动增力式和双向自动增力式两种。

在结构上，制动蹄的上端两侧铆有夹板，用回位弹簧将夹板拉靠在支承销上，两制动蹄的下端由拉紧弹簧拉靠在可调顶杆体（可调顶杆体是浮动的）两端直槽的底平面上。制动轮缸处于支承销稍下的位置。单向自动增力式制动器的结构和双向自动增力式制动器的结构只是制动轮缸中的活塞数目不同而已。单向自动增力式制动器使用单活塞式制动轮缸，只在汽车前进时起自动增力作用，如图14-7所示。

双向自动增力式制动器使用双活塞制动轮缸，在前进和倒车制动时都能起自动增力作用，如图 14-8 所示。考虑到汽车前进制动的机会远多于倒车制动，且前进制动时制动蹄工作负荷也远大于倒车制动，故后制动蹄的摩擦面积比前制动蹄大。制动间隙的大小可通过改变可调顶杆的长度来实现。

以上介绍的各种鼓式制动器各有利弊。就制动效能而言，在基本结构参数和制动轮缸工作压力相同的条件下，自动增力式制动器对摩擦增势作用利用得最好。但制动蹄与制动鼓之间的摩擦系数本身是一个不稳定的因素，随制动鼓和摩擦片的材料、温度和表面状况（如是否沾水、沾油，是否有烧结现象等）的不同可在很大范围内变化。自动增力式制动器的制动效能对摩擦系数的依赖性最大，因而其制动效能的稳定性最差。此外，在制动过程中，自动增力式制动器制动力矩的增长在某些情况下显得过于急速。双向自动增力式制动器多用于轿车后轮，原因之一是便于兼作驻车制动器。单向自动增力式制动器只用于中、轻型汽车的前轮，因为倒车制动时对前轮制动器制动效能的要求不高。领从蹄式制动器发展较早，其制动效能及稳定性均中等，且具有结构较简单等优点，故目前仍广泛应用于各种汽车。

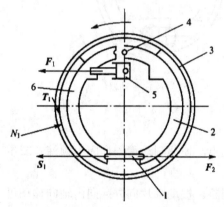 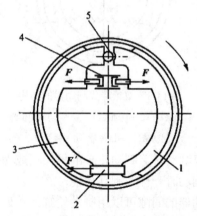

图 14-7　单向自动增力式制动器的结构　　图 14-8　双向自动增力式制动器的结构

1—顶杆　2—第二制动蹄　3—制动鼓　4—支承销　　1—前制动蹄　2—顶杆　3—后制动蹄　4—制动轮缸　5—支承销

5—制动轮缸　6—第一制动蹄

14.2.2　盘式制动器

盘式制动器摩擦副中的旋转元件是制动盘。盘式制动器按照固定元件的结构可分为钳盘式和全盘式两种，而钳盘式制动器又分为定钳盘式制动器和浮钳盘式制动器。钳盘式制动器过去只用作中央制动器，现在已被很多轿车和货车用作车轮制动器。全盘式制动器被少数汽车（主要是重型汽车）用作车轮制动器，个别情况下也被用作缓速器。

1．定钳盘式制动器

定钳盘式制动器的结构如图 14-9 所示。制动钳体由内侧钳体 1 和外侧钳体 2 通过螺钉 19 连接而成。制动盘 21 伸入制动钳的两个制动块 3 之间。制动块 3 由以石棉为基础材料加热模压制成的摩擦块和钢质背板铆合并粘结而成，通过两根制动块导向销 15 悬装在制动钳体上，并可沿制动块导向销 15 移动。内、外侧钳体实际上各为一个液压缸的缸体，其中各有一活塞 4。液压缸壁上有梯形截面环槽，其中嵌入矩形截面的活塞密封圈 8。将制动钳安装到汽车上时，须先将进油口防污螺塞18取下，再将油管接头旋入进油口，并使之压紧在进油口垫塞17上。内、外侧钳体的前部有油道将两侧液压缸接通。内侧液压缸的油道中装有放气阀13。

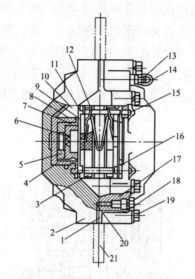

图 14-9 定钳盘式制动器结构

1—内侧钳体 2—外侧钳体 3—制动块 4—活塞 5—活塞垫圈 6—压圈 7—压圈密封圈 8—活塞密封圈

9—橡胶防护罩 10—防护罩锁圈 11—消声片 12—弹簧 13—放气阀 14—放气阀防护罩 15—制动块导向销

16—R形销 17—进油口垫塞 18—防污螺塞 19—螺钉 20—橡胶垫圈 21—制动盘

制动时，制动液被压入内、外两侧液压缸中，两液压缸中的活塞4在液压力作用下移向制动盘21，并通过活塞垫圈5和压圈6将制动块3压靠到制动盘21上。在活塞4移动过程中，活塞密封圈8的刃边在摩擦作用下随活塞4移动，使密封圈产生弹性变形。相应于极限摩擦力的密封圈极限变形量Δ应等于制动器间隙为设定值时的完全制动所需活塞行程（见图14-10a）。解除制动时，活塞4连同活塞垫圈5和压圈6在活塞密封圈8的弹力作用下退回，直到活塞密封圈8变形完全消失为止（见图14-10b）。此时摩擦块与制动盘之间的间隙（制动器间隙）即为设定间隙。

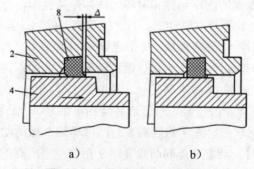

图 14-10 活塞密封圈的工作情况

2—外侧钳体 4—活塞 8—活塞密封圈

2. 浮钳盘式制动器

浮钳盘式制动器的工作原理如图 14-11 所示。制动时，活动制动块 6 在液压作用力 F_{P1} 的作用下，由活塞 8 推靠在制动盘 4 上，同时制动钳上反作用力 F_{P2} 推动制动钳沿定位导向销 2 移动，使外侧的摩擦片也压靠在制动盘 4 上，产生制动力，于是制动盘两边都被紧紧抱住，使其停止转动。制动盘又和车轮轮辋装在一起，所以使车轮也停止转动。

解除制动时，橡胶衬套所释放出来的弹性能有助于外侧制动块离开制动盘。活塞密封圈 7（见图 14-11）在制动时产生的变形在解除制动时便可恢复原状，使活塞 8 回位。若制动盘与制动块之间产生了过量间隙，则活塞 8 将相对于活塞密封圈 7 滑移，借此实现间隙的自动调整。

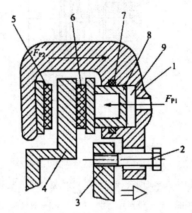

图 14-11　浮钳盘式制动器的工作原理

1—钳体　2—定位导向销　3—制动钳安装架　4—制动盘　5—固定制动块

6—活动制动块　7—活塞密封圈　8—活塞　9—液压缸

此外制动器摩擦片上装有磨损传感器，如果摩擦片磨损到最小间隙少于 2mm，则自动警告灯亮，这时应检查摩擦片厚度或更换摩擦片。浮钳盘式制动器与定钳盘式制动器相比，浮钳盘式制动器的单侧制动轮缸结构不需要跨越制动盘的油道，故不仅轴向和径向尺寸较小，还有可能布置得更接近车轮轮毂，而且制动液受热汽化的机会较少。浮钳盘式制动器现已基本取代了定钳盘式制动器。

3. 全盘式制动器

全盘式制动器摩擦副的固定元件和旋转元件都是圆盘形，分别称为固定盘和旋转盘。

图 14-12 所示为一种全盘式制动器。固定于车桥上的制动器壳体由盆状的外侧壳体 15 和内侧壳体 12 通过螺栓 14 连接而成。每个螺栓 14 上都铣出一个平键。装配时，两个固定盘 13 以外缘上的键槽与螺栓 14 上的平键做滑动配合。两面都铆有扇形摩擦块的两个旋转盘 16 通过内花键与花键毂 17 做滑动配合。花键毂 17 与车轮轮辋固定连接。

内侧壳体 12 上有 4 个液压缸，液压缸体 4 内有活塞 8、凸缘套筒 9、回位弹簧 10 及弹簧座 3。带有 3 个活塞密封圈 7 的活塞 8 与凸缘套筒 9 做滑动配合，而凸缘套筒 9 又可相对缸壁滑动。制动时，活塞 8 连同凸缘套筒 9 左移，将所有的固定盘 13 和旋转盘 16 都推向外侧壳体 15，各盘间相互压紧。解除制动时，活塞 8 及凸缘套筒 9 在回位弹簧 10 的作用下被推到外极限位置，各固定盘 13 和旋转盘 16 间的压紧力消失。

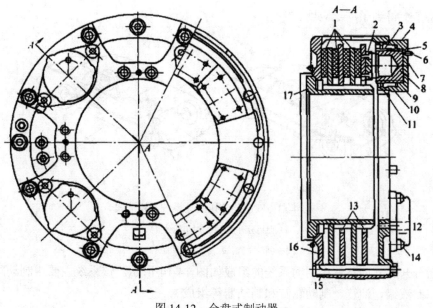

图 14-12　全盘式制动器

1—摩擦片　2—垫块　3—弹簧座　4—液压缸体　5—套筒密封圈　6—放气阀　7—活塞密封圈

8—活塞　9—凸缘套筒　10—回位弹簧　11—调整螺母　12—内侧壳体　13—固定盘

14—螺栓　15—外侧壳体　16—旋转盘　17—花键毂

14.3　操纵机构

14.3.1　液力制动操纵机构

液力制动操纵机构是利用液压油将制动踏板力转换为液压力，使车轮制动。其特点是制动柔和灵敏，结构简单，使用方便，不消耗发动机功率，但操纵较费力，制动力不是很大，液压油低温时流动性差，高温时易产生气阻，若有空气侵入或漏油会降低制动效能甚至失效。通常在液力制动操纵机构中增设制动增压或助力装置，以使制动操纵轻便并增大制动力。液力制动系统按照制动能源的不同可分为人力液压制动系统和伺服液压制动系统，而伺服液压制动系统常用的有真空助力式和液压助力式两种。

1. 制动系统管路

轿车上采用的双回路液压制动系统主要有两种布置形式：前后分开式和对角线分开式（见图 14-13）。在早期的双回路液压制动系统中采用前后分开式的较多，它的特点是利用两个前轮制动器使车辆停止。可是前制动回路执行大约 70% 的制动效能，在前制动回路失效的情况下，只能得到总制动效能的 30% 左右。对角线分开式的特点是左前轮和右后轮的制动器布置在一个液压回路上，右前轮和左后轮的制动器布置在另一个液压回路上。在一个回路失效的情况下，另一回路在一个前轮和相对应的后轮上进行全部制动作用，可维持总制动效能的 50% 左右，因此制动效能在两个回路上的分配性较好。近年来，该布置形式在各种轿车上得到了广泛应用。

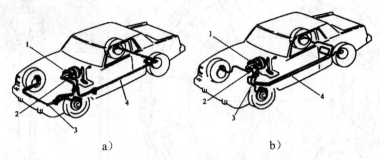

图 14-13　双回路液压制动系统布置形式

a）前后分开式　b）对角线分开式

1—制动主缸　2、3、4—制动管路

前后分开式双回路液压制动系统的组成如图 14-14 所示。该系统主要由制动踏板、制动主缸、贮液罐、油管、制动轮缸和制动器等组成。

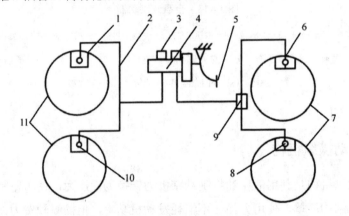

图 14-14　前后分开式双回路液压制动系统的组成

1、6、8、10—制动轮缸　2—油管　3—贮液罐　4—制动主缸

5—制动踏板　7—后轮制动器　9—感载比例阀　11—前轮制动器

踩下制动踏板时，驾驶员所施加的控制力通过制动踏板传到制动主缸，制动主缸将制动液经油管分别输入到前、后轮制动器中的制动轮缸，将制动蹄推向制动鼓，消除制动间隙，产生制动力矩。随着踩下制动踏板力的增大，制动力矩也应成比例地增加，直到完全制动。放松制动踏板时，制动蹄和制动轮缸活塞在各自回位弹簧作用下回位，制动液被压回制压主缸，制动作用随之解除。

图 14-15 所示为对角线分开式双回路液压制动系统。该系统采用真空助力，前轮为盘式制动器，后轮为鼓式制动器。后轮鼓式制动器同时也作为驻车制动系统的制动器。制动主缸的后腔与右前轮、左后轮的制动回路相通，制动主缸的前腔与左前轮、右后轮的制动回路相通。两个制动回路呈交叉型对角线布置。

制动时，驾驶员踩下制动踏板，踏板力经真空助力器放大后作用在制动主缸上，制动主缸将制动液回压后，分别输送到两个制动回路，使制动器产生制动作用。

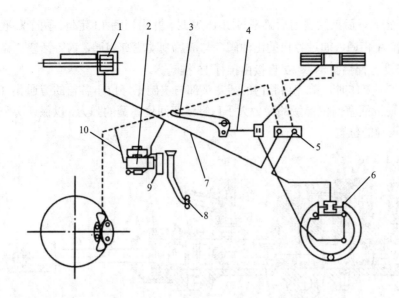

图 14-15 对角线分开式双回路液压制动系统

1—前轮盘式制动器 2—制动主缸 3—驻车制动操纵杆 4—驻车制动操纵缆绳 5—感载比例阀
6—后轮鼓式制动器 7、10—制动管路 8—制动踏板 9—真空助力器

这种液压传动对角线分开式双回路制动系统能保证在任一个回路出现故障时，仍能得到总制动效能的 50%。此外，这种制动系统结构简单，并且直行时紧急制动的稳定性好。

制动踏板机构和驻车制动操纵杆在施行制动时和电气开关相接触，指示灯亮，可进行制动显示。

行车制动系统主要由制动主缸、制动轮缸、制动器、真空助力器及制动管路等组成。制动主缸为分开式，前、后制动器均为浮钳盘式。前制动器采用了中空风冷式结构，在一定程度上提高了前制动器制动效能的稳定性。前、后制动器都可以利用各自制动轮缸活塞密封圈的定量弹性变形使活塞回位，从而实现了前、后制动器制动间隙的自动调整。另外，前、后制动器上还分别设有磨损报警装置，当摩擦片磨损到一定程度时，通过磨损指示器与制动片接触发出刺耳的尖叫声可以提醒驾驶员更换摩擦片。

驻车制动系统主要由驻车制动器与驻车制动传动装置等组成。驻车制动器是在后轮行车制动器的基础上加装驻车制动臂等部件而组成的。驻车制动传动装置采用的是常见的机械拉索式结构。

2. 主要零部件

（1）制动主缸 制动主缸（master cylinder）属于单向作用活塞式液压缸，它的作用是将制动踏板机构输入的机械能转换成液压能。制动主缸分单腔式和双腔式两种，分别用于单回路和双回路液压制动系统。

图 14-16 所示为串联式双腔制动主缸（series dual chamber brake master cylinder）的结构。该类制动主缸用在双回路液压制动系统中，相当于两个单腔制动主缸串联在一起。制动主缸的壳体内装有前缸活塞 7、后缸活塞 12 及前缸弹簧 21、后缸弹簧 18。前缸活塞用

前缸密封圈 19 密封，后缸活塞用后缸密封圈 16 密封，并用挡圈 13 定位。两个贮液筒分别与前腔 B、后腔 A 相通，通过各自的出油阀 3 与前后制动轮缸相通，前缸活塞 7 靠后缸活塞 12 的液力推动，而后缸活塞 12 直接由推杆 15 推动。

制动主缸在不工作时，前、后腔内的活塞头部与皮碗正好位于各自的旁通孔 10 和补偿孔 11 之间。前缸活塞回位弹簧的弹力大于后缸活塞回位弹簧的弹力，以保证两个活塞不工作时都处在正确的位置。

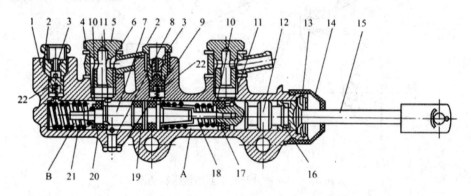

图 14-16　串联式双腔制动主缸的结构

1—制动主缸缸体　2—出油阀座　3—出油阀　4—进油管接头　5—空心螺栓　6、9—密封垫　7—前缸活塞　8—定位螺钉

10—旁通孔　11—补偿孔　12—后缸活塞　13—挡圈　14—护罩　15—推杆　16—后缸密封圈

17—后活塞皮碗　18—后缸弹簧　19—前缸密封圈　20—前活塞皮碗　21—前缸弹簧　22—回油阀　A—后腔　B—前腔

制动时，驾驶员踩下制动踏板，踏板力通过传动机构传给推杆 15，并推动后缸活塞 12 向前移动，皮碗盖住旁通孔 10 后，后腔 A 压力升高。在后腔液压和后缸弹簧力的作用下，前缸活塞 7 向前移动，前腔 B 压力也随之升高。当继续向下踩制动踏板时，前、后腔的液压继续升高，使前后制动器产生制动作用。

解除制动时，驾驶员松开制动踏板，在前、后活塞弹簧的作用下，制动主缸中的活塞和推杆回到初始位置，管路中的油液推开回油阀 22 流回制动主缸，从而使制动作用消失。

若前腔控制的回路发生故障，则前缸活塞不产生液压力，但在后缸活塞液压力作用下，前缸活塞被推至最前端，后腔产生的液压力仍能使后轮产生制动；若后腔控制的回路发生故障，则后腔不产生液压力，但后缸活塞在推杆作用下前移，并与前缸活塞接触而推动前缸活塞前移，前腔仍能产生液压力使前轮产生制动。由此可见，当双回路液压制动系统中任何一套管路失效时，制动主缸仍能工作，只是所需的制动踏板行程增大而已。

（2）制动轮缸　制动轮缸可将制动主缸传来的液压能转化为机械能。制动轮缸可分为单活塞式和双活塞式两种，它们分别与不同的制动器相配合。

1）单活塞式制动轮缸。单活塞式制动轮缸的结构如图 14-17 所示。活塞 8 端面凸台与缸体 5 之间的间隙形成制动轮缸内腔。从制动主缸流来的制动液经进油管接头 3 流入制动轮缸内腔，推动活塞 8 右移，调整螺钉 6 推动制动蹄靠向制动鼓，从而产生制动力。放气阀 1 通过螺纹旋紧压靠在阀座上，当管路内有空气存在而影响制动时，可旋出放气阀 1 将空气排出。

2）双活塞式制动轮缸。双活塞式制动轮缸的结构如图 14-18 所示。制动轮缸缸内有两个活塞，每个活塞上装合一个皮碗，使内腔密封。制动时，制动液进入内腔，活塞 2 在液压作用下外移，通过顶块 5 推动制动蹄靠向制动鼓，从而产生制动力使车轮制动。缸体两端装有防护罩，可起到防尘、防水的作用。

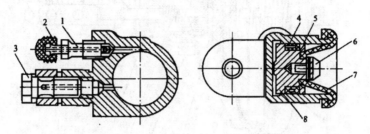

图 14-17　单活塞式制动轮缸的结构

1—放气阀　2—橡胶护罩　3—进油管接头　4—皮圈　5—缸体　6—调整螺钉　7—防护罩　8—活塞

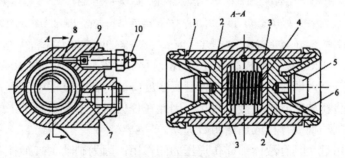

图 14-18　双活塞式制动轮缸的结构

1—缸体　2—活塞　3—皮碗　4—弹簧　5—顶块　6—防护罩　7—进油孔　8—放气孔　9—放气阀　10—放气阀防护螺钉

（3）真空助力器　目前轿车上广泛采用真空助力器作为制动助力器，利用发动机进气歧管处的真空度来帮助驾驶员操纵制动踏板。根据真空助力膜片的多少，可将真空助力器分为单膜片式和串联膜片式两种。

国产轿车都采用单膜片式的真空助力器，如图 14-19 所示。其工作过程如下：

1）真空助力器不工作时，空气阀 10 和控制阀推杆 12 在控制阀推杆弹簧 15 作用下离开橡胶反作用盘 7，处于右端极限位置，并使真空阀 9 离开膜片座 8 上的阀座（即真空阀处于开启状态），而真空阀 9 又被阀门弹簧 16 压紧在空气阀 10 上（即空气阀处于关闭状态）。此时，伺服气室的前、后两腔互相连通，并与大气隔绝。在发动机工作时，两腔内都产生一定的真空度。

2）当踩下制动踏板时，起初气室膜片座 8 固定不动，来自制动踏板机构的操纵力推动控制阀推杆 12 和控制阀柱塞 18 相对于膜片前移。当控制阀柱塞 18 与橡胶反作用盘 7 间的间隙消除后，操纵力便经橡胶反作用盘 7 传给制动主缸推杆 2。同时，橡胶阀门随同控制阀柱塞 18 前移，直到与膜片座 8 上的空气阀座接触为止。此时，伺服气室前后腔绝缘。

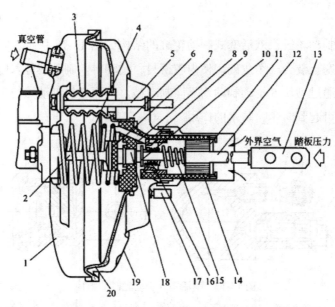

图 14-19　单膜片式真空助力器的结构

1—伺服气室前壳体　2—制动主缸推杆　3—导向螺栓密封圈　4—膜片回位弹簧　5—导向螺栓　6—控制阀

7—橡胶反作用盘　8—膜片座　9—真空阀　10—空气阀　11—过滤环　12—控制阀推杆　13—调整叉　14—毛毡过滤环　15

—控制阀推杆弹簧　16—阀门弹簧　17—螺栓　18—控制阀柱塞　19—伺服气室后壳体　20—伺服气室膜片

控制阀推杆 12 继续推动控制阀柱塞 18 前移，使其上的空气阀 10 离开橡胶阀门一定距离。外界空气充入伺服气室后腔，使其真空度降低。在此过程中，膜片与阀座也不断前移，直到阀门重新与空气阀座接触为止。因此在任何一个平衡状态下，伺服气室后腔中的稳定真空度与制动踏板行程成递增函数关系。

橡胶反作用盘 7 具有液体那样传递压力的作用，因为制动主缸推杆 2 与橡胶反作用盘 7 接触的面积比与控制阀柱塞 18 的大，所以作用于制动主缸推杆 2 的力大于作用于控制阀柱塞 18 的力。

（4）真空增压器　真空增压器由外壳、气室膜片、弹簧、气室和推杆等组成。图 14-20 所示为真空增压器的结构。其工作过程如下：

1）未踩下制动踏板时，辅助缸活塞 15 和伺服气室推杆 12 在各自弹簧的作用下处于右极限位置，制动主缸和制动轮缸相通，伺服气室膜片 7 把真空伺服气室分为左右两腔。大气阀 5 关闭，真空阀 4 开启，使得控制阀上腔 16 和控制阀下腔 17 相通。因为控制阀上腔 16 与真空伺服气室右腔 10 相通，控制阀下腔 17 与真空伺服气室左腔 8 相通，所以真空伺服气室右腔 10 与真空伺服气室左腔 8 具有相同的真空度。

2）踩下制动踏板后，制动液从制动主缸流入辅助缸 14，经过辅助缸活塞 15 上的孔进入制动轮缸，同时液压作用于控制阀膜片座（带真空阀座）1 上，使控制阀膜片座 1 上移，关闭真空阀 4，使控制阀上腔 16 和控制阀下腔 17 隔绝。大气阀 5 开启后，外界空气经控制阀上腔 16 流入真空伺服气室右腔 10，于是降低了右腔的真空度。但是，控制阀下腔 17 和真空伺服气室左腔 8 中的真空度仍保持原值不变。这样，真空伺服气室左、右两腔 8、10 之间存在一个压力差，由于右腔压力高于左腔压力，于是伺服气室膜片 7 带动伺服气室推杆 12 左移，使球阀 18 关闭。此时，制动主缸液压力与推杆力一起作用于辅助缸活塞 15 上，因此制动轮缸上的压力高于制动主缸压力。在控制阀上、下两腔真空度降低的过程中，控制阀膜片 2 和真空阀 4、大气阀 5 逐渐下移，直到大气阀 5 落座而保持稳定。

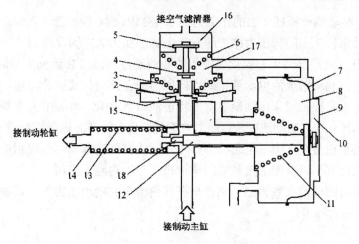

图 14-20　真空增压器的结构

1—控制阀膜片座（带真空阀座）　2—控制阀膜片　3—控制阀膜片复位弹簧　4—真空阀　5—大气阀　6—阀门弹簧

7—伺服气室膜片　8—真空伺服气室左腔　9—密封圈　10—真空伺服气室右腔　11—伺服气室膜片复位弹簧

12—伺服气室推杆　13—辅助缸活塞复位弹簧　14—辅助缸　15—辅助缸活塞　16—控制阀上腔　17—控制阀下腔　18—球阀

3）制动解除后，制动踏板回升一定距离，制动主缸液压力降低，控制阀连通膜片座下移，使得真空阀开启，控制阀上、下两腔相通，两腔中的空气有一部分又被吸入真空罐，因而真空伺服气室左、右两腔的压力差也有所降低。完全放开制动踏板时，所有运动件都在各自的复位弹簧作用下回到初始位置。

（5）液压助力器　在组合液压系统中，伺服制动系统的助力装置都采用液压助力器。

某型号轿车选装的组合液压系统中的液压助力器如图 14-21 所示。它主要由助力器壳体 1、控制套 4、控制柱塞 6 和弹簧 3 等组成。

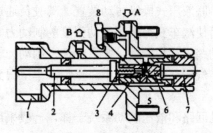

图 14-21　液压助力器

1—助力器壳体　2—推杆　3—弹簧　4—控制套　5—压紧活塞　6—控制柱塞　7—制动踏板压杆

8—压力开关　A—进油口　B—回油口

当施行部分制动时，踩下制动踏板，控制柱塞 6 向左移动，打开控制套 4 上的液压油入口，同时关闭控制柱塞 6 左端与推杆 2 之间的回油口 B，这样就在压力腔内建立起了油压。推动控制套 4 向左移动，直到进油口 A 被关闭为止。作用在控制套 4 上的油压力通过推杆 2 传到制动主缸上，帮助驾驶员进行制动。当制动踏板作用力增加时，这个过程将重复进行。

全制动时，制动踏板压杆 7 上的作用力大于 13MPa 时，控制套 4 入口全部打开。因为此时在制动踏板压杆 7 上的脚压力比控制套 4 上的油压力大，因此对制动无助力作用。而回油口 B 被打开，液压助力器右腔预先吸入的油液通过回油口 B 流回贮油罐。

解除制动时，制动踏板回位，液压助力器所需的全部液体流回贮油罐。控制柱塞 6 在弹簧 3 的作用下，将控制套 4 压到最右侧并将进油口 A 关闭，制动作用解除。

液压助力器体积小，制动速度快，助力效果好，具有较高的伺服切断点（见图 14-22），即液压助力器甚至在最高压力下也起助力作用，因此在四轮都安装盘式制动器的轿车、重型载货汽车、大型客车以及无进气歧管的柴油机汽车上得到了应用。

此液压助力器的助力系数为 5，也就是在任何给定的制动压力下，驾驶员只需在制动踏板上施加 1/5 的力即可。

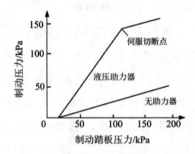

图 14-22　液压助力器的助力曲线

14.3.2　气压制动操纵机构

气压制动系统是发展最早的一种动力制动系统。气压制动系统的制动能源是空气压缩机产生的压缩空气，而驾驶员肌体仅用来控制制动能源。气压制动系统的供能装置和传能装置都是气压式的，其控制装置大多由制动踏板机构和制动阀等元件组成，也有的在制动踏板机构和制动阀之间串联液压式操纵传动装置。驾驶员通过控制制动踏板的行程，可调整气体压力的大小，从而使汽车获得不同制动强度的制动力。

气压制动系统的制动踏板行程较短，操纵轻便，制动力较大，但结构复杂，制动效果不如液压制动系统柔和。气压制动系统在中、重型汽车上得到广泛应用。

1. 制动系统回路

气压制动系统的制动回路和液压制动系统一样，一般采用双回路。图 14-23 所示为气压制动回路，由发动机驱动的空气压缩机 1（简称空压机）将压缩空气经单向阀 9 首先输入湿储气筒 4，压缩空气在湿储气筒 4 内冷却并进行油水分离之后分成两个回路，一个回路经储气筒 8、双腔制动阀的后腔通向前制动气室 2，另一个回路经储气筒 8、双腔制动阀的前腔通向后制动气室 11，当其中一个回路发生故障失效时另一个回路仍能继续工作，以维持汽车具有一定的制动能力，从而提高了汽车行驶的安全性。

双腔制动阀通过制动踏板来操纵。不制动时，前、后制动气室分别经制动阀与大气相通，而与来自储气筒的压缩空气隔绝，因此所有车轮制动器均不制动。当驾驶员踩下制动踏板时，制动阀首先切断各制动气室与大气的通道，并接通与压缩空气的通道，于是两个主储气筒便各自独立地经制动阀向前、后制动气室供气，促动前、后制动器产生制动作用。

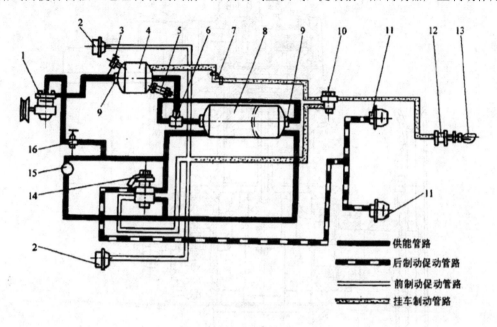

图 14-23　气压制动回路

1—空气压缩机　2—前制动气室　3—放气阀　4—湿储气筒　5—溢流阀　6—三通管　7—管接头　8—储气筒　9—单向阀　10—挂车制动阀　11—后制动气室　12—分离开关　13—连接头　14—串列双腔式制动阀　15—气压表　16—气压调节器

如图 14-23 所示，该气压制动回路中还有一条通向挂车制动回路的气路。在不制动的情况下，前制动气筒通过挂车制动阀、挂车分离开关和接头向挂车储气筒充气。制动时，制动管路的压缩空气进入挂车制动阀，使挂车制动。

2. 主要零部件

（1）空气压缩机　空气压缩机用以产生制动所用的压缩空气，其结构有单缸式和双缸式两种。空气压缩机通常固定在气缸体或气缸盖的一侧，由发动机通过风扇带轮和 V 带驱动，或者由发动机曲轴的正时齿轮通过齿轮机构驱动。图 14-24 所示为单缸风冷式空气压缩机，它由发动机通过风扇带轮和 V 带驱动。支架上有三道滑槽，可通过调整螺栓移动空气压缩机的位置，从而调整传动带的松紧度。

空气压缩机具有与发动机类似的曲柄连杆机构。铸铁制成的气缸体下端用螺栓与曲轴箱连接，缸筒外铸有散热片。铝制气缸盖用螺栓紧固于气缸体上端面，其间装有密封缸垫。缸盖上的进、排气室都装有一个方向相反的片状阀门，进气阀门经进气口 A 与进气滤清器相通，排气阀门经排气口 B 与储气筒相通。

发动机工作时，空气压缩机曲轴随之转动，带动活塞做上下往复运动。当活塞下移时，在气缸内真空的作用下，进气阀门开启，外界空气经进气滤清器自进气口 A 和进气阀门被吸入气缸。活塞上行时，气缸内空气被压缩，压力升高，顶开排气阀门经排气口 B 充入储气筒。

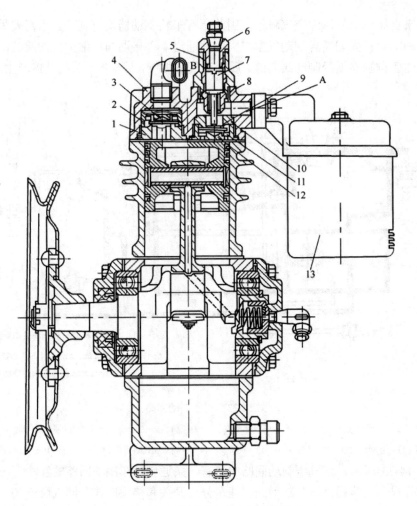

图 14-24　单缸风冷式空气压缩机

1—排气阀座　2—排气阀门导向座　3—排气阀门　4—气缸盖　5—卸荷装置壳体　6—定位塞　7—卸荷柱塞　8—柱塞弹簧　9
—进气阀门　10—进气阀座　11—进气阀弹簧　12—进气阀门导向座　13—进气滤清器　A—进气口　B—排气口

　　在空气压缩机进气阀门的上方设置有卸荷装置，它是由调压阀进行控制的。卸荷装置壳体内镶嵌着套筒，其中装有卸荷柱塞和柱塞弹簧。在空气压缩机向储气筒正常充气过程中，卸荷柱塞上方的卸荷气室经调压阀连通大气，卸荷柱塞被柱塞弹簧顶到上极限位置，其杆部与进气阀门之间保留一定间隙，卸荷装置不起作用。当储气筒内气压超过规定值时，卸荷装置才起作用。

　　空气压缩机的曲轴主轴颈、连杆轴颈和活塞销采用压力润滑，活塞及气缸壁则采用飞溅润滑。

　　空气压缩机工作时，不应有过量的润滑油窜入储气筒。检查空气压缩机时应详细检查活塞与活塞环的磨损、后盖与油堵的密封、回油管是否通畅以及连杆大端与曲轴的轴向间隙等，然后根据发现的问题进行维修。空气压缩机的曲轴、连杆、活塞、进气阀、排气阀的检修与发动机连杆机构、配气机构的检修相似。

（2）调压阀　调压阀的作用是调节供气管路中压缩空气的压力，使之保持在规定的压力范围内，且在过载时实现空气压缩机的卸荷空转，以减少发动机的功率损失。

调压阀在回路中的连接方法有两种：

1）调压阀与空气压缩机和储气筒并联。当系统的空气压力达到规定值时，调压阀使空气压缩机的进气阀开启，卸荷空转。

2）调压阀串联在空气压缩机和储气筒之间。当系统的空气压力达到规定值时，调压阀将多余的压缩空气直接排入大气，空气压缩机卸荷空转。图14-25所示为某型号汽车上使用的膜片式调压阀。该调压阀与储气筒并联，由膜片组、阀门组、调压弹簧及壳体等组成。膜片的外缘被夹于上盖1和壳体10之间，构成膜片上、下两腔。膜片上腔经上盖1上的通气孔B与大气相通，而下腔经滤芯通过接贮气管接头9与湿储气筒相通。

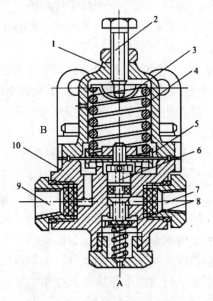

图14-25　膜片式调压阀

1—上盖　2—调压螺钉　3—弹簧座　4—调压弹簧　5—膜片　6—空心管　7—接卸荷阀管接头

8—排气阀　9—接贮气管接头　10—壳体　A、B—通气孔

调压阀的工作分为正常供气和卸荷空转两种工作情况。

当调压阀膜片5下腔的气体压力小时，空心管6下端靠紧排气阀8，并使排气阀门打开，接湿储气筒的通气孔A至接空气压缩机卸荷柱塞上腔通气孔B的气体通道被切断，而通气孔B通过开启的排气阀与大气相通。此时空气压缩机正常向储气筒供气。

当湿储气筒压力升高到0.70～0.74MPa时，调压阀膜片下腔气压作用力足以克服调压弹簧4的预紧力而推动膜片5向上拱曲，调压阀的排气阀8关闭，关闭了卸荷柱塞上腔与大气的通道。空心管6上移后，空心管下端离开排气阀门，排气阀8上端面出现间隙，这样卸荷柱塞上腔与湿储气筒之间的通气孔A、B被接通，湿储气筒内的压缩空气进入卸荷柱塞上腔，卸荷柱塞在气压作用下下移，使气缸与大气相通，空气压缩机卸荷空转，不再产生压缩空气，湿储气筒内的气体压力也不再升高。

调压阀的气压调节可通过旋转其盖上的调压螺钉2进行调整。当螺钉旋入时，气压升高，反之气压降低。

（3）制动控制阀 制动控制阀为汽车气压制动系统的主要控制装置，用以控制由储气筒进入制动气室或挂车制动阀的压缩空气量，并有渐进变化的随动作用，以保证作用在制动器上的力与施加于制动踏板上的力成正比。

制动控制阀的结构型式虽然很多，但工作原理相似。其结构按照汽车制动系统回路可分为单腔式、双腔式和三腔式，双腔式又可分为并联式和串联式，而三腔式多为并联式。

图 14-26 所示为并列双腔膜片式制动控制阀，它主要由拉臂、上壳体、下壳体、平衡弹簧总成和滞后机构总成等组成。拉臂用销轴支承在上壳体的支架上，可绕销轴摆动。支架上装有限位螺钉，用以调整最大工作气压。拉臂上还装有调整螺钉和锁紧螺母，用以调整制动踏板自由行程。上壳体内装有平衡弹簧总成，可上下移动，壳体中央孔内压装衬套，推杆装入其中，能轴向移动。推杆上端与平衡弹簧座相抵，下端伸入平衡臂杠杆孔内。平衡臂杠杆两端压靠在两腔内膜片挺杆总成上。下壳体下部孔中安装两个阀门，两侧有四个接头孔，下方两个为进气孔，上方两个为排气孔。

当驾驶员踩下制动踏板时，拉动制动阀拉臂，将平衡弹簧上座 5 下压，经平衡弹簧 6、平衡弹簧下座 7、钢球 8，并通过推杆 4 和钢球 8 将平衡臂 9 压下，推动两腔内膜片 10 挺杆总成下移，消除间隙后，先关闭排气孔，然后打开进气孔，储气筒内的压缩空气经进气阀充入各制动气室，使车轮制动。

当驾驶员踩下制动踏板至某一位置不变时，由于压缩空气不断输送到前、后制动气室，同时压缩空气经节流孔进入平衡腔 V 的气压也随之增大，当膜片 10 下方的总压力和回位弹簧的张力之和大于平衡弹簧 6 的张力时，膜片总成上移，通过平衡臂 9 推动平衡弹簧下座 7 上移，平衡弹簧 6 被压缩，阀门将进气阀和排气阀同时关闭，储气筒便停止对制动气室输送压缩空气，处于一种平衡状态，各制动气室的压缩空气保留在气室中，车辆便保持一定的制动强度。随着制动踏板继续踩下，制动气室的气压成比例上升，制动效能又得到加强。制动踏板踩至一定程度，拉臂的限位块便抵在限位螺钉上，限制了制动阀的最大工作气压。

当驾驶员放松制动踏板时，拉臂在回位弹簧的作用下回位，平衡弹簧座上端面的压力消除，推杆、平衡臂、膜片总成均在回位弹簧及平衡腔 V 内压缩空气的作用下向上移，下部排气孔 E 被打开，制动气室及制动管路的压缩空气便经排气孔，穿过挺杆内孔通道，从上部排气孔 B 排入大气，制动解除。若制动踏板只放松至某一位置不动，膜片总成下方的总气压降至小于平衡弹簧张力时，膜片总成便向下移至两阀门都处于关闭的平衡状态，制动强度相应下降，但仍保持一定的制动作用。当制动踏板完全放松时，制动作用彻底解除。

（4）制动气室 制动气室的作用是将输入的空气压力转换成机械推力而输出，使车轮制动器产生制动力矩。制动气室可分为膜片式和活塞式两种。膜片式制动气室结构简单，但膜片寿命较短，行程较小，制动蹄鼓间隙稍有变化即需调整。活塞式制动气室不存在上述问题，但结构较复杂，成本较高，多用于重型汽车。

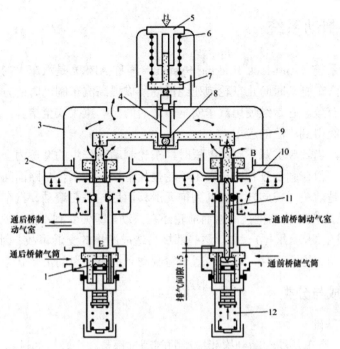

图 14-26 并列双腔膜片式制动控制阀

1—两用阀总成 2—下壳体 3—上壳体 4—推杆 5—平衡弹簧上座 6—平衡弹簧 7—平衡弹簧下座 8—钢球

9—平衡臂 10—膜片 11—膜片芯管 12—滞后弹簧 B—上部排气孔 E—下部排气孔 V—平衡腔

图 14-27 所示为汽车膜片式制动气室。橡胶膜片 1 的周缘用卡箍 7 夹紧在壳体 3 和盖 2 的凸缘之间。盖 2 与橡胶膜片 1 之间为工作腔，用橡胶软管与制动控制阀接出的钢管连通，橡胶膜片 1 与壳体 3 组成的右腔则通大气。弹簧 4 通过焊接在推杆 5 上的支承盘 10 将橡胶膜片 1 推到图示的左极限位置。推杆 5 的外端用连接叉 6 与制动器的制动臂相连。

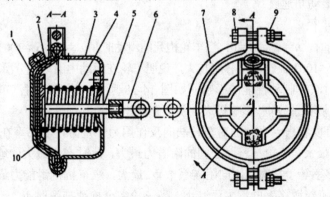

图 14-27 汽车膜片式制动气室

1—橡胶膜片 2—盖 3—壳体 4—弹簧 5—推杆 6—连接叉 7—卡箍 8—螺栓 9—螺母 10—支承盘

踩下制动踏板时，压缩空气自制动控制阀充入制动气室工作腔，使橡胶膜片拱曲，并使制动调整臂和制动凸轮转动而实现制动。放开制动踏板时，工作腔中的压缩空气经排气口排入大气，橡胶膜片与推杆均在弹簧作用下回位，从而解除制动。

14.4 防抱死制动系统

防抱死制动系统（Anti-lock Braking System，简称 ABS）是汽车上的一种主动安全装置。其作用是在汽车制动时防止车轮抱死纯滑动，以提高汽车制动时的方向稳定性，使汽车制动更为安全有效。它是继使用汽车安全带之后的又一重大安全措施，在现代汽车（尤其是轿车）上已经得到广泛的应用。

汽车运行中，当驾驶员踩下制动踏板时，车轮制动器产生的摩擦力会降低车轮转速，从而使汽车减速。但在制动过程中若发生车轮抱死滑移，则车轮与路面间的侧向附着力将完全消失。如果是前轮（转向轮）制动到抱死滑移而后轮还在滚动，汽车将失去转向能力（跑偏）。如果是后轮制动到抱死滑移而前轮还在滚动，即使受到不大的侧向干扰力（如风吹），汽车也将发生侧滑(甩尾)现象。这些都极易造成严重的交通事故。因此，汽车在制动时不希望车轮制动到抱死滑移，而是希望车轮制动到边滚边滑的滑转状态。

14.4.1 基本组成与分类

1. ABS 理论基础

（1）滑移率　汽车从纯滚动到抱死拖滑的制动过程是一个渐进的过程，经历了纯滚动、边滚边滑和纯滑动三个阶段。汽车车轮滑移成分所占比例的多少常用滑移率 S 来表示，其定义如下：

$$S = \frac{u - u_\mathrm{w}}{u} \cdot 100\% = \frac{u - r\omega}{u} \cdot 100\%$$

式中　u——车速；

u_w——车轮速度；

ω——车轮滚动角速度；

r　——车轮半径。

当车轮纯滚动时，$u = u_\mathrm{w}$，$S = 0$；当车轮抱死纯滑动时，$u_\mathrm{w} = 0$，$S = 100\%$；当车轮边滚边滑时，$u > u_\mathrm{w}$，$0 < S < 100\%$。车轮滑移率越大，说明车轮在运动中滑动成分所占的比例越大。

（2）滑移率对汽车制动性能的影响　如图 14-28 所示，滑移率对汽车车轮制动纵向附着系数 ϕ_x 和侧向附着系数 ϕ_y 影响极大，从而影响汽车的制动性能。

由图 14-28 可以看出，当地面对车轮法向反作用力一定时，滑移率在 20%左右时制动纵向附着系数 ϕ_x 最大，车轮与路面之间的附着力最大，此时产生最大的地面制动力，制动效果最佳。当滑移率等于零时，侧向附着系数 ϕ_y 最大，汽车抗侧滑能力最强，制动时方向稳定性最好。ϕ_y 随着滑移率的增大而减小，当车轮完全抱死拖滑时 $\phi_y \approx 0$，汽车制动稳定性最差。

基于以上理论，ABS 可以防止汽车制动时车轮抱死，并把车轮的滑移率保持在 10%～30%的范围内，以保证车轮与路面有良好的纵向、侧向附着力，有效防止制动时汽车侧滑、甩尾、失去转向等现象发生，提高汽车制动时的方向稳定性。制动时，ABS 可以将制动力保持在最佳的范围内，减弱轮胎与地面之间的剧烈摩擦，减轻轮胎的磨损。

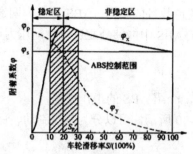

图 14-28　滑移率与路面附着系数的关系

ϕ—附着系数　ϕ_x—纵向附着系数　ϕ_y—侧向附着系数　S—车轮滑移率　ϕ_p—峰值附着系数

S_p—峰值附着系数时的滑移率　ϕ_s—车轮抱死时纵向滑动附着系数

2. ABS 的基本组成及分类

现代汽车的 ABS 由传统的普通制动系统和防止车轮抱死的电子控制系统组成。其中电子控制系统由车轮转速传感器、电子控制器（ECU）及制动压力调节器等组成。

车轮转速传感器简称轮速传感器，是 ABS 中最主要的一个传感器，其作用是检测车轮速度信号。电子控制器（ECU）俗称 ABS 电脑，它是系统的神经中枢，可接受传感器信号，对制动压力调节器发出控制指令。ABS 的基本组成如图 14-29 所示。

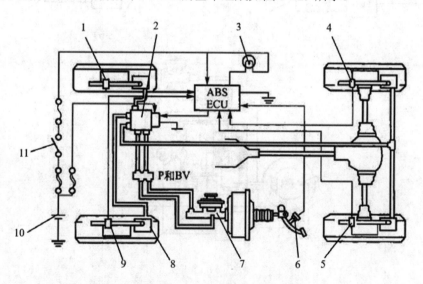

图 14-29　ABS 的基本组成

1、9—前轮转速传感器　2—制动压力调节器　3—ABS 警告灯　4、5—后轮转速传感器　6—制动灯开关

7—制动主缸　8—制动轮缸　10—蓄电池　11—点火开关

按产生制动压力动力源的不同，ABS 可分为液压式 ABS、气压式 ABS、气液混合式 ABS。在轿车中，液压式 ABS 应用最广泛。

按制动压力调节装置和制动主缸的相对位置关系的不同，ABS 可分为分离式 ABS 和整体式 ABS。分离式 ABS 的特点是压力调节装置和制动主缸各自独立，压力调节装置通过制动管路与制动主缸和制动助力器相连。整体式 ABS 的特点是将制动压力调节装置与制动主缸或制动助力器构成一个整体。

按传感器的数量和控制通道数目的不同，ABS可分为四通道式、三通道式、二通道式和一通道式。控制通道是指在 ABS 中能够独立进行制动压力调节的制动管路。

14.4.2 工作过程

下面以液压式 ABS 为例，介绍 ABS 的工作过程。

ABS 的工作过程如图 14-30 所示，可以分为常规制动、保压制动、减压制动和增压制动等阶段。

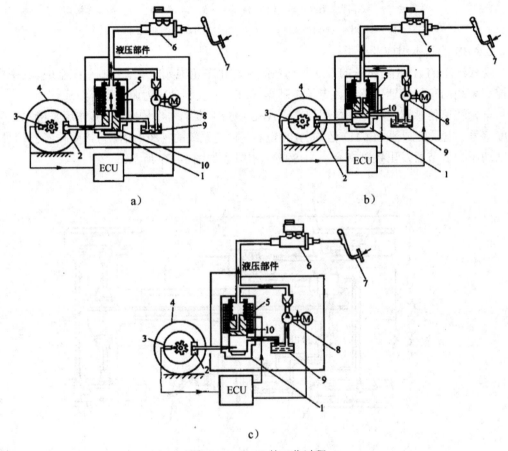

图 14-30　ABS 的工作过程

a）常规制动　b）保压制动　c）减压制动

1—电磁阀　2—轮缸　3—轮速传感器　4—车轮　5—线圈　6—主缸　7—踏板　8—液压泵　9—储液器

1）在常规制动阶段，ABS 并不介入制动压力控制，调压电磁阀总成中的各进液电磁阀均不通电而处于开启状态，各出液电磁阀均不通电而处于关闭状态，电动泵也不通电运转，制动主缸至各制动轮缸的制动管路均处于沟通状态，而各制动轮缸至贮液器的制动管路均处于封闭状态，各制动轮缸的制动压力将随制动主缸的输出压力而变化。此时的制动过程与常规制动系统的制动过程完全相同，如图 14-30a 所示。

2）在制动过程中，当 ECU 根据车轮转速传感器输入的车轮转速信号判定有车轮趋于抱死时，ABS 就会进入防抱死制动压力调节过程。例如，ECU 判定右前轮趋于抱死时，ECU 就使右前轮制动压力的进液电磁阀通电，使右前轮进液电磁阀转入关闭状态，制动主缸输出的制动液不再进入右前轮制动轮缸，此时右前轮出液电磁阀仍未通电而处于关闭状态，右前轮制动轮缸中的制动液也不会流出，右前轮制动轮缸的制动压力就保持一定，而其他未趋于抱死的车轮的制动压力仍会随制动主缸输出压力的增大而增大，如图 14-30b 所示。

3）如果在右前轮制动轮缸的制动压力保持一定时，ECU 判定右前轮仍然处于抱死，ECU 会使右前轮出液电磁阀也通电而使其转入开启状态，此时右前轮制动轮缸中的部分制动液就会经过处于开启状态的出液电磁阀流回贮液器，使右前轮制动轮缸的制动压力迅速减小，右前轮的抱死趋势将开始消除，如图 14-30c 所示。

4）随着右前轮制动轮缸制动压力的减小，右前轮会在汽车惯性的作用下逐渐加速，当 ECU 根据车轮转速传感器输入的信号判定右前轮的抱死趋势已经完全消除时，ECU 就会使右前轮进液电磁阀和出液电磁阀都断电，使进液电磁阀转入开启状态，使出液电磁阀转入关闭状态，同时也使电动泵通电运转，向制动轮缸泵送制动液，由制动主缸输出的制动液和电动泵泵送的制动液都经过处于开启状态的右前轮进液电磁阀进入右前轮制动轮缸，使右前轮制动轮缸的制动压力迅速增大，右前轮又开始减速转动，如图 14-30a 所示。

ABS 通过使趋于抱死车轮的制动压力循环往复地经历保持一减小一增大过程，可将趋于抱死车轮的滑移率控制在峰值附着系数滑移率的附近范围内，直至汽车速度减小到很低或者制动主缸的输出压力不再使车轮趋于抱死时为止。制动压力调节循环的频率可达 3～20Hz。在该 ABS 中，对应于每一个制动轮缸都有一对进液电磁阀和出液电磁阀，可由 ECU 分别进行控制，因此各制动轮缸的制动压力能够被独立地调节，从而使四个车轮都不发生制动抱死现象。

尽管各种 ABS 的结构型式和工作过程并不完全相同，但都是通过对趋于抱死车轮的制动压力进行自适应调节，来防止被控制车轮发生制动抱死的，而且各种结构型式的 ABS 在以下几个方面都是相同的：

①ABS 只是在汽车超过一定速度以后（如 5km/h 或 8km/h），才会对制动过程中趋于抱死的车轮进行防抱死制动压力调节。当汽车速度被制动降低到一定值时，ABS 就会自动地中止防抱死制动压力调节。此后，装备 ABS 汽车的制动过程将与常规制动系统的制动过程相同，车轮仍然可能被制动抱死。这是因为在汽车的速度很低时，车轮被制动抱死对汽车的制动性能和稳定性能的影响已经很小，而且要使汽车尽快制动停车，就必须使车轮制动抱死。

②在制动过程中，只有当被控制车轮趋于抱死时，ABS 才会对趋于抱死车轮的制动压力进行防抱死调节。在被控制车轮还没有趋于抱死时，制动过程与常规制动系统的制动过程完全相同。

③ABS 具有自诊断功能，能够对系统的工作情况进行监测，一旦发现存在影响系统正常工作的故障将自动地关闭 ABS，并将 ABS 警告灯点亮，向驾驶员发出报警信号。此时，汽车的制动系统仍然可以像常规制动系统一样进行制动。

14.4.3 基于 ABS 功能扩展

1. 驱动防滑制动系统

用于防止汽车在行驶过程中驱动车轮发生滑转的控制系统称为驱动防滑系统（Acceleration Slip Regulation，简称 ASR）。随着对汽车性能要求的不断提高，防滑控制系统的功能也得到完善和扩展，它不仅在制动过程中可以防止车轮抱死，而且还能在驱动过程中（特别是在起步、加速、转弯等过程中）防止驱动车轮发生滑转，使汽车的转向操纵能力和加速性能等得到提高。由于 ASR 系统通过调节驱动车轮的驱动力来实现驱动车轮滑转控制，因此也被称为驱动力控制系统（Traction Control System，简称 TCS）。

ASR 和 ABS 都有控制车轮打滑的作用，但 ABS 是防止制动时车轮抱死在路面上滑移，而 ASR 则是防止驱动时车轮在路面上原地不动地滑转，故两者控制车轮的滑动方向是相反的，但从控制车轮与路面的滑移率来看，ABS 与 ASR 采用了相同的技术。从某种意义上说，ASR 是 ABS 的完善和补充。ASR 可以独立设立，但多数轿车都将 ASR 与 ABS 组合在一起，用 ABS/ASR 表示，统称为防滑控制系统。

（1）车轮防滑转控制方式　为了防止车轮滑转，必须适当降低驱动力，大幅度提高侧向力，以增大抵抗侧滑的能力。目前，常采用以下两种方法防止驱动轮的滑转：

1）发动机输出转矩调整方式。这是使车轮滑移率保持在最佳范围的发动机控制方式。通常通过控制节气门开度和点火提前角的方式调节发动机的输出转矩，从而使驱动车轮的转速迅速降低，或者使两侧驱动车轮的驱动力矩得到调节。由于发动机已经实现了电子控制，因此这种控制方法容易实现。

2）驱动轮制动控制方式。该方式可在驱动轮发生滑转时，通过对滑转的车轮施加一定的制动力，将车轮的滑移率控制在合适的范围内。驱动轮制动控制方式比发动机输出转矩调整方式反应速度快，能有效地防止汽车起步时或从高附着路面突然进入低附着路面时的车轮空转。该控制方式还能对每个驱动轮进行独立控制，使差速器锁止装置具有同样的功能。

为了防止制动器过热，驱动轮制动控制方式只限于低速行驶时使用。

ASR 系统一般综合应用上述两种方法，以取得理想的控制效果。

另外，有些汽车采用防滑差速器锁止控制（Limited-Slip-Differential,简称 LSD），使行驶在不同附着系数路面上的左、右驱动车轮产生不同的驱动力。这种方式可以控制差速器的锁止范围在 0%～100%的范围内变化。

（2）ASR 与 ABS 比较　ASR 是继 ABS 之后应用于汽车车轮防滑的电子控制系统,ASR 是 ABS 的完善和补充。

在 ASR 中，为了确定驱动车轮是否滑转，可以利用 ABS 中的车轮转速传感器获得车轮转速的信号。ASR 的电子控制装置既可是独立的，也可与 ABS 共用。ASR 的制动压力调节装置也有与 ABS 的制动压力调节装置一体和独立两种形式。

ABS 和 ASR 比较如下：

1)ABS 和 ASR 都是用来控制车轮相对地面的滑动，以使车轮与地面的附着力不下降。但 ABS 控制的是汽车制动时车轮的"拖滑"，主要是用来提高制动效果和确保制动安全；

而 ASR 是控制车轮的"滑转",用于提高汽车起步、加速及在低附着路面上行驶的牵引力和确保行驶稳定性。

2)ASR 只对驱动轮实施制动控制,而 ABS 是对四个车轮实施制动控制。

3)ASR 在汽车起步及一般行驶过程中工作,当车轮出现滑转时即可起作用,而 ABS 则是在汽车制动时工作。当车速很高(80~120km/h)时 ASR 不起作用,而当车速很低(<8km/h)时 ABS 不起作用。

4)若 ASR 处于防滑转控制过程中,当汽车制动时,ASR 会立即中止防滑转控制,以使制动过程不受 ASR 的影响。

(3)驱动防滑系统基本组成及工作过程 图 14-31 所示为一种较为典型的具有制动防抱死和驱动防滑转功能的 ABS/ASR 防滑控制系统的组成。其中的 ASR 与 ABS 共用车轮转速传感器的 ECU,只在通往驱动车轮制动轮缸的制动管路中增设一个 ASR 制动压力调节器,在由加速踏板控制的主节气门上方增设一个由步进电动机控制的副节气门,并在主、副节气门处各设置一个节气门位置传感器,即可实现驱动防滑转控制。

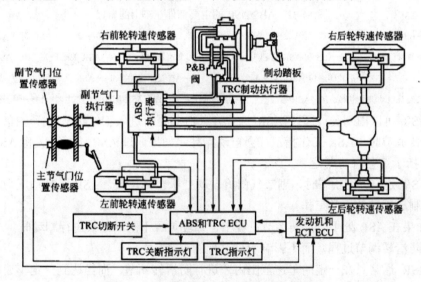

图 14-31 典型的 ABS/ASR 防滑控制系统的组成

TRC—牵引力控制系统　　　　　ECT—自动变速器

图 14-31 所示 ABS/ASR 防滑控制系统中的 ASR 在汽车驱动过程中,ABS/ASR 的 ECU 根据各车轮转速传感器产生的车轮转速信号确定驱动车轮的滑移率和汽车的参考速度。当 ABS/ASR 的 ECU 判定驱动车轮的滑移率超过设定的限值时,将会使驱动副节气门的步进电动机转动,减小副节气门的开度。此时,即使主节气门的开度不变,发动机的进气量也会因副节气门开度的减小而减小。如果驱动车轮的滑移率仍未降低到设定的控制范围内,ABS/ASR 的 ECU 就会控制 ASR 的制动压力调节器,对驱动车轮施加一定的制动压力,进一步降低驱动车轮的滑移率,来防止驱动车轮滑移。

图 14-32 所示为 ABS/ASR 的主要部件在车上的布置。

目前,在各种车型上装备的 ASR 的具体结构和工作过程不尽相同,但在以下几个方面是相同的:

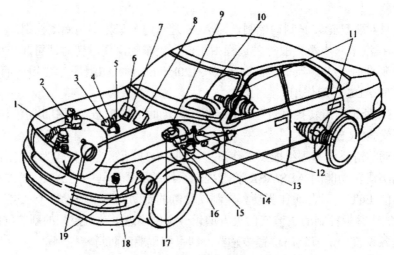

图 14-32　ABS/ASR 的主要部件在车上的布置

1—ABS 执行器　2—ASR 执行器　3—副节气门位置传感器　4—主节气门位置传感器　5—ASR 副节气 门

6—ASR 副节气门继电器　7—ABS 和 ASR 的 ECU　8—发动机和变速器的 ECU　9—ASR 关断开关　10—ASR 警告灯

11—后轮转速传感器　12—制动灯开关　13—空档起动开关　14—ASR 供液泵

15—ASR 供液泵电动机继电器　16—ASR 蓄能器　17—制动液位开关　18—ASR 制动器主继电器　19—前轮转速传感器

1）ASR 可以由驾驶员通过 ASR 选择开关对其是否进入工作状态进行选择。在 ASR 进行防滑转调节时，ASR 工作指示灯会自动点亮，如果通过 ASR 选择开关将 ASR 关闭，ASR 关闭指示灯会自动点亮。

2）ASR 处于关闭状态时，副节气门将自动处于全开位置，ASR 的制动压力调节器也不会影响制动系统的正常工作。

3）如果在 ASR 处于防滑转调节过程中，驾驶员踩下制动踏板进行制动时，ASR 将会自动退出防滑转调节过程，而不影响制动过程的进行。

4）ASR 通常只在一定的车速范围内才进行防滑转调节，而当达到一定车速以后（如 120km/h 或 80km/h），ASR 将会自动退出防滑转调节过程。

5）ASR 在其工作车速范围内通常具有不同的优先选择性。在车速较低时以提高牵引力作为优先选择，此时，对两驱动车轮施加的制动力矩可以不同，即对两后制动轮缸的制动压力进行分别调节。而在车速较高时则以提高行驶方向稳定性为优先选择，此时，对两驱动车轮施加的制动力矩将是相同的，即对两后制动轮缸的制动压力进行一同调节。

6）ASR 具有自诊断功能，一旦发现存在影响系统正常工作的故障时将会自动关闭，并向驾驶员发出报警信号。

2. 电子控制行驶平稳系统

电子控制行驶平稳系统（Electronic Stability Program，简称 ESP）综合了 ABS、制动辅助系统（Brake Assist System，简称 BAS）和 ASR 的功能。ESP 最重要的特点是主动性，ESP 与 ABS 及 TCS 共同工作，可以使车辆在各种状况下保持最佳的稳定性，在转向过度或转向不足的情形下效果更加明显。

（1）ESP 的功能　ESP 主要在 ABS 和 ASR 的基础上解决汽车转向行驶时的方向稳定性问题。它能够根据驾驶员的意图、路面状况及汽车的运动状态控制车辆的运动，通过对制动、动力系统的干涉，在转向时修正转向过度或转向不足倾向以稳定车辆的行驶，消除车轮打滑，防止出现危险状况，从而更有效、更显著地提高汽车的操纵稳定性和行驶安全性。

ESP 集成了 ABS 和 ASR 等系统的功能，在各种情况下都能提高汽车行动的稳定性，属于汽车主动安全系统。ABS 一般是在车辆制动时发挥作用，ASR 系统只是在车辆起步和加速行驶时发挥作用，而 ESP 则在整个行驶过程中始终处于工作状态，不停地监控车辆的行驶状态和观察驾驶员的操作意图，从而决定什么时候通过发动机控制系统主动地修正汽车的行驶方向，以防止汽车发生危险。ESP 为汽车提供了在紧急情况下的一个十分有效的安全保障，大大降低了汽车在各种道路状况下以及转弯时发生翻转的可能性，提高了汽车行驶稳定性。ESP 的作用可归纳为以下三点：

1）实时监控。ESP 能够实时监控驾驶员的操控动作、路面反应、汽车运动状态，并不断向发动机和制动系统发出控制指令。

2）主动干预。ESP 可以通过主动调控发动机的转速，调整每个车轮的驱动力和制动力来修正汽车的过度转向和转向不足。

3）报警。当驾驶员操作不当或路面异常致使车轮出现滑转时，ESP 会用警告灯警示驾驶员，提示驾驶员不要猛踩加速踏板，控制好转向盘的操作，以确保行车安全。

例如，当车辆转向不足时，ESP 可使用发动机和变速器管理系统并主动地对位于弯道内侧的后轮实施瞬间制动，防止车辆驶出弯道，如图 14-33 所示；当车辆转向过度时，ESP 可使用发动机和变速器管理系统并主动地对位于弯道外侧的前轮实施瞬间制动，防止离心力造成汽车甩尾，如图 14-34 所示。

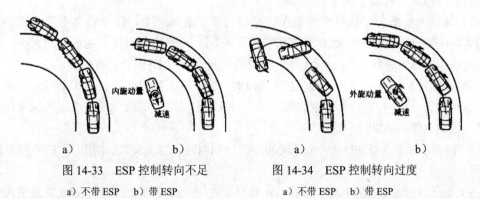

图 14-33　ESP 控制转向不足　　　图 14-34　ESP 控制转向过度
a）不带 ESP　b）带 ESP　　　　　a）不带 ESP　b）带 ESP

（2）ESP 的组成及工作过程　ESP 是在 ABS、ASR 基础上发展起来的，故大部分元件与 ABS、ASR 系统共用，也是由传感器、电控单元及执行器三部分组成。大众公司 ESP 的组成如图 14-35 所示。其主要部件及其工作原理如下：

1）转向角传感器。该传感器安装在转向柱上，位于转向开关与转向盘之间，用于检测并向控制单元传送转向盘转动的角度信号。若无此信号，则车辆无法确定行驶方向，ESP 功能将失效。该传感器测量的角度范围是±720°，属于光电传感器。

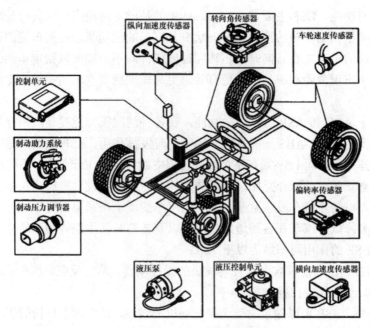

图 14-35　大众公司 ESP 的组成

2）横向加速度传感器。该传感器应尽可能靠近车辆重心，所以安装在转向柱下方偏右侧前仪表板内。横向加速度传感器主要用以检测车辆沿垂直轴线发生转动的情况，并给控制单元提供转动速率的信号。当车绕垂直方向轴线偏转时，传感器内的输出信号发生变化，ECU 根据此信号计算横向加速度。如果无此信号，控制单元将无法计算出车辆的实际行驶状态，ESP 功能将失效。横向加速度传感器属于霍尔传感器。

3）偏转率传感器。该传感器一般尽可能安装在靠近汽车中心处，用于检测汽车沿垂直轴的偏转程度。其属于压电传感器。

4）制动力传感器。该传感器装在行驶动力调节液压泵上，用于提供电控单元制动系统的实际压力，控制单元可据此计算出作用在车轮上的制动力和整车的纵向力大小。如果没有制动压力信号系统，将无法计算出正确的侧向力，故 ESP 功能将失效。

5）液压控制单元。该单元由 12 个电磁阀、1 个液压泵和 1 个回油泵等组成。其中 8 个电磁阀用于 ABS 控制，4 个电磁阀用于 ESP 控制。ECU 可通过控制液压控制单元的电磁阀，控制 ABS、ASR 和 ESP。

图 14-36a 所示为 ESP 中一个车轮的液压控制回路。当 ESP 起作用时，ESP 控制过程如下：

1）增压阶段，如图 14-36b 所示。分配阀 1 关闭，高压阀 2 打开，ABS 的进油阀 3 打开，出油阀 4 关闭，行驶动力液压泵 7 开始将贮油罐中的制动液输送到制动管路中，回油泵 6 也开始工作，使车轮制动轮缸 5 中的制动压力加大，系统处于增压状态。

2）保压阶段，如图 14-36c 所示。分配阀 1 关闭，高压阀 2 关闭，ABS 的进油阀 3 关闭，出油阀 4 关闭，回油泵 6 停止工作，系统处于保压状态。

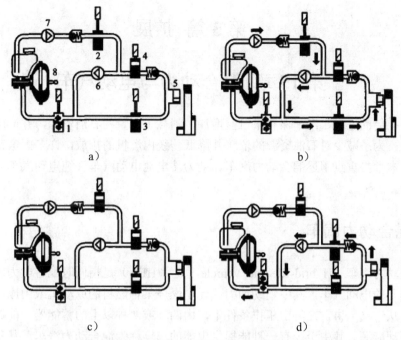

图 14-36　ESP 中一个车轮的液压控制回路

a）液压控制单元工作原理　b）增压阶段　c）保压阶段　d）减压阶段

1—分配阀　2—高压阀　3—进油阀　4—出油阀　5—制动轮缸　6—回油泵　7—动力液压泵　8—制动助力器

3）减压阶段，如图 14-36d 所示。分配阀 1 打开，高压阀 2 关闭，ABS 的进油阀 3 关闭，出油阀 4 打开，制动液通过串联式制动主缸流回贮液罐中，系统处于减压状态。

思考题：

1. 汽车制动系统能够分为几类？分别是什么？

2. 汽车制动系统由哪些部分组成？

3. 一般汽车制动系统的工作原理是什么？

4. 汽车制动器有哪些种类？

5. 盘式制动器有哪些种类？其工作原理是什么？

6. 液压制动器的主要零部件有哪些？

7. 气压制动器回路的工作原理是什么？

8. 气压制动器的主要零部件是什么？

9. 防抱死的基本原理是什么？

10. 简述防抱死制动系统(ABS)的工作过程？

11. 电子控制行驶平稳系统（ESP）有哪些功能？

第3篇 扩展

第15章 混合动力与电动汽车

随着社会的进步，汽车保有量日益增加，消耗了大量的石油资源，并造成日益严重的环境污染。为了减少对石油资源的依赖并降低传统内燃机的排放，许多国家都在研发新能源汽车。本章将重点阐述混合动力汽车、动力蓄电池电动汽车（纯电动汽车）和燃料电池电动汽车。

15.1 混合动力汽车

混合动力汽车（Hybrid-Electric Vehicle，简称 HEV）是指同时配备电力驱动系统和辅助动力单元的电动汽车，其中辅助动力单元是燃烧某种燃料的原动机或由原动机驱动的发电机组。从广义上讲，在特定工作条件下，由两种或两种以上的蓄能器、能源或能量转换器作为驱动能源，其中至少有一种能提供电能的车辆称为混合动力汽车。从狭义上讲，既有内燃机又有电动机驱动的车辆才称为混合动力汽车。

一般情况下，内燃机汽车最经济点出现在中速和大负荷运转区域，而汽车在城市道路上行驶时，内燃机大多工作在低速和中小负荷状态，燃油消耗率和排放指标都不是最佳状态。为解决上述问题，混合动力汽车应运而生。

混合动力汽车在野外或高速公路上行驶时由内燃机和电动机联合驱动，在城市道路上行驶时只由电动机驱动，此时内燃机发电机组的多余电力为蓄电池充电，可以使内燃机始终以高效率及低排放运行，既发挥了内燃机持续工作时间长、动力性好的优点，又可以发挥电动机无污染、低噪声的好处，二者取长补短联合工作，使汽车的热效率可提高 10% 以上，废气排放可改善 30% 以上。混合动力汽车是介于内燃机汽车和电动汽车之间的一种形式，由于有两个动力源，结构复杂，质量大，故其成本高于同等功率和性能的内燃机汽车，因其对蓄电池的容量要求不高，因此其成本远低于纯电动汽车，且技术上比电动汽车要容易实现得多。随着各国、各地区的排放法规日益严格，已有很多国家研发并使用了混合动力汽车。

15.1.1 类型与基本结构

1. 混合动力汽车的类型

目前，世界各国研究开发的混合动力汽车有不同的结构型式，根据其动力传动系统的配置和组合方式不同，可分为串联式、并联式、混联式和复合式。

（1）串联式混合动力汽车　串联式混合动力系统（见图 15-1）是混合动力汽车中结构最简单的一种动力系统，它可将发动机输出的机械能全部通过发电机转化为电能。转化后的电能一部分用来给蓄电池充电，另一部分经由电动机和传动装置驱动车轮。和燃油汽车相比，串联式混合动力汽车是一种发动机辅助型的电动汽车。其主要特点是可以增加车辆行驶里程，结构较为简单，但需要三个动力装置，即发动机、发电机和电动机。该系统中的功率转换器具有电功率耦合器的作用，可控制从蓄电池组和发电机至电动机的功率流，或反向控制从电动机到蓄电池组的功率流。

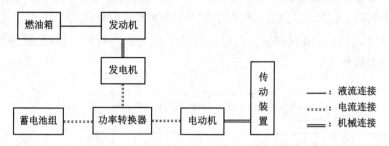

图 15-1　串联式混合动力系统

（2）并联式混合动力汽车　并联式混合动力系统（见图 15-2）采用发动机和电动机两套独立的驱动系统驱动车轮。发动机和电动机通过动力合成器可实现发动机单独驱动、电动机单独驱动、发动机和电动机混合驱动三种工作模式。从某种意义上讲，它是电力辅助型的燃油汽车，可以降低排放和燃油消耗。当发动机提供的功率大于驱动车辆所需的功率或者再生制动时，电动机工作在发电机状态，可将多余的能量充入蓄电池。与串联式混合动力汽车相比，并联式混合动力汽车只需两个驱动装置，即发动机和电动机，而且在蓄电池可用的情况下，如果要得到相同的性能，并联式可比串联式混合动力汽车的发动机和电动机的体积小。

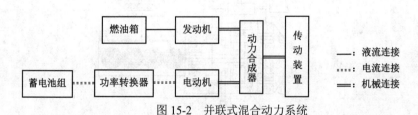

图 15-2　并联式混合动力系统

（3）混联式混合动力汽车　混联式混合动力系统（见图 15-3）在结构上综合了串联式和并联式混合动力系统的特点，与串联式相比，它增加了机械动力的传递路线，与并联式相比，它增加了电能的传输路线，结构复杂，成本高。混联式混合动力汽车同时具有串联式和并联式混合动力汽车的优点，随着控制技术和制造技术的发展，一些现代混合动力汽车倾向于选择这种结构。

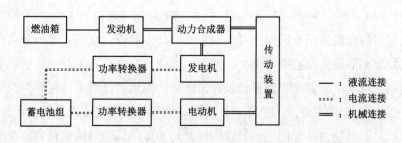

图 15-3　混联式混合动力系统

（4）复合式混合动力汽车　复合式混合动力系统（见图15-4）是在混联式基础上发展起来的，简单的说就是在混联式混合动力系统的基础上将原来的从动轴改装成了由电动机驱动的驱动轴。它可以是前轮由混合动力驱动，后轮由电驱动，也可以是前轮由电驱动，后轮由混合动力驱动。采用这种双向流动的功率流驱动方式的汽车拥有比混联式混合动力汽车更多的运行模式，可以根据行驶需要更合理地进行变换。其结构比混联式的更加复杂，成本更高，控制难度更大。

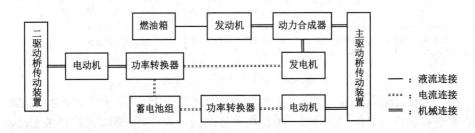

图15-4　复合式混合动力系统

2. 混合动力汽车的基本结构

混合动力汽车一般是传统内燃机汽车的替代和延伸，它继承和沿用了很大部分内燃机汽车的驱动系统。混合动力汽车的基本结构如图15-5所示。

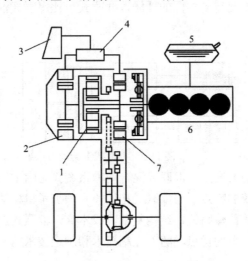

图15-5　混合动力汽车的基本结构

1—动力合成器　2—电动机　3—蓄电池组　4—功率转换器　5—油箱　6—发动机　7—发电机

（1）发动机　内燃机是现今应用于汽车最主要的动力装置。在混合动力电动汽车中，内燃机将是主要驱动能量来源的第一选择。然而，混合动力电动汽车的工作状况与传统汽车不同，混合动力汽车中的发动机需要较长时间以高功率运转，而不需要频繁改变功率输出。但是到目前为止，专为混合动力汽车设计和控制的发动机系统还没有得到充分的开发。

（2）电动机　混合动力汽车的电动机作为辅助动力可降低燃料的消耗和实现低污染，或在纯电动驱动模式时实现"零污染"。混合动力汽车可以采用直流电动机、交流感应电动机、永磁电动机和开关磁阻电动机等。随着混合动力汽车的发展，已经很少采用直流电动机，多数采用了感应电动机和永磁电动机，开关磁阻电动机的应用也得到重视。

（3）蓄电池组　混合动力电动汽车上具有两个蓄电池系统，一个是 12V 直流蓄电池系统，它主要是为车上常规的用电设备提供电压；另一个是电压更高的直流蓄电池系统，它给电动机提供电能，同时还能存储发动机发电所产生的直流电。高压直流蓄电池系统储电量和电压随混合动力系统的要求而变化，一般电压从 36V 到 600V 不等。

（4）功率转换器　功率转换器的主要作用是将来自蓄电池的直流电转换成驱动电动机的电源，反之亦然。

（5）动力合成器　动力合成器有时也称为动力分配器。在并联式混合动力汽车中，其一方面将发动机和电动机的两条动力传递路线合成为一条动力传递路线，最后驱动汽车行驶；另一方面将发动机的转矩分解为两条路线，一条路线用于驱动车辆行驶，另一条路线用于向蓄电池充电。在混联式混合动力汽车中，发动机输出的功率一部分通过动力合成器分配给传动装置，另一部分功率则分配给发电机发电。发电机输出的电能输送给电动机或蓄电池组。电动机从蓄电池组或发电机获取电能，产生驱动力，通过动力合成器传递给驱动桥。

（6）混合动力控制系统　混合动力控制系统可接收操纵装置发出的控制信号，通过中央控制器与各种控制模块，向内燃机的驱动系统或电动机的驱动系统发出单独驱动指令或混合驱动指令，来获得不同的驱动模式，并按照驾驶员的意图，实现混合动力汽车的起动、行驶、加速、爬坡和制动时驱动模式转换的控制。

15.1.2 蓄电池

1. 混合动力汽车对蓄电池的要求

混合动力汽车在匀速行驶时由发动机提供能量，蓄电池组基本上处于不充不放的状态；汽车行驶需要功率大时（如加速、爬坡、高速等），蓄电池组放电；汽车行驶需要功率小时（如低速、停车等），蓄电池组充电。相对于纯电动汽车，混合动力汽车对蓄电池容量的要求相对较低，但要求蓄电池在需要时能提供更大的瞬时功率，即短时间内能输出大电流的能力要强。具体的要求归纳如下：

1）蓄电池的峰值功率要大，可实现短时间的大功率充放电。

2）循环寿命要长，能达到 1000 次以上深度放电和 40 万次以上浅度放电。

3）蓄电池在工作时，其荷电状态（SOC）要尽可能保持在 50%～85% 的范围内。

2. 混合动力汽车用蓄电池

常用的混合动力汽车用蓄电池有铅酸电池、镍基电池和锂离子电池等。

（1）铅酸电池　铅酸电池自发明后在化学电源中一直占有绝对优势。这是因为其技术成熟、价格低廉、单体电池电压高（高于所有其他液体电解液电池），适用于混合动电汽车的大电流输出性能，同时具有良好的高低温性能、高的能量效率（75%～80%）以及多种多样的型号和尺寸等优点。

普通铅酸电池的基本结构如图 15-6 所示。正、负极板上的活性物质 PbO_2 和 Pb 由铅膏（铅粉、稀硫酸及少量添加剂的混合物）填充在用铅锑合金铸成的栅架上，经化学工艺处理后形成。在充足电状态下，正极板呈深棕色，负极板呈深灰色。多片正极板和负极板各自用横板焊接并联起来，相互嵌合安装（中间用隔离板隔开）形成极板组。将极板组置于存有电解液的容器中，就构成了单格电池。

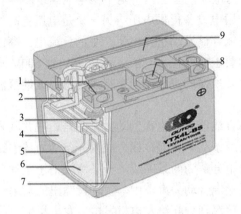

图 15-6　铅酸电池的基本结构

1—端子　2—跨桥　3—极柱　4—负极板　5—隔离板　6—正极板　7—电池槽　8—安全排气装置　9—密闭平顶盖

铅酸电池的单格电池标称电压为 2V，因此一块 6V 的铅酸电池实际上是由 3 个单格铅酸电池通过连条串联而成的。

用硫酸作电解液时，铅酸电池的电化学反应方程式如下：

$$Pb+PbO_2+2H_2SO_4 \underset{\text{充电}}{\overset{\text{放电}}{\rightleftarrows}} 2PbSO_4+2H_2O$$

铅酸电池的优点是内阻小，可输出大电流；价格低廉；单格电池的电压较高；适应性宽，可逆性较好；电能效率较高，可达 60%；易于浮充使用，无记忆效应；对温度适应性较强，可在–40～60 ℃的温度范围内工作；蓄电池在工作中，其荷电状态 SOC 容易识别；可制成密封结构而实现免维护。

但铅酸电池存在的严重缺陷是比能量和能量密度都比较低、自放电率较高、循环寿命短、酸蚀电极而不便于长期存储等。

（2）镍基电池　镍基电池有镍氢（Ni-MH）电池、镍镉（Ni-Cd）电池、镍锌（Ni-Zn）电池等。图 15-7 所示为镍氢电池充放电原理。

电动汽车用镍氢电池也称为镍金属氧化物电池，基本组成有氢氧化镍正电极、储氢合金负极及碱性电解液(如质量分数为 30%的氢氧化钾水溶液)。

镍氢电池电极活性物质为负极的金属氢化物和正极的 NiOOH，金属氢化物能够在电池充放电时释放和吸收氢气，碱性氢氧化钾溶液是电解液的主要成分。镍氢电池的电化学反应方程式如下：

$$MH+ NiOOH \leftrightarrow M+ Ni(OH)_2$$

镍氢电池放电时，负极的金属氢化物被氧化生成金属合金，正极的 NiOOH 被还原生成氢氧化镍，充电过程正好相反。

镍氢电池于 1992 年投放市场，被认为是满足电动汽车使用近期目标的较理想能源。目前，Ni-MH 电池单体的额定电压为 1.2V、比能量为 65Wh/kg、能量密度为 150Wh/L、比功率为 200W/kg。

就现有技术水平来看，镍氢电池具有高于其他任何镍基电池的比能量、能量密度、环保特性（无镉）、平坦的放电曲线和快速充电性能等优点。但目前阻碍其应用的一个重要问题是初始成本高，而且还有记忆效应和充电发热等问题。

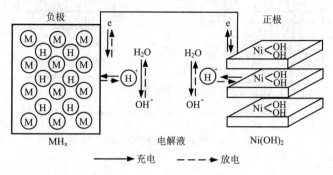

图 15-7 镍氢电池充放电原理

（3）锂离子电池 常温锂电池于 1993 年开始应用于电动汽车，被认为是未来极具发展潜力的可充电电池。虽然锂离子电池仍处于开发阶段，但在电动汽车上使用锂离子电池已获得广泛的接受度。

1）锂离子电池的结构。锂离子电池主要由正极、负极、电解质和隔膜等组成。

正极：锂离子电池的正极活性物质主要是在空气中化学性质稳定的嵌锂过渡金属氧化物，如 $LiCoO_2$、$LiNiO_2$、$LiMnO_2$ 等，在这些物质中加入导电剂、树脂黏合剂，并均匀地涂覆在铝基体上，便形成活性物质呈细薄层分布的正极。

负极：锂离子电池的负极活性物质主要是碳材料与黏合剂的混合物，将这些物质加入有机溶剂调合成膏状，并涂覆于铜基上形成负极。

电解质和隔膜：锂离子电池采用以混合溶剂为主体的有机电解质或聚合物。隔膜一般使用聚乙烯或聚丙烯材料的多微孔膜。隔膜不仅熔点较低，而且具有较高的抗穿刺强度，可起到热保险作用。

2）锂离子电池的原理。锂离子电池的充放电原理如图 15-8 所示。

锂离子电池在充电时，加在电池两电极的充电电场力使正极化合物释放出锂离子 Li^+ 并使其经电解质嵌入到负极分子排列呈片层结构的碳中；锂离子电池在放电时，则是从呈片层结构的碳中析出锂离子 Li^+，并通过电解质嵌回到正极。以 CoO_2 作正电极的锂离子电池为例，其充放电过程正、负电极的电化学反应方程式为

正极：$CoO_2 + Li^+ + e^- \rightarrow LiCoO_2$

负极：$C_6Li \rightarrow 6C + Li^+ + e^-$

锂离子电池的充放电过程实际上就是 Li^+ 在正、负电极之间来回地嵌入和脱出的过程，因而锂离子电池也被称为"摇椅式电池"。

3）锂离子电池的特点。锂离子电池的主要优点是电压高，单格电池的工作电压高达 3.6～3.9V，是镍氢电池与镍镉电池的 3 倍；比能量大，达 100～125Wh/kg，是镍镉电池的 2 倍，镍氢电池的 1.5 倍；循环寿命长，可超过 1000 次；安全性能好，无公害，无记忆效应；自放电小，存储期长；可实现快速充电。但其成本较高，不能大电流放电。

379

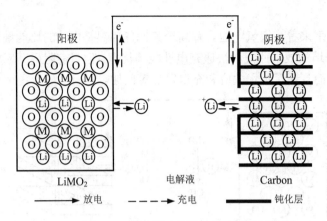

阳极　　　　　　　　　　　　　　　　　　阴极

$LiMO_2$　　　　　电解液　　　　　Carbon

→ 放电　　- - - → 充电　　━━━ 钝化层

图 15-8　锂离子电池的充放电原理

15.1.3　电动机

1. 交流异步电动机

交流异步电动机主要有单相和三相两种形式。电动汽车用交流异步电动机则普遍采用三相。三相异步电动机的种类较多，但各类三相异步电动机的基本结构是相似的。三相交流异步电动机的典型结构如图 15-9 所示。

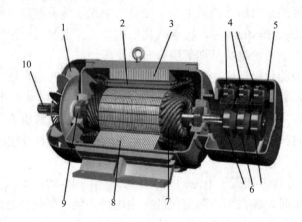

图 15-9　三相交流异步电动机的典型结构

1—风扇　2—定子绕组　3—转子铁心　4—电刷　5—电刷罩　6—集电环　7—转子绕组　8—定子铁心　9—轴承　10—轴

当电动机的三相定子绕组（各相差 120°）通入三相对称交流电后，将产生一个旋转磁场，该旋转磁场切割转子绕组，从而在转子绕组中产生感应电流（转子绕组是闭合通路），载流的转子导体在定子旋转磁场作用下将产生电磁力，从而在电动机转轴上形成电磁转矩，驱动电动机旋转，并且电动机旋转方向与旋转磁场方向相同。

三相交流异步电动机结构简单、体积较小、质量轻、工作可靠、使用寿命长、成本低，特别是其效率较高，这一特点对于车载能量有限的电动汽车来说显得格外重要。但这种电动机调速性能相对较差、功率因数较低，且因控制相对复杂，导致配用的控制器成本较高。

2. 永磁电动机

永磁电动机主要有三种，即定子（磁极）采用永磁体的永磁有刷直流电动机、转子采用永久磁铁的永磁无刷直流电动机和永磁同步交流电动机。

永磁交流同步电动机的基本结构如图 15-10 所示。永磁交流同步电动机的转子结构也有瓦片式、嵌入式和内埋式等多种。永磁交流同步电动机的定子由铁心和三相绕组构成。当定子绕组输入三相正弦交流电时，会产生一个旋转磁场，该磁场与转子的永磁体磁场相互作用，使转子产生电磁转矩，并随着定子的旋转磁场转动。由于转子的转动与旋转磁场同步，故而称为交流同步电动机。永磁交流同步电动机无转子位置传感器。

图 15-10　永磁交流同步电动机的基本结构

1—转子　2—壳体　3—轴承　4—风扇　5—定子绕组　6—定子铁心

永磁交流同步电动机与绕线转子同步电动机相比，省去了转子的励磁绕组、集电环和电刷；与永磁无刷直流电动机一样，实现了无刷运行，工作可靠性较高，且结构简单。与异步交流电动机相比，永磁交流同步电动机不需要无功励磁电流，定子电流和定子绕组的铜损小，因而在很宽的功率输出范围内其功率因数和效率都较高。另外，由于转子无需励磁，电动机可在很低的转速下保持同步运行，调速的范围宽，而且永磁交流同步电动机具有较硬的机械特性，对于因负载的变化而引起的电动机转矩扰动，电动机具有较强的承受能力，瞬间最大转矩可达到额定转矩的 3 倍以上，适用于负载转矩变化较大的工作环境。但是与异步电动机相比，永磁交流同步电动机也有成本高、起动困难等缺点。

3. 开关磁阻电动机

（1）开关磁阻电动机的结构　开关磁阻电动机的基本组成部件有转子、定子和电子开关，如图 15-11 所示。

1）开关磁阻电动机的转子。开关磁阻电动机的转子由导磁性能良好的硅钢片叠压而成，转子的凸极上无绕组。开关磁阻电动机转子的作用是构成定子磁场磁通路，并在磁场力的作用下转动，产生电磁转矩。为了避免转子单边受磁拉力，转子的径向必须对称（双凸极），因此转子的凸极个数为偶数。实际应用的开关磁阻电动机的转子凸极最少有 4 个（两对），最多的有 16 个（8 对凸极）。

2）开关磁阻电动机的定子。开关磁阻电动机的定子铁心也是由硅钢片叠压而成，成对的凸极上绕有两个互相串联的绕组（称为一相），这与其他电磁感应式电动机完全不同。定子的作用是使其绕组按顺序通电，产生的电磁力吸动转子转动。定子凸极的个数也为偶数，最少的有 6 个（3 对凸极），最多的有 18 个（9 对凸极）。

图 15-11　开关磁阻电动机的组成

1—转子　2—接线盒（内存电子开关）　3—定子

3）电子开关。开关磁阻电动机的电子开关（也称为功率转换器）由晶体管和续流二极管组成。其作用是顺序通断各定子绕组，将电源的电能输入电动机，使电动机产生电磁转矩。电子开关的电路结构与定子凸极的数量相对应。定子具有 4 对凸极的电子开关电路如图 15-12 所示。

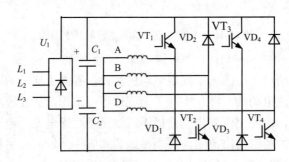

图 15-12　电子开关电路

（2）开关磁阻电动机的工作原理　开关磁阻电动机无论是其结构还是其工作原理，与其他类型的电动机相比都有很大的不同。开关磁阻电动机的定子和转子均为双凸极结构，依据磁路磁阻最小原理使转子转动，产生电磁转矩。

1）电磁转矩的产生。开关磁阻电动机的定子双凸极上绕有集中绕组，转子凸极上没有绕组。其电磁转矩产生原理如图 15-13 所示。

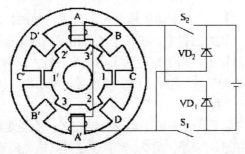

图 15-13　开关磁阻电动机电磁转矩产生原理

图 15-13 中定子有 A、B、C、D 四对凸极，转子有 1、2、3 三对凸极，当电子开关 S_1、S_2 使 A、A'定子绕组通电励磁时，通过转子形成闭合磁路，但电动机定子铁心与磁场的轴线不重合，于是转子就会受到弯曲磁力线切向分力的作用而转动，直到转子 2、2'凸极轴线转至与定子 A、A'凸极轴线重合（闭合磁路的磁阻最小）的位置。可见，开关磁阻电动机是以磁路磁阻最小的原理使转子受电磁力的作用而产生电磁转矩的。

2）转子的持续转动。从开关磁阻电动机电磁转矩产生的原理可知，要使转子能持续地转动，就必须按一定的旋转方向逐个改变通电的定子绕组。构成开关磁阻电动机驱动主电路的电子开关用于控制定子绕组按一定的顺序通电（见图 15-13）。

电子开关 VT_1、VT_2、VT_3、VT_4 的导通或截止由电动机控制器内的控制电路控制，当各电子开关依次控制 A、B、C、D 四个定子绕组通电时，转子就会不断地受电磁力的作用而持续转动。如果电子开关控制定子绕组按 D→A→B→C 的顺序通电，转子就会逆着励磁顺序以逆时针方向连续旋转；反之，若依 B→A→D→C 的相序通电，电动机转子就会沿顺时针方向转动。

15.2 动力蓄电池电动汽车

15.2.1 基本结构

内燃机汽车是通过机械连接传递动力的，不论轿车还是载货汽车，其总体结构大同小异。而电动汽车的结构特点是灵活，这是由于电动汽车的能量传递是通过柔性的电线而不是刚性的机械，因此根据电动机的类型（如直流电动机和交流电动机）、驱动系统的布置形式，电动汽车总体结构会有很大区别。另外，与内燃机汽车相比，电动汽车最大不同点在于动力源、电力驱动及辅助系统。其中动力源主要是电源及其控制装置，电力驱动系统主要由电动机、调速控制装置、功率转换器和机械传动装置组成，辅助系统具有温度控制、能量管理和充电、辅助动力供给等功能。图 15-14 所示为电动汽车的工作原理。

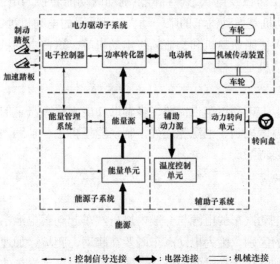

图 15-14　电动汽车工作原理

1. 电源子系统

（1）主电源　主电源是电动汽车的能量来源，通过功率转换器向电动机提供电能，同时也是能量管理系统和整车电子控制系统的电源。目前，纯电动汽车的主电源通常采用铅酸电池、镍氢电池和氢锂离子电池等蓄电池。有些纯电动汽车配备超级电容或飞轮电池等辅助蓄能装置，以提高能量源的瞬时供电能力和能量回馈的效率。

（2）能量管理系统　能量管理系统的主要作用是对蓄电池进行监测与管理，包括对蓄电池 SOC、电压、电流、温度等参数的监测和存电量显示，终止放电显示与报警，能量回馈控制，充放电控制等。对于配备辅助蓄能装置的纯电动汽车，能量管理系统还具有能量协调控制的功能。

（3）车载充电设备　有些电动汽车带有车载充电设备，用于向主电源充电。充电的电源为工业或民用电力电网的电源。车载充电设备应具有变压、调压、整流、滤波等基本功能，可自动进行充电方式（定压、定流、均衡充电等）选择、充电终了判别、自动停止充电控制、充电异常（温度、电压、电流异常）的判别和自动停充保护控制等。

2. 电力驱动子系统

电力驱动子系统由电子控制器、功率转换器、电动机、机械传动装置和驱动车轮等部分组成。其中机械传动装置因纯电动汽车的结构类型不同而差别较大。

（1）电子控制器　电子控制器根据从制动踏板和加速踏板输入的信号，发出相应的控制指令控制功率转换器中功率开关的通断，进而对电动机的转速和转矩进行控制。同时，电子控制器通过对能量管理系统和功率转换器的协调控制，可实现能量回馈控制和能量匹配控制。

（2）功率转换器　功率转换器的主要功能是控制电动机和电源之间的功率流。当电动汽车在驱动工况时，功率转换器的功率开关在控制器输出的控制信号触发下适时地通断，以控制电动机的转矩、转速及转向；当电动汽车制动时，功率转换器使功率流的方向反向，以使电动机工作在发电状态，将再生制动的动能转换为电能，并由主电源吸收。

（3）电动机　电动机是电动汽车的唯一动力，可采用的电动机种类有直流串励电动机、直流无刷电动机、开关磁阻电动机和交流异步电动机等。这些电动机的结构和工作原理与混合动力汽车中的电动机是一样的。

3. 辅助子系统

与内燃机汽车类似，电动汽车也需要许多辅助功能来提高汽车的操纵性和驾驶员的舒适性。除具有常规的温度控制、电源管理外，制动能量再生、辅助动力供给等系统是电动汽车辅助子系统的重要特征。

15.2.2　动力蓄电池

动力蓄电池作为电动汽车的电源与一般内燃机汽车起动蓄电池不同，与混合动力汽车用动力电池也有很大的区别。因为电动汽车既要在起动、爬坡、加速时进行大功率输出，还要在汽车中低速行驶时进行长时间的低功率输出，所以电动汽车的动力蓄电池应具有比能量高、比功率大、使用寿命长、成本低、环境适应性和安全性好等性能。

1. 电动汽车对动力蓄电池的基本要求

1）比能量高。比能量是指单位蓄电池质量所能提供的电能，它是保证电动汽车能够达到基本合理的行驶里程的重要性能。2h 放电率时电池的比能量至少不低于 44 Wh/kg。

2）充电技术成熟、时间短。电池应对充电技术没有特殊要求，并且能够实现感应充电。在充电时间上能够实现快速充电，电池的正常充电时间应小于 6h，电池快速充电达到额定容量 50%的时间应在 20min 以内。

3）连续放电率高、自放电率低。电池应能够适应快速放电的要求，连续 1h 放电率可以达到额定容量的 70%左右。自放电率要低，以使电池能够长期存放。

4）适应车辆运行环境。电池应能够在常温条件下正常稳定地工作，不受环境温度的影响，不需要特殊的加热、保温系统，并能够适应电动汽车行驶时的振动。

5）安全可靠。电池应干燥、洁净，电解质不会渗漏腐蚀接线柱、外壳，应不会引起自燃或燃烧，在发生碰撞等事故时不会对乘员造成伤害。废电池应能够回收处理和再生利用，电池中有害重金属应能够集中回收处理。电池组可以采用机械装置进行整体快速更换，线路连接方便。

6）长寿命、免维护。电池的循环寿命应不低于 1000 次。在使用寿命限定期间内，应不需要进行维护和修理。

2. 动力蓄电池的种类及其基本性能

蓄电池的基本组成为电池单体，多个电池单体串联组成蓄电池。电池正极和负极都浸在电解液中。放电时，负极发生氧化反应向外电路释放电子，正极发生还原反应，从外电路得到电子；充电时，过程正好相反，负极得到电子发生还原反应，正极失去电子发生氧化反应。可用于电动汽车的蓄电池有铅酸电池、镍基电池、金属空气电池、Na-β 电池和锂电池等。在 15.1.2 节中已经介绍了铅酸电池、镍基电池与锂离子电池，下面只介绍其他类型电源以及超级电容和飞轮电池等辅助蓄能装置。

（1）金属空气电池　金属空气电池采用金属负电极和空气正电极，具有电力充电和机械充电两种可选方案。金属空气电池的显著优点为高比能量和能量密度（如 Al 空气电池分别高达 600Wh/kg 和 400 Wh/L）、低价格（因采用了常用金属材料和空气）、良好的环保设计、平坦的放电曲线以及与负载和工作温度无关的容量特性。

可充电金属空气电池的普遍问题是比功率低、工作温度范围有限、空气中的二氧化碳溶于水后生成碳酸会中和碱性电解液并释放氢气等。

1）Zn 空气电池。电力充电方式的 Zn 空气电池额定工作电压为 1.2V、比能量为 180Wh/kg、能量密度为 160Wh/L、比功率为 95W/kg。在 Zn 空气电池中，负电极为金属锌粒，正电极为空气中的氧气，电解液为氢氧化钾溶液。电池的化学反应方程式为

$$2Zn + O_2 \leftrightarrow 2ZnO$$

放电时，锌粒被氧化生成锌酸盐溶于电解液中并形成氧化锌；充电时，反应过程正好相反。但是在充、放电过程中，锌电极的形状会变化。

机械充电式的 Zn 空气电池避免了使用双极空气电极和锌电极在充、放电循环中出现的形状改变问题，因此机械充电式的 Zn 空气电池具有相对较高的比能量（230 Wh/kg）和比功率（105W/kg）。

2）Al 空气电池。Al 空气电池的额定电压为 1.4V，电解液可以是盐溶液或氢氧化钾溶液。机械充电式 Al 空气电池的放电反应方程式为

$$4\,Al + 3\,O_2 + 6\,H_2O \rightarrow 4\,Al(OH)_3$$

由于 Al 空气电池的比功率极低，故很少单独用作电动汽车的能量源。为利用 Al 空气电池高的比能量和能量密度，在电动汽车上通常将其与其他类型的充电电池组合作为动力源，用于延长车辆续驶里程。

（2）Na-β 电池　Na-β 电池技术包括基于 Na/S 和 Na/NiCl$_2$ 化合物的两种设计，即液态钠反应物和陶瓷 β-Al$_2$O$_3$ 电解液。Na/S 电池已经历了 20 余年的发展，在 Na/S 电池出现 10 年之后，又出现了 Na/NiCl$_2$ 电池，该电池具有解决阻碍 Na/S 电池发展难题的巨大潜力。

1）Na/S 电池。Na/S 电池的工作温度范围为 300～350℃，单体电池的额定电压为 2.0V，比能量为 170 Wh/kg，能量密度为 250Wh/L，比功率为 390W/kg。在 Na-S 电池中活性物质为熔铸钠负电极和熔铸钠多硫化合物正电极。陶瓷 β-Al$_2$O$_3$ 电解液作为离子传导媒介和熔铸电极的隔离物，避免了电池的自放电。该电池的电化学反应方程式为

$$2\,Na + x\,S \leftrightarrow Na_2S_x$$

放电时，Na 原子被氧化生成钠离子，钠离子通过电解液的传递与硫结合生成五硫化钠化合物，五硫化钠化合物又逐渐形成多硫化钠化合物（Na$_2$S$_x$，其中 x=5～2.7）。充电过程正好相反。

2）Na/NiCl$_2$ 电池。在 Na/NiCl$_2$ 电池中，活性物质为熔铸钠负电极和固体镍氯化物正电极。除了 Na/S 电池中使用的陶瓷 β-Al$_2$O$_3$ 电解液外，还有一种贮于正电极室中的辅助电解液（钠铝氯化物）。辅助电解液的功用在于从主电解液（陶瓷 β-Al$_2$O$_3$）中传导钠离子到固态镍氯化物正电极。相应的电化学反应方程式为

$$2\,Na + NiCl_2 \leftrightarrow Ni + 2\,NaCl$$

放电时，固态镍氯化物转化为镍金属和氯化钠晶体；充电时，反应过程相反。Na/NiCl$_2$ 电池工作温度为 250～350℃，电池单体的额定电压为 2.5V。Na/NiCl$_2$ 电池的性能指标可达到 86 Wh/kg 的比能量、149 Wh/L 的能量密度和 150 W/kg 的比功率（与电池结构有关）。与 Na/S 电池相比，Na/NiCl$_2$ 电池具有更高的开路电压、更宽的工作温度范围、更高的化学反应物安全性、更加可靠的失效模式、更好的耐冻结及解冻能力。但也有成本高以及比功率低的缺点。

（3）超级电容　超级电容器简称为超级电容，其具有超强的存储电荷能力。超级电容的主要组成部件是集电极（电容板）、电解质和绝缘层。其工作原理如图 15-15 所示。

电解质和绝缘层装在两活性炭多孔化电极之间，电荷沿集电极和电解质成对排列，形成双层电容器，从而扩大了电容器的电荷存储量。当充电电流加在两电极上时，在靠近电极的电解质界面上产生与电极所携带的电荷极性相反的电荷并被束缚在电解质界面上，形成两个电极。两个电极的距离非常小，但活性炭多孔化电极可以获得极大的电极表面积（可以达到 200m^2/g），从而使得超级电容具有极大的电容量。目前，单体超级电容的最大电容量可达 5000F。

近期内虽然超级电容极低的比能量使其不可能单独用作电动汽车的能量源，但作为辅助能量源却具有显著优点，动力电池加超级电容被认为是电动汽车能量源的最佳组合。超级电容的存在使电动汽车对电池的比能量和比功率要求分离开来，电池设计可以集中于对比能量和循环寿命的要求，而不必过多地考虑比功率问题。由于超级电容的负载均衡作用，电池的放电电流可以减小，相应地电池的可利用能量、使用寿命显著提高，加之超级电容可以迅速高效吸收制动再生能量，使得车辆续驶里程得以极大提高。动力电池加超级电容系统对电池、超级电容、电动机、逆变器优化及综合控制要求较高。

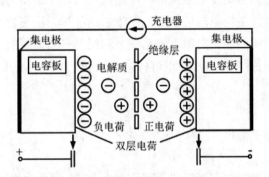

图 15-15　超级电容的工作原理

（4）飞轮电池　飞轮电池由飞轮、轴、轴承、电机、真空容器和电力电子装置等组成，如图 15-16 所示。

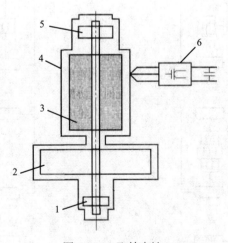

图 15-16　飞轮电池

1、5—轴承　2—飞轮　3—电机　4—真空容器　6—电力电子装置

飞轮是整个蓄能装置的核心部件，当飞轮以一定的角速度旋转时就具有了一定的动能。当飞轮电池充电时，通过电力电子装置从外部输入电能而使电机旋转，电机（此时作为电动机）驱动飞轮加速旋转，使飞轮存储的动能增大。当飞轮电池向外放电时，由高速旋转的飞轮带动电机（此时作为发电机）旋转，将动能转化为电能，再通过电力电子装置将电能转换为负载所需的频率和电压。

飞轮一般采用碳纤维制成，以满足高转速（可达 40000～50000r/min）时的强度要求，同时减小飞轮电池的质量。电机可用于电能与机械能的相互转换，实现充电（存储机械能）和放电（释放机械能）过程。飞轮电池通常采用永磁式电机，在充电时用作电动机，在外电源的驱动下带动飞轮高速旋转，将电能转换为机械能存储；在放电时用作发电机，在飞轮的带动下发电而向外输出电能。飞轮电池通常使用非接触式的磁悬浮轴承，以减小飞轮运转时的摩擦损耗，提高飞轮电池的能量存储效率。真空容器用于密封电机和飞轮，以减少风阻（因为飞轮在高速旋转时，周围的空气会形成强烈的涡流，造成巨大的空气阻力）。

与超级电容一样，飞轮电池特别适合用作电动汽车的辅助蓄能装置，在车辆起步、加速、爬坡等行驶工况时，协助蓄电池供电，可提高电动汽车的动力性，并延长蓄电池的使用寿命。在车辆制动时，飞轮电池可很好地回收制动能量。用飞轮电池作蓄能装置的电动汽车也早已被世界各国所关注。美国飞轮系统公司用其最新研制的飞轮电池将一辆克莱斯勒 LHS 轿车改装成电动轿车，一次充电可行驶 600km，0～96 km/h 的加速时间仅为 6.5s。

15.2.3 电力驱动系统

电力驱动系统包括电动机、电动机控制器及传动机构。一些电动汽车可直接由电动机驱动车轮。

按电力驱动系统的组成和布置形式不同，纯电动汽车可分为机械传动型、无变速器型、无差速器型和电动轮型四种类型。电动汽车的传动形式如图 15-17 所示。

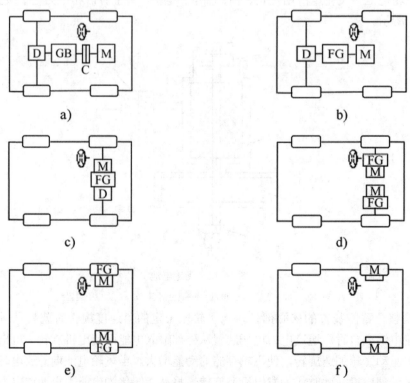

图 15-17 电动汽车的传动形式

M—电动机　C—离合器　D—差速器　FG—固定速比减速器　GB—变速器

（1）机械传动型纯电动汽车　机械传动型纯电动汽车如图 15-17a 所示。它由发动机前置、后轮驱动的内燃机汽车发展而来，保留了内燃机汽车的传动系统，只是把内燃机换成了电动机。这种结构可以提高纯电动汽车的起动转矩及低速时的后备功率，对驱动电动机要求低，可选择功率较小的电动机。

（2）无变速器型纯电动汽车　无变速器型纯电动汽车如图 15-17b 所示。这种驱动系统的最大特点是取消了离合器和变速器，采用固定速比减速器，通过电动机的控制实现变速功能。这种结构的优点是机构传动装置的质量较轻、体积较小，但对电动机的要求较高，不仅要求有较高的起动转矩，而且要求有较大的后备功率，以保证纯电动汽车的起步、爬坡、加速等动力性能。

无变速器型纯电动汽车的另外一种结构如图 15-17c 所示。这种结构与发动机横向前置、前轮驱动的燃油汽车的布置方式类似。它把电动机、固定速比减速器和差速器集成为一个整体，两根半轴连接驱动车轮。这种结构在小型电动汽车上应用很普遍。

（3）无差速器型纯电动汽车　无差速器型纯电动汽车如图 15-17d 所示。这种结构采用了两个电动机，通过固定速比减速器分别驱动两个车轮，每个电动机的转速可以独立调节。当汽车转向时，由电子控制系统实现电子差速，因此电动机控制系统比较复杂。

（4）电动轮型纯电动汽车　电动轮型纯电动汽车如图 15-17e 所示。这种结构将电动机直接装在驱动轮内（也称为轮毂电动机），可进一步缩短电动机到驱动轮之间的动力传递路径，但需要增设减速比较大的行星齿轮减速器，以便将电动机转速降低到理想的车轮转速。这种结构对控制系统的控制精度和可靠性的要求较高。

电动轮型纯电动汽车的另一种结构如图 15-17f 所示。该结构采用了低速外转子电动机，去掉了减速齿轮，将电动机的外转子直接安装在车轮的轮缘上。这种结构的电动机与驱动轮之间无任何机械传动装置，因此无机械传动损失，且空间利用率最大。这种电动机直接驱动车轮的形式对电动机的性能要求最高，要求其具有较高的起动转矩和较大的后备功率。

15.3 燃料电池电动汽车

动力蓄电池电动汽车完全以动力蓄电池作为电源，初期的电动汽车因电池组体积大、续驶里程短、使用不方便、成本高等缺点，无法与技术成熟的内燃机汽车相比。要想发展电动汽车，必须在技术上解决比能量、比功率、寿命、成本以及研发经费等各种难题。伴随燃料电池技术的发展，以氢为燃料的燃料电池发电装置成了电动汽车发展的希望。采用燃料电池作电源的电动汽车为燃料电池电动汽车（Fuel Cell Electric Vehicle，简称 FCEV）。

燃料电池是一种电化学的发电装置，不同于常规意义上的蓄电池。燃料电池等温地按电化学方式直接将化学能转化为电能，不经过热机过程，不受卡诺循环的限制，能量转化效率高（40%～60%），环境友好，几乎不排放氮和硫的氧化物，而且二氧化碳的排放量也较少。燃料电池技术在 1839 年由英国科学家发现，1960 年美国宇宙航空局将其用于卫星上，然后广泛用于航天以及军事上。最近十几年，随着材料技术特别是纳米技术的发展，使燃料电池技术有了飞跃性发展，使其逐步实现了小型化、大功率、低成本。近年来燃料电池技术的研究和开发倍受各国政府与大公司的重视，被认为是 21 世纪首选的洁净、高效的发电技术。

15.3.1 结构特点与类型

1. 燃料电池汽车的结构特点

燃料电池是燃料电池汽车的主要动力源，一般由多个单体燃料电池组成。与电化学电池相比，燃料电池的显著优点为可使燃料电池电动汽车达到与燃油车一样的续驶里程，这是因为燃料电池电动汽车的行驶里程仅与燃料箱中的燃料多少有关，而与燃料电池的尺寸无关（其尺寸仅取决于电动汽车的功率需求水平）。燃料电池还具有诸如反应物加料时间远远短于电化学电池的充电时间、使用寿命长于电化学电池并且电池维护工作量小、燃料易于获得、工作持久可靠等优点。

图 15-18 所示为燃料电池汽车与内燃机汽车的对比。由图可见，从动力产生的角度来看，二者都需要使用空气和燃料，并且都有反应物的排放，这一点燃料电池汽车与内燃机汽车类似，所不同的是汽车的动力源一个是燃料电池，一个是内燃机，燃料电池的排放物是水，而内燃机的排放物是二氧化碳以及一氧化碳、氮氧化物、碳氢化合物等有害气体。从动力传递和驱动的角度来看，燃料电池汽车完全等同于电动汽车，其总体结构包括电源及其控制装置、电力驱动系统、辅助系统等。

通常在燃料电池汽车上还要装配一个普通蓄电池组作为辅助电源，用于燃料电池汽车快速起动；存储燃料电池汽车在再生制动时反馈的电能，从而为控制系统以及其他汽车用电设备提供低压电源。

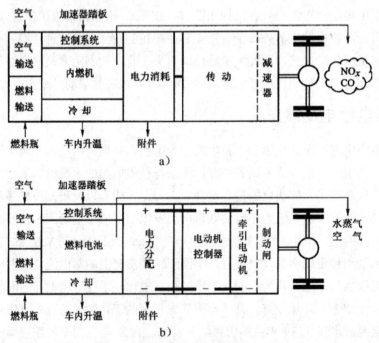

图 15-18　燃料电池汽车与内燃机汽车的对比

a）内燃机汽车　b）燃料电池汽车

2. 燃料电池汽车的类型

（1）按有无蓄能装置分类　根据燃料电池电动汽车是否配备蓄能装置，可把燃料电池电动汽车分为纯燃料电池电动汽车和混合型燃料电池电动汽车两大类。

1）纯燃料电池电动汽车。纯燃料电池电动汽车的燃料电池是电动汽车上电能的唯一来源。这种类型的燃料电池电动汽车要求采用功率大的燃料电池，并且无法回收汽车制动能量。因此，纯燃料电池电动汽车目前应用较少。

2）混合型燃料电池电动汽车。混合型燃料电池电动汽车上除燃料电池外，同时配备了蓄能装置（如蓄电池、超级电容和飞轮电池等）。由于蓄能装置可协助供电，因而可适当减小燃料电池的功率，且蓄能装置还可用于汽车制动时的能量回收，所以可提高燃料电池电动汽车的能量利用率。燃料电池电动汽车多采用混合型结构。

（2）按燃料电池与蓄电池的结构关系分类　根据混合型燃料电池电动汽车中燃料电池和蓄电池的电路结构，可将混合型燃料电池电动汽车动力系统分为串联式和并联式两种，如图 15-19 所示。

1）串联式混合型燃料电池电动汽车。串联式混合型燃料电池电动汽车动力系统的构成如图 15-19a 所示。其燃料电池相当于车载发电装置，通过 DC/DC 转换器进行电压转换后对蓄电池充电，再由蓄电池向电动机提供驱动车辆的全部电力。该电动汽车的特点与普通的串联式混合动力汽车相似，优点是可采用小功率的燃料电池，但要求蓄电池的容量和功率要足够大，且燃料电池发出的电能需要经过蓄电池的电化学转换过程，从中有能量的转换损失。目前，串联式混合型燃料电池电动汽车较为少见。

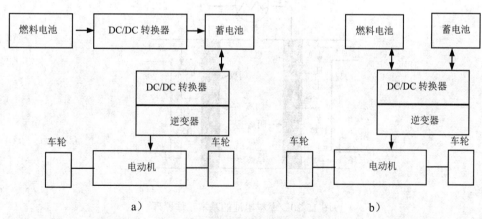

图 15-19　串联式和并联式混合型燃料电池电动汽车动力系统

a）串联式　b）并联式

2）并联式混合型燃料电池电动汽车。并联式混合型燃料电池电动汽车动力系统的构成如图 15-19b 所示。它由燃料电池和蓄电池共同向电动机提供电力。根据燃料电池与蓄电池能量大小的配置不同，又可将其分为大燃料电池型和小燃料电池型两种。大燃料电池型主要由燃料电池提供电力，蓄电池的容量较小，只是在电动汽车起步、加速、爬坡等行驶工况时协助供电，并在车辆减速与制动时进行能量回收；小燃料电池型则必须采用大容量的蓄电池，由蓄电池提供主要电力，而燃料电池只是协助供电。并联式是目前混合型燃料电池电动汽车采用较多的形式。

（3）按采用的燃料不同分类　根据燃料电池所采用的燃料不同，燃料电池电动汽车又可分为直接燃料电池电动汽车和重整燃料电池电动汽车两大类。

1）直接燃料电池电动汽车。其燃料主要是纯氢，也可以用甲醇等燃料。采用纯氢作燃料的燃料电池电动汽车，氢燃料的贮存方式有压缩氢气、液态氢和合金（碳纳米管）吸附氢等几种。

2）重整燃料电池电动汽车。其燃料主要有汽油、天然气、甲醇、甲烷、液化石油气等。重整燃料电池电动汽车的结构要比氢燃料电池电动汽车复杂得多，如甲醇重整燃料电池电动汽车需要装备对甲醇进行200℃左右的加热以分解出氢的装置，汽油重整燃料电池汽车也需要装备对汽油进行1000℃左右的加热以分解出氢的装置。无论采用什么燃料，重整燃料电池电动汽车都需设置重整装置，将其他燃料转化为燃料电池所需的氢。

15.3.2 燃料电池

1. 燃料电池的基本工作原理

如图15-20所示，燃料电池由阳极、阴极和夹在二者之间的电解质等组成。燃料电池工作时分别向两个电极供给氢气和氧气，通过电极金属的催化作用发生电化学反应，此时在两电极的外电路产生电流。

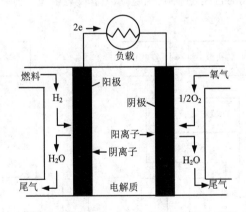

图15-20　燃料电池的基本工作原理

在阳极（又称燃料电极）供给的氢气在金属的催化作用下生成氢离子（H^+）和电子（e^-），由于电解质只具有离子导电性，而电子无法通过，阳极和阴极与电解质相反都具有电子导电性以及气体通过性，而离子无法通过，因此氢气被离解后产生的电子（e^-）只有通过电极的外电路到达阴极。阳极的反应式如下：

$$H_2 \rightarrow 2H^+ + 2e^-$$

在阴极（又称氧气电极或空气电极）供给的氧气在金属的催化作用下与通过电解质过来的氢离子（H^+）和通过外电路过来的电子（e^-）发生反应。阴极的反应式如下：

392

$$4H^+ + O_2 + 4e^- \rightarrow 2H_2O$$

燃料电池的总反应式为

$$2H_2 + O_2 \rightarrow 2H_2O$$

由此可见，氢气和氧气在燃料电池内部结合生成水，这个结合不是通过燃烧，而是通过金属的催化作用将氢离解为氢离子和电子，然后分别通过电解质和外电路两个通道将氢离子和电子输送到阴极与氧气反应生成水，并在外电路中形成电流。

2. 燃料电池的燃料

燃料电池的直接燃料为氢气，为了从液体燃料（如甲醇或汽油等）中获得燃料电池所需要的 H_2，必须在燃料电池电动汽车上装置重整器、燃烧器、净化处理器、气水分离器和各种循环泵等装备。目前，在大多数的燃料电池电动汽车上，特别是在燃料电池电动轿车上仍然是以压缩氢气或液化氢气作为燃料。

（1）氢气（H_2）　氢气是燃料电池的最佳燃料，直接使用氢可以使燃料电池辅助系统大大简化，效率提高，排放为零。但目前氢的制取工艺较复杂，成本也较高。

（2）甲醇（CH_3OH）　甲醇是燃料电池的一种主要燃料，最常采用和最廉价的方法是用天然气作为原料来生产甲醇。液体甲醇的贮存、保管、充添、携带和运输极为方便。甲醇的能量密度较大，高纯度的甲醇具有单一的成分，可以在较低的温度条件下进行重整，且重整工艺简单，从而可简化燃料处理的工艺和设备。

（3）汽油　如果将汽油重整为氢气供燃料电池作为燃料，再经过传动系统驱动车辆，则汽油热量转换为汽车驱动力的效率可以达到34%左右。

（4）其他种类的燃料　除常用的氢和甲醇燃料外，甲烷、乙烷、甲苯、丁烯和丁烷等碳氢化合物在经过使用铜和陶瓷混合物烧结的阳极后，有效地解决了阳极上产生积炭和一些聚合物的问题，也可以作为燃料电池的燃料。

3. 燃料电池的类型

根据电解质种类的不同，燃料电池可分为碱性燃料电池（AFC）、磷酸燃料电池（PAFC）、熔融碳酸盐燃料电池（MCFC）、固体氧化物燃料电池（SOFC）和质子交换膜燃料电池（PEMFC）等。在燃料电池中，磷酸燃料电池和质子交换膜燃料电池可以冷起动和快起动，作为移动电源，更适应燃料电池电动汽车使用的要求。各类燃料电池性能的比较见表15-1。

4. 燃料电池的基本结构

图 15-21 所示为燃料电池的基本结构。两个电极之间装上电解质板即可构成一个单体燃料电池（见图 15-21a），其电压一般在 1V 左右。为了获得能够实际应用的、具有足够高电压的燃料电池，需要将许多单体燃料电池串联起来（见图 15-21b），各单体燃料电池之间用隔板隔开。隔板的作用有两个：一是保证氢气和氧气（空气）分别进入相应的电极，并防止氢气和氧气在进入电极前接触；二是成为各单体燃料电池的输出端子。因此，要求隔板应具有电子导电性和气体密封性。

由于燃料电池内的电化学反应是放热反应，因此运行中必须要对燃料电池进行冷却。燃料电池一般采用循环水冷却，其内部要有便于水循环并把热量带走的相应结构。

表 15-1　各种燃料电池性能的比较

主要参数 ＼ 类型	碱性燃料电池（AFC）	磷酸燃料电池（PAFC）	熔融碳酸盐燃料电池（MCFC）	固体氧化物燃料电池（SOFC）	质子交换膜燃料电池（PEMFC）
比功率/（W/kg）	35～105	100～220	30～40	15～20	300～1000
单位面积的功率/（W/cm²）	0.5	0.1	0.2	0.3	1～2
燃料种类	H_2	天然气、甲醇、液化石油气	天然气、液化石油气	H_2、CO、HC	H_2
氧电极的氧化物种类	O_2	空气	空气	空气	空气
电解质	有腐蚀、液体氢氧化钾	有腐蚀、液体磷酸水溶液	有腐蚀、液体碳酸锂/碳酸钾	无腐蚀、氧化锆系、陶瓷系	无腐蚀、固体稳定氧化锆系
发电效率（%）	45～60	35～60	45～60	50～60	—
起动时间	几分钟	2～4h	≥10h	≥10h	几分钟
电荷载体	OH^-	H^+	CO_3^{2-}	O^-	—
反应温度/℃	50～200	180～220	600～700	750～1000	25～105
应用情况参考	应用于宇宙飞船	应用广泛、发展迅速	有可能用于大型发电厂	有可能用于大型发电厂	发展迅速，可用于 FCEV

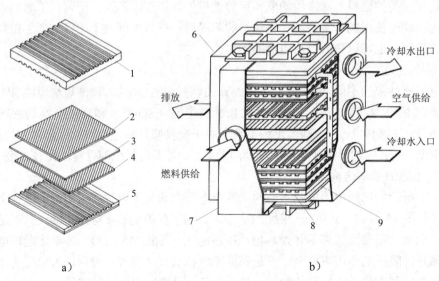

a)　　　　　　　　　　　　　b)

图 15-21　燃料电池的基本结构

a）单体燃料电池的组成　b）由单体燃料电池组成的实际燃料电池

1、5、8—隔板　2—燃料电极（阳极）　3—电解质板　4—氧气电极（阴极）

6—空气配布通道　7—燃料配布通道　9—单体燃料电池

另外，需要对燃料电池循行状态进行监控。燃料电池的电化学反应的速度和效率随参加反应气体参数的变化而不同，如压力、温度、湿度和载荷的变化等。它们对燃料电池反应的影响各不相同，综合作用的结果就更加复杂。在燃料电池电动汽车上，可用现代电子技术，根据参加反应气体反应条件的变化，对燃料电池电响应的速度和效率进行控制，将反应过程控制在适当的范围内，根据反应条件的规律来制定相应控制策略，再用现代控制理论（模糊控制、智能控制等）开发燃料电池控制系统的软件和硬件，使反应速度加快并尽可能地提高效率。

燃料电池的特点是低电压、大电流。燃料电池输出的电压随温度的升高而升高，随输出的电流增大而下降，并且从载荷变化开始到输出电压、电流缓慢地逐渐进入稳定状态，停留在误差带范围内的动态反应时间较长（相对于铅酸电池）。大多数的电器难以适应燃料电池电压、电流随温度波动以及动态响应过程时间长的问题，直接使用燃料电池的电能有一定的困难，因此使用燃料电池时必须要配备一个功率 DC/DC 转换器，将燃料电池产生的直流电转换为稳定的直流电流，然后经过逆变器转换为交流电输送给驱动电动机。

15.3.3 基本构成

燃料电池电动汽车与普通燃油汽车相比，其外形和内部空间几乎没有什么区别，不同之处在于动力系统。燃料电池电动汽车动力系统的基本组成部分有燃料电池系统、电子控制系统、辅助蓄能装置及驱动电动机。燃料电池电动汽车动力系统的布置如图 15-22 所示。

图 15-22　燃料电池电动汽车动力系统的布置

1—锂离子电池　2—燃料贮存装置　3—燃料电池电堆　4—驱动电动机　5—氢燃料模块

1. 直接燃料电池电动汽车

典型的直接燃料电池电动汽车动力系统的基本构成如图 15-23 所示。

（1）燃料电池系统　燃料电池系统的核心是燃料电池电堆，此外还配备了氢气供给系统、氧气供给系统、气体加湿系统、水循环系统及反应物生成处理系统等，用以确保燃料电池堆正常工作。

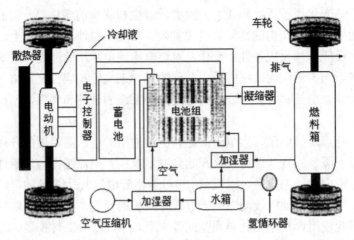

图 15-23　典型的直接燃料电池电动汽车动力系统的基本构成

1）氢气供给系统。氢气供给系统的功能包括氢的贮存、管理和回收。由于气态氢需要采用高压的方式贮存，因此贮氢气瓶必须有较高的品质。贮氢气瓶的容量决定了一次充氢的行驶里程。轿车一般采用 2～4 个高压贮氢气瓶，大客车上通常采用 5～10 个高压贮氢气瓶来贮存所需的氢气量。

液态氢比气态氢需要更高的压力进行贮存，且要保持低温，因此在使用液态氢时对贮氢气瓶的要求更高，还需要有较复杂的低温保温装置。

根据贮氢压力，需要采用相应的减压阀、调压阀、安全阀、压力表、流量表、热量交换器、传感器及管路等组成氢气供给系统。在从燃料电池电堆排出的水中还有少量的氢，可通过氢气循环器将其回收。

2）氧气供给系统。氧气有纯氧和空气两种供给方式。当以纯氧的方式供给时，需要配备氧气罐；当从空气中获得氧气时，需要用空气压缩机来提高压力，以确保供氧量，增加燃料电池反应的速度。空气供给系除了需要配备体积小、效率高的空气压缩机外，还需配备相应的空气阀、压力表、流量表及管路，并对空气进行加湿处理，以确保空气具有一定的湿度。

3）水循环系统。在燃料电池反应过程中产生的水和热量需要通过水循环系统中的凝缩器加以冷凝并进行气水分离处理。部分水可用于反应气体的加湿。水循环系统还用于燃料电池的冷却，以使燃料电池保持在正常的工作温度。

（2）辅助蓄能装置　混合式燃料电池电动汽车还配备了辅助蓄能装置。辅助蓄能装置可采用蓄电池、超级电容和飞轮电池中的一种，与燃料电池组成双电源的混合动力系统，或采用蓄电池+超级电容、蓄电池+飞轮电池的电源系统。

燃料电池电动汽车配备辅助蓄能装置的作用如下：

1）在燃料电池电动汽车起动时，由辅助蓄能装置提供电能，带动燃料电池起动或带动车辆起步。

2）在燃料电池电动汽车运行过程中，当燃料电池输出的电能大于车辆驱动所需的能量时，辅助蓄能装置可用于存储燃料电池多余的电能。

3）在燃料电池电动汽车加速和爬坡时，辅助蓄能装置可协助供电，以弥补燃料电池输出功率的不足，使电动机获得足够的电能，产生满足车辆加速和爬坡所需的电磁转矩。

4）向车辆的各种电子设备、电器提供工作所需的电能。

5）在车辆制动时，驱动电动机会转换为发电机工作状态，将车辆的动能转换为电能，辅助蓄能装置可以实现车辆制动时的电能回馈。

（3）驱动电动机　驱动电动机用于将电源所提供的电能转换为电磁转矩，并通过传动装置驱动车辆行驶。与纯电动汽车和混合动力汽车一样，燃料电池电动汽车用驱动电动机也可采用直流有刷电动机、交流异步电动机、交流同步电动机、永磁无刷直流电动机和开关磁阻电动机等。

不同类型的电动机具有不同的性能特点。燃料电池电动汽车用驱动电动机通常是结合整车的开发目标，综合考虑各种电动机的结构与性能特点以及电动机的驱动控制方式和控制器结构特点等来选择。

（4）电子控制系统　直接燃料电池电动汽车的电子控制系统具有燃料电池系统控制、DC/DC 转换器控制、辅助蓄能装置能量管理、电动机驱动控制及整车协调控制等功能，各控制功能模块通过控制器局域网络总线连接，如图 15-24 所示。

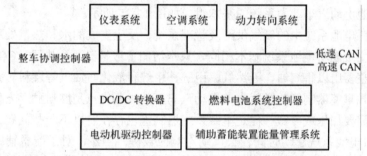

图 15-24　燃料电池电动汽车电子控制系统构成

1）燃料电池系统控制。燃料电池系统控制器用来控制燃料电池的燃料供给与循环系统、氧化剂供给系统、水/热管理系统，并协调各系统工作，以使燃料电池系统能持续向外供电。

2）DC/DC 转换器控制。DC/DC 转换器用于改变燃料电池的直流电压，由电子控制器控制。电子控制器的作用是通过调节 DC/DC 转换器的输出电压，将燃料电池电堆较低的电压升高至电动机所需的电压。DC/DC 转换器的作用不仅仅是升压和稳压，在其工作时，通过控制器的实时调节，还可使其输出电压与蓄电池的电压相匹配，协调燃料电池和蓄电池负荷，起限制燃料电池最大输出电流和最大功率的作用，以避免燃料电池因过载而损坏。

3）辅助蓄能装置能量管理。辅助蓄能装置能量管理系统用于对蓄电池的充电、放电、存电状态等进行监控，使辅助蓄能装置能正常地起作用，实现车辆在起动、加速、爬坡等工况下的协助供电，并在车辆运行时存储燃料电池富余电能，实现汽车制动时的能量回馈。蓄电池能量管理系统通过对蓄电池电压、电流、温度等参数的监测，还可实现蓄电池的过充电、过放电控制，进行蓄电池荷电状态的估计与显示。

4）电动机驱动控制。电动机的类型不同，其控制系统的电路结构和工作原理也有所不同。总体上，电动机驱动控制系统的主要控制功能有电动机的转速与转矩调节、电动机工作模式控制（设有制动能量回馈的电动汽车）、电动机过载保护控制等。

5）整车协调控制。整车协调控制系统可基于设定的控制策略对各控制功能模块进行协调控制。一方面，整车协调控制系统可根据加速踏板传感器、制动踏板传感器、档位开关输入的电信号判断驾驶员的驾车意图，并输出控制信号，通过相关的控制功能模块实现车辆的行驶工况控制；另一方面，整车协调控制系统可根据相关传感器和开关输入的电信号，获取车速、电动机转速、是否制动、蓄电池和燃料电池的电压和电流等信息，判断车辆的实际行驶工况和动力系统的状况，并按设定的多电源控制策略输出相应的控制信号，通过相应的功能模块实现能量分配调节控制。此外，整车协调控制系统还具有整车故障自诊断功能。

直接以纯氢为燃料电池的电动汽车对贮氢装置的要求较高，但比重整燃料电池电动汽车结构简单、质量轻、能量效率高、成本低，因此目前的燃料电池电动汽车大都以纯氢为车载氢源。

2. 重整燃料电池电动汽车

重整燃料电池电动汽车与直接燃料电池电动汽车的主要区别在于使用汽油、天然气、甲醇、甲烷和液化石油气等燃料在汽车上通过重整器产生氢，再将氢提供给燃料电池电堆。重整燃料电池电动汽车动力系统的基本组成如图 15-25 所示。

重整燃料电池系统中的氧气供给及管理系统、反应生成的水和热量处理系统及电力管理系统等与直接燃料电池系统基本相同，只是增加了重整器、加热器、CO 转换与净化器等装置。重整器用以将汽油、天然气、甲醇、甲烷和液化石油气等燃料转换为纯氢。

使用车载重整器制氢的燃料电池电动汽车，其主要优点是燃料贮存方便，只需要普通的容器，不需要加压或冷藏。但是车载重整器制氢也存在着以下一些问题：

1）燃料电池系统起动时间较长，动态响应较慢。当然，对于配备辅助蓄能装置的重整燃料电池电动汽车来说，辅助蓄能装置可很好地解决这一问题。

2）重整装置不仅需要复杂的控制过程，而且其体积和质量会减少车辆可利用的空间，增加能量消耗。

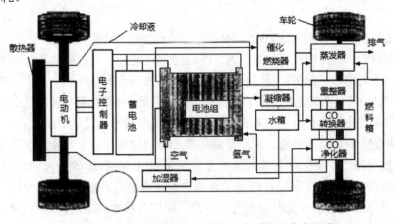

图 15-25 重整燃料电池电动汽车动力系统的基本组成

3）当制取的氢气纯度不高时，可能会使催化剂中毒并产生一些污染。

由于上述不足，在现已推出的燃料电池电动汽车中，采用重整技术的相对较少。

15.3.4 工作原理

目前，燃料电池电动汽车多采用燃料电池+蓄电池的混合动力模式。在电动汽车起步、加速、匀速、滑行、减速和制动等不同的行驶工况时，燃料电池的工作模式是不同的，大体可分为燃料电池模式、混合动力模式、蓄电池模式和能量回馈模式等，如图15-26所示。

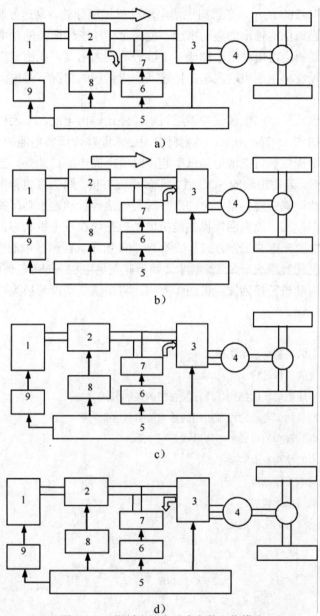

图 15-26　燃料电池电动汽车的工作模式

a）燃料电池模式　b）混合动力模式　c）蓄电池模式　d）能量回馈模式

1—燃料电池　2—DC/DC 转换器　3—电动机控制器　4—电动机　5—整车控制器　6—蓄电池能量管理系统

7—蓄电池　8—DC/DC 电子控制器　9—燃料电池控制器

（1）燃料电池模式　当燃料电池电动汽车工作在燃料电池模式时，电动机的电力全由燃料电池提供。当蓄电池在非充足电状态（SOC<1），且燃料电池的电能供给电动机后尚有富余时，燃料电池还可向蓄电池充电，如图15-26a所示。燃料电池电动汽车在低负荷、匀速和滑行等行驶工况时，通常工作在燃料电池模式。

（2）混合动力模式　混合动力模式是指燃料电池和蓄电池共同提供电动机所需电力的工作方式，如图15-26b所示。在燃料电池电动汽车加速行驶、高速行驶、上坡、超车成重载的情况下，当燃料电池输出的电功率已不能满足驱动车辆所需的功率时，由蓄电池提供瞬时能量来补充燃料电池电动汽车加速、上坡等的动力需要，或由蓄电池持续地协助燃料电池供电，以满足燃料电池电动汽车在持续高速成重载的情况下对电源持续电功率输出的需求。

（3）蓄电池模式　蓄电池模式是指燃料电池停止输出电能，车辆单独由蓄电池提供电力的工作方式，如图15-26c所示。当燃料电池还未起动，而蓄电池的SOC值大于最小临界值时，由蓄电池提供燃料电池电动汽车起步时所需的电能。此外，当燃料耗尽或燃料电池电堆发生故障时，若蓄电池的SOC值大于最小临界值，则也可由蓄电池短时间内独立供电。工作在蓄电池模式的燃料电池电动汽车对蓄电池容量和输出功率的要求相对较高。

（4）能量回馈模式　能量回馈模式是指电动机工作在发电机状态，将车辆的动能转换为电能，并向蓄电池充电的工作方式，如图15-26d所示。在燃料电池电动汽车下坡、遇红灯减速及非紧急制动等情况下，当蓄电池又处于非充足电状态（SOC值在最大临界值以下）时，控制器会将电动机转换为发电机工作方式，将车辆的动能转换为电能，通过向蓄电池充电来实现能量回馈。

思考题：

1. 简述混合动力汽车的类型与基本结构。

2. 论述混合动力系统的工作过程。

3. 阐述常用电动汽车用电动机的结构、原理及它们的控制方式。

4. 动力蓄电池电动汽车与混合动力汽车所用的蓄电池有何区别？

5. 简述动力蓄电池电动汽车的组成和布置形式。

6. 简述燃料电池汽车的结构特点与类型。

7. 简述燃料电池的基本工作原理。

8. 阐述燃料电池电动汽车的构成。

9. 阐述燃料电池电动汽车的工作过程。

第 16 章 拖拉机与工程车辆

拖拉机是农业生产必备的动力机械。将拖拉机与各类农机具配套从事机械化作业是现代农业的重要特征之一。以拖拉机为基础变形而来的工程车辆在筑路、矿山、建筑工程和林业等领域发挥着重要作用。

16.1 拖拉机

16.1.1 发展历史

1.国外拖拉机发展概况

1890 年，出现了第一台使用汽油内燃机的农业拖拉机；1906 年，"拖拉机"（tractor）一词开始出现，其作用逐渐受到人们重视；1920 年，开始大幅度提高功率和效率并加装动力输出轴扩大其应用范围；1930 年，开始使用轮胎；1940 年，开始应用电启动及液压技术，如液压悬挂、液压增重、负载换档，从此具备了现代拖拉机的全部特征；1960 年，开始采用增压内燃机；1970 年，开始重视加强安全性、舒适性研究及制造。目前，拖拉机正在向着大功率、多档位、高速度、四轮驱动、自动控制、负载变速和驾驶舒适、安全等方向发展，特别是不断将液压、电子、监测及计算机技术广泛应用于拖拉机，使得拖拉机的操纵、控制、调节等趋于自动化，并在拖拉机制造方面逐步采用了新材料、新技术，提高了各部件的工作性能和拖拉机的可靠性，延长了使用寿命，实现了良好的动力性和经济性。

2.国内拖拉机发展概况

1949 年前我国无拖拉机工业，只有零星的修造厂进行一些简单的拖拉机维修与改造工作。新中国成立后，为了发展农业生产，于 1959 年在洛阳建成我国第一个拖拉机厂"第一拖拉机制造厂"，开始生产"东方红"牌拖拉机。此后，在全国各地先后建成了一批柴油机厂和拖拉机厂，生产各种型号的拖拉机和农用柴油机，1980—2000 年间，拖拉机的社会保有量由 261 万台猛增到 1373.74 万台。

2000 之前，我国生产的拖拉机一直是以中小型为主，大型拖拉机的产量较小。随着国民经济的发展和科学技术的进步，近年来我国拖拉机的功率范围逐渐扩展，功率在 100 马力（73.5kW）以上的大型四轮驱动拖拉机型号逐渐增多。

进入 21 世纪后，我国拖拉机工业有了长足的发展，拖拉机年产量持续突破 200 万台，产品种类、型号齐全，体系完备，大中型拖拉机占比逐年增加。2010 年以来，拖拉机的总体设计、制造水平普遍提高，新材料、新技术广泛应用，某些品牌已进入国际市场。

目前，虽然我国拖拉机工业较发达国家在产品技术水平、产业结构、企业创新素质等方面还存在着差距，但一直致力于提升国际竞争力，在创新技术、创新方向上不断取得进步与突破。2018 年，中国第一款电动无人拖拉机"超级拖拉机 I 号"问世，向世界全新定义了"未来拖拉机"的模样。中国拖拉机工业也必将在世界上占有重要的一席之地。

16.1.2 型号编制规则

我国的拖拉机型号根据 JB/T 9831—2014《农林拖拉机 型号编制规则》制定。拖拉机型号由系列代号、功率、型式代号、功能代码和区别标志组成，如图 16-1 所示。

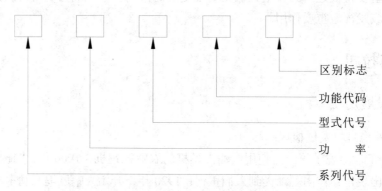

图 16-1 国产拖拉机型号构成

（1）系列代号 用不多于两个大写汉语拼音字母表示，用以区别不同系列或不同设计的机型。如无必要，系列代号可省略。

（2）功率 用发动机标定功率值的整数表示，单位为 kW（目前很多企业仍延用马力）。

（3）型式代号、功能代码 拖拉机型式及功能代码见表 16-1。

表 16-1 拖拉机型式及功能代码

型式代号		功能代码	
代号	结构型式	符号	功能及用途
0	后轮驱动四轮式	G	果园用
1	手扶式（单轴式）	H	高地隙中耕用
2	履带式	J	集材用
3	三轮或并置前轮式	L	营林用
4	四轮驱动式	D	大棚用
5	自走底盘式	E	工程用
6	预留	P	坡地用
7	预留	S	水田用
8	预留	T	运输用
9	船形	Y	园艺用
—	—	Z	沼泽地用
—	—	—	一般农业用

（4）区别标志 结构经重大改进后，可加注区别标志，区别标志用大写的英文字母或/和阿拉伯数字表示。区别标志应尽量简化。

例如，150-1，表示 11kW 左右（15 马力）的后轮驱动、四轮式拖拉机，第一次改进型。

16.1.3 分类与总体构造

1. 分类

（1）按用途分类 拖拉机除广泛应用于农业生产外还应用于工业、林业等其他行业。工业用拖拉机主要用于筑路、矿山、水利、石油和建筑等工程，也可用于农田基本建设；林业用拖拉机专用于林业集材。

农用拖拉机种类及数量最多，按其结构特点及应用条件的不同，农业用拖拉机可分为以下几种：

1）普通型拖拉机。这种拖拉机采用常规结构，应用范围广泛，适用于一般条件下的各种农田移动作业、固定作业和运输作业等，如奔野-250、泰山-250、上海-504、铁牛-654等。

2）园艺型拖拉机。它的特点是体积小、底盘低、功率小、机动灵活，主要用于果园、菜地、茶林等各项作业。

3）中耕型拖拉机。主要用于中耕作业，也兼用于其他作业，具有较高的地隙和较窄的行走装置，可用于玉米、高粱、棉花等高秆作物的中耕。

4）特殊用途拖拉机。适用于在特殊工作环境下作业或满足某种特殊需要的拖拉机，如山地拖拉机、沤田拖拉机（船形）、水田拖拉机和葡萄园拖拉机等。

（2）按结构特点分类 拖拉机按行走装置结构的不同，可分为轮式、履带式（或称链轨式）、手扶式和船形四种。半履带式拖拉机则是前两种拖拉机的变形。

1）轮式拖拉机。应用最为广泛，按驱动形式可分为两轮驱动与四轮驱动。前者的驱动形式代号用 4×2 表示（分别表示车轮总数和驱动轮数），主要用于一般农田作业及运输作业，后者的驱动形式代号用 4×4 表示，主要用于土质黏重、负荷较大的农田作业及泥道运输作业等，具有较高的牵引效率。

2）履带式拖拉机。主要用于土质黏重、潮湿地块田间作业和农田水利、土方工程及农田基本建设，如东方红-802、东方红-1002/1202 等型号拖拉机。

3）手扶式拖拉机。只有一根行走轮轴，一个驱动轮或两个驱动轮的轮式拖拉机。在农田作业时操作者多为步行，用手扶持操纵，习惯上称为手扶拖拉机。有些手扶拖拉机安装有用于支承及辅助转向的尾轮。

4）船形拖拉机。主要用于沤田作业。其船式底盘提供支承，由桨式叶轮驱动。

（3）按功率大小分类

1）大型拖拉机。功率在 73.5kW（100 马力）以上。

2）中型拖拉机。功率在 14.7~73.5kW（20~100 马力）范围内。

3）小型拖拉机。功率在 14.7kW（20 马力）以下。

图 16-2 所示为常见的拖拉机类型。

2. 总体构造

拖拉机是有两轮或两轮以上，由动力装置驱动，能够自由行走，主要用于牵引和动力输出的非轨道承载机械装置。拖拉机与汽车在基本组成及工作原理上极为相似，传统上可分为发动机（拖拉机采用柴油机作为动力）、底盘和电子设备三个组成部分。与汽车相比，拖拉机要求相对较低的作业速度和输出更大的转矩，因此拖拉机底盘部分还包括中央传动及最终传动部分，其总体结构如图16-3和图16-4所示。

a）　　　　　　　　　　　　　b）

c）　　　　　　　　　　　　　d）

图 16-2　常见的拖拉机类型

a）轮式拖拉机　b）履带拖拉机　c）手扶拖拉机　d）船形拖拉机

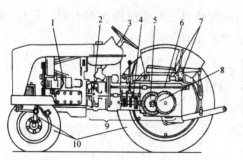

图 16-3　轮式拖拉机总体结构

1—内燃机　2—离合器　3—转向盘　4—变速器
5—中央传动　6—动力输出轴　7—液压悬架系统
8—最终传动　9—传动系统　10—行走系统

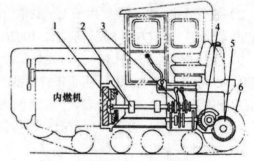

图 16-4　履带式拖拉机总体结构

1—离合器　2—转向节　3—变速器
4—中央传动　5—最终传动　6—履带

16.1.4　工作装置

拖拉机需要与农机具配套，组成机组方可从事如耕地、播种等作业，工作装置就是将用于完成除行走以外其他任务并从底盘划分出来的机构，主要包括通过它们带动农机具工作的牵引装置、动力输出装置、液压悬架装置及液压举升机构。

1. 牵引装置

有些农机具（如牵引式收割机械、播种机等）没有独立的行走装置，它们都需要拖拉机牵引着进行工作。把拖拉机与农机具连接起来的装置称为牵引装置。牵引装置的特点是拖拉机只提供牵引力，而不提供旋转等其他动力。

牵引装置可分为固定式牵引装置和摆杆式牵引装置两大类，如图 16-5 所示。

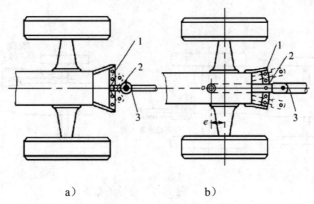

a）　　　　　　　　b）

图 16-5　牵引装置的种类

a）固定式　b）摆杆式

1—牵引板　2—牵引叉　3—辕杆

2. 动力输出装置

动力输出装置是将拖拉机发动机功率的一部分以至全部以旋转机械能的方式传递到农机具上的一种工作装置，它包括动力输出轴和动力输出带轮。很多农机具（如牵引式收割机械、播种机、撒肥机、喷雾机等）自身没有动力，它们除靠拖拉机牵引外，同时还靠拖拉机的动力输出提供工作动力。另有一些机械（如脱粒机、排灌机、搅拌机、发电机等）可由动力输出轴直接带动或通过动力输出带轮带动来进行工作。

（1）动力输出轴　一般都布置在拖拉机的后面，但也有前置式的。国家标准规定后置式动力输出轴离地高度在 500～700mm 范围内，并在拖拉机纵向对称平面内，左、右偏差不得超过 500mm。轴端都采用八齿矩形花键，如图 16-6 所示。

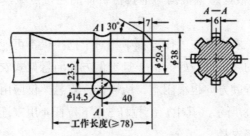

图 16-6　动力输出轴及轴端花键尺寸

（2）动力输出带轮　拖拉机上安装的动力输出带轮可用以进行各种固定作业,如抽水、脱粒和发电等。动力输出带轮是一个独立的部件,可在需要时安装,不用时拆下保存,以免妨碍工作。多数拖拉机在其后面安装有动力输出带轮,它套在动力输出轴后端的花键上,个别拖拉机布置在变速器左侧或右侧,由专门的传动齿轮驱动。动力输出带轮的轴线应与拖拉机驱动轮轴线平行,以便借助前后移动拖拉机来调整动力输出传动带的张紧度。所以,后置带轮一般由一对锥齿轮来传动。为增大带传动的包角,减少传动带打滑,应保持紧边在下,松边在上。带轮的放置如图 16-7 所示。考虑到可能会有特殊情况,因此带轮的旋转方向应该是可变的。

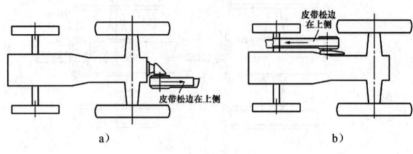

图 16-7　带轮的布置

a）后置带轮　　b）右侧带轮

3. 液压悬架系统

用液压提升和控制农机具的整套装置称为液压悬架系统。其功用是连接和牵引农机具,操纵农机具的升降,控制农机具的耕作深度或提升高度,给拖拉机驱动轮增重以改善拖拉机的附着性能,把液压能输出到作业机械上进行其他操作。

液压悬架装置由液压系统、操纵机构和悬架机构三部分组成。液压系统是提升农机具的动力装置。操纵机构用来操纵分配器的主控制阀,以控制液压油的流动方向。悬架机构用来连接农机具,传递液压升降力和拖拉机对农机具的牵引力,并保持农机具的正确工作位置。

由于液压悬架机组比牵引机组操纵方便、机动性高,便于自动调节耕深,能提高牵引性能和劳动生产率,且结构简单,质量小,因此目前国产大、中、小型拖拉机普遍采用液压悬架装置。

（1）悬架机构　根据悬架机构与拖拉机机体的连接点数,可分为三点悬架和两点悬架。

采用三点悬架时,农机具在工作过程中相对于拖拉机不可能有太大的偏摆,因此农机具随拖拉机直线行驶的稳定性较好。但一旦走偏方向而悬架式农机具正在进行入土工作,要矫正拖拉机机组的行驶方向也很困难。所以,三点悬架仅应用于中、小功率的拖拉机。三点悬架机构如图 16-8 所示。其中,上拉杆 3、下拉杆 4 用来连接农机具,提升轴 1 由液压系统驱动,用来升降农具。

图 16-9a 所示为两点悬架机构,它仅由两个铰接点与拖拉机机体连接,农机具相对于

拖拉机可以做较大的偏摆。在大功率拖拉机上悬架重型或宽幅农机具作业时，两点悬架机构能较轻便地矫正行驶方向，所以大功率拖拉机常采用两点悬架方式。有些拖拉机的悬架机构既可三点悬架，也可两点悬架，其组成如图16-9b所示。当为三点悬架时，上拉杆被安装在中间位置，下拉杆分左、右安装在两侧铰链上；当改为两点悬架时，则将左、右下拉杆的前端固定在悬架机构下轴的一个共同铰链上。

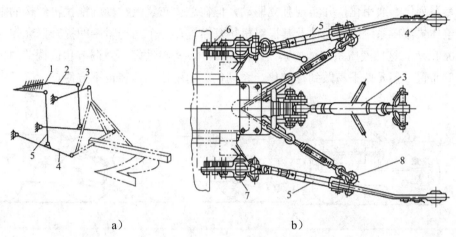

图16-8　三点悬架机构

1—提升轴　2—提升臂　3—上拉杆　4—下拉杆　5—提升杆　6—下拉杆连接板　7—下拉杆连接销　8—限位链

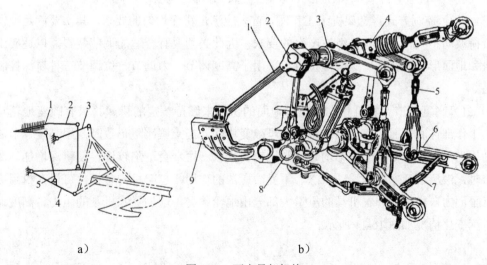

图16-9　两点悬架机构

1—支架　2—上轴　3—提升臂　4—上拉杆　5—提升杆　6—下拉杆　7—限位链　8—下轴　9—支架座　10—提升轴

（2）液压系统　根据液压泵、液压缸、分配器三个主要液压元件在拖拉机上安装位置的不同，拖拉机液压系统可分为分置式、半分置式和整体式三种形式。

分置式液压系统的液压泵、液压缸、分配器三个主要液压元件分别布置在拖拉机上不同的位置，相互间用油管连接，如图16-10a所示。这种液压系统的液压元件标准化、系列

407

化、通用化程度较高，拆装比较方便，可根据不同情况和要求将液压缸布置在拖拉机的相关部位，组成后悬架、前悬架、侧悬架等形式，但因其布置分散、管路较长，防尘和防漏等比较困难，力调节和位调节的传感机构不好布置。

半分置式液压系统除液压泵单独安装在拖拉机的适当部位外，其他部件（如液压缸、分配器和操纵机构等）都布置在一个称为提升器的总成内，如图16-10b所示。这种液压系统的液压缸、分配器、力调节和位调节的传感机构等都布置得集中、紧凑，液压泵可以标准化、系列化、通用化，并实现独立驱动，但在总体布置上常受到拖拉机结构的限制。

整体式液压系统全部元件及其操纵机构都布置在一个结构紧凑的提升器壳体内，如图16-10c所示。这种液压系统结构紧凑，油路集中，密封性好，力调节和位调节的传感机构比较好布置，但元件不易做到标准化、系列化、通用化，拆装也不方便。

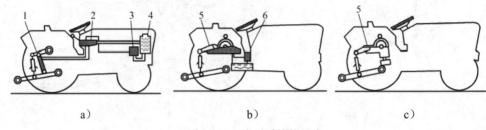

图 16-10 液压系统的形式

a）分置式液压系统 b）半分置式液压系统 c）整体式液压系统

1—液压缸 2—分配器 3、6—液压泵 4—油箱 5—提升器

（3）控制方式 悬架机组工作时，首先应满足耕深均匀的要求，其次要满足使发动机负荷波动不大、不影响机组生产率的要求，因此必须要有合适的调节装置，以适应土壤比阻和地面形状的变化。国产拖拉机上采用了高度调节、力调节、位调节三种耕深控制的方法。

1）高度调节。农机具靠地轮对地面的仿形来维持一定的耕深。只有改变地轮与农机具工作部件底平面之间的相对位置才可改变耕深。当土壤比阻一致时，用高度调节法可得到均匀的耕深。如果土质不均匀，则地轮在松软土壤上会下陷较深，使耕深增加。高度调节时，液压缸活塞处于浮动状态，不受液压油的作用，悬架机构各杆件可以在机组纵向垂直平面内自由摆动。农机具的重量大部分由地轮承受，增加了农机具的阻力。高度调节时耕深变化情况如图16-11所示。

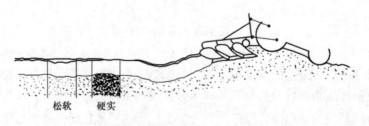

松软 硬实

图16-11 高度调节时耕深变化情况

2）力调节。力调节时，液压缸中有液压，农机具靠液压维持在某一工作状态，并有相应的牵引阻力。牵引阻力的变化可通过力调节传感机构迅速反映到液压系统，适时升、降农机具，使牵引阻力基本上保持一定，因而使发动机负荷波动不大。当阻力变化主要是由地面起伏而引起时，力调节法可使耕深比较均匀，发动机负荷也比较均匀。当阻力变化主要是由于土壤比阻变化而引起时，采用力调节法仅使发动机负荷波动不大，但耕深不均匀。力调节时，农机具不用地轮，减少了农机具的阻力，并对拖拉机驱动轮有增重作用，可提高拖拉机的牵引附着性能。力调节时耕深变化情况如图 16-12 所示。

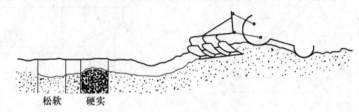

图 16-12　力调节时耕深变化情况

3）位调节。位调节时，液压缸中有压力，农机具靠液压悬吊在一定位置。这个位置可由驾驶员移动操纵手柄任意选定。在工作过程中，农机具相对于拖拉机的位置是固定不变的。若液压缸有泄露，使农机具位置发生变动，则可通过提升轴的转动和凸轮上升程的变化反映到液压系统，使农机具提升，自动恢复到原来位置。也就是说，位调节是以提升轴转角（凸轮升程变化）为传感信号，使农机具与拖拉机的相对位置保持不变。而力调节是以农机具的牵引阻力变化为传感信号，使牵引阻力保持不变。位调节时，如果地面平坦而土质变化较大，则耕深还是均匀一致的，只是牵引阻力变化大，使发动机负荷波动。如果地面起伏不平，则随着拖拉机的倾斜起伏，会使耕深很不均匀。位调节一般用于要求保持一定离地高度的农机具，不太适用于耕地。采用位调节时，也有减少农机具阻力和使拖拉机驱动轮增重的作用。位调节时耕深变化情况如图 16-13 所示。

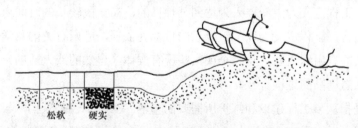

图16-13　位调节时耕深变化情况

除单独使用某种耕深控制方法外，还可把高度调节、力调节和位调节结合起来使用，综合控制耕深。具有力调节和位调节控制液压系统的拖拉机在土质软硬不均的旱田上耕地，在采用力调节控制方法耕作时，可在悬架犁上加装限深轮。限深轮的位置可调整到稍大于所要求的耕深，这样在耕作过程中，土壤阻力大时力调节控制液压系统即起到作用，土壤阻力小时限深轮可起限深作用，以免耕地过深。

4．液压举升机构

自卸汽车与拖拉机卸货都采用专设的举升机构来完成。目前，在自卸汽车与拖拉机上广泛采用液压举升机构将车厢举升倾斜一定角度，把货物从车厢卸下，然后靠车厢自重来复位。举升机构主要包括液压举升系统和车厢锁紧机构等。

液压举升系统主要由液压油箱、滤清器、低压油管、液压泵、高压油管、单向阀、换向阀、液压缸及传动杆件等组成，其结构如图 16-14 所示，其工作原理如图 16-15 所示。

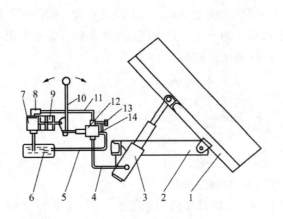 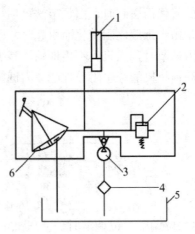

图 16-14　液压举升系统结构

1—车厢　2—车架　3—液压缸　4—高压油管

5、14—回油管　6—液压油箱　7—齿轮泵　8—单向阀

9—取力器　10—换向阀取力器操纵手柄　11—低压油管

12—换向阀　13—限压阀

图 16-15　液压举升系统工作原理

1—举升液压缸　2—安全阀　3—液压泵

4—滤清器　5—液压油箱　6—手动转阀

16.2　工程车辆

广义而言，工程定义为由一群人为达到某种目的，在一段较长的时间内进行协作活动的过程。狭义而言，工程定义为以某组设想的目标为依据，应用有关的科学知识和技术手段，通过一群人的有组织活动，将某个或某些现有实体（自然的或人造的）转化为具有预期使用价值的人造产品的过程。

工程车辆是指从事工程建设和维护所需要的车辆。工程车辆是人们从事工程建设和养护的工具和手段之一，是工程建设生产力水平的表征，也是国家装备工业的重要组成部分。

工程车辆按照所从事工程的特点可以分为通用工程车辆和专用工程车辆。通用工程车辆主要用于各类工程的施工，包括各种材料的制备和生产、运输和搬运及起重、压实与夯实机械等，使用面积大，应用面广；而专用工程车辆仅用于某一类工程施工，如路桥隧道等工程车辆，使用量小，应用面窄。

这里只介绍以内燃机为动力源的通用工程车辆，主要包括推土机、挖掘机、装载机、叉车、混凝土搅拌运输车和自卸汽车等。

16.2.1 推土机

推土机是一种多用途的自行式施工机械，被广泛应用于建筑、筑路、采矿、油田、水电、港口、农林及国防等各类工程中。推土机属于循环作业式机械，每个工作循环包括铲土、运土、卸土和空车返回四个过程。它的主要作业对象是土壤、砂石料等松散物料。推土机在作业时，将铲刀切入土中，依靠机械的牵引力来完成对土壤等的铲切和推运工作。

推土机主要用于开挖路堑、填筑路堤、回填基坑、铲除障碍、清除积雪和半整场地等，也可用来完成短距离内松散物料的铲运和堆集作业。当土壤太硬，铲运机或平地机不易切入土壤时，可以利用推土机的松土器将土壤疏松，也可以利用推土机的铲刀直接顶推铲运机以增加铲运机的铲土能力，还可以利用推土机的挂钩牵引拖式铲运机和拖式压路机等各种拖式工程机械。

由于受到铲刀容量的限制，推土机推运土壤的距离不宜太长，因而它只是一种短距离的土方铲土运输机械。运距过长时，运土过程受到铲刀前土壤漏失的影响，会降低推土机的生产率；运距过短时，由于换向、换档操作频繁，在每个工作循环中这些操作所用时间占的比例较大，同样也会使推土机的生产率降低。通常中小型推土机的运距为 30~100m，大型推土机的运距不超过 150m。推土机的经济运输距离为 50~80m。

1. 推土机的分类

（1）按发动机的功率分类　推土机按发动机的功率大小可分为以下三类：小型推土机（功率在 37kW 以下）、中型推土机（功率在 37~250kW 范围内）、大型推土机（功率在 250kW 以上）。

（2）按行走方式分类　推土机按行走方式可分为履带式推土机和轮胎式推土机两种。履带式推土机的附着性能好，牵引力大，接地比压小，爬坡能力强，能适应恶劣的工作环境，具有优越的作业性能，是推土机的主要机种。轮胎式推土机行驶速度快，机动性能好，作业循环时间短，转移场地方便迅速且不损坏路面，特别适合在城市建设和道路维修工程中使用。

（3）按照用途分类　推土机按用途可分为普通型推土机和专用型推土机。普通型推土机广泛应用于各类土方工程施工作业，专用型推土机又可分为浮体推土机和水陆两用推土机。

（4）按推土板的安装形式分类　推土机按推土板的安装形式可以分为直铲式推土机和角铲式推土机两种。直铲式推土机的推土板与主机的纵轴线固定为直角。角铲式推土机的推土板在水平面内能回转一定的角度，推土板与主机纵向轴线可以安装成固定直角，也可以安装成与主机纵向轴线呈非直角，作业范围较直铲式推土机更广，可以实现直线行驶侧排土。

（5）按铲刀的操纵方式分类　推土机按照铲刀的操纵方式可以分为钢索式推土机和液压式推土机两种。钢索式推土机的铲刀升降由钢索操纵，动作迅速可靠，铲刀靠自重入土。液压式推土机的铲刀靠液压缸操纵，作业性能优良，平整质量好。

（6）按传动方式分类　推土机按照传动方式可以分为机械传动式推土机、液力机械传动式推土机、全液压传动式推土机和电传动式推土机。

2．推土机的结构

推土机主要由发动机、传动系统、行走装置、工作装置、液压系统、电气系统和辅助系统等组成，其外观如图 16-16 所示。

3．推土机的主要技术性能指标

推土机的主要技术性能指标有发动机额定功率、最大牵引力、质量、铲刀宽度及高度。其中，发动机额定功率反映了推土机的作业能力，故国产推土机型号规格常按发动机额定功率进行分级。国产推土机的型号用字母 T 表示，L 表示轮胎式（无 L 时表示履带式），Y 表示液力机械式，后面的数字表示发动机功率，单位是马力（1 马力=735.499W）。例如，TY180 型推土机表示发动机功率为 180 马力的履带式液力机械式推土机。

图 16-16　推土机外观

16.2.2　挖掘机

挖掘机是用来进行土方开挖的一种施工机械，被广泛应用于各类建设工程中。挖掘机按作业特点可分为周期性作业式和连续性作业式两种，前者为单斗挖掘机，后者为多斗挖掘机。这里着重介绍单斗挖掘机。

单斗挖掘机属于循环作业式机械，每一个工作循环包括挖掘、回转、卸料和返回四个工作过程，作业时利用铲斗的切削刃切入土中并把土装入铲斗内，装满土后提升铲斗并回转到卸土地点卸土，然后再使回转装置回转，将铲斗下降到挖掘面，进行下一次的挖掘。单斗挖掘机的主要用途是在公路工程中开挖堑壕，在建筑工程中开挖基础，在水利工程中开挖沟渠、运河和疏浚河道，在采石场、露天采矿等工程中用于剥离和矿石的挖掘等。此外，还可对碎石等进行装载作业，更换工作装置后还可进行浇筑、起重、安装、夯土、打桩和拔桩等工作。

1．单斗挖掘机的分类

单斗挖掘机的种类很多，按动力装置分类，有电驱动式、内燃机驱动式、复合驱动式等；按传动装置分类，有机械传动式、半液压传动式、全液压传动式；按行走装置分类，有履带式、轮胎式、汽车式、悬架式；按工作装置在水平面可回转的范围分类，有全回转式（360°）和非全回转式（<270°）；按工作装置分类，有铰接式和伸缩臂式。

2．单斗挖掘机的构造与工作原理

图 16-17 所示为单斗液压挖掘机。它主要由工作装置、回转机构、动力装置、传动机构、行走装置和辅助装置等组成。发动机是整机的动力源，大多采用柴油机。操纵系统包括操纵工作装置、回转装置和行走装置，有机械式、液压式、气压式及复合式等。工作装置用来完成对土壤开挖等工作，有正铲、反铲、拉铲、抓斗和起重等形式。回转装置可使工作装置向左或右回转，以便进行挖掘和卸料。行走装置用于支承全机质量并执行行驶功能，有履带式、轮胎式与汽车式等。机架是全机的骨架，除行走装置装在其下面外，其余组成部分都装在其上面。

常用的全回转式挖掘机的动力装置、传动机构的主要部分、回转机构、辅助装置及驾驶室等都装在回转的平台（通常称为上部转台）上，因而这类机械可概括成由工作装置、上部转台和行走装置三大部分组成。

图 16-17　单斗液压挖掘机

3．单斗挖掘机的主要技术性能指标

单斗挖掘机的主要技术性能指标有整机质量、斗容量、发动机额定功率、最大挖掘力、最大挖掘半径和最大挖掘深度等。整机质量直接影响挖掘机挖掘能力的发挥和机械的稳定性，反映了挖掘机的实际作业能力，故挖掘机型号规格经常按整机质量进行分级。

16.2.3　装载机

装载机是一种广泛应用于公路、铁路、矿山、建筑、水电和港口等工程的土方工程机械。装载机主要用来铲装、搬运、卸载、平整松散物料，也可以对岩石、硬土等进行轻度的铲掘工作，如果换装相应的工作装置，还可以进行推土、起重、装卸其他物料等。

1．装载机的分类

（1）按发动机的功率分类

1）小型装载机，发动机功率在 74kW 以下。

2）中型装载机，发动机功率在 74～147kW 范围内。

3）大型装载机，发动机功率在 147～515kW 范围内。

4）特大型装载机，发动机功在 515kW 以上。

（2）按传动方式分类

1）机械传动式。机械传动式装载机具有结构简单、制造容易、成本低、使用维修较容易等优点，但其传动系统冲击振动大，功率利用率低，故仅小型装载机采用这种传动方式。

2）液力机械传动式。液力机械传动式装载机的传动系统冲击振动小、传动件寿命长、车速可随外载荷自动调节，且操作方便，可减少驾驶员疲劳，因此大中型装载机多采用这种传动方式。

3）液压传动式。液压传动式装载机可无级调速、操作简单，但其起动性差，而且液压元件寿命较短，因此仅小型装载机采用这种传动方式。

4）电传动式。电传动式装载机可无级调速且工作可靠、维修简单，但设备的质量大、成本高，目前只有大型装载机采用这种传动方式。

（3）按行走方式分类

1）轮胎式装载机。这类装载机具有质量小、速度快、机动灵活、作业效率高、行走时不破坏路面等优点，但其接地比压大、通过性差、稳定性差、对场地和物料块度有一定要求。目前，国产 ZL 系列装载机都是轮胎式的，应用非常广泛。

按车架结构的不同，轮胎式装载机又可分为整体式车架装载机和铰接式车架装载机两种。

a）整体式车架装载机。这类装载机的车架是一个整体，其转向方式有后轮转向、全轮转向、前轮转向及差速转向四种。仅小型全液压式装载机和大型电传动式装载机采用整体式车架。

b）铰接式车架装载机。铰接式车架由前、后两车架构成，通过铰销将两车架铰接成一体，并用转向液压缸控制车架的偏转角，以实现铰接转向。这种装载机具有转弯半径小、纵向稳定性好、生产率高等优点。这种装载机不但适用于路面，而且可用于井下物料的装载运输作业，回转轮胎式装载机多采用这种形式。

2）履带式装载机。这类装载机具有接地比压小、通过性好、重心低、稳定性好、附着性能好、牵引力大、铲入力大等优点，但其速度低、机动灵活性差、制造成本高、行走时易损坏路面、转移场地时需拖车拖运。这类装载机主要用在工程量大、作业点集中、路面条件差的场合。

（4）按装卸方式分类

1）前卸式装载机。前卸式装载机在前端铲装卸载，结构简单、工作安全可靠、视野好，适用于各种作业场地，应用广泛。

2）回转式装载机。回转式装载机的工作装置安装在可回转 90°～360°的转台上，可侧面卸载，故无需掉头，作业效率高。但其结构复杂、质量大、成本高且侧稳性差。这种装载机适用于在狭窄的场地作业。

3）后卸式装载机。后卸式装载机在前端装料，向后端卸料，作业时不需掉头，可直接向停在装载机后面的运输车辆卸载，故作业效率高。但卸载时由于铲斗必须越过驾驶室，作业安全性差，故应用不广，一般用于井巷作业。

2．装载机的构造与工作原理

装载机一般由车架、动力装置、工作装置、传动系统、行走系统、转向系统、制动系统、液压系统和操纵系统等组成，图16-18所示为轮胎式装载机。

图 16-18　轮胎式装载机

轮胎式装载机的工作装置如图 16-19 所示。动臂 5 一端铰接在车架上，另一端安装有铲斗 1，动臂的升降由动臂液压缸 4 的伸缩带动，铲斗的翻转则由转斗液压缸 6 的伸缩通过连杆 2 来实现。装载机铲装物料就是通过操纵系统、液压系统（使动臂液压缸、转斗液压缸按一定顺序和程度伸缩）来实现的。当然，装载物料的过程中少不了整机的进、退动作。

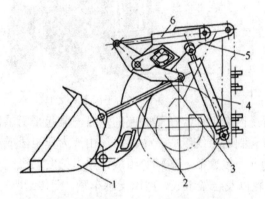

图 16-19　轮胎式装载机的工作装置

1—铲斗　2—连杆　3—摇臂　4—动臂液压缸　5—动臂　6—转斗液压缸

铰接转向的装载机转向时，可通过转动转向盘使液压转向系统的转向液压缸伸缩，带动前、后车架绕铰销做相对转动，以实现转向。

装载机液压系统包括工作装置液压控制系统和液压转向系统两部分，分别用来控制工作装置作业和装载机转向。

3. 装载机的主要技术性能指标

装载机的主要技术性能指标有额定载重量、铲斗容量、发动机额定功率、最大行驶速度和爬坡能力等。其中，额定载重量反映了装载机的作业能力，故国产装载机型号规格常按额定载重量进行分级。国产装载机的型号用字母 Z 表示，第二个字母 L 代表轮胎式装载机，无 L 代表履带式装载机，Z 或 L 后面的数字代表额定载重量。例如，ZL50 型装载机表示额定载重量为 5t 的轮胎式装载机。

16.2.4　叉车

叉车又称铲车，它以货叉作为主要的取物装置，利用液压起升机构升降货物，由轮胎式行走装置来实现货物的水平搬运。叉车除了使用货叉外，还可更换各种类型的取物装置，以适应多种货物的装卸、搬运和堆垛作业。

1．叉车的分类

叉车根据其结构和功用，可分为平衡重式叉车、插腿式叉车、前移式叉车、侧面式叉车和集装箱叉车等。

2．叉车的构造

图16-20所示为平衡重式叉车，它主要由发动机、底盘和工作装置三大部分组成。

平衡重式叉车的工作装置布置在叉车前部，由门架、滑架、货叉、起升液压缸和倾斜液压缸等组成，用以叉取和升降货物。为了平衡前部的货物质量，保证叉车的纵向稳定性，叉车尾部装有平衡重。

图16-20　平衡重式叉车

叉车的动力装置是内燃机，装在驾驶座的后方，兼起平衡重作用。底盘由传动系统、行驶系统、转向系统和制动系统组成。传动系统由液力变矩器或离合器、变速器、传动轴和驱动桥内的主传动器、差速器、半轴等组成，用以把发动机的动力传给驱动轮。行驶系统由车架、车桥、车轮以及悬架组成，用以支承车辆，把传给驱动轮的转矩转化为牵引力，并承受路面反力。转向系统由转向操纵机构、转向器和转向传动机构组成，用以控制行驶方向。制动系统由行车制动器、驻车制动器和制动传动机构组成，用以使车辆减速、停车和可靠地停驻。

由于平衡重式叉车的工作装置在前部，满载时前轮的轮压大，所以前轮为驱动轮，后轮为转向轮。叉车的车速较低，一般仅在驱动轮上装有车轮制动器，用脚踏板操纵。驻车制动器一般装在传动轴上或车轮制动器内，用手拉杆操纵。为了避免装卸时货叉上下振动，叉车的行驶系统设有弹性悬架，前桥与车架刚性连接，后桥与车架通过纵向水平铰轴与车架铰接，以保证全部车轮良好着地。

3．叉车的主要技术性能指标

叉车的主要技术性能指标有额定起重量、最大起升高度、最大起升速度、门架倾角、满载最高行驶速度、满载最大爬坡度、最大转弯直径、发动机额定功率和整机质量等。其中，额定起重量反映了叉车的作业能力，故叉车的型号规格常按额定起重量进行分级。

16.2.5　混凝土搅拌运输车

1．用途

混凝土搅拌运输车是一种远距离输送混凝土的专用车辆。它实际上就是在底盘上安装了一个可以自行转动的搅拌筒，其在行驶过程中仍能对混凝土进行搅拌。因此，它是具有运输与搅拌双重功能的专用车辆，也是发展商品混凝土必不可少的配套设备。

2．构造

图 16-21 所示为混凝土搅拌运输车，它主要由底盘车、搅拌筒、驱动装置、给水装置和操纵系统等组成。

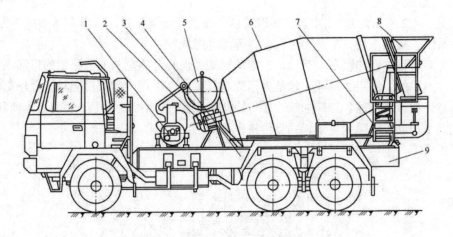

图 16-21　混凝土搅拌运输车

1—泵连接组件　2—减速器总成　3—液压马达　4—车架　5—给水装置　6—搅拌筒

7—操纵系统　8—装料与卸料装置　9—底盘车

3．分类

根据搅拌筒的驱动方式，混凝土搅拌运输车可分为机械传动式、液压传动式和液压-机械式传动三种。其中液压-机械式传动应用较广。液压-机械式传动具有结构简单、操作方便、可实现无级调速等优点，其动力传递路线是，发动机→变量柱塞泵→定量柱塞马达→行星齿轮减速器→万向节→搅拌筒。

根据搅拌筒动力供给方式的不同，混凝土搅拌运输车可分成两种：一种是动力从汽车发动机分动箱引出，通过减速器和开式齿轮直接驱动搅拌筒或通过液压泵及液压马达驱动搅拌筒。这种混凝土搅拌运输车的特点是结构简单、紧凑，造价低，但因道路条件的变化会引起搅拌筒转速的波动，因而会影响混凝土拌合物的质量；另一种是采用单独发动机驱动搅拌筒，这种混凝土搅拌运输车可选用各种汽车底盘，搅拌筒的工作状态与底盘的行驶性能互不影响，但其制造成本较高，装车质量较大，只用作大容量的混凝土搅拌运输车。

根据搅拌容量的大小，混凝土搅拌运输车可分为小型（搅拌容量在 $3m^3$ 以下）、中型（搅拌容量为 $3\sim 8m^3$ 范围内）和大型（搅拌容量在 $8m^3$ 以上）三种。

16.2.6　自卸汽车

1．用途

自卸汽车是利用汽车自身发动机动力驱动液压举升机构，将车厢倾斜一定角度卸货，并依靠车厢自重使其复位的专用汽车。在工程建设中，使用最为普遍的运输车辆是各种型号的自卸汽车。目前，国际市场可供应的重型自卸汽车和工程运输车辆的型号多达 200～300 种，其中绝大部分车型是后轴驱动的后卸式自卸汽车，其载重量达 10～400t，发动机功率达 130～2200kW。

2．组成

图 16-22 所示为 4×2 重型自卸汽车总体布置。该重型自卸汽车由发动机、传动系统、行驶系统、操纵系统、车身和电气设备等部件组成。

大多数重型自卸汽车采用 4×2 驱动形式，但是公路型与非公路型的自卸汽车也有采用多轴形式的。采用 3 轴或 4 轴是为了提高载重量，采用中、后桥驱动或全轮驱动是为了提高越野和牵引性能。在多轴驱动的汽车传动系统中要增添分动箱、轴间差速器和驱动桥，因此整个传动系统更为复杂，并且价格也更高。

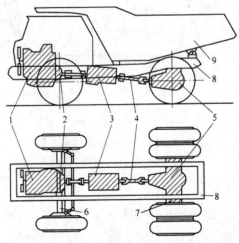

图 16-22　4×2 重型自卸汽车总体布置

1—发动机　2—离合器　3—变速器　4—万向传动轴　5—主传动和差速器　6—前桥　7—后桥　8—车架　9—自卸车厢

重型汽车上的动力装置一般采用四冲程柴油机，也有少数采用二冲程柴油机，气缸数为直列 2 缸、4 缸和 6 缸，以及 V 形 6 缸、8 缸和 12 缸。目前，在四冲程柴油机上加装废气涡轮增压器的逐渐增多，以保证在高原地区作业时发动机具有足够的功率。

自卸载重汽车上采用的传动方式可分为三种：机械式传动，载重 30t 以下的自卸汽车上采用较多；液力机械式传动，载重 30～80t 的重型自卸汽车上采用较多；电传动，多在载重 80t 以上的重型自卸汽车上采用。机械式传动系统中，大多采用人力换档的常啮合齿轮变速器，通过啮合套或同步器实现换档变速。重型自卸汽车一般有 5～10 个档位，也有 12 个档位的，个别的甚至多到 16～20 个档位。

3．液压系统

自卸汽车与普通厢式货车相比，最显著的差异在于液压系统。自卸汽车的液压系统由动力部分、操纵部分和执行部分（举升液压缸）组成，如图 16-23 所示。

动力部分主要有取力器、液压泵以及连接两者的传动机构。

操纵部分用来控制举升液压缸以实现车厢倾翻。其中控制阀多采用三位四通阀。操纵控制阀的方式可分为手动机械杠杆式、手动液压伺服式和气动操纵式三种。

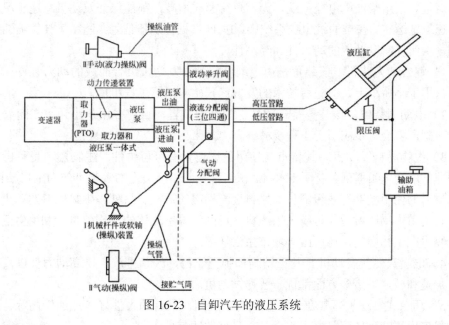

图 16-23 自卸汽车的液压系统

16.2.7 发展趋势

1. 整机技术

1）整机环境适应技术。该技术使得工程车辆能在极端温度、极端压力、特殊地面环境条件下运行，实现在高寒地区、高原地区、沙漠、草原、滩涂、山区、极地等环境中作业。

2）整机匹配优化技术。该技术可使工程车辆更加强劲有力、快速高效、节能经济。

3）整机自适应技术。该技术包括整机和自适应技术、功率整机自动匹配和自适应技术，可使工程车辆更加适应作业实际要求。

4）数字化整机设计制造技术。该技术可采用数字仿真平台实现整机虚拟设计、虚拟制造和虚拟作业。

5）工程车辆绿色技术。该技术可用于控制工程车辆排放。

6）整机可靠性技术。该技术使工程车辆整机能实现全寿命健康作业及运行。

7）工程车辆整机智能技术。该技术可在整机自适应技术的配合下，结合整机的可视化、远程化、机器人化和无人化技术的发展，使工程车辆具有对自身的运行和健康状态进行自动计算、分析、判断、决策和执行的功能，进而实现工程车辆真正意义上的全面智能化。

2. 动力技术

采用电子控制燃油喷射及排放的柴油机称为电喷柴油机。电喷柴油机的电子控制柴油喷射装置（Electronic Diesel Control，简称 EDC）由传感器、ECU 和执行机构三部分组成。柴油机电控燃油喷射技术是在解决能源危机和排放污染两大难题的背景下，在飞速发展的电子控制平台上发展起来的。该技术的特点是可以改善低温起动性；能精确地将喷油量控制在不超过冒烟界限的适当范围内，同时根据发动机的工况调节喷油时刻，从而有效地抑制排烟量。采用柴油机电控系统，无论负荷怎样增减，都能保证发动机怠速工况下以最低的转速稳定运转。在柴油机电控系统中，ECU 根据传感器信号，能精确计算喷油量和喷油时刻，从而提高发动机的动力性和经济性。

1）混合动力装置。该装置是由电动机和燃油发动机组合而成的动力装置，其功率较小，只用于小轿车上，但随着技术的发展已开始应用于工程机械。

2）电动力装置。该装置是一项环保型动力装置，目前多用于小轿车。随着大功率电源的研制，将会逐步应用于工程机械。

3）生物燃料发动机。其特点是使用的燃料具有可再生性。生物燃料是可再生资源，来源非常广泛，如稻草、麦梗、木材、玉米、甘蔗和藻类生物等都可作为生物燃料。显然，生物燃料的使用能够有效缓解化石燃料逐渐枯竭的危机。另外，生物燃料发动机具有环保性，它使用生物燃料替代传统车用燃料，可降低温室气体的净排放量。利用生活垃圾等有机废物生产生物燃料，还可改善城市生活环境。

4）电喷天然气发动机。其在精确控制空燃比，改善排放，提高动力性以及起动、怠速、加速和减速等诸多方面都优于普通发动机。

5）涡轮式发动机。其在坦克车上有所应用，具有动力性好、加速性高等特点。把该发动机应用于特种工程机械上将会具有良好的适应性。

6）防爆发动机。其可应用于在煤矿等具有高易燃物环境中作业的工程机械。该发动机在排气管、燃油系统、电控系统等方面均采取了特殊设计，能防止产生火源，具有低排放等特点。

3. 传动技术

机械液压混合动力传动系统是基于静液传动技术而形成的一种新型传动系统，具有无级变速的精细速度调节、容易实现正反转、能防止发动机超负荷运转以及可靠性高等特点，同时还可回收车辆的制动动能，保证发动机工作于最佳燃油经济区。机械液压混合传动系统在中、重型车辆和工程机械上具有很强的竞争力，在节能环保促进社会可持续发展方面具有重要的理论意义和实际应用价值。

自动换档动力系统目前已应用于装载机，其自动变速器通常有一个人力换档和三个自动换档模式（即低、中、高档），通过合理选择，操作人员可使机械作业条件与发动机最佳性能相匹配。装载机根据行进速度、发动机转速和其他工况参数，可自动选择合适的档位。如小松装载机自动换档动力系统在铲土作业时可自动从 II 档下降到 I 档。国外 Caterpllillar、Volvo 等厂家所生产的装载机均具有自动换档功能。国内自动换档技术目前处于研究阶段，产品化的自动换档变速器暂不成熟。自动换档动力系统还将会应用于平地机、推土机等其他工程机械上。

4. 控制与信息技术

现代工程机械控制的基本特征是机械电子液压融合控制技术，多学科的交叉应用使现代工程机械的性能与品质更为卓越，作业效率与可靠性进一步提高。

控制器局域网络（CAN）总线技术将控制设备、监视设备、传感器、卫星定位与远程通信设备等功能有机集成在一起，使得工程机械控制系统结构更加简洁，功能更为强大、开放。随着对工程机械作业性能与品质要求的提高，现代工程机械的行走控制技术更为复杂与丰富，包括了方向与速度控制、档位控制、直线纠偏控制、恒速控制、防滑控制、同步控制、起停过程控制与反拖控制等。基于 CAN 总线的工程车辆控制原理如图 16-24 所示。

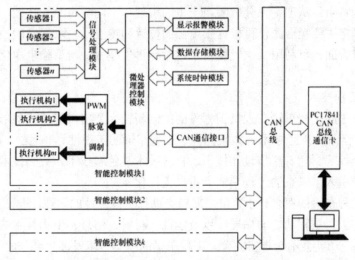

图 16-24　基于 CAN 总线的工程车辆控制原理

模块化的专用控制技术减轻了整机控制系统的负担，如自动找平控制、混凝土泵车臂架减振控制、起重机力矩限制控制、拌和设备的温度控制等专用控制系统都是具有相对独立功能的控制模块。

以功率自适应控制、发动机变功率控制等技术为代表的工程机械节能控制技术是目前的研究热点之一。这些技术的应用会使现代工程机械动力系统与传动系统的匹配更加合理，整机的动力性与经济性显著提高。

5. 智能化技术

智能化技术综合了人工智能、现代控制方法、先进传感检测技术和高级驱动技术，为工程机械的创新提供了更高的平台支撑。目前，智能化技术主要体现在以下几个方面：基于通用或专用控制器的中央智能控制技术、基于分布式传感测量系统的机器状态智能感知技术、故障诊断的专家智能技术、施工作业控制的智能化决策技术、智能化驱动技术、与通信技术相结合的远程智能化管理技术等。

6. 节能环保技术

节能就是单位 GDP 能耗的降低。工程机械的节能技术可分为行走式机械节能技术和固定式机械节能技术两大部分。行走式机械节能技术包括改善内燃式发动机燃烧性能、采用电子喷射技术、降低发动机转速等，如小松公司推出的 PC200-8 挖掘机，挖掘机中的液压负载传感技术可提高系统的效率，并可大幅度降低油耗。一些汽车和工程机械在工作中会有一些停歇、制动或空负荷运转阶段，如果回收这些能量并加以利用，可以减少发动机的功率消耗，达到节能的目的，如丰田的普瑞斯轿车在制动时可通过发电机和蓄电池回收动能，挖掘机的回转制动动能和装载机的动臂下降势能都可以回收。固定式机械节能技术应用在典型的沥青搅拌设备上的有，采用连续式双滚筒搅拌设备以减少热量散失，优化燃烧器以提高燃烧效率，合理匹配烘干筒、除尘器和引风系统三者关系以提高加热效率等。

节能是未来工程机械发展的主导方向。

工程车辆的环保主要指的是降噪和减少有害气体的排放。工程车辆环保技术的进步主要依赖于动力环保技术和燃烧加热系统排放控制技术的发展。在降噪方面，未来会根据工程车辆的结构特点，从理论上分析噪声产生的机理和不同噪声源的特性，利用声强法和频谱分析方法确定主要噪声源，再根据噪声源的位置和特性，采取相应的控制措施降低整机噪声。在减排方面，可利用二次燃烧技术、循环再生技术、新型除尘净化技术减少整机系统的排放。

7. 人机工程技术

目前，先进的工程车辆在人机工程方面的创新较为突出，美观化外形、舒适化驾驶、一指化操作、全景化视野技术等大大提高了工程车辆的美观性、舒适性、操作性、可读性、可达性、安全性等。随着新型设计技术、材料技术、色彩技术、数码技术、声光电技术、视觉技术等的引入，未来的工程车辆会更加人性化。

本节对工程车辆的概念、分类和未来趋势进行了概括性的阐述。随着工程材料的创新，工程规模的扩大，工程功能的拓展，以及能源、材料、信息、生物技术的发展，工程车辆的品种、规格、功能会不断丰富完善，工程车辆的科学技术发展也会与时俱进，日新月异。

思考题

1. 谈谈你对我国拖拉机产业发展的看法。

2. 国产拖拉机的编制规则包含哪些内容？与国产汽车的编制规则有哪些不同之处？

3. 工程车辆的概念是什么？常见的工程车辆有哪些？

4. 简述农用拖拉机的型号与分类。

5. 简述混凝土搅拌运输车的结构组成。

6. 简述自卸汽车液压系统的各部分组成。

7. 试叙述现代工程车辆的发展趋势。

参考文献

[1] 谢伟钢，范盈圻.汽车构造与原理[M].北京：机械工业出版社，2021.

[2] 陈红阳.汽车发动机构造与维修图解教程[M].北京：机械工业出版社，2012.

[3] 陈家瑞.汽车构造（上册）[M].3版.北京：机械工业出版社，2013.

[4] 臧杰.汽车构造（下册）[M].北京：人民交通出版社，2021.

[5] 陈社会.混合动力汽车构造与维修[M].2版.北京：北京大学出版社，2021.

[6] 张耀虎，王鑫，郑颖.汽车构造[M].北京：清华大学出版社，2019.

[7] 明平顺.汽车构造[M].武汉：武汉理工大学出版社，2016.

[8] 关文达.汽车构造[M].4版.北京：机械工业出版社，2016.

[9] 胡永彪，杨士敏，马鹏宇.工程机械导论[M].北京：机械工业出版社，2013.

[10] 李春明.汽车构造[M].2版.北京：机械工业出版社，2018.

[11] 于增信.汽车发动机构造、原理与维修[M].北京：机械工业出版社，2017.

[12] 王林超，王霞.汽车构造与维修（上下册）[M].北京：中国水利水电出版社，2016.

[13] 鲍远通，罗灯明.汽车构造（下册）——底盘构造[M].北京：北京大学出版社，2015.

[14] 凌永成.汽车电气设备[M].3版.北京：北京大学出版社，2016.

[15] 许绮川，樊启洲.汽车拖拉机学（第一册）发动机原理与构造[M].北京：中国农业出版社，2011.

[16] 李文哲，刘宏新.汽车拖拉机学（第二册）底盘构造与车辆理论[M].北京：中国农业出版社，2013.

[17] 李雷，陈红.汽车发动机构造与检修[M].北京：人民邮电出版社，2012.

[18] 麻友良，严运兵.电动汽车概论[M].北京：机械工业出版社，2012.

[19] 乔维高，田哲文，管群生.专用汽车结构与设计[M].北京：北京大学出版社，2010.

[20] 刘建华，张良.新能源电动汽车构造与原理[M].北京：北京交通大学出版社，2021.

[21] 蔡兴旺.汽车构造与原理（上册 发动机）[M].4版.北京：机械工业出版社，2018.

[22] 王珺，刘小斌.汽车构造（全一册）[M].北京：电子工业出版社，2013.

[23] 鲁植雄.汽车拖拉机学[M].北京：机械工业出版社，2020.

[24] 林瑞花，邢春霞.汽车构造[M].北京：高等教育出版社，2017.

[25] 王建昕，帅石金.汽车发动机原理[M].北京：清华大学出版社，2019.

[26] 王正键.现代汽车构造[M].3版.广州：华南理工大学出版社，2012.

[27] 姚为民.汽车构造[M].7版.北京：人民交通出版社，2021.

[28] 吴明.汽车维修工程[M].2版.北京：机械工业出版社，2016.

[29] 肖生发，郭一鸣.汽车构造[M].北京：北京大学出版社，2017.

[30] 肖发生.汽车构造学习指导与习题详解[M].北京：北京大学出版社，2013.

[31] 姚科业.看图学修汽车混合动力系统[M].北京：机械工业出版社，2016.

[32] 许兆棠，刘永臣.汽车构造（下册）[M].2版.北京：国防工业出版社，2016.

[33] 赵立军，佟钦智.电动汽车结构与原理[M].北京：北京大学出版社，2012.

[34] 赵航.混合动力电动汽车技术[M].北京：机械工业出版社，2012.

[35] 臧杰，阎岩.汽车构造（上册）[M].2版.北京：机械工业出版社，2011.

[36] 王林超，冯增雪.汽车构造与维修（下册）[M].北京：中国水利水电出版社，2016.